# 出版说明

随着金融成为现代经济运行的核心，社会对金融教育和人才培养提出了更深的要求：分层培养人才。既要着力于培养研究型人才，又要培养大批应用型人才，这已是共识。许多非研究型院校师生反映，市场上现有的金融学教材大多重理论轻实践，重国际化轻中国化。根据这些院校的特点和培养目标，他们认为在教材内容上不仅要包含本领域的基本理论问题，让学生对于基本概念、基本原理有完整的掌握，同时还要包含本领域的基本实践问题，让学生掌握一定的实务操作方法，以应对未来工作的挑战。本着这一要求，由李小牧教授和李嘉珊教授牵头，中国人民大学出版社组织中国人民大学、西安交通大学、北京第二外国语学院、北京外国语大学、首都经贸大学、对外经济贸易大学、北京工商大学等若干所学校以及国家外汇管理局、保险公司、证券公司、商业银行等的专家，设计和推出了这套"'十三五'普通高等教育应用型规划教材·金融系列"。该套教材突出了以下三点：

第一，所列课程完全根据教育部"高等教育面向 21 世纪教学内容与课程体系改革规划"编写。

第二，根据应用型人才培养目标，教材强化了各项业务的操作规程和实践做法，通过对案例的分析和点评让学生对实务操作有一个真切的体验。

第三，压缩教材的篇幅，学习资料、练习题等相关内容学生可以通过网络获取，减轻学生负担。

这里要说明的是，出于对应用型人才培养探索的要求，出版社并没有提出过分严格的要求，只是在教材的定位、篇幅、编写体例上提出了一些原则性建议，具体编写工作则实行主编负责制，由各位主编和作者全权处理各教材的编写工作，并对各自的内容负责。

教材的出版凝结了所有参编专家、教授的辛劳和智慧，在此一并表示感谢。

真诚地期待广大教师、学生和其他读者的批评和意见。

**中国人民大学出版社**

"十三五"普通高等教育应用型规划教材

金融系列

# 金融学教程

（第三版）

主编　刘澄　曹辉　李锋

中国人民大学出版社
·北京·

# 第三版前言

自《金融学教程》上次修订迄今，已经过去了几年时间。在过去的这几年里，世界范围内的经济形势与金融形势均发生了很大变化。在经济复苏的大背景下，金融领域的风险防控得到越来越广泛的重视。与此同时，诸如比特币等金融创新依然在不断涌现，构成金融领域的重要发展趋势。

为了将近几年来金融领域的理论进展与实践创新及时展示给读者，我们再次对《金融学教程》进行了修订。本次修订继续秉承通俗易懂的基本特色，尽可能在内容和行文上以读者能够易于理解为目标，力图为读者提供一幅简单易懂的金融领域发展图景。

本次修订的内容包括：

（1）加大了专栏调整的力度。实用性是本教材一直坚持的导向，本教材通过设置专栏对金融理论的最新发展和一般教材涉及不到的内容进行补充，同时力图反映金融实践的典型事例。本次修订对所有专栏进行了重新选择，除了必须保留的专栏之外，补充了展现金融理论与实践最新进展的专栏，而且对部分专栏的内容进行了改写。

（2）文字内容力求简单凝练。本次修订同样非常重视吸收读者的反馈意见。在综合读者反馈意见的基础上，本次修订明确强调进一步提升文字的凝练性与准确性，再次对文字表述不规范的部分进行了修改，力求不断增强教材的可读性。

本次修订同样是三位作者通力合作的成果。三位作者共同商定了修订的基本原则和思路。同时，在修订过程中王相等同学完成了大量的工作。当然，本次修订一定也存在疏漏与不足之处，敬请广大读者批评指正。

**作者**

# 第一版前言

金融在当代经济生活中发挥着极其重要的作用。市场经济条件下个人在进行经济决策时可能面临资金短缺的问题，也可能需要为多余的资金寻找适宜的投资途径；企业的经营管理存在采用最佳方式筹措资金以及投资项目的最优选择问题；运用金融手段调控宏观经济是政府经济政策的重要内容。可以说金融学研究的问题涉及经济生活的方方面面。因此，学习和掌握金融学的相关知识是十分必要的。

金融学是研究资金如何在不同主体间调剂余缺进而实现在全社会范围内的合理优化配置的一门学科，具有很强的理论性与实践性。本教材从实用的角度出发，力图通过简洁明晰的阐释使学习者了解现代金融的核心概念，熟悉现代金融的体系框架，掌握现代金融的运行机制。

不包括绪论，本教材共分 8 章。绪论部分通过对金融与经济相互关系的描述指出金融在国民经济中的地位，从历史发展的角度论述了金融学的发展演变；第 1 章是货币理论，主要阐释货币的职能、货币制度、货币流通规律以及货币层次，论述货币需求与供给的影响因素以及货币供求平衡的实现条件，介绍了不同货币理论流派的基本观点；第 2 章是金融调控，介绍了宏观调控的金融手段，阐述了金融调控的运行机理与作用机制，描述了如何运用金融手段对金融危机进行防范；第 3 章是金融市场，主要介绍金融市场的定义、功能、要素和分类，并对主要金融市场按照不同类型进行深入说明；第 4 章是金融机构，主要对金融体系的组成进行概述，在此基础上对中央银行、商业银行以及政策性银行的业务流程做了详尽的描述；第 5 章是金融工具，主要阐述金融工具的特征、类型并对主要的金融工具进行进一步说明，同时结合金融工具的运用描述了金融产品开发的动因及流程；第 6 章是风险管理，界定了风险的定义及特征，介绍了风险度量的基本方法并对风险管理的方法作出描述；第 7 章是投资理财，在对投资理财产品进行描述的基础上，介绍了投资理财方案设计的主要方法和风险控制措施；第 8 章是国际金融，阐释了国际收支、外汇与汇率及国际资本流动等国际金融领域的主要问题。

本教材具有以下几个鲜明的特征：

第一，实用性。本教材在体系设计、内容取舍、行文方式等方面都试图突出实用性特色。通过大量翔实的流程阐述与案例分析引导学生快速掌握金融活动实践的精髓。

第二，全面性。以实用性为主线，本教材几乎涵盖了金融领域的全部内容。从微观金融的个体经济行为分析到宏观金融的金融政策工具应用，从金融市场的组成框架到金融工具的种类应用，从对金融风险的管理到投资理财方案的设计，从货币理论到金融活动实践以及国际化视角的国际金融的引入，本教材通过简洁明晰的阐释为学生提供了一个金融的全景概览。

第三，知识性。本教材通过专栏的形式为学生提供了大量金融领域的背景知识，一方面可以激发学生对金融的学习兴趣，另一方面可以为学生的进一步学习提供相应的知识储备。

本教材的编写由多位作者通力合作完成。参与编写的人员有：姜森（绪论）、王婷（第 1 章）、付燕（第 2 章）、范海兰（第 3 章）、刘杰（第 4 章）、孙彬（第 5 章）、张娜（第 6 章）、许宁（第 7 章）、谢娜（第 8 章）。全书由刘澄、曹辉、李锋修改定稿。

由于编者水平所限，文中错误和遗漏在所难免，恳请读者批评指正。

作者

# 目 录

# 绪 论

## ⊙学习目标⊙

- 了解金融的地位与作用；
- 了解金融学的发展演变过程；
- 了解金融的发展趋势及特征。

## 第一节 金融在国民经济中的地位

当今世界金融领域正发生着巨大的变化，金融创新不断涌现，金融全球化、金融自由化接踵而至。金融活动已经渗透到经济和社会生活的方方面面，对经济和社会的发展产生了深刻的影响。

### 一、经济与金融的关系

经济对金融起决定性作用，金融对经济有反作用。金融是依附于商品经济①的一种产业，是在商品经济发展过程中产生并随着商品经济的发展而发展的；商品经济的不同发展阶段对金融的需求不同，由此决定了金融发展的结构、阶段和层次。

① 商品经济经历了很多发展阶段，从第二次社会化大分工开始就已出现。在奴隶社会和封建社会，商品经济从自然经济的缝隙中成长起来，到了资本主义社会，商品经济才真正发展起来。当商品经济不断发展，商品之间的交换主要由市场调配时，这种社会化而且由市场进行资源配置的商品经济就是市场经济。

经济的发展也离不开金融的支持。没有金融机构、金融产品和金融市场的深化，经济很难有长期稳定的发展。当一国金融服务不能总是有效地满足经济发展的客观需要时，就会在一定程度上形成金融抑制，限制经济的发展。

**（一）经济决定金融**

1. 一国金融的发达程度取决于经济本身的发展程度

在市场经济不发达的国家和地区，既不会产生对金融活动或金融服务的巨大需求，也难以形成规模性的金融服务供给。市场经济发达的国家和地区则不同：一方面，发达的市场经济必然伴随着经济主体对资金或金融服务的大量需求；另一方面，市场经济规模扩大和体制成熟，会形成巨大的金融资源供给能力。金融供给和需求的增加必然会促进金融活动和金融业的发展。

2. 经济发展为政府、企业、家庭提供了巨大的金融活动空间

首先，随着经济发展程度的不断提升，政府一方面需要借助金融手段调控宏观经济，另一方面也需要运用金融手段筹措支持政府自身运行的资金。

其次，对企业而言，由经济发展推动的企业发展同样需要良好的金融支持。经济发展扩大了企业融通资金的需要，股权融资、债权融资、投资项目选择成为企业运营中的主要活动，增大了企业的金融活动空间。

最后，经济发展也带来了家庭收入水平的提高。收入提高催生了家庭的理财需要，不断涌现的金融理财产品在满足家庭理财需要的同时也提供了巨大的金融活动空间。

3. 经济决定金融的层次分解

层次分解就是把经济决定金融分解为宏观经济与宏观金融、中观经济与中观金融、微观经济与微观金融三个层次。宏观层次以全球或一个国家为考察对象，中观层次以一个地区为考察对象，微观层次以一个企业或一个家庭为考察对象。

以全球或一个国家为考察对象，经济决定金融的内容有：（1）经济总量决定金融总量；（2）科学技术的发展水平决定金融运作的总体技术水平；（3）社会经济制度、环境决定着金融成长和发展的环境。

以一个地区作为考察对象，经济决定金融的内容有：（1）发达地区经济为金融运作创造了宽松的环境；（2）欠发达地区经济对金融发展存在制约；（3）发达地区之间的经济联系决定了这些地区金融联系的紧密程度；（4）发达地区与不发达地区之间的经济互补性推动了不同地区间金融的相互补充。

以一个企业或一个家庭为考察对象，经济决定金融的内容有：（1）企业、家庭的收入高低决定了与之相关的金融机构的兴衰；（2）企业、家庭的资产结构、状况和安排决定了与之相关的金融市场的交易情况；（3）企业、家庭的经济行为决策决定了金融在经济生活中的运用程度。

**（二）金融反作用于经济**

金融反作用于经济主要体现在金融因素对经济增长与发展存在一定程度的正面或负面影响。

1. 金融深化对经济发展的影响

金融深化是指政府放弃对金融市场和金融体系的过度干预，放松对利率和汇率的严格

管制，使利率和汇率成为反映资金供求和外汇供求变化的信号，从而有利于增加储蓄和投资，促进经济增长。金融深化标志着整个经济中金融部门的发展和社会货币化程度的提高。它对经济发展的影响表现在四个方面：

（1）收入效应。收入效应是指实际货币余额的增长引起社会货币化程度[①]提高，从而对实际国民收入的增长产生的影响。

（2）储蓄效应。一方面，金融深化引起实际国民收入增加，社会储蓄总额按一定比例增加；另一方面，金融深化提高了货币的实际收益率，导致整个经济社会的储蓄倾向增强。

（3）投资效应。一是储蓄效应导致投资总额增加；二是政府放松管制提升了金融资源市场化配置的程度，进而提高了投资效率。

（4）就业效应。由于货币实际收益率的上升导致了投资者资金成本的提高，投资者倾向于以劳动密集型生产替代资本密集型生产以节约资本的使用，从而使整个社会的就业水平得以提高。

☞专栏 0-1

**金融约束理论**

爱德华·S. 肖（Edward S. Shaw）和罗纳德·I. 麦金农（Ronald I. McKinnon）于1973年共同提出了发展中国家的金融深化理论，是金融深化理论的奠基人。麦金农-肖金融发展模型的核心内容是：主张实行金融自由化，使实际利率通过市场机制的作用自动地趋于均衡水平，从而保证经济发展。

20世纪90年代，以托马斯·赫尔曼（Thomas Hellman）、凯文·默多克（Kevin Murdock）和约瑟夫·斯蒂格利茨（Joseph Stiglitz）为代表的经济学家认为实行金融自由化需要很严苛的条件，发展中国家往往都不具备实行金融深化改革来达到金融自由化的条件。1997年，托马斯·赫尔曼、凯文·默多克和约瑟夫·斯蒂格利茨在金融抑制理论和金融深化理论的基础上提出了针对发展中国家的金融约束理论。他们认为在维持宏观经济环境稳定、通货膨胀率较低并且可以预测的前提下，由政府限制存贷款利率，在银行业创造租金进行市场准入限制等一系列约束性金融政策，对发展中国家维护金融体系的稳定起到极为重要的作用。

2. 金融抑制对经济发展的影响

金融抑制是指当金融市场受到不适当的限制或干预时，各种类型的资金价格被扭曲，融资渠道遭遇阻滞，资金需求者不能以其希望的融资方式和公平价格获得资金，或者无法在市场化基础上调整其资金结构，使之达到一个最佳状态。产生金融抑制的根本原因是发

① 社会货币化程度是指在一定经济范围内通过货币进行商品与服务交换的价值占国民生产总值的比重，反映了社会货币购买力水平。

展中国家的政府错误地选择了金融政策和金融制度。金融限制对经济发展的影响主要表现在四个方面：

（1）负收入效应。发展中国家所选择的金融抑制战略阻碍经济的发展，导致国民收入增长缓慢，而这又制约着储蓄和投资的增加，进而影响经济的发展，结果又使收入得不到快速发展，如此循环往复。发展中国家在经济发展过程中经常受到这种恶性循环的严重影响。

（2）负储蓄效应。许多发展中国家存在严重的通货膨胀，而人为压低的利率又不能用变动名义利率的方式来抵补价格上涨给储蓄者造成的损失，因此人们就通过用货币购买物质财富、增加消费支出和向国外转移资金的方式来回避风险。这自然就会导致国内储蓄不足。

（3）负投资效应。许多发展中国家奉行金融抑制战略，传统部门的投资受到限制，主要表现在农业等基础部门的发展受到限制，在资金短缺的条件下无法满足基础部门的投资需要。

（4）负就业效应。由于金融抑制战略限制了传统部门的发展，这就迫使劳动力向城市迁移。但是，城市的现代部门吸纳劳动力的能力有限，从而相当一部分劳动者处于失业或半失业状态。

### （三）不同主体在运行中与金融的关系

#### 1. 金融与政府

在整个金融体系的运行中，政府扮演着调控者、监管者及救助者三重角色，既要在金融资源方面进行合理有效的分配，又要对金融运行的稳定及政策执行进行调控与监管，而当整个金融体系出现风险时又要进行必要的救助和支援。

国家金融资源配置主体主要包括中央银行和其他金融管理机构，其配置领域主要是基础货币和一系列金融制度，功能主要表现在通过对基础货币的调控和制度实施保持金融稳定并促进经济发展。

在金融运行中金融资源会存在错配的情况，此时政府就会以调控者的身份制定相关法律法规及政策，对整个金融体系的平稳运行进行调控。一方面，针对经济周期总量的波动熨平经济波动。另一方面，由于市场制度在提高资源配置效率的同时产生了区域差距扩大的负面效应，这就需要政府金融调控介入，实施结构性的区域金融调控政策，促进不同区域经济的协调发展。

金融监管是一国政府监管当局对金融机构实施监督和业务管制，包括市场准入、业务范围及特定业务管制、风险控制、内部控制、市场退出等诸方面的立法和执法实践。严格有效的金融监管有利于保护存款人（投资人）的利益，维护公众对金融体系的信心，促进金融体系的效率，控制金融体系的整体风险。

#### 2. 金融与企业

企业的发展离不开金融的支持，企业的投融资活动通过金融搭建的平台展开。资金短缺和资金盈余是企业运营中经常会出现的问题。在资金短缺的时候，企业必然要在债券市场、股票市场等不同金融市场上筹措资金以满足企业发展需要，因此一个高效运行、发展良好的金融市场体系为企业发展提供了极佳的金融支持与保障。同样，在企业存在资金盈余的时候，金融市场将为企业资金盈余提供投资平台。同时金融市场利率成为企业投资项目评价的重要参考依据。

3. 金融与个人

金融与个人之间存在极为紧密的联系。与企业一样，个人同样存在资金融通的需要。一方面，个人从金融运行体系中取得资金以弥补资金短缺；另一方面，个人的资金用于消费后的剩余部分也要通过金融运行体系实现保值增值。

个人金融业务是目前银行业务的重要组成部分。随着居民财富的增加，银行通过努力拓宽个人服务领域，提供诸如个人投资理财业务、信用卡业务、网上银行业务、保险中介、商业代理等更多的金融产品以满足日益增长的个人金融需求。但是目前传统银行业正在受到互联网金融机构的巨大冲击，尤其是支付宝、微信钱包等第三方支付，因此未来银行要进行金融创新拓展业务。

## 二、金融创新与金融发展

20 世纪 70 年代前后，经济发展使得原有金融管制出现了不合时宜或过分限制的问题，管制的负面效应不断增大。与此同时，日益兴盛的经济自由主义思潮为金融业要求放松管制、追求自由经营提供了思想武器和理论武器。在经济自由主义支配下，金融业掀起了一股声势浩大的金融自由化浪潮，不约而同地通过金融创新来逃避管制。各国政府在经济自由主义思潮的影响下，一方面主动放弃了一些明显不合时宜的管制，另一方面被迫默认了许多创新成果，放松了金融管制的程度。而新的科技革命不仅改变了金融观念和金融运作，而且直接推动了金融创新，掀起了一场金融领域的科技革命，金融创新进入更高的层次与阶段。

金融创新是金融业为适应实体经济发展的要求在制度安排、金融工具、金融产品等方面进行的创新活动，是金融结构提升的主要方式和金融发展的主要推动力量。现代金融发展史实质上是一个不断的金融创新过程。金融创新不仅革新了传统的业务活动和经营管理方式，模糊了各类金融机构的界限，加剧了金融业的竞争，打破了金融活动的国界局限，形成了要求放松金融管制的强大压力，而且改变了金融总量和结构，对货币政策和宏观调控提出了严峻挑战，由此对经济发展也产生了巨大而深刻的影响。

### （一）金融创新的历史背景及特征

金融创新广义上是指金融体系功能的再建设，是一个不断创新的金融体系的成长过程；狭义上是指开发新的金融工具、技术，设立新的机构，并在新的市场推广和应用。

1. 金融创新的历史背景

(1) 欧洲货币市场的兴起。第二次世界大战后科学技术的发展促进了生产力的发展，使生产的社会化扩展到国际化的程度。生产的国际化及由此带来的市场国际化，对资本也提出了国际化的要求。有几个值得一提的具体因素促成了欧洲货币市场的迅速发展。首先，由于冷战时期东西方关系恶化，苏联和一些东欧国家将它们持有的美元余额存入欧洲国家银行，以防美国冻结或没收。其次，1957 年英镑发生危机，为了保卫英镑，英国政府加强了外汇管制，限制英国商业银行用英镑对非英镑区居民进行融资，英国商业银行纷纷转向美元。1958 年年底，西欧一些国家恢复了货币对外可自由兑换性，于是美元在欧洲地区可以自由买卖。

在这种情况下，美国政府为限制资本外流，采取了一系列措施，例如对购买外国证券的美国居民课征利息税，实行对外贷款限制等。此外，美国联邦储备委员会还颁布了Q条例和M条例，前者对国内银行的定期存款利率规定了最高限额，后者规定美国银行对外国银行的负债必须缴存累进存款准备金。上述措施的实施使得美国银行在国内的业务发展受到一定限制，只得向国外寻求发展，形成美国资金大量外流，促进欧洲货币市场业务兴盛。美国对资本流动的限制并未挽救以美元为中心的布雷顿森林体系，却意外地孕育了一个全新的市场——欧洲货币市场。欧洲货币市场的建立开创了当代金融创新的先河，其灵活多样的经营手段为以后的金融创新树立了典范。

(2) 国际货币体系的转变。1944年，美、英等44个国家确立了战后的国际货币体系——布雷顿森林体系。这个体系实际上是以黄金为基础，以美元为主要国际储备货币，实行黄金-美元本位体制。这种货币制度实行两个挂钩：一是美元直接与黄金挂钩，确定了一盎司黄金兑换35美元的官价，各国政府或中央银行可以随时用美元向美国政府按官价兑换黄金；二是其他国家货币直接与美元挂钩，以美元的含金量作为各国规定货币的评估标准，各国货币与美元保持可以调整的固定比价，按各国货币的含金量来确定不同货币与美元的固定比价，并在一定范围内调整。这种以美元为中心的货币体系对战后的国际贸易和世界经济的发展起到了积极作用。

随着世界经济增长和贸易的发展，各国对美元的需求日益增加，为了维持布雷顿森林体系的平稳运行，要求黄金的供给必须与美元的供给同步。由于受到储量和开采技术等因素的制约，黄金的供给不能保证与美元的供给同步，从而使美元同黄金的兑换性日益难以维持。20世纪70年代初以美元和固定汇率制维系的布雷顿森林体系彻底崩溃以后，主要发达国家宣布实行浮动汇率制，创立了先行的在多元化储备货币体系下以浮动汇率制为核心的新型国际货币制度。国际货币制度创新的另一表现是区域性货币一体化趋势，通常以某一地区的若干国家组成货币联盟的形式存在，成员国之间统一汇率、统一货币、统一货币管理、统一货币政策。其中最著名的就是于1993年11月1日正式成立的欧洲联盟，在1999年1月1日实行统一的欧洲货币——欧元。其他如阿拉伯货币基金组织、西非货币联盟、中非货币联盟、中美洲经济一体化银行、安第斯储备基金会等，都是地区性的货币联盟。

(3) 石油危机与石油美元回流。西方石油公司长期以来垄断了世界原油生产，操纵着石油价格，石油生产国增产不增收。为了改变这种不合理的局面，摆脱西方石油公司的垄断和控制，增加石油收入，一些石油生产国组织起来，建立了石油输出国组织（OPEC）。1973年10月第四次中东战争爆发后，石油输出国组织国家以石油为武器，与西方发达国家抗衡，它们不仅加快了石油国产化进程，而且将油价大幅提高，这给世界经济带来了巨大的影响，石油危机由此产生。

石油危机造成了全球性的国际收支严重失衡，为了使国际收支平衡，发展中国家纷纷进入欧洲货币市场和国际资本市场寻求国际资金，同时OPEC国家为了寻求有利的投资场所，将巨额石油贸易带来的美元投入欧美市场，美元从石油输出国返回到进口国，形成了“石油美元回流”。

大量石油美元的涌入使国际金融市场可供借贷的资金迅速增加，扩大了国际信贷规模，加快了资金的国际流动。但是，由于涌入国际金融市场的资金大部分是短期金融资产，流动性大，在浮动汇率制下，加剧了金融市场的动荡，这使融资双方要求有新的金融交易工具来规避日益增大的风险。金融供给主体一方面要满足客户对新金融工具的需求，另一方面出于自身业务经营的需要，也必须通过金融创新来规避市场风险。

(4) 国际债务危机。20 世纪 70 年代以来欧洲货币市场资金规模迅速膨胀，充沛的资金急需寻找出路。许多发展中国家为了加速发展民族经济，需要大量资金，对国际金融市场的资金需求旺盛。但是由于某些发展中国家不顾其偿债能力，盲目对外大量举债，又由于缺乏对债务结构和规模的宏观管理与控制，导致严重的债务问题。同时一些外部因素加剧了发展中国家的债务危机。首先是石油价格上涨，两次油价上涨使非石油发展中国家进口费用激增，扩大了国际收支经常项目的巨额逆差；其次是利率提高，发展中国家的债务大多数采用可变利率，因此利率大幅度提高使发展中国家的债务进一步恶化；最后是 20 世纪 80 年代初西方工业国家的经济衰退导致世界经济低速增长，国际贸易保护主义盛行，造成发展中国家出口增长缓慢，出口收入下降，偿债能力减弱。

债务危机爆发至今已有几十年，它对国际金融业产生了深远的影响。国际性商业银行不再以 20 世纪 70 年代那样的规模和融资方式放贷，债权人和债务人采取风险分担的配套方法来改革旧的融资方式，导致了大批新的融资工具和融资方式的诞生。在处理和缓解债务危机的过程中，创造了许多解决债务问题的方法，如债务股权转移、购回旧债发行有抵押条件的新债、债务转债券等。从 20 世纪 80 年代这场债务危机的影响来看，虽然它造成了国际金融业的动荡不安，但也促进了金融工具和融资方式的进一步创新。

(5) 亚洲金融危机。1997 年 7 月 2 日，由于受到国际炒家的攻击，泰国宣布放弃固定汇率制转而实行浮动汇率制，一场遍及东南亚的金融风暴就此拉开帷幕。随后中国香港、中国台湾也受到国际炒家的攻击，紧接着韩国、日本等也爆发金融风暴，东南亚金融风暴愈演愈烈，最终演化为亚洲金融危机。这次危机给东南亚地区造成巨大伤害，甚至导致了经济、政治危机。

以乔治·索罗斯为首的国际炒家是造成这场危机的罪魁祸首，他认为“在金融运作方面说不上有道德还是无道德，这只是一种操作。金融市场是不属于道德范畴的，它不是不道德的，道德根本不存在于这里，因为它有自己的游戏规则。我是金融市场的参与者，我会按照已定的规则来玩这个游戏，我不会违反这些规则，所以我不觉得内疚或要负责任”。当时亚洲一些国家或地区想促进经济快速发展，吸引外资，一方面保持固定汇率制，另一方面又扩大金融自由化，这给国际炒家提供了可乘之机。国际炒家利用这个机会，通过炒作冲击该国或地区的货币，在短期内获取暴利。这次金融危机反映了金融体系存在严重缺陷，即使是比较成熟的金融体制和经济运行方式也存在不足，因此必须进行不断的金融创新来抵御风险。

2. 金融创新的特征

从早期货币、信用、银行的出现与发展，到近代金融工具、金融制度、金融市场、金融机构的演变与深化，每一次金融创新和每一个创新成果都能反映出金融创新的某些特征。其中，风险性、虚拟性和数理性是金融创新的一般特征，信息化是金融创新未来发展的主要特征。

(1) 风险性。风险性是金融创新的根本特征。每一次金融创新和每一个金融成果都具有风险。一方面，金融风险为金融创新提供了动力；另一方面，金融风险又因其特有的收益魅力推动着金融创新的发展。

1973 年和 1978 年两次石油危机使西方国家经济陷于滞胀，为解决通货膨胀问题，美国不得不运用利率工具，加剧了金融市场的利率波动。利率的升降会引起证券价格的反方向变化，并直接影响投资者的收益。面对利市、汇市、债市、股市发生的前所未有的波动，市场风险急剧放大，迫使商业银行、投资机构、企业寻找可以回避市场风险、进行套期保值的金融工具，金融期货、期权、股指期货等衍生金融工具应运而生。20 世纪 90 年代，世界经济发展的区域化、集团化和国际金融市场的全球一体化趋势增强，金融风险和金融危机在全球范围内移动和扩散，促使国际监管制度出现，也使得衍生金融创新工具向着组合化、深入化的方向发展。

(2) 虚拟性。金融的功能是实现社会生产的价值运动过程。金融创新的发展是为了完善金融的功能，更好地完成资产的价值运动。价值是实物使用价值的虚拟表现，所以虚拟性就成了金融创新的一个必然属性。

虚拟性是金融产品的特性，尤其是衍生金融工具的特性。衍生金融工具的虚拟性是指衍生金融工具所具有的独立于现实基础资产运用之外，却能给持有者带来一定收入的特征。衍生金融工具的杠杆性和虚拟性使投机能量放大，从而更进一步加剧风险性，甚至成为国际投机者冲击一国金融与经济体系的工具。

(3) 数理性。随着经济学家对金融风险和金融工程的关注，金融创新的数理性特征越来越突出，主要表现在数学模型和技术在金融创新研究中的应用以及金融工程在金融创新中的运用。

随着金融风险管理在金融创新中的应用，一系列有关金融工具研究的模型和技术得以创立。这其中主要包括马科维茨的资产组合管理理论、夏普和罗斯创立的资产定价理论，以及布莱克和斯科尔斯创立的期权定价模型等。这些理论和模型的出现大大提高了金融创新研究的科学性，人们可以通过定量计算和分析，研究各种金融工具的收益和风险的关系问题。

在风险管理研究中，经济学家还借助衍生金融工具，在 20 世纪 70 年代以来迅猛发展的金融市场上创造了很多关于套利和风险管理的金融产品，创造了不少先进的用于识别和量化风险的技术，推动金融创新向复杂化、先进化、科技化的方向发展。

(4) 信息化。科学技术是第一生产力，科技不仅促进经济的发展，而且推动着金融的创新。在互联网和信息通信技术的基础上，互联网金融的发展极大地促进了金融的创新，同时也改变了人们的生活方式，促进各种金融产品的研发以及整个金融体系的完善。

互联网金融的主要特点包括：一是成本低。互联网金融提供了一个与传统中介不同的广阔平台，投融资双方在平台上根据自己的需求完全可以自行完成交易，这中间节约了中介费用和交易成本。一方面，金融机构可以采取线上运营方式以节省线下铺设大量网点的费用；另一方面，投资者可以低成本地获得更多信息从而作出正确的投资决策。二是效率高。互联网金融的发展使得操作流程标准化，人工成本减少，业务处理速度更快，效率更高。三是覆盖广。依托大数据和电子商务的发展，互联网金融的发展使得金融产品更新速度加快，产品也更加细化，小微企业也能通过更方便的融资得到快速发展。

3. 金融创新的影响

（1）金融创新对微观金融主体的影响主要表现在：金融创新为金融机构拓展了生存空间，使投资者增强了抗风险能力，同时也可能加大了金融机构的经营风险。

（2）金融创新对宏观经济也产生了较大影响。金融创新通过电子化和金融工具多样化，使人们在经济生活中对货币的使用量自然减少，并且使货币在广义货币结构中的比重下降，降低了货币需求的稳定性；金融创新扩大了货币供给主体，增强了金融机构的货币创造能力，使货币供给的内生性增强；金融创新使货币控制的中间目标复杂化，降低了货币政策工具的效力，并且延长了货币政策的时滞。

☞专栏 0-2

**硬币的另一面：金融创新的副作用**

金融创新使货币供求机制、总量和结构及特征都发生了深刻的变化，在很大程度上改变了货币政策的决策、操作、传导及效果，导致金融风险有增无减，金融业的稳定性趋于下降。金融创新开发新的金融产品往往采用复杂模型使得产品结构也更加复杂，高杠杆的使用也使得风险更大，同时金融创新使得当前法律及监管体系也要加快更新速度，使得监管执行也更加复杂。金融创新可能会导致投机者越来越多，甚至专注于实业的企业家也可能受到金融行业高利润的驱动而把更多资金投入金融领域，不仅引起泡沫而且严重影响了实体经济，一旦发生危机，由于连锁反应，整个金融体系都将受到严重影响。

**（二）金融发展**

金融发展是以 20 世纪 70 年代产生的金融发展理论为理论基础的。金融发展理论形成与发展的整个历程可以划分为两个阶段：第一阶段为金融发展理论的最初形成和发展阶段(20 世纪 90 年代以前)，其标志是美国斯坦福大学两位经济学教授罗纳德·I. 麦金农和爱德华·S. 肖两人各自著作在 1973 年的问世。麦金农的著作是《经济发展中的货币和资本》，由布鲁金斯学会出版；而肖的著作是《经济发展中的金融深化》，由牛津大学出版社出版。所以，这一阶段的金融发展理论又称为麦金农-肖理论。麦金农和肖的最大贡献是提出了著名的金融抑制理论，建立了一个分析金融抑制的框架。继麦金农和肖以后，一些受其思想影响的经济学家对麦金农-肖理论进行了补充和完善，建立了严格意义上的宏观经济模型，扩展了麦金农-肖理论。第二阶段为金融发展理论的最新发展阶段（20 世纪 90 年代）。一些经济学家在汲取 20 世纪 80 年代中后期兴起的内生增长理论重要成果的基础上，将内生增长和内生金融中介（或金融市场）并入模型，对金融中介（或金融市场）的内生形成以及金融市场与经济增长的关系问题进行了全新的论述，使其更加符合各国的实际，从而形成了全新的金融发展理论。

1. 金融发展理论的发展演进

金融发展理论的发展演进建立在货币功能认识的改变上。早期经济学家基本上都是货币中性与信用媒介论者，认为货币只是商品交换的媒介，只是便利交换的工具。因此货币数量的变化只影响物价水平，而不影响实际经济活动，因此不建议制定相应的倾向性货币政策以引导经济增长。在古典学派之后，瑞典经济学家维克塞尔创立了货币经济理论，指出货币金融对实际经济活动具有重大的实质性影响。在他之后，瑞典经济学家米尔达尔、林达尔以及哈耶克、凯恩斯等人纷纷接受维克塞尔的基本观点，并先后进行了拓展。但上述经济学家都只是说明了货币金融对经济的短期影响。熊彼特于1900年首先指出金融发展对经济长期增长具有重大影响。托宾等人先后提出货币理论，旨在说明货币金融与经济增长的关系，并且接纳了凯恩斯的观点，主张采取用低利率以及通货膨胀刺激经济的经济政策。托宾等人的研究正是发展中国家实行金融抑制政策的理论渊源。

在此基础上，美国经济学家麦金农和肖于1973年分别提出了开创性的金融抑制理论与金融深化理论，指出了托宾理论存在的局限性，主张采用利率自由化的政策。这种理论对于20世纪60年代在发展中国家开始的金融自由化有着重大影响。后来的金融发展理论研究更为深入、视角更为广阔，经济学家们把金融影响经济的机制放在较为重要的位置，并在此基础之上开始研究金融制度设计问题。

货币金融与经济发展的关系历来是经济学家们所关注的重要问题之一。对于这个问题的不同认识将直接影响货币金融政策的制定与执行，并影响金融改革的方向，进而影响社会实际经济的增长与发展。然而，由于人们对货币金融的本质与职能及其在社会经济中的作用和地位有着不同的理解，因此金融发展理论的历史演变就是对货币金融与经济发展关系认识的不断深化的过程。严格地说，金融发展理论所要研究的应是一切有关金融发展与经济发展关系的理论。

金融发展理论在最初的形成阶段仅关注金融中介的内生形成而未关注金融市场的内生形成，理论研究也局限在建立新的内生金融中介模型或提炼和精化已有的模型。造成这种情况的原因主要有：首先从历史上看，金融中介（如商业银行）的形成要早于金融市场（如股票市场）。换言之，早期的金融体系是银行主导型的。其次，20世纪90年代的金融发展理论认为金融市场的发展状况通常是由法规和政府管制等外生因素决定的。最后，20世纪80年代的理论基石基本上以研究金融中介为主。近年来，随着金融市场的不断发展及其在金融体系中地位的上升，一些理论家认识到早期金融发展理论的缺陷——忽视了金融市场形成机制，因此经济学家开始致力于建立内生金融市场模型，试图深入研究金融市场的形成机制以弥补这一缺陷。这构成金融发展理论在20世纪90年代以后的新进展。

2. 金融发展的趋势总结

目前金融已经不再单纯是行业性简单系统，而成为一种全球性的复杂系统。在经济全球化条件下，金融发展体现出了明显的国际化趋势。金融发展的国际化具有如下四大鲜明的特征：（1）金融机构和业务的国际化。原有的国家界限被打破，金融机构在全球范围内设置分支机构，金融业务的运营也逐步打破国家界限向全球拓展，金融机构开始在全球范围内寻求盈利机会。（2）金融市场的国际化。科技进步所产生的新技术在金融领域的不断应用使得国内金融市场与国际金融市场已经连成一体，各种类型的国际和区域性金融中心构成了全球化金融市场的联结点。(3) 货币国际化。原本美元一统天下的格局随着货币可自由兑换进程的加快被逐步打破，全球可流动和交易的货币增加，国际货币结构呈现多元化发展趋势。(4) 金融信息化。信息技术对人类经济社会的发展产生了重要影响，现代金融行业的发展更加离不开金融信息技术的支持，互联网金融的发展将越来越迅猛，这次变革将影响全球各个国家，加速金融行业的创新。

20 世纪 90 年代以来的金融发展首先体现在跨国金融机构不断涌现。经济全球化所带来的资本跨国流动是推动当今经济发展的重要力量。跨国金融机构尤其是跨国银行在推动资本全球化流动中扮演着极为重要的角色。而为了使资本的国际化配置更加具有效率并从中寻求更好的盈利机会，跨国金融机构也在进行组织创新与业务拓展。其次体现在欧洲货币联盟的产生。随着经济全球化进程的不断深入，世界各国经济之间的联系日益密切，逐步出现了区域经济集团化的势头，例如北美自由贸易区的形成。区域经济集团化的高级形式是货币一体化。欧洲货币体系由过去建立的相互协调的稳定汇率制度、规定成员国货币上下波动幅度的欧洲货币机制改变为以欧元发行为标志的货币一体化。再次表现为国际金融领域的风险加大。金融危机的出现和跨国界的蔓延表明金融领域的风险在国际范围内的传染性和传导性正在逐步增加。虚拟经济与实体经济脱离到一定程度所产生的金融危机的一个直接后果就是全球经济增长速度趋缓。最后表现为金融国际化中的制度创新、组织创新、产品创新与技术创新。为了满足经济一体化对金融服务的需求，创新成为金融发展的主要内容。金融服务贸易协议作为 20 世纪全球金融发展的核心制度安排有助于促使各国开放金融市场，实现全球范围的金融融合。不同的金融组织、金融机构纷纷涌现。大量金融衍生工具的出现为规避金融风险提供了可行的操作途径。电子技术的迅猛发展满足了信息时代高速发展的金融需求。

## 第二节　金融学的发展演变

### 一、金融的定义与金融学的分类

#### (一) 金融的定义

金融是指资金的融通，是与货币、信用、银行直接相关的经济活动的总称，例如：货币的发行与回笼，存款的存入与取出，贷款的发放与回收，国内外资金的汇兑与结算，金银、外汇、有价证券的买卖，贴现市场、同业拆借市场的活动，保险、信托、租赁，等等。金融作为一个经济范畴，其内容涉及金融关系、金融活动、金融工具、金融机构、金融市场等一切与货币信用相关的经济关系和活动。

金融是一个大的概念，是一个纵横交叉、内外联通、多维、多层次的立体系统，是一个由多种要素组合而又相互制约、相互作用的大系统。简而言之，就是资金的筹集、分配及管理。金融学与其他学科有交叉。例如：国家有关的资金筹集、分配及管理是公共金融（或政府金融），与财政学有交叉；工商企业有关的资金筹集、分配及管理是企业金融，与企业财务学有交叉；居民有关的资金筹集、分配及管理是居民金融，与个人理财学有交叉。所以金融的内涵是很广泛的，既包括专业金融的活动，又包括国家的、企业的、个人的金融活动，这些方面相互交叉，相互制约，相互渗透，融合成整个社会的资金运动。

一个统一的金融学理论学科包括微观金融学（microfinance）和宏观金融学（macrofinance）两大主要分支，分别从个体和整体角度研究金融运行规律，研究如何在不确定性环境下，通过金融市场对金融资产进行跨期最优配置。微观金融学涵盖了投资学（investment）、公司金融学（corporate finance）、货币银行学（money，banking and economics）、金融市场学（financial market）、金融工程学（financial engineering）、保险学（insurance）等。宏观金融学涵盖了国际货币制度（international monetary system）、中央银行学（central banking）、公共财政学（public finance）、国际金融学（international finance）等。它们之间存在密切的联系，并在教学内容和课程设置上存在着某种程度的重叠，但由于缺乏统一的理论基础和方法论指导，只能处于分离松散的状态。伴随社会分工的精细化，继而出现学科交叉的趋势，如金融学和数学、统计学、工程学的交叉，金融学和心理学的交叉，金融学和法学的交叉，金融学和信息技术的交叉等。金融学分类体系的重新构建意味着金融学科分类逻辑的通畅和完备，同时各种学科之间的固有联系变得清晰，并紧密统一在一个完整的框架结构中，见图 0-1。

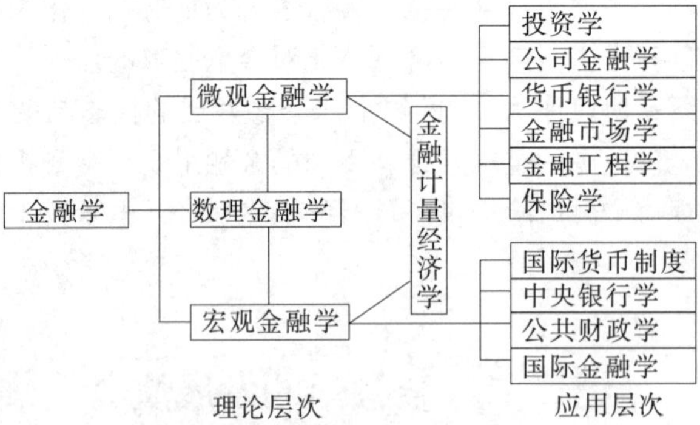


**图 0-1　现代金融学学科的构成图**

### （二）金融学的分类

金融学的分支学科所考察的金融现象发生在不同的层次之上，并存在着某种分工。一般认为微观金融学出现在 20 世纪 50 年代中期，与微观经济学类似，是一种价格理论，目标是寻找使得金融资产最优配置的合理价格体系。宏观金融学则是现代宏观经济学的货币版本。下面我们来具体讨论微观金融学和宏观金融学这两大主要分支。

1. *微观金融学*

微观金融学主要探究金融现象的微观基础。如同微观经济学一样，它实质上也是一种价格理论。微观金融学以实现市场均衡和获得合理的金融产品价格体系为其理论目标，研究和个体有关的内容，包括风险、收益、定价以及影响风险、收益、定价的市场结构和制度安排，受到实际工作的过多影响，它的一个重要任务是为资产定价。

微观金融学这门学科的主要研究方向包括资本成本理论、企业价值评估与资产定价理论、金融风险管理理论、投资组合理论、证券分析理论、金融市场微观结构理论等。一方面，在初步引入不确定性、时间等一些基本概念后，同微观经济学类似，微观金融学为了呈现理性决策的基础，需要建立个人偏好公理体系和效用函数理论。接着考察个人如何作出投资与消费决策，以使得个人终生效用最大化。另一方面是生产者的融资行为理论。它考察企业如何作出它们的投资与融资决策，通过合理的资本结构安排，使得所有者权益最大化。此外，另一资源跨期配置的支柱——金融中介机构——在金融过程中扮演什么角色，以及它与金融市场之间的关系也是微观金融分析的重要内容。

2. 宏观金融学

宏观金融学研究在一个以货币为媒介的市场经济中，如何实现高就业、低通货膨胀、国际收支平衡和经济增长，研究和总量有关的内容，包括货币、银行、利息和利率等。

宏观金融学是宏观经济学（包括在开放条件下）的货币版本，它着重于宏观货币经济（包括在开放条件下）模型的建立，并通过它们产生对于实现高就业、低通货膨胀、高经济增长和其他经济目标可能有用的货币政策结论和建议。

宏观金融学是由货币银行学、货币经济学发展而来的，货币银行学的核心内容是货币供给和需求、利率的决定以及由此产生的对于宏观金融经济现象的解释和相应的政策建议。可以说宏观金融学是主流宏观经济学的一种货币演绎。

## 二、微观金融学的发展

微观金融学起源于 20 世纪 50 年代的美国，其标志性的研究成果是引入无套利分析方法的投资组合理论和资本结构理论，之后，资本资产定价模型、套利理论以及期权定价理论陆续问世。随着金融经济学基本定理和不完全市场一般均衡理论的建立，20 世纪 80 年代，微观金融学的基本理论框架初步成形，其间的多项研究成果在 20 世纪 90 年代先后获得诺贝尔经济学奖。随着金融自由化和金融创新的兴起与发展，20 世纪 80 年代末和 90 年代初，金融工程学开始形成并快速发展。20 世纪 90 年代以后，微观金融学所具备的动态性和开放性使得该学科仍保持着较快的发展速度。

微观金融学试图解决如何在不确定性环境下进行最优决策的问题。克莱姆和伯努利首先对此问题进行了思考。20 世纪早期，费雪、希克斯、凯恩斯等进一步审视在不确定性环境下的决策问题。特别是马尔沙克在 1938 年就试图用均值-方差空间中的无差异曲线来刻画投资偏好。拉姆齐则开创性地提出了动态的个人（国家）终生消费与投资模型。主流经济学研究者的视野再次聚焦到时间和不确定性这两个问题上。冯·诺依曼-摩根斯坦期望效用公理体系的建立成为微观金融学的基础。

后续的研究者主要包括夏普、林特纳和莫辛。他们在对信息结构作出更大胆的假设后，推导出了一个由期望效用公理体系出发的单期一般均衡模型，即资本资产定价模型，由此奠定了现代投资学的基础。

对资产价格运动过程的性质的探索是现代微观金融学研究的又一条重要线索。在 20 世纪 70 年代，默顿和布里登使用贝尔曼开创的动态规划和伊藤随机分析技术，重新考察了包含不确定性因素的拉姆齐问题，即在由布朗运动等随机过程驱动的不确定性环境下，个人如何连续地作出消费和投资决策，使得终生效用最大化。他们推导出连续时间跨期资源配置的一般均衡模型——实际资产定价模型和消费资产定价模型。1970 年，尤金·法马提出了著名的有效市场假说（efficient market hypothesis，EMH）。该假说认为，如果相关信息没有扭曲而且充分反映在证券价格中，该市场就是有效的。有效市场假说的核心观点是，因为股票的价格已经充分反映了所有可能的信息——不管是公开的信息还是未公开的私人信息，因此想要战胜市场是不可能的。

☞**专栏 0-3**

**尤金·法马与罗伯特·希勒**

尤金·法马，2013 年诺贝尔经济学奖获得者。法马教授 1939 年 2 月 14 日出生于美国，1960 年毕业于马萨诸塞州塔夫茨大学，获得法文学士学位而不是经济类学位，随后在芝加哥大学商学院攻读 MBA 才开始接触经济类专业，并于 1964 年获得博士学位，现在是世界引用率最高的经济学家之一。法马教授最突出的贡献是在 1970 年于《金融》杂志上发表了著名的论文《有效资本市场：理论与实证研究回顾》，提出了有效市场假说。该论文对过去关于有效资本市场的研究做了总结并在此基础上得出重要结论：所有可能的信息都在股票价格中得到反映，且股票价格能对信息作出快速反应，因此任何人都无法战胜市场，也就无法获得超额收益。

罗伯特·希勒，2013 年诺贝尔经济学奖获得者。希勒教授 1946 年 3 月 26 日出生于美国底特律，1972 年获得麻省理工学院经济学博士学位，现任耶鲁大学经济系教授，为当代行为金融学的主要创始人。行为金融学不同于传统研究中的"理性人"假设，而是创造性地从人的心理、行为出发，解释了之前研究无法解释的金融市场现象，现在行为金融学已成为热门研究领域之一。

2013 年诺贝尔经济学奖在当地时间 10 月 14 日揭晓，美国经济学家尤金·法马、芝加哥大学教授拉尔斯·皮特·汉森以及美国经济学家罗伯特·希勒获奖，其中具有戏剧性的一点是，评选委员会将该奖项授予了对研究对象持相反意见的经济学家，即有效市场假说是尤金·法马最突出的贡献，而罗伯特·希勒却一直是有效市场假说的质疑者。评选委员会给出的说法是："他们三位发展出了资产定价研究新方法并将其用于对股票、债券和其他资产价格细节的研究之中。他们的方法已经成为学术研究的标准。他们的成果不仅给理论研究提供了指导，更有助于专业投资应用。"诺贝尔奖的公平性在此得到展现，我们也期待着这几位伟大的经济学家能够带来更多的研究成果。

1973 年，布莱克和斯科尔斯成功给出了欧式期权的解析定价公式，这激发了在理论和实际工作中大量运用这种方法的热情，导致了对于无套利的重新认识。随后，考克斯开创了基于无套利原则的风险中性定价法。Harrison 和 Paliska（1979）及 Harrison 和 Kreps（1981）证明了一个无套利的均衡体系可以通过等价鞅测度构建。

微观金融学还致力于研究市场结构问题，拉德纳提出，不需要无限种类和数量的金融资产也可以完成不确定性环境下的资源跨期配置。以德布鲁的一般均衡为蓝本，Duffie 和

Huang（1985）证明了多次开放的市场和有限数目的证券可以创造出无限的世界状态，这就成功地为德布鲁均衡提供了一个动态的答案，从理论上证明了资本市场存在的合理性和它对于有效跨期资源配置的重要性。

## 三、行为金融学的产生

如果把心理学与金融研究相结合的起点作为行为金融研究的开端，那么19世纪古斯塔夫·勒庞的《乌合之众》（*The Crowd*）和麦基的《非同寻常的大众幻想与全民疯狂》（*Extraordinary Popular Delusion and the Madness of Crowds*）是两本最早研究投资市场群体行为的经典之作。1951年，美国奥兰多商业大学的布鲁尔教授发表了《一种可用于投资研究的实验方法》一文，率先提出了用实验来讨论理论的必要性，文章提出构造实验来检验理论的思路，由此开拓了一个将量化的投资模型与人的行为特征相结合的金融新领域。在随后的1967年和1972年，该大学的教授鲍曼和斯诺维奇分别发表了《科学投资分析：科学还是幻想》和《人类判断行为的心理学研究》，呼吁关注投资者非理性的心理，更加明确地批评了金融学科片面依靠模型的治学态度，并指出金融学与行为学的结合应是今后金融学发展的方向。

心理学家卡尼曼和他的合作者特维尔斯基于1979年发表了文章《前景理论：风险状态下的决策分析》，为行为金融学的兴起奠定了坚实的理论基础，成为行为金融研究史上的一个里程碑。20世纪80年代中期以后，芝加哥大学的泰勒、耶鲁大学的希勒成为研究行为金融的第二代核心人物。1985年德邦特和泰勒的《股票市场过度反应了吗》一文的发表正式拉开了行为金融学迅速发展的序幕。Odean（1998）对处置效应的研究，Ritter（1991）对首次公开募股异常现象的研究，Kahneman et al.（1998）对过度反应和反应不足之间转换机制的研究等，对行为金融学的进一步发展起到了十分重要的作用。20世纪90年代中后期行为金融学更加注重研究投资者心理对最优组合投资决策和资产定价的影响。Shefrin和Statman（1994）提出了行为资本资产定价理论。2000年二人又进一步提出了行为组合理论。

行为金融学提出了两个基本假设：一是部分投资者因非理性和非标准偏好而作出非理性行为；二是具有标准偏好的理性投资者无法全部抵消非理性投资者对资产需求的影响。行为金融学认为投资者产生非理性行为的主要原因在于投资者的心理特点：（1）过度自信，过分相信自己的能力，在决策中总是高估自己的判断力。（2）回避损失，趋利避害。人们总是首先考虑避免损失，更注重损失带来的不利影响，然后才是获取收益。（3）时尚与从众心理。人们的相互影响在很大程度上改变人们的决策行为。（4）减少后悔与推卸责任。人们常选择可以减少后悔心理的决策方式，如委托投资方式、“随大流”、仿效多数投资者的投资行为等。

## 四、宏观金融学

宏观金融学经历了以下几个重要的发展阶段：

### （一）古典货币需求理论

古典“二分法”把经济分为两个相互独立的部分：实体领域和货币领域。实体领域的因素决定相对价格和生产要素的所得，构成价值理论。货币领域的因素决定一般物价水平，构成货币理论。经济学家多用瓦尔拉斯一般均衡体系研究价值理论，用货币数量方法研究货币理论。

**（二）凯恩斯货币需求理论**

凯恩斯在《就业、利息和货币通论》一书中从整个经济体系的总量分析入手，从宏观经济的角度来考察就业量、国民收入、国民生产、总供给、总需求、社会总消费和社会总投资等宏观变量。在总量分析的基础上，提出了“有效需求不足理论”。凯恩斯进一步认为，由消费需求和投资需求构成的有效需求，其大小主要取决于消费倾向、投资边际效率和流动性偏好三大基本心理因素以及货币数量。

**（三）弗里德曼对货币经济学的发展**

弗里德曼的货币需求理论是他的现代货币数量说的重要组成部分。弗里德曼认为：数量说首先是货币需求学说，它不是产出学说，也不是货币收入学说或价格学说。这一货币需求学说所要研究的是人们愿意持有的现金数量是由哪些因素决定的。弗里德曼摒弃了凯恩斯和凯恩斯学派从人们保持货币的动机出发来研究货币需求的方法，而只是把货币作为一种资产，一种持有财富的方式或“一种资本货物”，如同债券、股票、房屋、耐用消费品等一样。所以从弗里德曼看来，货币需求理论又是资本理论中的一个特殊论题。

**（四）新凯恩斯主义经济学派的观点**

新凯恩斯主义经济学派在吸纳并融合各学派理论之长、有批判地继承和发展原凯恩斯主义的基础上，试图建立起一种有微观理论基础的新凯恩斯主义宏观经济学。它们从微观层面入手，以不完全竞争、不对称信息为分析基础，提出各种各样的理论模型来论证工资、价格具有黏性，在此基础上坚持“非市场出清”这个最重要的假设，认为货币是非中性的，政府的经济政策能够影响就业和产量，市场的失效需要政府干预来发挥积极作用。

**（五）合理预期学派的观点**

20 世纪 70 年代初，在美国形成的合理预期学派，又称新古典宏观经济学派，是与货币学派、供给学派并驾齐驱的新经济自由主义流派之一。合理预期学派认为人们可以利用所能掌握的信息理性地进行经济决策。在此基础上，政府试图运用宏观经济政策来干预经济的努力会由于人们的理性预期而无法达到目标。合理预期学派的一个著名论断就是：货币政策是无效的。

## 思考与练习

**一、名词解释**

1. 金融
2. 金融创新
3. 互联网金融
4. 金融抑制
5. 金融深化
6. 经济金融化

**二、简答题**

1. 经济决定金融的表现有哪些?
2. 简述金融创新的特点。

**三、论述题**

1. 概述“金融深化论”的基本思想，并思考其政策含义。
2. 根据所学知识论述我国是否存在金融抑制现象。如果存在，应该如何加以解决?
3. 如何理解金融创新? 金融创新怎么影响货币政策?
4. 互联网金融给你的生活带来了什么改变? 请举例说明。

# 第1章 货币理论

⊙学习目标⊙

- 熟悉货币的职能、货币制度及货币流通规律和货币层次等；
- 掌握货币需求与供给的影响因素及实现货币供求均衡的条件；
- 了解古典学派及凯恩斯和货币学派的货币需求理论与货币供给理论。

## 第一节 货币概述

### 一、货币的定义及职能

#### （一）货币的起源及定义

关于货币起源的学说古今中外有很多。如中国古代的先王制币说、交换起源说，西方国家的创造发明说、便于交换说、保存财富说等。它们或认为货币是圣贤的创造，或认为货币是保存财富的手段，许多法学家甚至说货币是法律的产物。马克思认为，货币是交换发展和与之伴随的价值形态发展的必然产物。货币是一个历史的经济范畴，是随着商品和商品交换的产生与发展而产生的。货币是市场经济发展的产物，而不是发明、人们协商或法律规定的结果，是社会劳动和私人劳动矛盾发展的结果。

货币的形式大致经历了"实物货币—金属货币—信用货币"几个阶段。一般价值形式转化为货币形式后，有一个漫长的实物货币形式占主导的时期。贝壳、布帛、牛羊等都在历史上充当过货币。实物货币向金属货币转化。金属冶炼技术的出现与发展是实物货币向金属货币转化的重要技术保证。金属货币所具有的价值稳定、易于分割、便于储藏等优点，确非实物货币所能比拟，因此在一个相当长的历史时期内，金属货币都是主要的货币形式。信用货币产生于金属货币流通时期。早期的商业票据、纸币、银行券都属于信用货币范畴。随着信用的发展与大额交易的出现，信用货币逐步成为社会经济生活中的主要货币形式。近年来出现的电子货币是以电子和通信技术飞速发展为基础的。

马克思对货币进行了理论上的定义，即货币是固定充当一般等价物的特殊商品，它代表一定的社会关系。按照现在对货币的一般理解，货币被认为是一种由于具有普遍的可接受性而作为购买手段，并能清偿债务的支付工具。这一定义是建立在现实经济基础上的，主要含义有：第一，货币是用于媒介商品交换和支付债务的；第二，货币发挥作用的一个基本前提是“普遍可接受性”。

**（二）货币的形态**

按照货币的形态可以把货币分为：

*1. 足值货币*

足值货币的形式有：实物货币、金属货币（条块式金属货币、铸币）。

足值货币的特点主要有：(1) 本身具有内在价值；(2) 根据自身所含有的实际价值与其他商品交换；(3) 内含否定自身的基因。

*2. 表征货币*

表征货币是指代表足值货币执行货币基本职能的货币形态，是纸质货币符号。表征货币的特点是可以自由兑换。

*3. 信用货币*

信用货币是指以信用为保证，通过信用程序发行的、充当流通手段和支付手段的货币形态。其实质是信用工具，其本身并无内在价值。现代信用货币以银行为发行主体，通过信用程序发行，国家赋予无限法偿能力。其具体形式有：现金货币和存款货币。

*4. 电子货币*

现阶段大多数电子货币是以既有的实体货币（现金或存款）为基础存在的，具备“价值尺度”和“贮藏手段”职能，且电子货币与实体货币之间能以 1∶1 比率交换。作为支付手段，大多数电子货币又不能脱离现金或存款，它用电子化方法传递、转移，以清偿债务实现结算。

**（三）货币的职能**

由于货币属于商品，它同所有商品一样具有使用价值和交换价值。当处在不同形式的价值运动中的时候，货币所表现出来的作用也不尽相同。一般而言，货币具有以下五种职能：价值尺度、流通手段、贮藏手段、支付手段和世界货币。其中，价值尺度和流通手段是货币的基本职能。另外三种职能则是在前两者的基础上形成的派生职能。

*1. 价值尺度*

价值尺度是货币作为社会劳动的直接体现。货币本身作为一种商品，可以以自己为标准，与其他商品进行量的比较，此时商品的价值形式就转化为价格形式，商品通过货币表达的价值形式即为价格。当货币执行价值尺度这一职能时，货币只需要以想象中的或是观念上的形式存在就可以了，然而它的单位则必须依赖于现实中流通的货币。正是由于货币的价值尺度职能，人们可以将不同形式的商品先转化为货币的价格形式，然后再与其他商品进行交换。货币本身作为商品也存在不同货币之间量的差别，因此人们为货币制定了一个量的标准，即规定价格标准（有时也称价格标度）。

2. 流通手段

货币的流通手段职能使商品的交换有了可能。流通手段是价值尺度职能的发展。货币的产生使商品之间的交换由直接的物物交换变成了以货币为媒介的交换，即由“商品—商品”变成了“商品—货币—商品”。两者之间不仅存在形式上的区别，也存在性质上的区别。

3. 贮藏手段

贮藏手段是货币退出流通领域被人们当作独立的价值形态和社会财富的一般代表保存起来的职能。贮藏手段职能是在价值尺度和流通手段职能的基础上产生的。货币作为价值尺度，是其他一切商品的价值代表，流通手段职能可以使货币购买其他一切商品，因此货币才能作为社会财富的一般代表，才具有了贮藏的价值。

4. 支付手段

当货币不是用作交换的媒介，而是作为价值的独立运动形式进行单方面转移时，就执行着支付手段职能。货币的这个职能直接产生于以延期付款方式买卖商品的活动之中。当货币作为支付手段时，等值的商品和货币在交换过程的两极不再同时出现，货币不再是交换的媒介，而是补充交换行为的一个环节，作为交换价值的绝对存在，独立地结束商品交换的整个过程。

5. 世界货币

当商品流通超越国界，扩大到世界范围，货币的职能作用也随之发展。货币超越国内流通领域，在国际市场上充当一般等价物的时候就执行着世界货币职能。世界货币职能具体表现为：(1) 作为国际支付手段，用于平衡国际收支差额；(2) 作为国际购买手段，用于购买外国商品；(3) 作为社会财富的代表，由一国转移到另一国，如支付战争赔款、对外援助等。

☞专栏 1-1

### 比特币

2009 年，比特币（Bitcoin）诞生了。与传统货币不同的是，比特币完全不依赖中央银行、政府、企业的支持或者信用担保，即不需要由中央银行和第三方机构发行，而是依赖对等网络中种子文件达成的网络协议，建立在全球去中心化网络系统上，同时它的货币总量逐步增加，但增加速度放缓，最终在 2140 年达到2 100万个的极限，这样的货币体制在理论上确保了任何人、机构或政府都不可能通过操控比特币的货币总量来制造通货膨胀。

2013 年 12 月 5 日，中国人民银行等五部委发布《关于防范比特币风险的通知》。这一通知强调比特币不是货币，只是一种虚拟商品，金融机构和支付机构不得开展与比特币相关的业务。2014 年 3 月中旬，中国人民银行下发了《关于进一步加强比特币风险防范工作的通知》，该文件要求各银行和第三方支付机构在4月15日前关闭15家境内比特币交易平台的所有账户。自2017年1月24日起，中国三大比特币平台为防止价格剧烈波动，正式开始收取交易费。同时在过去几年中，比特币的交易价格暴涨暴跌，甚至沦为洗钱的工具，风险极大。因此境内投资者们要清楚认识到比特币的风险，交易需谨慎。

### 二、货币流通

货币作为媒介在交易的过程中必然存在货币的流通。货币流通是指货币作为流通手段和支付手段，在流通中形成连续不断的运动，具体表现为货币的不断收支活动，既包括商品流通引起的货币收支活动，也包括非商品流通引起的货币收支活动。

#### （一）货币流通的形式

货币流通有现金流通和非现金流通两种形式。纸币与铸币的流通称为现金流通。转账结算是存款货币流通，称为非现金流通，它是指各企业单位或个人，在银行存款的基础上，通过在银行存款账户上划转款项的办法进行的货币收付活动。

以转账结算方式进行的存款货币流通是货币流通的主要形式，而且科学技术越进步和信用制度越发达的国家，转账结算这种存款货币的流通形式在整个货币流通中所占的比重就越大。现金流通与转账结算同属于广义货币流通范围，两者之间既有联系又有区别。

#### （二）商品流通与货币流通的关系

商品流通是指以货币为媒介的商品交换。货币流通是指在商品交换中，货币作为购买手段，从一个所有者手中转到另一个所有者手中的不断运动。货币流通是由商品流通引起的，没有商品流通，就不可能有货币流通，货币流通是为商品流通服务的；商品流通是货币流通的基础，而货币流通是商品流通的表现形式。

#### （三）货币流通规律

按照马克思的理论，货币流通规律是指在商品流通中有关货币需求量的规律。在一定时期流通中所需要的货币量取决于实现的商品数量、商品价格水平和货币流通速度，这是在市场经济社会中不以人的意志为转移的客观经济规律。凡是在有商品和货币的地方，这一规律就必然存在并发生作用。

## 第二节　货币制度

### 一、货币制度的演变及构成要素

货币制度，简称“币制”，是一个国家以法律形式确定的该国货币流通的结构、体系与组织形式。系统的货币制度是在资本主义经济制度产生之后形成的。资本主义经济制度的核心是统一的市场，而统一的市场需要有统一、稳定和规范的货币制度。

#### （一）货币制度的演变

1. 银本位制

银本位制是以白银为本位货币的货币制度。有银两本位和银币本位两种类型。银两本位是以白银重量“两”为价格标准实行银块流通。银币本位则是国家规定白银为货币金属，并要求铸成一定形状、重量和成色的银币。

2. 金银复本位制

金银复本位制是指金、银两种铸币同时充当本位币的货币制度。基本特征是：第一，金、银两种铸币同时充当法定币材，黄金用于大额批发交易，白银用于小额零星交易；第二，金、银两种铸币都可以自由铸造、自由出入国境，都有无限法偿能力；第三，金币和银币之间，金币、银币与货币符号之间都可以自由兑换。

**专栏 1-2**

2007年，宋鸿兵出版了《货币战争》系列丛书，引起了非常大的反响，而且被翻译成多种语言畅销海外。虽然喜欢这部书的人很多，但是持质疑态度的也大有人在。

支持这部书的人认为宋鸿兵以讲故事的叙述方式讲解了货币战争，吸引了很多其他行业的读者对金融行业进行了解，科普了很多金融知识，如神秘的罗斯柴尔德家族、美联储、英格兰银行等。

质疑的人认为宋鸿兵在书中有故意夸大的成分，用“阴谋论”来解释事件的发生，而且一些错误也很明显，如美联储股东有几千家而不是只有几家。

一千个读者就有一千个哈姆雷特，每个人的感受都不一样。尽信书则不如无书，保持独立的思考很重要。

3. 金本位制

金本位制就是以黄金为本位币的货币制度，英国是世界上最早实行金本位制的国家(1816年《金本位制法案》)。在历史上，曾有过三种形式的金本位制：金币本位制、金块本位制、金汇兑本位制。

4. 不兑现的信用货币制度

不兑现的信用货币制度是以不兑现的信用货币作为流通中货币主体的货币制度。币值的确定和外汇汇率的制定与贵金属的价值无关，主要取决于货币当局对纸币数量的管理。黄金只是国际储备资产的一部分，用于国际清算。

**(二) 货币制度的构成要素**

货币制度一般说来应包括如下内容：

1. 规定货币材料

货币材料简称“币材”，是指用来充当货币的物质，确定不同的货币材料就构成不同的货币本位，确定用黄金充当货币材料就构成金本位，用白银充当货币材料就构成银本位。确定以哪一种物质作为币材，是一国建立货币制度的首要步骤。国家不能随心所欲任意指定某种物品作为货币材料，否则，在现实经济活动中是行不通的。目前世界各国都实行不兑现的信用货币制度，货币制度也不再对币材作出规定。

2. 规定货币单位

货币单位是指货币制度中规定的货币计量单位。货币单位的规定主要有两个方面：一是规定货币单位的名称，如美元、英镑、日元等；二是确定货币单位的“值”。在金属货币条件下，货币的值就是每一货币单位所包含的货币金属重量和成色。在不兑现的信用货币尚未完全脱离金属货币制度时，确定货币单位的值主要是确定货币单位的含金量；当黄金非货币化后，则主要表现为确定或维持本国货币与他国货币或世界主要货币的比价，即汇率。

3. 规定流通中的货币种类

规定流通中的货币种类主要是指规定主币和辅币。主币就是本位币，是一个国家流通中的基本通货，一般作为该国法定的价格标准。主币的最小规格通常是 1 个货币单位，如 1 元、1 英镑等，也有少数国家规定为货币单位的整倍数，如 10 或 100 个货币单位。一个国家一般只有一种主币。在金属货币制度下，主币是指用金属货币材料按照国家规定的货币单位铸造的货币；在信用货币制度下，主币的发行权集中于中央银行或政府指定的发行银行。

辅币是本位货币单位以下的小面额货币，它是本位币的等分，其面值多为货币单位的 1%、2%、5%、10%、20%、50%几种，主要解决商品流通中不足 1 个货币单位的小额货币支付问题。

4. 对货币法定支付偿还能力的规定

在国家干预货币发行和流通的情况下，都是通过法律对货币的支付偿还能力作出规定，即规定货币是无限法偿还是有限法偿。

无限法偿是指不论支付数额多大，不论属于何种性质的支付（购买、还账、缴税等），对方都不能拒绝接受。中央银行发行的纸制货币具有无限法偿能力。

有限法偿是指在一次支付中，若超过规定的数额，收款人有权拒收，但在法定限额内不能拒收。有限法偿主要是针对辅币而言的，因为辅币从一开始就是不足值货币，国家为了使自己铸造或发行的辅币能够被人们接受进入流通，就以法律形式规定其在一定金额内不能拒收，只有超过规定数额后才能拒收。

5. 规定货币铸造发行的流通程序

在金属货币流通条件下，辅币都是由国家铸造发行的，信用货币出现后，最初是分散发行的，例如银行券在早期是由各个商业银行自主发行的，但后来为了解决银行券分散发行带来的混乱问题，各国逐渐通过法律把银行券的发行权收归中央银行。

6. 货币发行准备制度的规定

货币发行准备制度是指中央银行在货币发行时须以某种金属或某几种形式的资产作为其发行货币的准备，从而使货币的发行与某种金属或某些资产建立起联系和制约关系。在金属货币制度下，货币发行以法律规定的贵金属金或银作为准备。在现代信用货币制度下，货币发行准备制度已经与贵金属脱钩，多数国家都采用以资产主要是外汇资产做准备，也有的国家以物资做准备，有些国家的货币发行采取与某个国家的货币直接挂钩的方式，例如钉住美元、欧元或英镑等。

## 二、国际货币制度

国际货币制度，也称国际货币体系，是支配各国货币关系的规则以及国家间进行各种交易支付所依据的一套安排和惯例。国际货币制度通常是由参与的各国政府磋商而定，一旦商定，各参与国都应自觉遵守。

国际货币制度一般包括三个方面的内容：

(1) 国际储备资产的确定。规定使用何种货币作为国家间的支付货币，哪些资产可用作清算国际收支逆差、维持汇率以及可被普遍接受的国际储备资产，一国政府应持有何种国际储备资产用以维持和调节国际收支。

(2) 汇率制度的安排。不同国家根据自身发展实际对本国货币与他国货币的比价按照何种原则与方式确定，在调整与维持汇率时采用何种方法，界定管理汇率的组织机构，这一系列的系统安排和规定就是汇率制度的安排，是国际货币制度的重要组成部分。

(3) 国际收支的调节方式。理想的国际货币制度应该能够促进国际贸易和国际经济活动的发展，保证国际货币秩序的稳定，提供足够的国际清偿能力并保持对国际储备资产的信心、保证国际收支的失衡能够得到有效而稳定的调节。

迄今为止，国际货币制度经历了从国际金本位制到布雷顿森林体系，再到牙买加体系的演变过程。

### (一) 国际金本位制

国际金本位制真正形成于19世纪70年代，以西方各主要资本主义国家普遍采用金本位制作为标志。第一次世界大战以前的金本位制是典型的国际金本位制。

金本位制是指以黄金作为本位货币，建立流通中各种货币与黄金间固定兑换关系的货币制度。根据货币与黄金的联系程度，金本位制主要有三种形式：金币本位制、金块本位制和金汇兑本位制。

从金币本位制到金块本位制，再到金汇兑本位制，有以下特点：

第一，货币和黄金的联系越来越弱。严格的金本位制要求货币与黄金之间能够随时随地无限制地自由兑换。而在金汇兑本位制框架下货币与黄金的自由兑换受到一定限制。

第二，实行金块本位制，金币不再流通，货币的可自由兑换性受到限制，可以节约国内经济交易中所需的黄金。实行金汇兑本位制则因大量持有外汇而不仅可以节约国内经济交易所需的黄金，还可以节约国际经济交易所需的黄金。

### (二) 布雷顿森林体系

在第二次世界大战爆发后，整个资本主义世界无一例外地都出现了剧烈的通货膨胀。欧洲各国为恢复和发展国内经济，从美国进口大量商品，美国的黄金储备迅速增长，国际收支大量逆差和黄金外汇储备不足导致多数国家加强了外汇管制。这种情况对美国的对外扩张是一个严重障碍。美国力图使西欧各国货币恢复自由兑换，并为此寻求有效措施。

1944年7月在美国新罕布什尔州的布雷顿森林召开的由44国参加的联合国与联盟国家国际货币金融会议通过了以《怀特计划》为基础的《联合国货币金融会议最后决议》及两个附议，即《国际货币基金协定》和《国际复兴开发银行协定》，总称《布雷顿森林协定》。这个协定建立了以美元为中心的国际货币体系，即布雷顿森林体系。布雷顿森林体系的主要内容为：

1. 建立一个永久性的国际金融机构即国际货币基金组织（International Monetary Fund，IMF）

国际货币基金组织是战后国际货币制度的核心，它的各项规定构成了国际金融领域的基本秩序。它通过对成员进行监督、磋商和融通资金，在一定程度上维持着国际金融形势的稳定。国际货币基金组织通过国家间的货币合作与多边支付体系的构建力图消除外汇管制。

2. 规定以美元作为最主要的国际储备货币，实行黄金-美元本位制

各国确认 1944 年 1 月美国规定的 35 美元一盎司的黄金官价，每一美元的含金量为 0.888 671 克黄金。各国政府或中央银行可按官价用美元向美国兑换黄金。

3. 实行可调整的固定汇率制度

《国际货币基金协定》规定，各国货币对美元的汇率一般只能在法定汇率上下各 1%的幅度内波动。若市场汇率超过法定汇率 1%的波动幅度，各国政府有义务在外汇市场上进行干预，以维持汇率稳定。若成员法定汇率的变动超过 10%，就必须得到国际货币基金组织的批准。

4. 调节国际收支

《国际货币基金协定》规定，成员在国际货币基金组织认缴的份额的 25%需以黄金或可兑换成黄金的货币缴纳（黄金份额贷款），其余则以本国货币缴纳。当成员发生国际收支逆差时，可用本国货币向国际货币基金组织按规定程序购买一定数额的外汇（即借贷），并在规定时间内以购回本国货币的方式偿还借款。成员所认缴的份额越大，得到的贷款也越多。贷款只限于成员用于弥补国际收支赤字，即用于经常项目的支付。

布雷顿森林体系促进了战后经济的恢复和发展，促进了国际贸易的发展和多边支付体系、多边贸易体系的建立和发展，同时也有利于放松外汇管制和贸易自由化，并对国际资本流动和 20 世纪 60 年代的国际金融一体化起到积极的推动作用。

**（三）《牙买加协议》**

1976 年 1 月，国际货币基金组织国际货币制度临时委员会在牙买加举行会议，会议的最大成果就是达成了著名的《牙买加协议》。

《牙买加协议》的主要内容包括三个方面，即汇率制度、储备制度和资金融通问题。

1. 汇率制度

《牙买加协议》认可了浮动汇率的合法性。《牙买加协议》指出，国际货币基金组织同意固定汇率和浮动汇率的暂时并存，但成员必须接受国际货币基金组织的监督，以防止出现各国货币竞相贬值的现象。

2. 储备制度

该协议明确提出黄金非货币化并取消成员之间、成员与国际货币基金组织之间以黄金清偿债务的义务，成员可以按市价在市场上买卖黄金；确定以特别提款权（SDR）为主要的储备资产，将美元本位改为特别提款权本位。

**☞专栏 1-3**

2015 年 11 月 30 日，国际货币基金组织宣布将人民币纳入 SDR 货币篮子。2016 年 10 月 1 日，人民币正式加入 SDR 货币篮子，人民币初始权重为 10.92%，美元、欧元、日元、英镑权重分别为 41.73%、30.93%、8.33%、8.09%，人民币超越了日元与英镑成为 SDR 货币篮子中的第三大储备货币，这

将是人民币国际化的重要里程碑。

人民币加入SDR货币篮子将推动人民币国际化进程，提高人民币的国际公信力，增加各国对人民币资产的配置比例，尤其对“一带一路”倡议有极大的推动作用。这些不仅将为中国国际金融中心建设带来重大机遇，提升人民币的影响力，为中国国内经济建设以及国家战略开发项目带来新的机会，同时有助于金融市场国际化，大大促进金融市场的改革和创新，尤其是大的中心城市的金融市场国际化。

北京作为金融决策中心与清算中心，上海作为金融要素市场的集聚中心与人民币业务创新中心，香港作为最重要的人民币离岸中心，在人民币加入SDR货币篮子之后，这三个中心城市在国际化方面将获得进一步的发展机遇，提升其在国际金融领域的影响力，有助于中国国际金融中心的建设。

3. 资金融通问题

国际货币基金组织用出售黄金所得的收益建立信托基金，以优惠条件向最贫穷的发展中国家提供贷款。

牙买加会议后，国际货币制度进入了一个新时期。它体现在国际储备多元化、汇率制度多元化、国际收支调节多样化三个方面：

（1）尽管《牙买加协议》提出用特别提款权代替美元的方案，但是由于特别提款权只是一个记账单位，现实中需要有实在的货币作为国际经济交往的工具，客观上使国际储备多元化。

（2）《牙买加协议》的接纳精神是为了避免成员竞争性货币贬值的出现，因此只要各国的汇率制度是相对稳定或合理的，它就可以合法存在。这是《牙买加协议》能够获得广泛认可的重要因素之一。

（3）从国际收支的调节来看，在允许汇率调整的情况下，各国国际收支调节的政策选择增加了。各国既可动用本国储备，又可借入国外资金或国际货币基金组织的贷款，也可以调整汇率，所以在新的国际货币制度下，成员具有较大的灵活性，强调利用国内经济政策消除国际收支不平衡。

## 三、区域性货币制度

区域性货币制度是指由某个区域内的有关国家通过协调形成一个货币区，由联合组建的一家中央银行来发行与管理区域内的统一货币的制度。区域货币一体化的发展增强了区域内各国之间的经济合作，改变了世界范围内各经济力量的对比，从而改变了世界经济和国际金融格局，对国际金融和国际贸易将产生深远的影响。从长远来看，它将是建立新的国际货币体系的基本方面。

☞专栏 1-4

### 欧洲货币一体化进程

1957年，联邦德国、法国、比利时、荷兰、卢森堡、意大利6国签署《罗马条约》，欧洲经济共同体（欧共体）宪章出台。1979年3月，欧共体当时的12个成员正式开始实施欧洲货币体系（EMS）建设规划。1991年12月，欧共体12个成员在荷兰马斯特里赫特签署了《政治联盟条约》和《经济与货币联盟条约》，欧共体更名为欧盟。1994年成立了欧洲货币局，1995年12月正式决定欧洲统一货币的名称为欧元。1998年7月1日欧洲中央银行正式成立，1999年1月1日欧元正式启动，从2002年1月1日起，欧元的钞票和硬币开始流通，欧元的钞票由欧洲中央银行统一设计，由各国中央银行负责印刷发行，而欧元硬币的设计和发行由各国分头完成。2002年7月1日，各国原有的货币停止流通，欧元正式成为各成员统一的法定货币。

20世纪60年代后，一些地域相邻的欠发达国家首先建立了货币联盟，并在联盟内成立了由参加国共同组建的中央银行，这种跨国的中央银行为成员发行共同使用的货币和制定统一的货币金融政策。20世纪70年代末欧洲开始了货币一体化进程。目前，实行区域性货币制度的国家主要在非洲、东加勒比地区和欧洲，西非货币联盟制度、中非货币联盟制度、东加勒比货币联盟制度、欧洲货币联盟制度都属于区域性货币制度。

### 四、货币层次的划分

货币层次是指不同范围的货币概念，即根据变现能力的强弱所划分的特定类型。

1. 划分货币层次的标准

货币层次的划分是指对流通中各种货币形式按不同的统计口径划分为不同的层次。各国中央银行在划分货币层次时，都以流动性作为划分的依据和标准。

流动性是指金融资产能够及时转变为现实购买力，并使持有人不蒙受损失的能力。流动性越强的金融资产，现实购买力也越强。在具体划分货币层次时，按照流动性标准可考虑如下因素：一是货币周转速度的快慢；二是存款变现率的高低；三是货币作为购买力的活跃程度。此外，也可以根据中央银行宏观调控的需要，确定调控重点，划分货币层次。

2. 货币层次

M0＝流通中的现金

M1＝M0＋企业活期存款＋机关团体部队存款＋农村存款＋个人持有的信用卡存款

M2＝M1＋城乡居民的储蓄存款＋企业存款中具有定期性质的存款＋外币存款＋信托类存款

M3＝M2＋金融债券＋商业票据＋大额可转让定期存单

M1是通常所说的狭义货币供给量，M2是广义货币供给量，M3是考虑到金融不断创新的现状而增设的。

## 第三节　货币供求理论

货币理论分为两部分，分别是货币需求理论和货币供给理论。

## 一、货币需求理论

### （一）货币需求的概念和种类

自货币产生以来就存在着对货币的需求，以便用于购买支付或用于价值保存等。在高度货币化的现代经济社会里，一切经济活动都离不开对货币的需求。货币需求在经济学意义上是指有效需求，人们希望得到或持有货币的意愿，以及人们得到或持有货币的能力。

货币需求大致可分为消费性需求和投资性需求两大类。消费性需求是指为满足人们消费性开支而需要持有的货币量。消费性需求主要用于购买消费资料，其量的多少与社会的消费需求紧密相连。投资性需求是指为满足人们的投资性开支而需要持有的货币量。投资性需求主要用于购买各种生产资料，其量的多少与社会的投资需求息息相关。

### （二）古典学派的理论——货币数量论

1. 费雪的货币数量论

20 世纪初，美国经济学家欧文·费雪提出了交易方程式，也被称为费雪方程式。这一方程式为：

$$MV=PY$$

其中，$M$ 为货币数量，$V$ 为货币流通速度，$P$ 为物价水平，$Y$ 为各类商品的交易总量。

根据这一方程式，$P$ 的值取决于 $M$、$V$、$Y$ 三个变量。在这三个经济变量中，$M$ 是一个由模型之外的因素所决定的外生变量；$V$ 是由制度因素决定的，而制度因素变化缓慢，因而可视为常数；$Y$ 与产出水平保持一定的比例，也是大体稳定的。因此，$P$ 和 $M$ 的关系最重要，$P$ 的值将主要取决于 $M$ 的变化。

交易方程式虽然主要说明 $M$ 的决定，但当把 $P$ 视为既定的价格水平时，则：

$$M=\frac{PY}{V}$$

上式说明，在既定的价格水平下，所需要的名义货币数量与交易总量具有一定的比例关系，这个比例就是 $\frac{1}{V}$。换言之，要使价格保持既定水平，只有当货币数量与交易总量保持一定比例关系才能实现。

2. 剑桥学派的理论

在费雪发展他的货币数量论观点的同时，以马歇尔和庇古为首的英国剑桥大学的经济学家也在研究同样的问题，并提出了剑桥方程式。剑桥学派在研究货币需求问题时重视微观主体的行为。他们从人们保有货币的动机出发说明货币数量对货币价值的决定作用，认为货币与物价之间的关系取决于人们手中保有的货币数量。剑桥方程式被称为现金余额方程式，其表述如下：

$$M=KPY \text{ 或 } P=\frac{M}{KY}$$

其中，$M$ 代表一国的货币供给总量，$Y$ 代表实际国民收入或国民总产值即总产量，$P$ 代表平均物价水平或货币价值的倒数，$K$ 代表人们手中通常持有的货币数量（现金余额）与以货币计算的国民收入（或国民总产值）之间的比例。

### （三）凯恩斯的流动性偏好理论

凯恩斯认为作为价值尺度的货币具有两种职能：其一是交换媒介或支付手段，其二是价值贮藏。货币与其他资产形式相比，具有使用方便灵活的特点。凯恩斯据此把人们持有货币的动机分为三种，即交易动机、预防动机和投机动机。凯恩斯把人们对货币的需求称为流动性偏好。流动性偏好表示人们喜欢以货币形式保持一部分财富的愿望或动机。

1. 交易动机

交易动机是指人们为了应付日常交易的需要而持有一部分货币的动机。在任何收入水平上，无论是家庭还是厂商都需要作为交易媒介的货币。因为就个人或家庭而言，一般是定期取得收入，但经常需要支出，例如家庭需要用货币购买食品、服装等，所以为了购买日常需要的生活资料，它们经常要在手边保留一定量的货币。就厂商而言，它们取得收入（货款）也是一次性的，但是为了应付日常零星的开支，如购买原材料、支付工人工资，它们也需要经常保有一定量的货币。

由交易动机引起的货币需求与人们的收入水平密切相关。当人们的收入增加时，人们的消费水平会有所提高，消费量增大，人们满足日常交易所需的货币量也增加。由此可见，由交易动机所引发的货币需求是收入的增函数，随着收入的增加而增加。

2. 预防动机

预防动机是人们为了预防意外支付而持有一部分货币的动机，即人们需要货币是为了应付不测之需，如为了支付医疗费用、应付失业和各种意外事件等。虽然个人对意外事件的看法不同，从而为满足预防动机所需要的货币数量不同，但从整个社会来说，货币的预防动机需求与收入密切相关。因而由预防动机引发的货币需求也被认为是收入的函数，与收入同方向变动。

3. 投机动机

人们宁愿持有不能生息的货币的另一个原因是持有货币可以进行投机性债券买卖。投机动机是人们为了抓住购买生息资产（如债券等有价证券）的有利机会而持有一部分货币的动机。一般而言，债券价格与市场利率之间存在着一种反向变动关系，即债券价格＝债券固定利息收益/市场利率。显然，市场利率上升，债券价格下降；市场利率下降，债券价格上升。正是市场利率与债券价格之间的这种反向变动关系使得市场利率对出于投机动机的货币需求有决定性的影响。

凯恩斯指出，在任一时刻，人们心目中有着某种“标准”利率。如果市场利率高于“标准”利率，在这种场合下他认为市场利率将会下降，也就是债券的价格将会升高，于是他就会买进债券，以便日后利率下降、债券价格上涨时再卖出债券换回货币。反之，如果市场利率低于“标准”利率，在这种场合下他认为市场利率将会上升，也就是债券的价格将会下降，于是他就会卖出债券换回货币，以便日后利率上升、债券价格下跌时再买进债券。由此可见，出于投机动机的货币需求是利率的减函数，较低的利率对应着一个较大的投机货币需求量，较高的利率则对应着一个较小的货币需求量。

在解析了以上三种货币需求动机的基础上，凯恩斯得出的货币需求函数如下：

$$M=M_1+M_2=L_1(Y)+L_2(I)$$

式中，$M_1$ 为由交易动机和预防动机决定的货币需求，是收入的函数；$M_2$ 为投机性货币需求，是利率的函数；$L$ 为流动性偏好函数，货币具有流动性，所以流动性偏好函数也就相当于货币需求函数。

☞专栏 1-5

**凯恩斯之后的其他货币需求理论**

在第二次世界大战以后，西方学者们针对凯恩斯货币需求理论做了进一步发展，补充完善了凯恩斯的货币需求理论。

1. 鲍莫尔-托宾模型

20 世纪 50 年代，威廉·鲍莫尔和詹姆斯·托宾发展了凯恩斯的交易性货币需求，独立创造了存货法的货币需求理论，该理论被称为鲍莫尔-托宾模型，也被称为“平方根理论”。其研究的主要结论是在交易需求层面，货币需求对利率是敏感的。这个模型认为人们持有货币是有机会成本的，如若持有债券将获得利息收入，但是持有债券将付出交易成本，持有货币将避免交易成本。只要利息收入大于交易成本，那么人们就会选择置换货币和债券。当利率上升时，持有货币的机会成本也增大，但是只要持有货币的机会成本依然大于持有债券的交易成本，人们就愿意放弃一部分货币而持有债券，获得利息收入，反之亦然。因此交易需求对货币是敏感的，即交易需求与利率负相关。

2. 惠伦模型

1966 年美国经济学家惠伦针对预防性货币需求得出“立方根定律”，即惠伦模型。该模型论证了预防性货币需求也受利率的影响，从而修正了凯恩斯关于预防性货币需求对利率不敏感的观点。惠伦认为，人们的预防性货币需求来自对未来的不确定性，总要多预留一部分货币来应对未来发生的不测之事，这部分货币就是预防性货币需求。但是由于持有货币需要付出成本，即将这部分货币用于购买债券将获得利息收入，因此持有货币的机会成本取决于市场利率，利率越高，持有货币的机会成本越大，预防性货币需求越小。预防性货币需求与利率负相关。

3. 托宾模型

詹姆斯·托宾对凯恩斯的投机需求理论进行了完善发展。凯恩斯的投机需求理论认为人们是持有债券还是持有货币完全取决于债券的利率，但现实中人们由于预期利率的不确定性往往既持有货币也同时持有债券。因此托宾认为购买债券是有风险的，人们持有货币还是债券不仅考虑债券的利率，还要考虑债券的风险。风险越大，持有的债券数量越少。因此收益带来的正效用随着收益的增加而减少，风险的负效用随着风险的增加而增加。为了使总效用最大化，人们往往在货币与债券之间进行组合，模型最后的结论是货币的投机需求与利率负相关。

**(四) 货币主义的货币需求理论**

货币主义是一个与凯恩斯主义和凯恩斯学派直接对立的西方经济学流派，它形成了自己的一套独具特色的理论观点和政策主张，其代表人物是美国芝加哥大学教授弗里德曼。

☞专栏 1-6

### 米尔顿·弗里德曼的三次访华

用学术贡献和社会影响力来衡量，诺贝尔经济学奖得主米尔顿·弗里德曼可以说是20世纪世界范围内最重要的经济学家。这位学术界的大人物对中国有着浓厚的兴趣。在他与其夫人罗斯合著的《两个幸运的人：弗里德曼回忆录》中，除了美国之外，另一个占据篇幅最大的国家就是中国。

1980年、1988年、1993年，弗里德曼三次来华访问。他在书中写道："对中国的三次访问是我一生中最神奇的经历之一。"

1980年的访问是唯一一次由官方正式邀请的访问。邀请者是中国社会科学院世界经济研究所。邀请者希望弗里德曼就世界经济、通货膨胀、计划经济社会中市场的运用等问题发表演讲。这时的中国刚提出改革开放，他发现此时的中国人对经济问题知之甚少，对市场体制运作的方式基本上一无所知。弗里德曼这时对中国的判断是改革刚刚开始，并且不能排除出现反复的可能。

1988年，主要是在张五常的安排下，弗里德曼第二次访华。这次访华是三次中最重要的一次，这不仅是由于弗里德曼见到了当时中国的主要中央领导人，而且由于访问的范围更大，弗里德曼得以对中国有了更深入的观察和了解。同时，弗里德曼的自由经济观点在当时中国改革持续深入的情况下得以更清晰地传递给中国的决策者和学术界。在这次访问中，弗里德曼在各地走访了许多正在蓬勃发展的商品市场。在这些市场中，他真实感受到了中国经济发展的生机和活力，也看到了中国进一步改革面对的核心问题，那就是政府是否愿意为了经济发展而放弃自己的某些特权。

1993年，弗里德曼第三次访华。这时的中国改革在经历了反复以后重新开始快速发展。除了北京和上海以外，弗里德曼还访问了成都和重庆等地。私营企业、民间商业的发展给弗里德曼留下了深刻印象。但这时中国政府的改革方向似乎与1988年有所不同。政府开始强调日本与韩国式的对经济的控制，认为这是未来的方向。弗里德曼显然无法同意这一点。但这时的中国已经不再像改革初期那样尽量地吸收外界知识了。但这时弗里德曼关于市场与政府关系的观点倒更符合中国的现实问题。

在三次访华中，弗里德曼近距离地观察了一个从计划经济体制走向市场经济体制的社会的变迁过程，他尽力向中国人介绍了他关于自由市场制度的知识，表达了自己的思想观念。作为一个经济学家，他很好地完成了自己的任务，深入影响了一大批中国人。可以说，在这十几年中，弗里德曼原有的在世界范围内的影响力扩展到了中国，而中国也因此受益良多。

资料来源：http：//finance.sina.com.cn/economist/pingyixueren/20061119/05403090469.shtml.

货币主义对货币需求的分析同样以微观主体行为作为始点，并吸收了包括凯恩斯在内的经济学家对货币需求理论的推进成果，对货币需求量的各种因素进行了深入分析，建立了独具特色的货币需求函数：

$$M=F(Y,W,\frac{1}{P}\frac{\mathrm{d}P}{\mathrm{d}t},r_m,r_b,r_e,U)$$

其中，$M$ 表示名义货币需求量，$P$ 表示一般物价水平，$Y$ 表示按不变价格计算的实际收入，$W$ 表示非人力财富占总财富的比率，$r_m$ 表示预期货币名义收益率，$r_b$ 表示固定收益债券的收益率，$r_e$ 表示非固定收益债券（股票）的收益率，$\frac{1}{P}\frac{\mathrm{d}P}{\mathrm{d}t}$表示预期物价变动率即实物资产的名义收益率，$U$ 表示货币的效用以及影响此效用的因素。

### （五）我国对货币需求的研究

我国在计划经济体制时期将马克思的货币需求理论及其货币需求量公式作为指导实践的理论基础，运用这个公式预测的货币需求量基本是正确的。随着经济体制改革的深入、货币数量概念的更新和范围的扩大，这个公式的应用也做了相应的变动，这里介绍两种货币需求量（包括现金及存款货币）的测算方法。

1. 比较法

一般根据历史数据，选定一个经济变量（如国民生产总值），计算不同层次的货币量（如 M0，M1，M2）与其之间的比例系数，用该经济变量与比例系数的乘积来测算总体货币需求量，并根据发展情况加以修正。其公式如下：

总体货币需求量＝国民生产总值×货币量占国民生产总值的比例

2. 公式法

公式法实际是对货币流通规律基本公式的进一步推导，以求得货币需求量的变动率。其公式如下：

货币需求量的变动率＝经济增长率＋物价上涨率－货币流通速度变动率

从以上介绍的几种货币需求理论来看，影响货币需求的因素较多且复杂，所以对货币需求量难以准确把握。即使那些对货币需求理论研究较早并且已经形成了各种货币需求理论流派的国家，也仍然难以准确把握货币需求量。在我国现行的市场经济体制下，经济运行过程中有许多不规范性，对货币需求量的准确测定更是一件难度很大的事。因此，对货币需求理论的研究及对货币需求量的准确测定，是经济学家和各国中央银行不断探索的一个重要课题。

## 二、货币供给理论

### （一）货币供给的概念

在不同的历史阶段，货币供给的主体是不同的。在国家垄断货币发行之前，货币供给的主体是分散的。当货币发行权集中于国家以后，特别是中央银行出现后，货币由国家授权给中央银行统一组织发行。

货币供给的主体向社会提供何种货币取决于货币制度。在货币本位制度下，它们向社会提供的是金属铸币（包括主币和辅币）、自由兑现或有限制兑现的银行券。在现代信用货币制度下，货币供给的主体向社会提供的是信用货币，包括现金（纸币）和存款货币。

在现代信用货币制度下，货币供给可以定义为中央银行通过商业银行向经济社会提供的信用货币量。

**（二）货币供给的形成**

货币供给的形成主要有两个环节：一是来自中央银行的货币供给；二是商业银行的存款货币创造。

1. 原始存款和派生存款

为了理解存款货币的创造，首先要了解原始存款和派生存款的概念。原始存款是指商业银行吸收的现金存款或中央银行对商业银行贷款所形成的存款。派生存款是相对于原始存款而言的，是指由商业银行以原始存款为基础发放贷款而引申出来的超过最初部分存款的存款。之所以称为派生存款，是因为它是在原始存款基础上派生出来的。

2. 存款货币创造得以实现的两个基本条件

（1）普遍实行转账结算制度即非现金结算制度。这就是说银行普遍采用转账结算，现金结算只是一小部分。客户取得银行贷款后，通常不（或不全部）支取现金，而是转入其银行存款账户，客户通过签发转账支票就可以完成支付行为。

（2）实行存款的部分准备金制度。现代各国的银行制度一般都采用存款的部分准备金制度，即银行在吸收存款后，将其中的一部分作为准备金（其中一部分上缴中央银行），其余的用来放款。

3. 存款货币的创造过程

假定某人将向中央银行出售政府债券所得的 1 000 元现金（或支票）以支票存款形式存入 A 银行，从而使 A 银行的准备金资产和支票存款负债都增加 1 000 元。由于相对于 20%的法定准备金率 A 银行还有 800 元的剩余，A 银行可以用它发放贷款或购买有价证券。假定 A 银行发放的 800 元贷款被借款人用来购买产品，供货单位收到款项后以支票存款的形式存入 B 银行，如果银行用超额准备金购买有价证券，情形类同。依此类推，这一过程一直继续下去，直到整个银行体系都没有超额准备金存在。存款货币的创造过程可以用表 1 - 1 来说明。

**表 1 - 1　　存款货币的创造过程**　　单位：元

| 银行 | 支票存款增加额 | 贷款增加额 | 准备金增加额 |
|---|---|---|---|
| A | 1 000 | 800 | 200 |
| B | 800 | 640 | 160 |
| C | 640 | 512 | 128 |
| D | 512 | 409.6 | 102.4 |
| E | 409.6 | 327.68 | 81.92 |
| ⋮ | ⋮ | ⋮ | ⋮ |
| 合计 | 5 000 | 4 000 | 1 000 |

显然，各银行的支票存款增加额构成一个无穷递减等比数列，即 1 000，$1\ 000\times(1-20\%)$，$1\ 000\times(1-20\%)^2$，$1\ 000\times(1-20\%)^3$，…。根据求和公式可知整个银行系统的支票存款增加额为：$1\ 000\times1/[1-(1-20\%)]=1\ 000\times1/20\%=5\ 000$（元）。

由此可见，存款货币的扩张数额主要取决于两大因素：一是原始存款量的大小；二是法定准备金率的高低。原始存款量越多，创造的存款货币量越多；反之则越少。法定准备金率越高，存款货币量扩张的数额越小；反之则越大。

银行存款货币的创造机制所决定的存款总额的最大扩张倍数被称为派生倍数，也即存款乘数。一般来说，它是法定准备金率的倒数。在上例中，存款乘数是 $5\left(=\frac{1}{20\%}\right)$。如果法定准备金率降为 10%，则存款可扩张 10 倍。

### （三）货币供给的乘数效应及制约因素

中央银行初始货币供给量与社会货币最终形成量之间存在着一种倍数关系。这是因为银行的信贷活动具有创造派生存款的能力，使得存款总量能够比原始存款增加若干倍。

在存款乘数的作用下，中央银行初始货币供给量和社会货币最终形成量之间数倍扩张或收缩的效果和反应被称为乘数效应。在信用货币制度下，制约乘数效应发挥作用的具体因素主要有法定准备金率、现金漏损率、超额准备金率、定期存款准备金。

1. 法定准备金率对存款货币创造的制约

商业银行的法定准备金率是由中央银行以法律形式规定的必须保留的存款比例。中央银行规定法定准备金率的目的就是要限制商业银行创造存款货币的能力。例如，在法定准备金率为 30%的情况下，商业银行吸收 10 万元活期存款，必须至少保持 3 万元的法定准备金，其他部分才能用于放款。设 $K$ 为商业银行体系创造存款的乘数，则 $K=\frac{1}{r}$。所以，整个商业银行体系创造存款货币的数量受法定准备金率的制约，其倍数与法定准备金率是一种倒数关系。

2. 现金漏损率对存款货币创造的制约

前面在论述存款货币创造过程时假定对于银行存款无提取现金的现象，这在现实生活中是不合理的，现实生活中存在现金漏损现象。现金漏损是指银行存款中的提现现象，即总有一部分存款被客户以现金的形式提取，流出银行系统。

现金漏损与活期存款总额之比称为现金漏损率，一般以 $C$ 表示。这个比率高，说明流出银行的现金就多，银行系统的现金储备相应减少，所创造的派生存款也相应减少。所以，现金漏损率对商业银行存款货币创造的制约与法定准备金率具有同等的影响，是制约商业银行信用创造能力的一个重要因素。

3. 超额准备金率对存款货币创造的制约

为了应对意外需要，银行实际拥有的存款准备金总是大于法定准备金，两者之间的差额称为超额准备金。超额准备金与活期存款总额的比率称为超额准备金率。超额准备金率的变化对商业银行信用创造的影响同法定准备金率和现金漏损率有相同的作用。如果超额准备金率高，则银行信用扩张的能力缩小；如果超额准备金率低，则银行信用扩张的能力提高。

4. 定期存款准备金对存款货币创造的制约

在商业银行的存款中，既有企业等经济行为主体持有的活期存款，也有其持有的定期存款。当活期存款被转为定期存款时，银行对定期存款（$D_t$）也要按一定的法定准备金率（$r_t$）提取准备金。

以上只是分析了存款货币创造过程中若干可测性因素对存款乘数 $K$ 的影响。在现实经济生活中，银行能否多贷，不仅取决于银行的意愿，还要看企业是否需要贷款。在经济停滞和预期利润率下降的情况下，即使银行愿意多贷，企业也可能不要求贷款，从而可能的派生存款规模并不总是能够实现。

## 三、货币供求均衡

### （一）货币供求均衡的概念

货币供求均衡是指货币供给和货币需求相适应的一种状态。这种均衡只表明在某一时点相对静止的状况。货币供求的外部表现是，当货币供给与货币需求基本一致时，表现为经济持续增长，物价稳定；当货币供给大于货币需求时，表现为经济增长速度减缓，物价上涨速度超出人们在经济上和心理上可以承受的程度；当货币供给小于货币需求时，表现为经济增长停滞甚至负增长，商品严重滞销，失业率上升。因此，货币供求均衡的经济意义是要保持物价相对稳定、经济稳定增长。

☞专栏 1-7

**通货膨胀**

通货膨胀是指在信用货币制度下，流通中的货币数量超过经济实际需要而引起的货币贬值和物价水平全面持续的上涨。

津巴布韦饱受通货膨胀的困扰，已达到恶性通货膨胀的地步。津巴布韦是非洲南部国家，于 1980 年独立，独立后津巴布韦元与美元的汇率为 1∶1.47，它比美元值钱。但是本来可以依靠丰富的矿产资源和肥沃的土地得到发展的津巴布韦却在土改以后经济崩溃，政府财政入不敷出，于是开始印钞，通货膨胀率开始上升，货币贬值。自 2007 年开始通货膨胀率快速上升，在 2008 年津巴布韦通货膨胀率竟然达到 2 600.2%。在 2008 年，津巴布韦人购买三个鸡蛋需要 1 000 亿津巴布韦元。最终，津巴布韦中央银行在发行大面额纸币的路上一发不可收拾，从 50 亿津巴布韦元到 100 亿津巴布韦元再到 100 万亿津巴布韦元，最终达到 250 万亿津巴布韦元，国家经济和百姓生活遭到巨大破坏。

### （二）货币供求均衡的条件

货币供求均衡取决于市场机制。在市场经济中达到货币供求均衡主要有两个条件：

第一，有健全的利率机制。利率作为货币市场的“价格”，能够灵敏地反映货币供求的状况，随着货币供求的变化及时地自由波动，其波动幅度一般不予硬性规定。

第二，有发达的金融市场，特别是活跃的货币市场。市场是货币需求与货币供给实现均衡的场所。高效运行、发育完善的金融市场是实现货币供求均衡的机制保证。

### （三）货币供求均衡与社会总供求的均衡

1. 社会总供求的含义

社会总供求是社会总供给和社会总需求的合称。社会总需求是指有现实购买力的需求，即在一定时期内，全社会在市场上按一定价格购买商品和服务所支付的货币量，以及人们为持有一定的其他金融资产所支付的货币量。社会总供给通常是指在一定时期内，一国生产部门按一定价格提供给市场的全部商品和服务的价值之和，以及在市场上出售的其他金融资产总量。

社会总需求和社会总供给的均衡是市场的总体均衡。社会总供求状况是由货币市场和商品市场的状况决定的。社会总需求和社会总供给的均衡就是货币市场和商品市场的平衡。

2. 货币供求和社会总供求之间的关系

正是由于货币支付，才使社会的消费需求和投资需求得以实现。总体说来，社会总供求决定货币供求，而货币供求是社会总供求的一种货币表现，反过来又对社会总供求有重大的作用。货币供求均衡与社会总供求均衡之间的关系可以概括为以下两点：第一，社会总供求的均衡是货币供求均衡的基础；第二，货币供求均衡是实现社会总供求均衡的条件。

## 本章小结

货币是一种由于具有普遍的可接受性而作为购买手段，并能清偿债务的支付工具。按货币的形态可以把货币分为足值货币、表征货币、信用货币和电子货币。货币的职能有价值尺度、流通手段、贮藏手段、支付手段和世界货币。

货币制度的构成要素包括货币材料、货币单位、流通中的货币种类、对货币法定支付偿还能力的规定、货币铸造发行的流通程序及货币发行准备制度。

货币需求大致可分为消费性需求和投资性需求两大类。货币供给的形成有两个环节：一是来自中央银行的货币供给；二是商业银行的存款货币创造。

货币供求均衡是指货币供给和货币需求相适应的一种状态。这种均衡只表明在某一时点相对静止的状况，是一种动态的平衡。社会总供求决定货币供求，而货币供求是社会总供求的一种货币表现。

## 进一步阅读

怀特．货币制度理论．北京：中国人民大学出版社，2004.

沃什．货币理论与政策．上海：上海财经大学出版社，2004.

## 思考与练习

**一、名词解释**

1. 货币制度

2. 货币层次

3. 货币供求均衡

4. 乘数效应

5. 主币

6. 辅币

7. 流动性陷阱

8. 无限法偿

9. 法定准备金率

10. 超额准备金率

**二、填空题**

1. 货币需求最主要的决定因素是________。

2. 在一般情况下，消费倾向与货币需求呈________关系。

3. 国际货币制度经历了国际金本位制、布雷顿森林体系和________的演变过程。

4. 货币流通速度与整个经济中的货币需求呈________关系。

**三、判断题**

1. 剑桥学派认为，货币数量的任何变动必将使一般物价水平同方向且等比例变动。(　　)

2. 费雪的现金交易说特别强调人们的主观意志对货币需求的影响。(　　)

3. 凯恩斯认为，由交易动机引起的货币需求是收入的递增函数。(　　)

4. 由预防动机引起的货币需求是收入的递减函数。(　　)

5. 如果社会对资金的需求较高，借款者也愿意支付较高的利率，则商业银行的超额准备金率也会较高。(　　)

6. 若基础货币量为 2 亿元，狭义货币供给量为 4 亿元，则狭义的货币供给乘数为 0.5。(　　)

7. 流动性越强的货币层次包括的货币的范围越大。(　　)

**四、单项选择题**

1. 美元与黄金挂钩，其他国家货币与美元挂钩是(　　)的特点。

A. 国际金本位制　　B. 牙买加体系

C. 布雷顿森林体系　　D. 国际金块本位制

2. 欧元正式成为欧元区国家唯一法定货币的时间是(　　)。

A. 1998 年 1 月 1 日　　B. 1999 年 1 月 1 日

C. 2002 年 1 月 1 日　　D. 2002 年 7 月 1 日

3. 牙买加体系的特点之一是(　　)。

A. 保持固定汇率　　B. 国际收支可自动调节

C. 国际储备货币多元化　　D. 实行浮动汇率

4. 凯恩斯认为，债券的市场价格与市场利率(　　)。

A. 正相关　　B. 负相关

C. 无关　　D. 不一定

5. 通过影响商业银行放款能力来发挥作用的货币政策工具是（　　）。

A. 公开市场业务　　B. 再贴现率

C. 流动性比率　　D. 法定准备金率

6. 货币均衡的实现具有（　　）的特点。

A. 绝对性　　B. 相对性

C. 长期性　　D. 稳定性

**五、多项选择题**

1. 布雷顿森林体系存在的问题主要是（　　）。

A. 各国无法通过变动汇率调节国际收支

B. 要保证美元信用就会引起国际清偿能力不足

C. 缺乏统一稳定的货币标准

D. 以浮动汇率为主加大了外汇风险

E. 无法满足各国对国际清偿能力的需要

2. 区域性货币制度的特点是（　　）。

A. 建立统一的中央银行　　B. 发行统一的货币

C. 不保持独立的货币收支　　D. 实行统一的货币政策

E. 欧元是唯一的区域性货币

3. 凯恩斯认为，人们持有货币的动机有（　　）。

A. 投资动机　　B. 消费动机

C. 交易动机　　D. 预防动机

E. 投机动机

4. 弗里德曼把影响货币需求量的因素划分为以下几组：（　　）。

A. 各种金融资产　　B. 恒久收入与财富结构

C. 各种资产预期收益和机会成本　　D. 各种随机变量

E. 各种有价证券

5. 下列有关货币供求均衡描述正确的是（　　）。

A. 货币供求均衡具有相对性

B. 货币供求均衡是动态性概念

C. 货币供求均衡的实现主要靠利率机制

D. 它是社会总供求均衡的反映

E. 货币供求均衡是指货币供给量与需求量完全相等

**六、简答题**

1. 简述货币的职能。

2. 简述国际货币制度的演变过程。

3. 凯恩斯的流动性偏好理论的主要内容是什么？

4. 论述存款货币创造过程。

5. 比特币是货币吗？为什么？

## 七、案例分析题

### 我国法币的发展

20世纪三四十年代，我国因受美国《白银收购法案》与国际金银比价激烈波动的影响，国内白银大量朝境外涌流。据当时的海关统计，1933年白银外流为1 400余万元，1934年为25 000余万元，1935年1—10月为12 000万元。大量白银外流使我国的存银量严重下降，银根奇紧，金融梗塞，物价下跌，工商各行业资金周转困难，经济活动严重恐慌。虽然银本位制经过了“废两改圆”，但仍然难以维持下来。加上当时各地货币存在杂乱不堪的现象，因此放弃银本位制，切断银价同国际上的联系，实行管理通货和有控制的纸币制度，就成为币值改革的方向。1935年11月3日，国民党政府下令，于11月4日起实行币制改革，印刷的钞票称为“法币”。

法币政策的实施是我国近代金融史上的一件大事，是我国纸币制度确立的标志，也是近代我国货币集中发行的开始。

实行法币制度有一定的历史作用。这是因为它具有以下良性效果：集中钞票发行权，只准中央银行、中国银行、交通银行三家银行（后来增加了中国农民银行）发行钞票，统一了全国的货币发行；规定一切公私款项收付概以法币为限，方便了商品交换，促进了国内统一市场的形成；所有白银收归国有充作法币准备金，禁止银圆在市面上流通，废除不利于交易的银本位制；规定法币不能兑现，可以与英镑保持固定汇价买卖外汇，有利于我国外汇汇率的稳定。法币发行后，物价普遍出现平稳回升。1936年10月与1935年同期相比，食料类价格回升12%，衣料类价格回升19%，燃料类价格回升13%，从而刺激了工农业生产的复苏。在短暂的一年中，棉纱产量增长50%，卷烟产量增长71%，水泥产量增长78%，啤酒产量增长59%，火柴产量增长191%。上述情况的逐步形成和改善，促使企业的盈利达到百分之几十以上，为抗日救亡运动增添了生机活力。

法币开始时以兑英镑的汇率表示自己的价值，规定1元法币等于1先令2.5便士英镑。这个比价是按1935年前五年我国货币与英镑的平均汇价确定下来的。法币虽说不同白银相联系，英国政府却要我国把2 500万英镑的白银运到伦敦出售，换成英镑储存在英国作为准备金，维持法币的稳定。我国法币与英镑的这种联系又引起美国的嫉妒。在英国作出退让的情况下，美国于1936年5月同国民党政府代表签订了《中美白银协定》，规定每盎司白银按50美分作价，向我国赎购白银5 000万盎司，维持法币汇率。同时确定法币与美元的比价为100元法币等于30美元。这个协议的结果是，我国把12 000万美元存入美国纽约银行，法币也由与英镑挂钩改为与美元挂钩。这种挂钩反映了国民党政府对美国的依赖加深。

法币发行初期的通货膨胀比较缓慢。这个时期发行额增加速度同物价上涨速度差异不大。随着抗日军费的增加、“特别支出”和“政务费”的增多，国民党政府推行财政赤字政策，依靠银行垫款过日子。尽管年年财政总收入有所增加，但上述三项支出仍占财政总支出很大比例：1941年占财政总支出100.3亿元的69.2%，1944年占财政总支出1 517.67亿元的73.49%，1945年仅军费和“特别支出”两项就占财政总支出12 766.18亿元的71.33%。截至1948年，银行垫款达2 364 160亿元。银行这种浩大的垫款开支只好依赖于滥发纸币，不断扩大法币发行量。到1948年6月，法币发行量超过660万亿元，等于 1937 年发行量 14 亿元的 47 万倍。在滥发法币后，货币贬值，造成市场物价不断猛涨，经常一天内出现几次上涨。据报道，1948 年上半年，武汉大米每担价格由 90 万元上涨到 6 600 万元，龙头细布从每匹 140 万元上涨到 7 000 万元，烟煤每吨由 250 万元上涨到 10 200 万元，白糖由每担 918 万元上涨到 11 500 万元，麻油从每担 190 万元上涨到 16 000万元。截至 1948 年 8 月 19 日，物价比 1937 年上涨了 3 492 万倍，法币币值呈直线下降。可谓是肩扛手提钞票买火柴，一张百万元的大钞买不到一杯茶水，手中的钞票甚至远不值印制这张钞票所耗费的原料、工时成本。这不是天方夜谭，而是真实写照，法币的功过实在值得深思。

从法币的发展历史中你发现了什么？

# 第2章 金融调控

⊙学习目标⊙

- 了解货币政策在宏观调控中的作用和货币政策的目标；
- 掌握金融调控中主要的货币政策工具以及它们的优缺点；
- 掌握不同情况下货币政策的选择，以及货币政策与财政政策在金融调控中的协调运用；
- 了解金融危机以及如何应对金融危机。

## 第一节 货币政策

金融是社会发展到一定阶段的产物，它不仅影响微观经济活动，而且影响宏观经济运行。在市场经济条件下，市场这只“看不见的手”对市场经济发展的调节存在一定的缺陷，必须借助于政府这只“看得见的手”来弥补、修正和完善，也就是说，必须通过政府干预来矫正市场的那些固有缺陷而又不损害市场机制的积极作用。但是，政府干预必须建立在市场机制基础之上，这些干预实质上就是宏观调控，而金融调控是宏观调控的重要组成部分，因此，金融调控常作为讨论的重点。

金融调控就是以中央银行或货币当局为主体，以货币政策为核心，借助于各种金融工具调节货币供给量或信用量，影响社会总需求进而实现社会总供求均衡，促进金融与经济协调稳定发展的机制与过程。

货币政策是指中央银行在一定时期内利用某些工具作用于某个经济变量，从而实现某种特定经济目标的制度规定的总和。它是实现金融调控目标的核心所在，在国家宏观经济政策中居于十分重要的地位。

## 一、货币政策的作用

货币政策对宏观经济进行全方位的调控，货币政策的调控作用突出表现在以下几方面：

1. 通过调控货币供给量保持社会总供给与总需求的平衡

社会总需求的大小直接与货币供给量相联系，货币政策可通过调控货币供给量达到对社会总需求和总供给两方面的调节，使经济达到均衡。当总需求膨胀导致供求失衡时，可通过控制货币供给量达到对总需求的抑制；当总需求不足时，可通过扩大货币供给量提高社会总需求，使经济继续发展。

货币政策对社会总供给也有调节作用。货币供给的增长和贷款利率的降低可减少投资成本，刺激投资增长和生产扩大；货币供给的减少和贷款利率的提高则使投资成本上升，可以抑制投资和缩减生产。

2. 通过调控利率和货币总量控制通货膨胀，保持物价总水平的稳定

通货膨胀表现为流通中的现金超过社会在不变价格下所能提供的商品和服务总量。提高利率可使当期货币购买力下降，减少即期消费和投资需求，同时也使银行贷款需求减少；降低利率的作用则相反。中央银行可以通过货币政策直接调控货币供给量，使之与客观需求量相适应。

3. 调节国民收入中消费与储蓄的比例

消费与储蓄的比例对经济运行和经济发展有重要的影响。储蓄是投资的前提，是发展的基础，没有储蓄，谈不上发展。但消费比重太低也会影响市场销售，反过来制约经济发展。货币政策通过对利率的调节能够影响人们的消费倾向和储蓄倾向。低利率会鼓励和促进消费，高利率则有利于吸收储蓄。

4. 引导储蓄向投资转化并实现资源的合理配置

储蓄是投资的来源，但储蓄不能自动转化为投资，储蓄向投资的转化依赖于一定的市场条件。货币政策可以通过利率的变化影响投资成本和投资的边际效率，提高储蓄转化的比重，并通过金融市场的有效运作实现资源的合理配置。

5. 促进国际收支平衡，保持汇率相对稳定

保持国际收支平衡是保证国民经济持续稳定增长和国家安全稳定的重要条件。当本币升值时在公开市场收购外汇；当本币贬值时可实行紧缩的货币政策，提高利率，增加外资流入。

## 二、货币政策的目标

货币政策的目标一般可概括为以下四项：物价稳定、充分就业、经济增长、国际收支平衡。

物价稳定是指一般物价水平在短期内没有显著或剧烈的波动，呈现基本稳定状态。实现物价稳定是货币政策的重要目标。政府通过货币政策的运用实现社会总货币量与社会总

体商品与服务数量的配比，从而实现物价稳定的目标。

充分就业是指凡有劳动能力并自愿参加工作的人都能在较合理的条件下随时找到适当的工作。经济学家所说的充分就业通常把两种失业排斥在外：一是摩擦性失业；二是自愿失业。充分就业的货币政策目标并不是也不可能是实现零失业率，而是实现充分就业。

经济增长是各国中央银行都普遍关心的问题。货币政策通过保持通货和物价的稳定，保持较高的投资率，为经济运行创造良好的货币环境来达到促进经济增长的目的。经济增长不仅可以改善国民的生活水平，提高本国的国际地位，而且有利于增强经济对于中央银行政策的承受能力，使货币政策调节拥有更广阔的回旋余地。

在一个开放型的社会经济中，国际收支状况与国内市场的货币供给量有着密切的联系。良好的货币政策能使国家在对外经济贸易方面保持外汇储备的适当流动性。中央银行通过货币政策措施的具体实施，如稳定利率、稳定和调整汇率等，解决和预防国际收支失衡问题。

此外，近年来，许多国家开始将金融稳定纳入金融调控目标。金融稳定是指金融体系各组成部分内部及其相互之间的制度安排合理，风险配置、资源配置等核心功能可以有效发挥的金融运行状态。通过适当的货币政策决策与操作，维持利率与汇率的相对稳定，防止银行倒闭，可以保持本国及国际的金融稳定。

## 三、货币政策目标相互之间的矛盾与统一

### （一）物价稳定与充分就业的矛盾与统一

物价稳定为劳动者的充分就业与其他生产要素的充分利用提供了一个良好的货币环境，充分就业同时又可能为物价的稳定提供物质基础。但是，物价稳定与充分就业之间在短期内更多地表现为相互的矛盾性，即当物价比较稳定，物价上涨率比较低时，失业率往往很高，而要降低失业率，就要以牺牲一定程度的物价稳定为代价。这就是著名的菲利普斯曲线所说明的道理，它表明物价稳定与充分就业的关系是矛盾与统一的，很难同时兼得。

### （二）物价稳定与经济增长的矛盾与统一

物价稳定与经济增长是可以相辅相成的。物价稳定可以为经济发展提供一个良好的金融环境和稳定的货币尺度，从而使经济能够稳定增长。经济增长了，稳定货币购买力也就有了雄厚的物质基础。因此，可以通过物价稳定来发展经济，也可以通过发展经济来稳定物价。但是世界各国的经济发展史表明，在经济发展较快时，总是伴随有物价较大幅度的上涨，而过分强调物价的稳定，经济的增长与发展又会受阻。国家政策和货币管理当局在很多情况下只能在两者之间作出调和，即在可接受的物价上涨率内发展经济，在不妨碍经济最低增长需要的前提下稳定物价。

### （三）物价稳定与国际收支平衡的矛盾与统一

物价稳定主要是指稳定货币的对内价值，国际收支平衡则是稳定货币的对外价值。

如果国内物价不稳，国际收支很难平衡。如果本国发生通货膨胀而其他国家物价稳定，必然会引起出口下降、进口骤增，从而出现贸易赤字。但在国内物价稳定时，国际收支却并非一定能平衡，因为国际收支能否平衡还要取决于国内的经济发展战略、资源结

构、生产结构与消费结构的实际状况、国家的外贸政策、关税协定等，同时还要受其他国家政策与经济形势等诸多因素的影响。

**（四）充分就业与经济增长的矛盾与统一**

在通常情况下，就业人数越多，经济增长速度就越快；而经济增长速度越快，为劳动者提供的就业机会也就越多。但在这种统一的背后还存在一个平均劳动生产率变化的动态问题。如果就业增加带来的经济增长伴随着社会平均劳动生产率的下降，那就意味着经济增长是以投入产出比例的下降为前提的，这不仅会使本期浪费更多的资源，还会妨碍以后的经济增长，因而是不可取的。只有在社会平均劳动生产率提高条件下增加就业所带来的经济增长才是应当被鼓励的。

**（五）充分就业与国际收支平衡的矛盾与统一**

如果充分就业能够推动经济快速增长，那么，一方面可以减少进口，另一方面还可以扩大出口，这当然有利于国际收支平衡。但为了追求充分就业，就需要更多的资金和生产资料，当国内满足不了需求时，就需要引进外资、进口设备、原材料等，这对平衡国际收支是一大不利因素。

**（六）经济增长与国际收支平衡的矛盾与统一**

当经济较快增长时，国家经济实力也能相应增长，这会在扩大出口的同时减少进口，这当然有利于国际收支平衡。但经济的较快增长又总是对各种生产要素产生较大的需求，这往往又会增加进口，从而引起国际收支逆差的出现。当逆差很大时，国家就要限制进口，压缩国内投资，这又会妨碍国内的经济增长，甚至会引起衰退。

正是由于货币政策目标之间存在着矛盾与统一，所以货币政策目标在不同时期侧重点会有所不同。目前，国际上货币政策最终目标的选择方式主要有两种：一是侧重于统筹兼顾，力求取得各目标间的协调一致；二是相机抉择，突出重点，根据宏观经济的具体运行情况和当前面临的突出问题选择和决定相应的政策目标。

☞专栏 2-1

**各国的货币政策目标选择**

各国不同时期的社会经济条件、经济政策以及金融体制不同，货币政策目标的选择各有不同。美联储把经济增长、充分就业、物价稳定和国际收支平衡作为货币政策目标；日本银行把物价稳定、国际收支平衡和维持对资本设备的适当需求作为货币政策目标；英格兰银行将充分就业、实际收入的合理增长、低通货膨胀和国际收支平衡作为货币政策目标。在德国、澳大利亚，货币当局似乎更注重对币值和物价稳定的保护；中国人民银行则一贯奉行稳定币值、发展经济的货币政策目标。

## 四、货币政策工具

货币政策工具又称货币政策手段，是指中央银行为调控中介指标进而实现货币政策目标所采用的政策手段。货币政策工具可分为一般性货币政策工具、选择性货币政策工具和其他补充性货币政策工具三类。

### （一）一般性货币政策工具

一般性货币政策工具是指对货币供给总量或信用总量进行调节，且经常使用，具有传统性质的三大货币政策工具，也称货币政策的“三大法宝”。

#### 1. 存款准备金政策

存款准备金政策是指中央银行凭借法律授权规定，调整商业银行缴存中央银行的存款准备金比率，以改变货币乘数，控制商业银行信贷规模、信贷构成，间接调控社会货币供给量，进而影响一国经济的金融政策。

法定准备金率通常被认为是货币政策最猛烈的工具之一，通常具有以下作用：

（1）调整法定准备金率对货币乘数有影响。法定准备金率提高，货币乘数减小，银行存款创造信用的规模减小，就会收缩经济；反之，就会扩张经济。

（2）调整法定准备金率对超额准备金有影响。法定准备金率提高，超额准备金就会减少，商业银行的存款创造能力下降；反之，商业银行的存款创造能力提高。

（3）变动法定准备金率可以影响社会公众信用需求预期。存款准备金政策作为货币政策的优点是：对所有存款货币机构的影响是平等的，对货币供给的影响是强有力的，效果明显，收效迅速。缺点是：准备金率变动对经济影响太大，而且法定准备金率提高容易引起银行体系流动性不足，使整个金融体系面临危机。

#### 2. 再贴现政策

再贴现是指商业银行或其他金融机构以贴现所获得的未到期票据向中央银行所做的票据转让。对中央银行而言，再贴现是买进商业银行持有的票据，这是一种信用业务；对商业银行而言，是出让已贴现的票据，解决一时资金短缺的困难。整个再贴现过程实际上就是商业银行与中央银行之间的票据买卖和资金让渡过程。中央银行通过制定或调整再贴现率以干预市场利率及市场货币供求，达到调节货币供给的目的。

再贴现率与法定准备金率的区别主要在于它对货币供给及其结构的调控是通过影响商业银行的融资成本实现的。再贴现率一方面发挥货币信贷供给的宏观调控作用，另一方面发挥促进社会资源高效配置的作用。

再贴现政策有以下作用：

（1）再贴现率的升降会影响商业银行金融机构持有的准备金以及向中央银行借款的成本，从而影响它们的贷款量和货币供给量。当再贴现率上升时，商业银行收缩信用，货币供给量减少。当再贴现率下降时，商业银行扩张信用，货币供给量增加。

（2）再贴现政策对调整信贷结构有一定的效果。一是可以规定并及时调整可用于贴现的票据种类，从而影响商业银行的资金投向；二是可以对再贴现的票据进行分类，实行差别再贴现率，从而使货币供给结构与中央银行的政策意图相符合。

（3）再贴现政策有告示效应。中央银行通过升降再贴现率，启发社会公众自主调节信用需求，从而影响一国经济。当再贴现率上升时，预示社会公众减少未来对资金的需求。当再贴现率下降时，预示社会公众增加未来对资金的需求。

再贴现政策的优点在于有利于中央银行发挥最后贷款人的作用；有利于中央银行调节货

币供给量来影响经济；还具有调节货币供给量、货币供给构成的灵活性和微调性。缺点是再贴现的主动权在商业银行，中央银行并不能强迫或阻止其贴现行为。随着货币市场的发展，商业银行对贴现窗口的依赖性大大降低，再贴现政策只能影响到前来贴现的银行。再贴现率如果经常变动，会引起市场利率的经常变动，使企业或商业银行无所适从。

3. 公开市场业务

公开市场业务是指中央银行为了影响货币供给量、市场利率而在金融市场上公开买卖有价证券的政策措施。

公开市场业务调节货币流通和信用的基本原理是：当经济出现萧条，金融市场上资金比较匮乏时，中央银行在公开市场上买进有价证券，其实质是向流通领域注入一笔基础货币。这时商业银行准备金增加，同时也增加了对企业的放款，其结果是信用规模扩大和货币供给量多倍增长。反之，当在金融市场上货币过多，通货膨胀抬头时，中央银行可以抛售有价证券以减少商业银行的准备金，进而迫使商业银行减少或收回贷款，最终达到减少货币供给量，控制通货膨胀的目的。

公开市场业务具有以下作用：

（1）中央银行公开买卖有价证券，直接影响利率水平的高低和利率结构的变化。大量买进有价证券，推动证券价格上涨，进而导致利率水平下降，对经济产生扩张影响；反之则对经济有收缩作用。中央银行根据需要同时购入或卖出不同期限的有价证券，可以达到调节利率结构的目的。

（2）公开市场业务可以直接增加或减少商业银行的超额准备金，从而影响金融机构的放贷能力，影响货币供给量。

公开市场业务政策同样存在优点与缺点。优点是中央银行具有完全的主动权，操作规模大小可以完全控制；具有较强的伸缩性，可以实现政策效果的微调；具有较强的可逆转性，一旦发现错误可以立即进行逆向操作。公开市场业务的缺点则是操作技术性强，政策意图的告示作用较弱，需要有发达的证券市场为前提。

**（二）选择性货币政策工具**

1. 消费者信用控制

消费者信用控制是指中央银行根据经济运行状况对不动产以外的各种耐用消费品销售的融资进行控制，以影响消费者有支付能力的货币需求。

2. 证券市场信用控制

证券市场信用控制是指中央银行着眼于抑制过度投机、稳定证券市场而对证券交易的各种贷款进行限制，如对保证金限额进行一定的规定。

3. 不动产信用控制

不动产信用控制是指中央银行为抑制房地产投机，针对金融机构房地产贷款所采取的限制措施。

4. 优惠利率

优惠利率是指中央银行对国家产业政策要求重点发展的经济部门或产业，规定较低的贷款利率，以支持其发展。

5. 预缴进口保证金

预缴进口保证金是指中央银行要求进口商预缴相当于进口商品总值一定比例的保证

金，以抑制进口的过快增长。

**（三）其他补充性货币政策工具**

1. 直接信用控制

直接信用控制是指中央银行以行政命令或其他方式直接对商业银行等金融机构的信用活动所进行的控制。其手段主要包括信用分配、流动性比率、利率高限、直接干预、特别存款等。

（1）信用分配。信用分配是中央银行根据国家一定时期的经济发展方针和方向，以及金融发展战略的需要，分别对各个商业银行的信用规模加以分配，限制其最高数量。在多数发展中国家，由于资金供求缺口较大，因而这种方法相当广泛地被采用。

（2）流动性比率。流动性比率是指流动资产占存款的比重。为保持中央银行规定的流动性比率，商业银行必须压缩长期放款，扩大短期放款，甚至必须保留一部分应付提现的现金资产。

（3）利率高限。利率高限是指规定存贷款最高利率限制，其目的是防止银行用抬高利率的方法竞相吸收存款和为谋取高利而进行高风险存贷。

（4）直接干预。直接干预是指中央银行直接对商业银行的信贷业务、放款范围等加以干预。在通货膨胀严重时期，中央银行要求商业银行及其他金融机构存入特别存款，目的在于减弱商业银行的放款能力，强制其少放贷款以达到减少货币供给量的目的。英国中央银行曾采取这一措施进行直接信用控制。

（5）特别存款。特别存款是在通货膨胀严重时期，中央银行要求商业银行及其他金融机构存入特别存款，目的在于减弱商业银行的放款能力，强制其少放贷款以达到减少货币供给量的目的。英国中央银行曾采取这一措施进行直接信用控制。

2. 间接信用控制

间接信用控制主要是指中央银行通过道义劝告、窗口指导等办法向商业银行等金融机构提出的建设性建议，具有灵活性的特点。

（1）道义劝告。道义劝告是指中央银行利用其声望与地位，对商业银行和其他金融机构经常发出通告、指示或与各金融机构的负责人举行面谈，劝告其遵守政府政策，以影响其贷款数量和贷款方向，从而达到控制和调节信用的目的。

（2）窗口指导。窗口指导是指中央银行根据产业行情、物价趋势和金融动向，规定商业银行的贷款重点投向和贷款变动数量。实行窗口指导的直接目的是调节银行信用总量，但并不对放款用途做质的限制。

**☞专栏 2-2**

**美国的货币政策实践**

美联储是美国的中央银行，联邦公开市场委员会是它的货币政策决策机构，每年召开8次议息会议，以联邦基金利率为操作目标，决定货币政策的调整方向。

美联储会在联邦公开市场委员会开会之后宣布是否调整联邦基金利率（基准利率）以及调整多少，并通过在公开市场买卖政府债券的操作来影响市场资金状况，从而使银行间同业拆借利率趋向设定的联邦基金目标利率。市场上的借贷利率一般会跟随这一利率相应移动，如房贷利率等指标。

美联储利率决策的依据主要是美国经济走势。如果它预期未来经济可能趋于疲软、物价存在下行压力，就很可能采取更宽松的货币政策，如降息等；反之则可能采取加息等政策收紧银根。在美联储公开市场业务中，主要的操作对象为美国国债和政府机构债券，尤其是美国国库券。美联储之所以把国债作为公开市场业务的对象，是因为其市场流动性最强且交易规模最大，有能力吸收美联储庞大的交易量，而不会导致市场混乱，引起价格过度波动。

下面则是以美国量化宽松货币政策的实践为例进行的分析。

为了促使美国经济从2008年之后的衰退中复苏，2008年11月25日，美联储正式启动第一轮量化宽松货币政策，宣布购买1 000亿美元的房地美、房利美、联邦住宅贷款银行等政府支持企业所发行的债券以及5 000亿美元由房地美、房利美、吉利美担保的抵押贷款支持证券。

值得关注的是，美联储的目的仅仅在于“稳定”市场，而不是“刺激”经济。第一轮量化宽松货币政策的主要目的是通过向市场提供流动性支持，以提振市场信心、平复金融市场恐慌情绪。在第一轮量化宽松货币政策之后，美国金融体系有所企稳，目标初步达到。

在此基础上，美国接连推出第二轮、第三轮、第四轮量化宽松货币政策。第二轮量化宽松货币政策为6 000亿美元的国债购买计划，美联储每月投入约750亿美元购买国债（连续8个月）。第三轮量化宽松货币政策为没有截止期限的购买计划，每月购买400亿美元抵押贷款支持债券，并且从2013年1月开始增加到850亿美元。之后随着美国经济逐渐转好，美联储在同年9月将购债额度减少到每月650亿美元。与第一轮有所不同的是，后续量化宽松货币政策日益体现了支持实体经济增长的意图，规模也在不断扩大。美国量化宽松货币政策的目标从原来的稳定金融体系变为通过压低长期利率刺激实体经济。

美联储最终在2014年10月末停止资产购买计划，这意味着实施了6年的量化宽松货币政策结束。

同时，相比于公开市场业务，再贴现和存款准备金这两个货币政策工具并不常用。尽管贴现率通常低于货币市场利率，但通过再贴现取得融资的方式现在已被忽略。美联储只在特殊情况下才发放这种贷款。目前，少于千分之一的基础货币是通过再贴现这种方式来提供的。另外，虽然美联储可以直接调节法定准备金率，最终起到与公开市场业务相似的作用，但它需要频繁的调节和干预，会加大银行日常经营的不确定性，增加流动性管理的难度。如今，美国调整法定准备金率的政策已极少采用。

# 第二节　货币政策的选择

## 一、货币政策的分类

货币政策是金融调控的重要工具，在不同情况下要选择不同的货币政策进行金融调控。货币政策分为扩张性货币政策和紧缩性货币政策两种。

☞专栏 2-3

**中国人民银行货币政策委员会**

中国人民银行货币政策委员会是中国人民银行制定货币政策的咨询议事机构。根据《中华人民共和国中国人民银行法》和国务院颁布的《中国人民银行货币政策委员会条例》，经国务院批准，中国人民银行货币政策委员会于 1997 年 7 月成立。《中华人民共和国中国人民银行法》第十二条明确指出："中国人民银行设立货币政策委员会。货币政策委员会的职责、组成和工作程序，由国务院规定，报全国人民代表大会常务委员会备案。中国人民银行货币政策委员会应当在国家宏观调控、货币政策制定和调整中，发挥重要作用。"

根据《中国人民银行货币政策委员会条例》，货币政策委员会的职责是：在综合分析宏观经济形势的基础上，依据国家的宏观经济调控目标，讨论货币政策的制定和调整、一定时期内的货币政策控制目标、货币政策工具的运用、有关货币政策的重要措施、货币政策与其他宏观经济政策的协调等涉及货币政策的重大事项，并提出建议。

扩张性货币政策，即"松"的货币政策，通过提高货币供给增长速度来刺激总需求。在这种政策下，信贷获取更为容易，利率会降低。当总需求与经济的生产能力相比很低时，使用扩张性货币政策。

紧缩性货币政策，即"紧"的货币政策，通过降低货币供给增长速度来降低总需求。在这种政策下，信贷获取较为困难，利率也随之提高。在通货膨胀较严重时，采用紧缩性货币政策。

## 二、货币政策与财政政策的协调

当今社会，无论是发达国家还是发展中国家，都将货币政策和财政政策作为宏观调控的主要手段。两种政策的相互协调程度直接决定宏观调控的效果，对于一国经济能否健康持续发展有重要作用。

### （一）财政政策

财政政策是国家利用财政收支的制度性安排调整税收和公共支出以及转移支出，以调节社会经济供求关系，合理配置资源并优化经济结构，实现社会公平，进而达到社会经济稳定等政治经济目标的手段。增加政府支出可以刺激总需求，从而增加国民收入；反之，则抑制总需求，减少国民收入。税收对国民收入是一种收缩性力量，增加政府税收，可以抑制总需求，减少国民收入；反之，则刺激总需求，增加国民收入。

财政政策包括扩张性财政政策和紧缩性财政政策。扩张性财政政策主要是通过扩大财政支出和减少税收的办法来增加社会需求总量。紧缩性财政政策主要是通过削减财政支出和增加税收的办法来压缩社会需求总量，抑制通货膨胀。

财政政策是从需求出发进行宏观调控的基本政策，它与货币政策之间既有共同之处，也有不同特点，二者相互联系，相互交叉。在宏观经济调控中，货币政策应该与财政政策相互协调、相互配合。

**（二）财政政策和货币政策的协调配合**

财政政策和货币政策都是通过影响社会总需求，进而影响产出水平。但是两者之间也存在明显的差别，主要体现在：

(1) 财政政策是通过收支来影响经济结构，常常用于经济结构的调整，而货币政策是通过货币对经济总量进行调节。

(2) 在经济发生衰退或者萧条的时候，为了启动经济、加速经济发展，使用财政政策往往见效较快，而货币政策见效较慢；但是在经济过热、通货膨胀的时候，使用财政政策调节的难度比较大，而货币政策却见效很快。

由于财政政策与货币政策的差别，二者在经济过热和衰退情况下有不同的效能，因此二者能否有效协调配合直接关系着宏观调控的绩效。

财政政策和货币政策协调配合有两个层次的含义：一是两种政策有共同目标，即货币均衡和社会总供求的均衡。货币均衡用公式表示即 $M_s=M_d$；社会总供求的均衡即 $AD=AS$；具体地讲则为 $C+I+G+(X-M)=\text{GDP}$。财政政策与货币政策协调配合的直接目标是货币均衡，其最终目标是社会总供求的均衡。二是财政政策与货币政策互相支持、互相弥补的问题。财政收支或信贷收支所造成的多余的货币供给必须借助相应的政策反向调整，将多余的货币供给消化从而维持社会总体物价水平的稳定。

财政政策与货币政策配合与协调的基础在于通过总需求来共同影响产出。社会总需求是财政政策与货币政策的“重叠域”和“结合部”，是联系财政政策与货币政策的中介和桥梁。正因为财政政策与货币政策都能影响社会总需求，才把财政政策与货币政策称为两大需求管理政策。当然，财政政策与货币政策的具体作用机制不同，财政政策是政府通过对支出和税收进行调控进而影响总需求；货币政策是通过利率、货币供给量等工具调节总需求。

财政政策与货币政策的搭配方式有四个（见图 2-1)：松的财政政策与紧的货币政策；紧的财政政策与松的货币政策；松的财政政策与松的货币政策；紧的财政政策与紧的货币政策。

从现实情况来看，“一松一紧”政策主要解决结构问题，经常运用于微调；“双松”或“双紧”政策主要解决总量问题，一般用于经济运行的非常时期即通货膨胀时期或通货紧缩时期。

(1) 在总量平衡的情况下，调整经济结构和政府与公众间的投资比例，一般采取货币

| 货币政策（短期内见效快） \ 财政政策（长期调整） | 松 | 紧 |
|---|---|---|
| 松 | 双松（主要解决总量问题） | 一松一紧（主要解决结构问题） |
| 紧 | 一松一紧（主要解决结构问题） | 双紧（主要解决总量问题） |

**图 2-1　货币政策与财政政策的配合**

政策和财政政策“一松一紧”的办法。

（2）在总量失衡的情况下，微量调整，一般单独使用财政政策或货币政策。货币政策在短期内见效快，但长期调整还要靠财政政策。

（3）在总量失衡较为严重的情况下，一般同时使用财政政策和货币政策两种手段，即“双松”政策或“双紧”政策。在经济萧条后期，为刺激生产和投资，启动闲置的生产能力，一般实行“双松”政策。在社会总需求过度膨胀、物价持续上涨、经济生活极不安定的情况下，一般采取“双紧”政策。

（4）在总量失衡与结构失调并存的情况下，政府一般采用先调总量、后调结构的办法，即在放松或紧缩总量的前提下调整结构，使经济在稳定中恢复均衡。

☞**专栏 2-4**

**我国经济新常态下财政政策与货币政策的协调配合**

改革开放以后，我国财政政策与货币政策的协调配合大致可总结为六个阶段：

（1）1979—1992 年，两大政策以“双松”为主，协调搭配，为我国从计划经济过渡到市场经济充当保障；

（2）1993—1996 年，两大政策从“双松”到“双紧”，对我国实现经济“软着陆”起到较大作用；

（3）1997—2004 年，我国采取积极的财政政策和稳健的货币政策；

（4）2005—2007 年，我国采用“双稳健”政策；

（5）2008—2010 年，我国实行积极的财政政策和适度宽松的货币政策，这是当时应对国际金融危机，防止经济下滑的对应政策；

（6）2011 年至今，我国继续实施积极的财政政策和稳健的货币政策。

在中国经济新常态下，两大政策需要继续协调配合，适应时代并不断优化与调整。

（1）两大政策的协调配合要进一步强化供给侧管理。货币政策的调节通常带有总量调节的特征，而财政政策在配合货币政策时，需在稳定经济总量的同时实现经济结构的优化。

(2) 两大政策的协调配合要服务于推进全面深化改革。财税改革、预算管理体制改革、金融市场利率市场化等都需要两大政策协调配合。

(3) 两大政策的协调配合要进一步强化财政部和中央银行的协调。应加强财政部和中央银行在实施政策时的衔接和配合，建立信息共享和交流机制，整合财政部、央行的信息优势，从而强化两大政策协调配合的力度。

(4) 在两大政策协调配合的同时，要发挥市场在资源配置中的决定性作用，进一步简政放权，让市场更好地发挥优胜劣汰、调整结构的资源配置决定性作用，加快转变发展方式。

## 三、货币政策和财政政策的运用

### (一) 宏观紧缩政策

宏观紧缩政策是各国对付通货膨胀的传统政策调节手段，也是迄今为止在抑制和治理通货膨胀中运用得最多、最为有效的政策措施，其主要内容包括紧缩性货币政策和紧缩性财政政策（见表 2-1）。

**表 2-1　　治理通货膨胀的对策**

| | 紧缩性货币政策 | 紧缩性财政政策 |
|---|---|---|
| 治理通货膨胀 | a. 提高法定准备金率<br>b. 提高再贴现率<br>c. 政府出售各种有价证券<br>d. 减少货币供给量 | a. 紧缩财政支出<br>b. 增加租税、提高税率或降低起征点<br>c. 减少公共投资<br>d. 减少有效需求 |

紧缩性货币政策和紧缩性财政政策都是从需求方面加强管理，通过控制社会的货币总供给和总需求，实现抑制通货膨胀的目的。

1. 紧缩性货币政策

紧缩性货币政策又称“抽紧银根”，即中央银行通过减少流通中货币供给的办法提高货币的购买力，减轻通货膨胀压力。紧缩性货币政策的具体政策工具和措施包括：

(1) 通过公开市场业务出售政府债券，以相应减少经济体系中的货币存量。

(2) 提高贴现率和再贴现率，以抬高商业银行存贷款利率和金融市场利率水平，缩小信贷规模。

(3) 提高商业银行的法定准备金率，以缩小货币发行的扩张倍数，压缩商业银行的放款规模，减少货币流通量。

(4) 在政府直接控制市场利率的国家，中央银行也可直接提高利率，或直接缩小信贷规模。

2. 紧缩性财政政策

紧缩性财政政策主要通过削减财政支出和增加税收的办法来治理通货膨胀。

(1) 削减财政支出的内容主要包括生产性支出和非生产性支出。在财政收入一定的条件下，削减财政支出可相应减少财政赤字，从而减少货币发行量，并可减少总需求，对于抑制财政赤字和由需求拉动引起的通货膨胀比较有效。

（2）增加税收是另一种常用的紧缩性财政政策。提高个人所得税或增开其他税种可使个人可支配收入减少，降低个人消费水平；而提高企业所得税和其他税率则可降低企业的投资收益率，抑制投资支出。

**（二）宏观扩张政策**

宏观扩张政策是治理通货紧缩的重要手段，通过实施积极的财政政策和稳健的货币政策，扩大国内投资和消费需求，从而抑制通货紧缩（见表2-2）。

**表2-2　治理通货紧缩的对策**

| | 稳健的货币政策 | 积极的财政政策 |
|---|---|---|
| 治理通货紧缩 | a. 降低再贴现率<br>b. 降低法定准备金率<br>c. 购入有价证券 | a. 赤字财政政策<br>b. 增加政府支出（增加公共投资）<br>c. 减少租税<br>d. 增加社会总需求 |

稳健的货币政策可以采取多种方式，例如：

（1）扩大中央银行基础货币的投放；

（2）增加对中小金融机构的再贷款；

（3）加大公开市场业务的力度；

（4）采取适当下调利率和存款准备金等措施，适当增加货币供给，促进信用的进一步扩张。

积极的财政政策是指通过减税和增加财政支出等措施以增加和刺激社会总需求的政策。减税可以增加民间的可支配收入，在财政支出规模不变的情况下，也可以扩大社会总需求；财政支出是社会总需求的直接构成因素，增加财政支出会直接增加社会总需求。

☞**专栏2-5**

**三元悖论**

一国的经济目标通常分为三个方面：本国货币政策的独立性，汇率的稳定性，资本的完全流动性。其中，本国货币政策的独立性是指一国执行宏观稳定政策进行反周期调节的能力，这里主要是指一国货币政策是否具有影响其产出和就业的能力；汇率的稳定性是指保护本国汇率免受投机性冲击、货币危机等冲击，从而保持汇率稳定；资本的完全流动性即不限制短期资本的自由流动。但是，同一国家在同一阶段只能三选其二，而不可能三者兼得。例如，在1944—1973年的布雷顿森林体系中，各国货币政策的独立性和汇率的稳定性得到实现，但资本的完全流动性受到严格限制。而在1973年以后，货币政策的独立性和资本的完全流动性得以实现，但汇率的稳定性不复存在。

2001年，我国经济学者易纲在三元悖论的基础上提出了扩展三角理论框架，

并提出简明的 $X+Y+M=2$ 公式。其中 $X$ 代表汇率，$Y$ 代表货币政策，$M$ 代表资本流动状态。三个变量的变动范围均在 0 到 1 之间。$X=0$ 表示汇率完全自由浮动，$X=1$ 表示完全的固定汇率制；$Y=0$ 表示货币联盟，$Y=1$ 表示货币政策完全独立；$M=0$ 表示资本完全管制，$M=1$ 表示资本自由流动。其余中间值表示中间状态。

(0，1，1）这种政策组合追求的是货币政策独立，资本自由流动，而放弃固定汇率制。在这种情况下，货币当局实行自由浮动的汇率，允许资本自由输出入，并根据宏观经济情况及时运用调整国内市场利率等货币政策，保障国内经济目标的实现和国内经济安全免受游资的冲击。但是这也意味着国家要承担浮动汇率带来的风险。

(1，0，1）这种政策组合追求资本自由流动，并实行固定汇率制，本国的货币政策将趋于完全无效。在这种情况下，国内利率水平的高低不由本国市场上的货币供给和需求决定，因为存在资本的自由流动，任何利率上的微小差异都会引起国内外资金的套利行动，因此国内利率和国际市场利率保持一致。此时如果国内经济发生通货膨胀，国家如果采取提高利率的货币政策来缓解，那么较高的利率会引发资金内流，此时本币有升值的压力，为了维持固定汇率制，一国政府要抛出本币，收回外币，货币供给增加直到利率恢复到世界水平，从而货币政策无效。

(1，1，0）这种政策组合在追求固定汇率制的同时保证本国货币政策的独立性，以便对国内宏观经济作出及时有效的调整，但条件是实行严格的资本管制。

# 第三节　金融危机

## 一、金融危机的界定

金融危机是指一个国家或几个国家与地区的全部或大部分金融指标（如短期利率，货币资产、证券、房地产和土地的价格，商业企业破产数，以及金融机构倒闭数）的急剧、短暂和超周期的恶化。在出现金融危机的时候，人们对未来经济预期更加悲观，货币币值出现幅度较大的贬值，经济总量与经济规模出现急剧紧缩，经济增长停滞甚至倒退。金融危机期间往往伴随着企业的大量倒闭，失业率提高，社会经济普遍萧条，甚至有些时候伴随着社会动荡或国家政治层面的动荡。金融危机爆发的条件是国际收支失衡、资本市场失衡、资金借贷失衡以及货币供求失衡。金融危机爆发的主要表现为：金融指标急剧恶化，金融资产价值剧烈波动，债务危机、银行业危机爆发。

## 二、金融危机的类型

### (一) 以金融危机的影响地域划分

1. 国内金融危机

国内金融危机往往起因于国内经济或金融因素，其影响面仅局限于一国国内，一般通过整顿所在国的经济金融秩序、加强法治，或者由政府金融当局出面采取某种形式给予适当救助，即可化解金融危机。如1988—1989年的美国储蓄与贷款协会危机、1992年的印度迈赫塔股票诈骗案、1994年的俄罗斯MMM公司股票风波、1997年的阿尔巴尼亚集资风波和2002年的阿根廷债务危机，就属于国内金融危机。

2. 区域金融危机

区域金融危机往往最先爆发于某一经贸一体化组织中的一个成员，而后由于区域内高度的经贸一体化水平迅速传导到其他成员那里，其对于集团外国家或者世界经济金融一般没有或较少产生直接的影响，危机的化解也主要依靠集团内部有关成员经济金融当局在政策协调方面的共同努力，尽管有时来自外部或者国际社会的经济援助是十分必要的。货币冲击或货币危机常常构成区域金融危机的标志性特征。1992—1994年的卢布危机、1997年7—8月的东南亚金融危机和2009年始于希腊的欧洲主权债务危机就属于这类危机。

3. 世界金融危机

世界金融危机也可称为全球金融危机。世界金融危机明显区别于上述两种危机。无论金融危机首先在发达国家爆发，还是在发展中国家爆发，其后必然通过某种途径传导到欧美主要发达国家，进而波及全球金融市场，并且在一定条件下极有可能引发世界经济危机或全球经济衰退。1929年首发于美国的"大萧条"、1997—1999年肆虐两年有余的亚洲金融危机和美国次贷危机引发的2007—2009年环球金融危机，就属于这类危机。

☞专栏2-6

### 欧洲主权债务危机

自2009年年底希腊债务危机爆发之后，欧洲主权债务问题愈演愈烈，导致欧洲国家普遍发生社会动荡，一些政府相继倒台。欧债危机削弱了欧元地位，也危及欧盟的未来。

欧洲主权债务危机发端于希腊，2009年年底希腊政府披露，希腊的国家公共债务高达3 000亿欧元，占国内生产总值的113%，主权违约风险激增，国家陷入信用危机之中。2010年5月2日，欧元区决定向希腊提供1 100亿欧元的救援资金。2011年下半年，希腊出现了第二次债务危机，债务总额高达2 500亿欧元，占国内生产总值的160%。11月26日，欧盟首脑会议就欧债主权债务危机进行磋商，并且提出了救助希腊债务危机和防止危机向其他国家蔓延的一揽子计划。

在长期经济不景气的背景下，解决高额债务危机的出路是实行严厉的财政紧缩政策，而这就导致了一些国家执政党和反对党在是否接受欧盟救援和如何实行财政紧缩政策的问题上产生了分歧，遭遇债务危机的爱尔兰、意大利、葡萄牙等国政府纷纷倒台，造成了政治动荡。

在欧洲各国接连发生政治动荡的同时，社会局势很不稳定。长期形成的社会两极分化以及紧缩财政造成的社会压力使广大"愤怒者"纷纷走上街头，抗议社会不公正，“占领”浪潮席卷整个欧洲。伴随而来的则是各种骚乱和暴力事件，其中以2011年8月英国首都伦敦发生的一系列社会骚乱事件最为突出。

欧债危机以及由此引发的政治和社会动荡成了2011年欧洲整体形势的缩影，也成了当时国际舆论关注的焦点。

**（二）以金融危机的性质划分**

1. 货币市场危机

货币市场危机，又称货币危机。货币市场危机是指在实行固定汇率制或带有固定汇率制色彩的钉住汇率制的国家，由于国内经济变化没有配合相应的汇率调整，导致其货币内外价值脱节，反映为本币汇率的高估，而由此引发的投机冲击加大了外汇市场上本币的抛压，其结果要么是在外汇市场上本币大幅度贬值，要么是该国金融当局为捍卫本币币值而动用大量国际储备干预市场或大幅度提高国内利率，如1997年东南亚金融危机中的泰国危机和1998年的俄罗斯金融危机。

☞专栏2-7

**1997年的东南亚金融危机**

1997年，泰国经济疲软，许多东南亚国家如泰国、马来西亚和韩国等长期依赖中短期外资贷款维持国际收支平衡，汇率偏高且大多维持与美元或一篮子货币的固定或联系汇率，这给国际投机资金提供了一个很好的捕猎机会。由美国知名炒家索罗斯主导的量子基金乘势进军泰国，从大量卖空泰铢开始，迫使泰国放弃维持已久的与美元挂钩的固定汇率而实行自由浮动，从而引发了一场泰国金融市场前所未有的危机。之后危机很快波及所有东南亚实行货币自由兑换的国家和地区。1998年8月，量子基金开始炒卖港元，首先向银行借来大量港元在市场上抛售，换来美元借出以赚取利息，同时大量卖空港股期货。前者会使利率急升，导致股市下跌，从而在期货市场获利；一旦港元下跌，也可以同时在外汇市场获利，可谓一石二鸟。此危机迫使除了港元之外的所有东南亚主要货币在短期内急剧贬值。东南亚各国货币体系和股市的崩溃，以及由此引发的大批外资撤逃和国内通货膨胀的巨大压力，给东南亚地区的经济发展蒙上了一层阴影。

2. 资本市场危机

资本市场危机是指某些国家的资本市场（主要是股票市场）由于国内或国外的原因，价格在短期内大幅度下降，如1987年的“黑色星期一”。资本市场危机与货币市场危机具有联动作用，资本市场危机可以导致货币市场危机，而货币市场危机同样也可以引发资本市场危机，例如1997—1998年的东南亚金融危机。

3. 金融机构危机

金融机构危机，又称银行业危机，是指某些商业银行或者非银行金融机构由于各种原因引致出现大量不良债权或巨额亏损，导致破产倒闭或支付困难，其影响极易扩散，引发全社会对各类金融机构的挤兑风潮，从而严重威胁整个金融体系的稳定。如 1961—1965 年的香港银行倒闭风潮和 1996 年的日本“住专丑闻”①。

4. 综合金融危机

综合金融危机往往表现为上述几种危机的混合体。现实中常常是一种危机的爆发带动其他危机的爆发，比如东南亚金融危机就是货币市场危机首先爆发，随后即是资本市场危机、金融机构危机的接踵而至，危机迅速波及有关国家的整个金融市场和金融体系，形成综合金融危机。综合金融危机一方面严重损害了相关国家的经济金融利益，且极易升级为经济危机或政治危机，另一方面也在一定程度上暴露了危机国所存在的深层次结构问题。

**（三）以金融危机的影响程度划分**

1. 系统性金融危机

系统性金融危机源于系统性金融风险，其影响深远且带有明显的全局性特征，如果应付不当将危及一国金融体系乃至世界金融体系的安全与稳定，前面提到的综合金融危机就是典型的系统性金融危机。

2. 非系统性金融危机

非系统性金融危机源于非系统性金融风险，其影响往往局限于某一特定金融机构、金融市场或金融领域，一般不会对一国的金融体系形成直接威胁，如 1990 年的美国德雷塞尔投资银行破产、1992 年的印度迈赫塔股票诈骗案和 1995 年的英国巴林银行倒闭，但是也并不排除非系统性金融危机由于处理不当在一定条件下转化为系统性金融危机的可能性。

金融危机的类型见图 2-2。

- 金融危机
  - 以金融危机的影响地域划分
    - 国内金融危机
    - 区域金融危机
    - 世界金融危机
  - 以金融危机的性质划分
    - 货币市场危机
    - 资本市场危机
    - 金融机构危机
    - 综合金融危机
  - 以金融危机的影响程度划分
    - 系统性金融危机
    - 非系统性金融危机

**图 2-2　金融危机的类型**

① 日本“住专丑闻”是指在 20 世纪 80 年代中期日本“泡沫经济”中，母体银行将不够贷款条件的客户和零星的小额贷款业务大量转向日本住宅专业金融公司，使日本住宅专业金融公司的业务宗旨逐渐转向不动产公司的房地产抵押贷款而引发的呆账事件。“住专”是日本住宅专业金融公司的简称，是在 20 世纪 70 年代初日本经济高速增长时期，在大藏省支持下建立的以银行为母体的对私人和中小企业提供住房信贷的专业金融机构。

## 三、金融危机的传导机制

1. 金融泡沫的挤出效应

纯粹的金融投资是指不进入生产领域，仅根据对金融市场未来的预期和时间偏好进行的投资。随着金融市场的过度泡沫化，资产的账面价值大幅度提高，形成未来收入还将进一步提高的预期，这就会刺激人们大量举债。这是因为金融资产价格的上升不但能够阻止资产负债率提高，甚至还能促使其回落。一旦金融资产泡沫破灭，企业资产大幅度缩水，但债务总量却保持不变，资产负债率和企业财务杠杆比率急剧提高，金融市场过度泡沫化的外部系统性风险就此演变成企业内部的财务风险，许多企业都会发生支付危机，进而引发大量的破产、倒闭和生产的急剧萎缩。

在金融市场过度泡沫化的初期，最先被挤出的是内源投资，因为这种投资的周期长、收效慢、回报不确定，远不如金融市场中的投资那样立竿见影。与此同时，外源投资却有可能逐步扩大，因为信用和资产膨胀，对居民财富与未来收入能力的高估，以及企业预期盈利能力的虚拟扩大，都会促使企业凭借信用扩大外源投资，有时竟达到了不计成本与收益的地步。随着金融市场泡沫的进一步扩大，外源投资回报的增长速度赶不上在金融市场中的投资，资金向金融市场流动，外源投资也被挤出，这就从根本上损害了整个经济发展的基础。

2. 金融危机的国内传导

国内传导是在一国金融泡沫化基础上，货币危机向资本市场危机、银行业危机及债务危机，进而向全面的金融危机演变的过程。

货币危机通常是由泡沫经济破灭、银行呆坏账增多、国际收支严重失衡、外债过于庞大、财政危机、政治动荡和对政府的不信任等引发。如果一国在货币贬值时存在大量的外债，则外币的升值势必大大提高企业的债务负担，甚至使其陷入破产困境，股市也会严重受挫，这些问题的蔓延和放大会造成货币供求、资金借贷和资本市场失衡的加剧，引发股市危机和银行业危机。银行业危机会产生传导和扩散机制，即无力支付存款人的存款，导致个人和企业破产，将引发资本市场危机和货币危机，最终使整个经济陷入低迷和衰退之中。

3. 金融危机的国际传导

广义金融危机的国际传导泛指金融危机在国与国之间的传播和扩散，它包括贸易金融关系密切的国家间的接触性传导和贸易金融关系并不密切的国家间的非接触性传导。

接触性传导是指某些经济因素的变化引起其他因素变化，最终导致经济金融部分或整体变化，从而引发、扩大和加剧金融危机的跨国作用，这就是金融危机的溢出效应。传导大致从一国本币的大幅度贬值和股市暴跌开始，在汇率相对价格机制的作用下，通过国际贸易和国际资本流动两个渠道，造成别的国家的货币贬值和股市暴跌，从而造成金融危机的跨国界传导。

非接触性传导首先表现为“季风效应”。金融危机在几个国家或地区相继发生并不一定都是接触性传导的结果，而可能由同一外部原因造成。换句话说，不同国家的金融危机不是由一个国家传导至别国，而是分别受同一个因素的影响，所以它们的危机都是原发性的。

非接触性传导还表现为“传染效应”，即一个国家的货币危机诱发对别国的投机性冲击，尽管这两个国家的实质经济联系比较薄弱，一国的危机也没有恶化另一国的经济基础，但是它还是会造成人们心理预期的变化，使得投资者重新评价其他国家的基本经济状况和政府的政策，从而形成对这些国家的投机性冲击。在一国发生货币危机后，机构投资者就会担心相似的别国也会发生货币危机，它们就抛出这些国家的货币，全面退出这些国家的市场，从而造成这些国家的心理恐慌，金融危机通过这种“传染效应”扩散开来。显然，形成“传染效应”的关键在于投资者对这些国家相似性的判断。

经济基础相似性传染是指一国发生货币危机，投机者对别的经济基础相似的国家的货币发起冲击，从而导致这些国家发生货币危机。政治与经济政策相似性传染是指一国发生货币危机，投机者对别的政治经济态度相似的国家的货币发起冲击，从而导致这些国家发生货币危机。文化背景相似性传染是指一国发生货币危机，投机者对其他在政治、经济上没有关系但有共同或相似的文明、文化背景及发展历史的国家的货币发起冲击，从而导致这些国家发生货币危机。

## 四、金融危机国际援助的博弈论分析

一国爆发金融危机，经济实力雄厚的发达国家往往并不及时给危机国必要的援助；已经接受国际货币基金组织（IMF）援助的国家，又在援助协议的具体执行上与IMF争论不断，以致危机问题迟迟不能得到解决。不同国家之间以及IMF与危机国之间的博弈是金融危机不能得到及时有效解决的主要原因。

### （一）有关国家政府之间的博弈

假设除危机国外，只有A国和B国，它们的政府了解危机国的情况，并对危机可能蔓延至本国的后果有基本的了解，这构成博弈参与者的“共同知识”。它们可以选择“援助”或“不援助”，并且后援助者可以根据先援助者的行动选择自己的行动。

| | | B国 | |
|---|---|---|---|
| | | 援助 | 不援助 |
| A国 | 援助 | 可以阻止危机的继续传播并化解危机 | 如果A国能化解危机，B国可以坐享危机化解后的成果 |
| | 不援助 | 如果B国能化解危机，A国可以坐享危机化解后的成果 | 会由于危机的蔓延而相继受损 |

**图2-3　A、B两国政府间的博弈**

如果A国政府和B国政府都选择“不援助”，两国都会由于危机的蔓延而相继受损，“不援助”不是它们双方的最优选择。

如果A国政府因为危机国与自己利益关系密切，先行决定援助，B国政府的选择构成一个特定的博弈，如果B国政府也选择援助，那么援助力量的扩大甚至足以阻止危机继续传播，并迅速化解危机，A、B两国均会从中受益。

如果B国政府采取观望态度，选择“不援助”，而A国政府的力量足以化解危机，那么B国政府就能坐享危机化解后的成果。

如果B国政府先采取援助行动，A国政府可以选择“援助”以阻止危机的传播，并从中受益。

如果B国政府的力量足以化解危机，A国政府可以选择“不援助”以坐享危机化解后的成果。

正是因为两国政府都十分清楚这种博弈的结果，A国政府和B国政府都不愿意先采取援助行动，于是双方的观望使得这种博弈回到都不援助上来。这正是在危机爆发的初期，发达国家迟迟不采取援助行动的原因所在，结果造成金融危机在世界范围内传播和蔓延。

**（二）IMF与有关政府的博弈**

在危机爆发后，发达国家通过国际货币基金组织实行间接援助行动，因为借贷双方都希望获得中间人的掩护。求援国政府声称，是外部势力迫使它们进行不得人心但必要的改革；援助国也可以就此推卸造成受援国痛苦的罪责，从而使国际货币基金组织被置于金融危机的中心。危机国政府一旦接受国际货币基金组织的条件，正式签署有关援助协议，国际货币基金组织便与危机国政府一起陷入不完全信息动态博弈之中。

尽管援助协议规定，受援国政府有义务保证国民经济宏观统计数据的透明度，但实际上却很难做到。如果受援国政府选择“合作”，在短期内，由于改革措施出台，国内经济紧缩，失业率上升，民怨可能沸腾，虽然实行经济结构调整是最终摆脱危机的必由之路，但是如果这种“短痛”超过公众的承受力，也会酿成更大的危机，所以受援国难以痛快地选择“合作”；如果受援国政府选择“不合作”，它们撕毁协议可能招致国际货币基金组织终止援助，这就会沉重打击本来就对本国经济金融十分脆弱的信心，增加摆脱金融危机的困难。

这种博弈的“分离均衡”是弱势政府选择“合作”，强势政府选择“不合作”，国际货币基金组织根据受援国政府是否选择“不合作”来推断它是强势政府还是弱势政府，然后选择是否与之谈判，并继续提供援助；这种博弈的“混同均衡”是弱势政府和强势政府迫于国内政治压力都选择“不合作”，国际货币基金组织仍然维持对受援国政府原有的判断，经“讨价还价”修改协议后，继续援助行动。

对受援国政府来说，当选择“不合作”作为向国际货币基金组织发出的“讨价还价”信号时，一定要把握分寸。如果已经在谈判桌上获得若干利益，就应马上回到“合作”的轨道上，否则援助国的选择可能使受援国处境尴尬，损失惨重。

## 五、金融危机的防范

*1. 发挥政府的积极作用*

在金融危机中，政府应该遵循市场规律，采取“积极不干预政策”疏导资金流向，间接培养并增强投资者的信心。

*2. 谨慎推进资本项目自由化*

资本项目自由化的目的是推动国内金融市场的繁荣，促进国内经济发展，增加社会福利，并不是为向国际金融市场开放而开放。由于商品、要素和金融市场的调整速度不同，稳定政策和改革政策方案的设计应该首先着眼于消除国内商品市场和资本市场的扭曲，最后才是开放资本账户。

3. 选择合适的汇率制度

僵化的汇率制度已经不再适应资本自由流动的世界，固守某一汇率会给经济带来巨大危害，应当采取灵活的汇率制度。

☞专栏 2-8

汇率目标区管理制度

汇率目标区管理制度是指以特定的汇率水平为基准，上下各留有一定幅度的浮动汇率区间。这个特定的汇率水平称为目标区的中心汇率，浮动区间的上下界限称为目标区的边界。中央银行不仅在目标区的边界处进行干预，在目标区内部也进行干预，其目的是维持一个稳定的汇率水平，这一汇率既可以是中心汇率，也可以是中央银行认为合适的其他目标汇率水平。

4. 加强外资的监管

无论哪个国家，外资历来都被认为是发展本国经济的动力。在吸收外资的同时，不能对外资这把双刃剑掉以轻心。如果不对蜂拥而来的外资采取有效的措施进行调控监管，一旦外资流入失控就会为未来的金融危机埋下伏笔。

5. 控制外国短期贷款比例

短期贷款的一个明显缺陷是偿还期短，若引入的外资属于短期贷款并被用于进口品的支付，一旦金融系统运转不灵，极易引起金融市场动荡。尤其应严格控制证券市场等利润高、风险大的行业短期外资贷款的注入。

6. 建立金融资产价格监测系统

由于金融资产价格受人们心理预期影响较大，投资者的信心深受资产价格波动的影响，一旦资产价格波动较强，投资者的信心就会遭受严重打击，投资者就会作出一些非理性选择，如“挤兑”等。投资者的信心又是金融体系得以安全运行的基础，若投资者发生信心危机，金融体系的崩溃就在所难免了。所以要对金融资产，特别是证券资产价格严加关注，避免市场价格过度剧烈波动。为此，应建立一套金融资产价格监测系统，配以宏观手段维持金融市场的稳定，预防金融危机。

7. 建立金融风险防范体系

通过建立一套完备的金融风险防范体系，形成一个金融安全运行程序，最大限度地避免金融危机，减少其对经济的危害。金融风险防范体系应当包括金融风险事前预警机制、金融风险事中控制机制和金融风险事后处理机制。

☞专栏 2-9

金融风险防范体系的基本内容

金融风险事前预警机制是对金融市场中潜在的金融风险或潜伏的金融危机的

事前预测，即通过监测一些经济金融指标来预测金融危机发生的可能性。测定的经济金融指标必须全面而灵活，既要有宏观微观经济金融指标，又要有外部内部经济金融指标，并且标准指标要随着经济发展及时更新动态变化。金融风险事前预警机制涵盖的指标有：(1) 国内宏观经济金融指标，包括 GDP 增长率、货币供给增长率、进出口增长率、外债增长率和国际储备等；(2) 国内微观经济金融指标，包括银行坏账率、不良资产增长率和银行间同业拆借利率等；(3) 国际宏观环境指标，包括国际贸易变化和国际政策变化等；(4) 国际微观经济金融指标，包括国际资金流入量（流出量）、国际资本地区分布和外汇市场货币掉期量等。

金融风险事中控制机制是对金融风险发展激化的化解与控制。根据金融风险的种类划分，可以进行针对性化解。对系统性风险（资本项目风险、通货膨胀风险和外债风险等）可以通过建立、完善监管体系，实施有效的货币政策、财政政策等宏观手段加以处理；对非系统性风险（流动性风险、市场风险及信贷风险等）可以通过金融机构的内部控制及采用科学的风险管理方法（VAR 法、模型法等）进行具体控制。

金融风险的事后处理也就是金融危机的治理及救援，其目的在于减小金融危机的危害，防止金融危机的传播，控制金融危机爆发的范围。众所周知，金融危机的一个最大特征就是资金的流动性严重不足（甚至丧失），所以在金融危机治理与救援中，最关键的就是采取一系列措施弥补金融机构流动性不足，恢复资金的正常流动。具体措施包括财政援助、央行援助、同业互助、国际援助。

## 本章小结

货币政策是指政府通过控制和调节货币供给量以保持社会总供给和社会总需求平衡的一种经济政策；如何合理选择货币政策和财政政策以进行金融调控，是实现金融调控目的的重中之重。

金融危机是指一个国家或几个国家与地区的全部或大部分金融指标（如短期利率，货币资产、证券、房地产和土地的价格，商业企业破产数，以及金融机构倒闭数）的急剧、短暂和超周期的恶化。金融危机具有很强的破坏性，应该注意防范。

## 进一步阅读

崔建军．金融调控论．西安：西安交通大学出版社，2006.

共青团中国人民银行委员会．金融调控与经济发展——中国人民银行青年论文集．北京：中国金融出版社，2006.

## 思考与练习

**一、名词解释**

1. 金融调控
2. 货币政策
3. 金融稳定
4. 金融危机
5. 接触性传导

**二、填空题**

1. 社会总需求的大小都是直接与______相联系，货币政策可通过调控货币供给量达到对______两方面的调节，使经济达到均衡。

2. 当代各国的货币政策目标一般可概括为四项：________、________、________和________。

3. 货币政策工具可分为________、________和________三类。

4. 选择性货币政策工具包括________、________和________。

5. 直接信用控制的手段主要包括________、________、________、________和________。

6. 货币政策分为________和________；财政政策包括________和________。

7. 货币均衡用公式表示为________；社会总供求的均衡为________；具体地讲则为 $C+I+G+(X-M)=\mathrm{GDP}$。

8. ________是财政政策与货币政策的“重叠域”和“结合部”，是联系财政政策与货币政策的______。

9. 财政政策与货币政策的搭配方式有________、________、________和________。

10. 金融危机按性质可划分为________、________、________和________。

**三、选择题**

1. 金融调控的核心是（　　）。

A. 财政政策　　B. 货币政策

C. 经济政策　　D. 利率政策

2. 货币政策（　　）。

A. 是实现中央银行金融调控目标的核心

B. 在国家宏观经济政策中居于重要地位

C. 对宏观经济进行全方位的调控

D. 不同国家其目标不同

3. 当代各国的货币政策目标一般可概括为（　　）。

A. 物价稳定　　B. 充分就业

C. 经济增长　　D. 国际收支平衡

4. 一般性货币政策工具包括（　　）。

A. 存款准备金政策　　B. 利率高限

C. 再贴现政策　　D. 公开市场业务

5. 直接信用控制手段主要包括（　　）。

A. 信用分配　　B. 流动性比率

C. 利率高限　　D. 直接干预和特别存款等

6. 财政政策与货币政策的搭配方式有（　　）。

A. “双松”　　B. “双紧”

C. 松的财政政策与紧的货币政策　　D. 紧的财政政策与松的货币政策

7. 在总量平衡的情况下，调整经济结构和政府与公众间的投资比例，一般采取（　　）。

A. 货币政策和财政政策“双松”

B. 货币政策和财政政策“双紧”

C. 货币政策和财政政策“一松一紧”

D. 单独使用财政政策或货币政策

8. 在总量失衡较为严重的情况下，一般（　　）。

A. 财政政策和货币政策同时使用

B. 货币政策和财政政策“一松一紧”

C. 单独使用财政政策或货币政策

D. 采取“双松”或“双紧”政策

9. 在总量失衡的情况下，微量调整，一般（　　）。

A. 单独使用财政政策或货币政策

B. 财政政策和货币政策同时使用

C. 希望在短期内见效快使用货币政策

D. 长期调整使用财政政策

10. 治理通货紧缩的货币政策有（　　）。

A. 减少货币供给量　　B. 降低再贴现率

C. 降低法定准备金率　　D. 购入有价证券

11. 治理通货膨胀的财政政策一般有（　　）。

A. 紧缩政府支出　　B. 增加租税、提高税率或降低起征点

C. 减少公共投资　　D. 减少有效需求

12. 按金融危机的影响地域划分，金融危机可以分为（　　）。

A. 国内金融危机　　B. 综合金融危机

C. 区域金融危机　　D. 世界金融危机

**四、简答题**

1. 简述货币政策的作用。

2. 一般性货币政策工具有哪些?

3. 简述治理通货膨胀和通货紧缩的对策。

4. 试述货币政策与财政政策的配合。

5. 金融危机有哪些类型?

6. 如何防范金融危机?

**五、案例分析题**

泰国金融危机

1997 年 7 月 2 日，泰国政府宣布提高泰铢兑美元的汇率，将其维持了 13 年的泰铢兑美元的汇率由 7 月 1 日的 24.4 提高为 34.3，汇率制度由固定汇率制转向有管理的浮动汇率制。正如历史上任何别的货币危机一样，泰铢的被动贬值迅速引起了市场投机者更为强烈的反应。几乎所有市场参与者在政府宣布贬值后对泰铢更加丧失信心，并预期泰铢还将继续贬值，于是更大幅度地抛售泰铢，外资流出，从而引致由通货危机引发的全面性经济危机，使各种固有的经济矛盾和问题加剧。

为什么泰国会发生货币危机?

# 第3章 金融市场

## ⊙学习目标⊙

- 熟悉金融市场的定义、功能、要素和分类；
- 掌握货币市场、资本市场和衍生市场，了解外汇市场和黄金市场的构成；
- 重点掌握债券市场、股票市场和基金市场的发行和流通过程；
- 了解衍生金融市场的基本知识。

## 第一节　金融市场概述

从国民经济运行的角度来看，市场可以划分为实物市场和金融市场，其中实物市场又可以分为要素市场和产品市场，要素市场是分配土地、劳动和资本等生产要素的市场，产品市场是商品和服务进行交易的市场。在经济系统中引导资金的流向，推动资金由盈余部门向短缺部门转移的市场即为金融市场，简单来说，就是资金融通的市场。金融市场的资源分配流程如图 3-1 所示。

金融市场是指资金供求双方实现货币借贷以及通过各种金融工具[①]融资的场所。这一定义包括如下三层含义：一是金融市场是金融资产进行交易的有形和无形的场所；二是金融市场反映了金融资产的供应者和需求者之间所形成的供求关系；三是金融市场包含了金

---

① 这里的金融工具是指一切代表未来收益或资产合法要求权的凭证，也称金融产品、金融资产、信用工具或者证券。

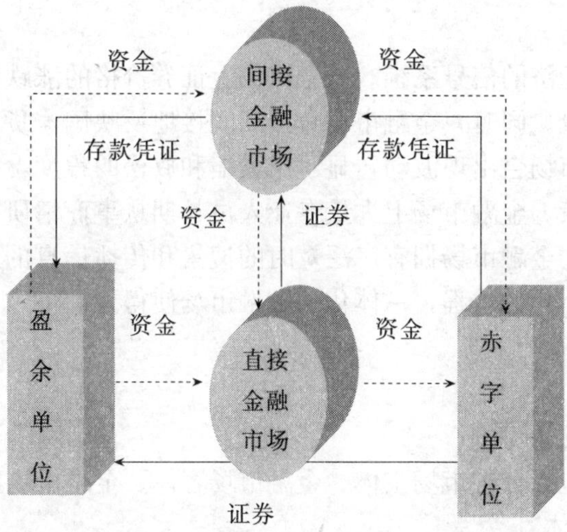


**图 3-1　金融市场的资源分配流程**

融资产交易过程中所产生的运行机制，其中最主要的是价格（包括利率、汇率及各种证券的价格）形成与决定机制。

## 一、金融市场的功能

### （一）聚敛功能

聚敛功能是指金融市场提供多样的投资手段，引导众多分散的小额资金汇聚成为可以投入社会再生产的资金集合的功能，是金融市场最基本的功能。金融市场根据不同的期限、收益和风险要求，提供了多种多样的可供投资者选择的金融工具，资金需求者可以通过各种融资方式获取资金，资金供给者可以依据自己的收益风险偏好和流动性要求选择其满意的投资工具，实现资金效益的最大化。

### （二）配置功能

金融市场通过将资源从低效率的部门转移到高效率的部门，使社会经济资源能最有效地配置在效率最高或效用最大的用途上，实现稀缺资源的合理配置和有效利用。投资者可以通过证券交易所中所公开的信息及证券价格波动所反映出的信息来判断整体经济运行状况以及相关企业、行业的发展前景，从而决定其资金和其他经济资源的投向。

### （三）分配功能

政府、企业和个人通过持有金融资产的方式来持有财富，当金融市场上的金融资产价格发生波动时，其持有数量也会发生变化。社会财富就通过金融市场价格的波动实现了再分配。利用各种金融工具，风险厌恶度较高的人可以把风险转嫁给厌恶度较低的人，从而实现风险的再分配。

### （四）调节功能

调节功能是指金融市场对宏观经济的调节作用。首先，金融市场通过其特有的引导资本形成及合理配置资源的机制，对微观经济部门产生影响，进而影响到宏观经济活动。其次，金融市场的存在及发展为政府实施对宏观经济活动的间接调控创造了条件。例如公开市场业务这项货币政策的实施就是以金融市场的存在为前提的。

**（五）反映功能**

金融市场是国民经济的信号系统。金融市场上证券价格的涨跌反映了其背后企业的经营管理状况及发展前景。同时，金融市场直接和间接地反映国家货币供给量的变动。在实施货币政策时，金融市场会出现波动，显示出紧缩和放松的程度，有利于政府部门及时制定和调整宏观经济政策。金融市场上大量专业人员长期从事商情研究和分析，有利于及时洞悉经济的运行状况。金融市场拥有广泛及时的搜集和传播信息的通信网络，这极大地推进了全球金融市场一体化的进程，一体化的金融市场使得人们可以及时了解世界经济发展变化的情况。

## 二、金融市场的要素

金融市场的要素包括金融市场主体、金融市场客体、金融市场媒体和金融市场价格。

**（一）金融市场主体**

金融市场主体，即参与金融市场活动而形成买卖双方的各种经济单位或组织，既可以是自然人，也可以是法人。

金融市场主体主要包括投资者（投机者）、筹资者、套期保值者、套利者、调控和监管者五大类。金融市场的投资者与实际部门的投资者不同，是指为了赚取差价收入或者股息、利息收入而购买各种金融工具的主体，是金融市场的资金供给者。按交易动机划分，广义的投资者又可以分为投资者和投机者两大类。筹资者则是金融市场上的资金需求者。套期保值者是指利用金融市场转嫁自己所承担风险的主体。套利者则是利用市场定价的低效率来赚取无风险利润的主体。调控和监管者是指对金融市场实施宏观调控和监管的中央银行和其他金融监管机构。这五类主体是由政府部门、工商企业、居民个人、金融机构、中央银行等不同主体构成的。

**（二）金融市场客体**

金融市场客体是指金融市场中的交易对象，即通常所说的金融工具。金融工具可以划分为基础性金融工具与衍生性金融工具两大类。前者主要包括债务性资产（如债券）和权益性资产（如股票）；后者主要包括远期、期货、期权和互换等。各种金融资产都具有流动性、风险性和收益性。金融工具的种类繁多，各具特色，能分别满足资金供求双方的不同需要，因而形成了金融市场中的各类子市场。

**（三）金融市场媒体**

金融市场媒体是指在金融市场上充当交易的媒介，从事交易或促成交易顺利完成的组织、机构和个人。可以将其分为两类：一类是交易中介，撮合交易双方，赚取佣金，如证券交易经纪人、证券交易所和证券结算公司等；另一类是服务中介，如律师事务所、会计师事务所和咨询公司等。金融市场媒体的出现克服了金融商品数量和投资者增多的困难，有利于市场交易和管理，极大地提高了金融市场的运转效率，是金融市场不可缺少的参与者。

**（四）金融市场价格**

金融市场价格是由资金供求关系决定的金融工具或金融产品交易的依据，有利率、汇率、证券价格、黄金价格和期权价格等。这些金融市场价格本质上都是资产的价格。其中最主要的是利率。各种金融市场均有自身市场的利率，如贴现市场利率、国库券市场利率、银行间同业拆借利率等。市场利率是不受官方控制的利率，但这并不排除中央银行货币操作对其产生的影响。

金融市场的形成条件是：完善的信用制度，实现金融证券化，充分合理的竞争机制，有效的宏观调控，稳定的政局和币值，完善的国际市场。

☞专栏 3-1

**中国新三板市场**

三板市场起源于2001年“股权代办转让系统”，最早承接两网公司和退市公司。2006年，中关村科技园区非上市股份有限公司进入代办转让系统进行股份报价转让，这被称为“新三板”，之前的三板市场被称为“旧三板”。新三板与旧三板最大的不同之处是设置30%的幅度，一旦超过此幅度要公开买卖双方信息。随着新三板市场逐步完善和活跃，我国形成了主板、创业板、场外柜台交易网络和产权市场等多层次市场体系，市场的稳定性以及多样性为投融资提供了更好的保障。

2012年，国务院批准决定扩大非上市股份有限公司股份转让试点，首批扩大试点为上海张江高新技术产业开发区、武汉东湖新技术开发区和天津滨海高新区。从2013年12月31日开始，全国企业均可向股权代办转让系统提交挂牌申请。截至2016年12月底，新三板挂牌企业已经达到10 073家，总股本5 741.5亿股（流通股本2 331.7亿股），总市值超过3.74万亿元。

新三板主要服务于中小型企业，为创新型、创业型以及成长型中小企业提供融资渠道和发展服务。企业向新三板系统申请挂牌的条件限制很宽松，没有像主板市场那么严格，规定公司需成立满两年、由券商推荐挂牌、企业经营业务明确、具备持续经营的能力等条件。从目前新三板市场的挂牌企业行业分布来看，制造业和信息技术产业占比较大，约55%；从发行的股份总量来看，制造业、金融业和信息技术产业占比为60%。由此可见，行业过于集中会造成新三板市场不稳定，引起系统性风险的可能性比较大。同时金融类企业数的比例在2015年之前虽然挂牌数量占总挂牌企业数的比例仅为1.4%，但是融资额却接近整个新三板市场总融资规模的一半，这不利于当前国家支持实体经济发展的目标实现，因此新三板市场要调整产业结构，扶持创新型实体企业的发展。

## 三、金融市场的类型

### （一）按标的物划分

这是金融市场最传统的分类，即将金融市场划分为货币市场、资本市场、外汇市场、黄金市场（前四种为原生市场）和衍生市场五类，在以下的第二节到第五节将据此分类对金融市场进行详尽的描述。详见图 3-2。

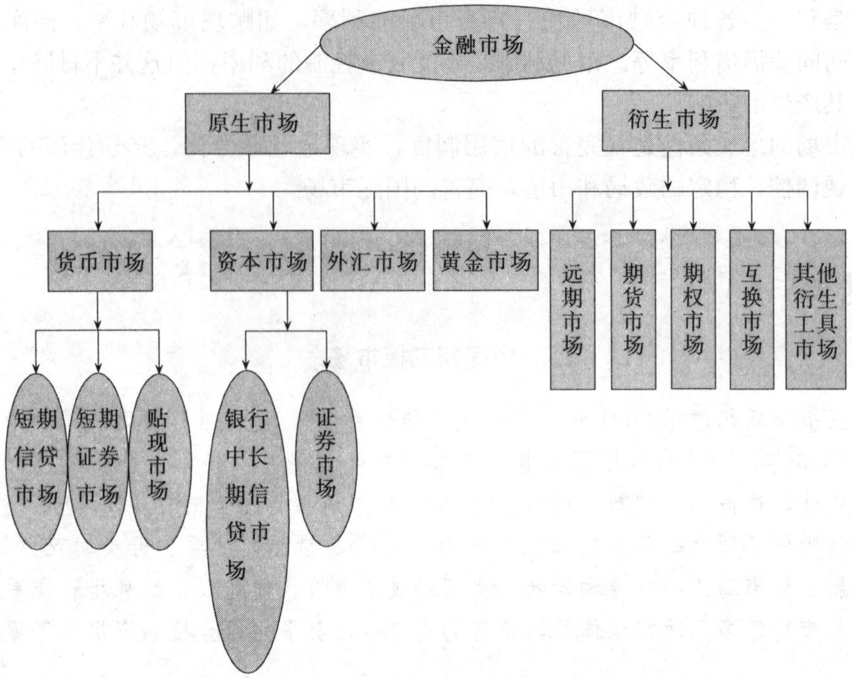


图 3-2 金融市场的传统分类

### (二) 按地域范围划分

1. 国内金融市场

国内金融市场是指金融交易的作用范围仅限于一国之内的市场，金融商品交易发生在本国居民之间，不涉及其他国家居民，交易的标的物也以本国货币标价，交易活动遵守本国法规的市场。国内金融市场交易的结果只改变本国居民的收入分配，不直接引起资金的跨国流动，不直接影响本国的国际收支。国内金融市场按作用的范围不同，又可以分为全国性金融市场、区域性金融市场、地方性金融市场。

2. 国际金融市场

国际金融市场是指国家间居民与非居民之间、非居民与非居民之间进行金融活动的场所和关系的总和，又可以分为外国金融市场和境外金融市场两类。前者也称为传统国际金融市场或“在岸市场”，是指某一国的筹资者在本国外的另一个国家发行以该国货币为面值的金融资产并以它为交易工具的市场，其交易活动要受到本国法律法规的制约；后者也称为新型国际金融市场或“离岸市场”，通常是指在某一货币发行国境外从事该种货币融通的市场，其特点是以非居民间的境外货币借贷业务为主体，具有相对独立的利率体系，不受任何国家的政策、法规、税制的限制。详见图 3-3。

### (三) 按金融资产发行和流通的层次划分

1. 初级市场

初级市场，也称为一级市场或发行市场，是指资金需求者将金融资产首次出售给公众时所形成的交易市场。金融资产的发行方式主要有两种：一是私募发行，即将金融资产销

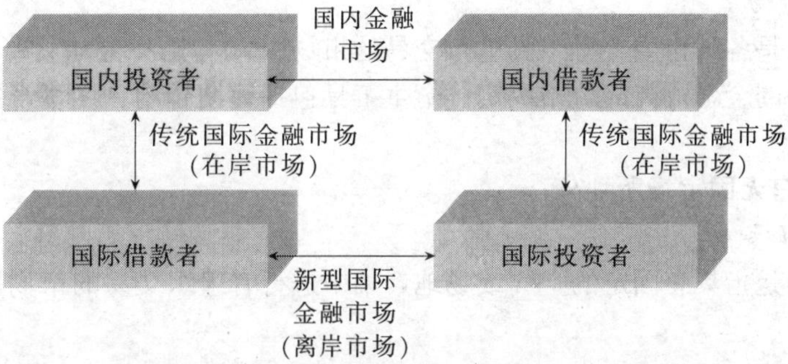


**图 3-3　国内金融市场、新型国际金融市场和传统国际金融市场**

售给特定的机构；二是公募发行，即将金融资产广泛地发售给社会公众。私募又分为包销和代销两种。包销是指金融资产的发行人与银行等金融机构协商，由银行等承销机构按照商定的条件把全部证券承接下来负责对公众销售。包销期满后，不论证券是否已经推销出去，包销机构都要如数付给发行人应得资金。代销则是指发行人自己承担全部发行风险，只将公开销售事务委托投资银行等机构办理的一种方式，代销商销多少算多少，它只收取手续费等费用，不承担任何风险。此外还有一种自办发行或称自销的方式，一般通过私下洽商的方式直接销售给为数不多的个人及团体投资者。

2. 二级市场

二级市场，也称为流通市场或次级市场，是进行各种证券流通买卖交易的市场。它又可分为两种：一是场内交易市场，即证券交易所；二是场外交易市场，又称柜台交易市场或者店头交易市场。证券交易所是依照国家有关法律规定，经政府主管机关批准设立的证券集中竞价的有形场所。场外交易市场是在证券交易所之外进行证券买卖的市场。原则上在场外交易的证券以未上市的证券为主。然而现在为数不少的上市交易的证券，尤其是政府债券、地方和公司债券，也都纷纷涌入场外交易市场进行交易。

3. 第三市场、第四市场

在发达的市场经济国家存在第三市场和第四市场，实际上都是场外市场的一部分。

第三市场是原来在交易所上市的证券移到场外进行交易所形成的市场。第三市场的交易相对于交易所交易来说，具有限制更少、成本更低的优点。

第四市场是投资者和证券的出卖者直接交易形成的市场。形成的主要原因是机构投资者在证券交易中所占的比例越来越大，它们之间的买卖数额很大，希望避开经纪人直接交易，以降低成本。

**（四）按交割方式划分**

1. 现货市场

现货市场是最为一般的、基本的金融工具交易市场，实际上是指即期交易的市场，即市场上的买卖双方成交后须在若干个交易日内办理交割的金融交易市场。现货交易包括现金交易、固定方式交易及保证金交易。现金交易是指成交日和结算日在同一天发生的证券买卖。固定方式交易则是指成交日和结算日之间相隔很短的几个交易日，一般在七天以内。保证金交易也称垫头交易，它是投资者在资金不足，又想获得较多投资收益时，采取交付一定比例的现金，其余资金由经纪人贷款垫付，进而买进证券的一种交易方法。目前现货市场上的大部分交易均为固定方式交易。

2. 衍生市场

衍生市场是各种衍生金融工具进行交易的市场。它一般表现为一些合约，这些合约的价值由其交易的金融资产的价格决定。衍生工具包括远期合约、期货合约、期权合约、互换协议等。

**（五）按有无固定场所划分**

1. 有形市场

有形市场是指具有固定的空间或场地，集中进行有组织交易的市场，典型形式为证券交易所。

2. 无形市场

无形市场是指没有固定的空间或场地，而是通过电信、计算机网络等现代化通信设备实现交易的市场。金融市场的绝大部分交易都是通过这种无形市场进行的。

**（六）按中介特征划分**

1. 直接金融市场

直接金融市场是指由资金供求双方分别作为最后贷款人和最后借款人直接进行融资，结成直接债权债务关系所形成的市场。在直接金融市场上，筹资者发行债务凭证或所有权凭证，投资者出资购买这些凭证，资金就从投资者手中直接转到筹资者手中，而不需要通过信用中介机构。需要注意的是直接金融市场上不存在资金中介，但是存在信息中介和服务中介。

2. 间接金融市场

间接金融市场是指以银行等金融机构作为信用中介进行融资所形成的市场。在间接金融市场上，资金供给者首先把资金以存款等形式借给银行等金融机构，二者之间形成债权债务关系，再由银行等机构把资金提供给需求者，又与需求者形成债权债务关系，通过信用中介的传递，资金供给者的资金间接地转到需求者手中。

**（七）按成交与定价的方式划分**

1. 公开市场

公开市场是指由众多市场主体以拍卖方式定价的市场，这类市场一般是有组织的和有固定场所的有形市场，如股票交易所。

2. 议价市场

议价市场是指没有固定场所，相对分散的市场，双方的买卖活动要通过直接谈判而自行议价成交，如中小企业的未上市股票的交易。

## 四、金融市场的发展趋势

**（一）资产证券化**

资产证券化是指把流动性较差的资产，如金融机构的一些长期固定利率贷款、企业的应收账款等通过商业银行或投资银行的集中及重新组合，以这些资产作抵押来发行证券，实现了相关债权的流动化。目前，在金融资产的交易过程中，传统的不可交易的金融资产的份额相对下降，而越来越多的金融资产转化为可交易的证券，其份额呈现出相对上升且规模不断扩大的趋势。

**（二）金融全球化**

金融全球化已成为当今世界的一种重要趋势。自 20 世纪 70 年代末以来，西方国家兴起的金融自由化浪潮使各国政府纷纷放宽对金融业活动的管制。随着外汇、信贷及利率等方面的管制的放松，资本在国家间的流动日渐自由，国际利率开始趋同。目前，国际金融市场正在形成一个密切联系的整体市场，在全球各地的任何一个主要市场上都可以进行相同品种的金融交易，并且由于时差的原因，由伦敦、纽约、东京和新加坡等国际金融中心组成的市场可以实现 24 小时不间断的金融交易，世界上任何一个局部市场的波动都可能马上传递到全球的其他市场上，同时现代电子通信技术的快速发展更为金融的全球化创造了便利条件。

**（三）金融自由化**

金融自由化是指自 20 世纪 70 年代中期以来在西方国家，特别是发达国家所出现的一种逐渐放松甚至取消对金融活动的一些管制措施的过程。基于安全和稳健的考虑，从历史上看金融业一直是受政府管制最为严格的部门之一。自 20 世纪 70 年代中期以来，无论是过去管制较严的国家，还是管制较为宽松的国家，都出现了放松管制的趋势。其主要表现为：国与国之间相互开放本国的金融市场，给予外国金融机构国民待遇；对外汇管制放松或解除；允许金融机构之间的业务适当交叉；放宽或取消对银行的利率管制。其他一些主要发达国家也纷纷步其后尘，这导致了银行领域内的自由化快速发展。除了上述管制措施的放宽或解除外，西方各国对金融创新活动的鼓励，对新金融工具交易的支持与放任，实际上也是金融自由化兴起的重要表现。

**（四）金融工程化**

金融工程化是指将工程思维引入金融领域，综合采用各种工程技术方法（主要有数学建模、数值计算、网络图解、仿真模拟等）设计、开发新型的金融产品，创造性地解决金融问题。金融工程的出现标志着高科技在金融领域内的应用，它大大提高了金融市场的效率。目前，金融工程的思想已经被广泛地应用于风险管理和控制、套利等金融复杂计算中。金融工程包括新型金融工具与技巧的设计、开发和应用，并为现实生活中遇到的金融问题提供解决方案。金融工程所要解决的问题无非两类：一是如何规避金融机构或企业所面临的金融风险；二是如何从金融市场的波动中获得收益。

☞专栏 3-2

**中国证券市场发展及历程**

证券市场是金融市场的重要组成部分，在金融市场体系中居重要地位。从 20 世纪 90 年代初开始，中国证券市场经历了二十多年的发展历程，从不成熟逐步走向成熟，从监管缺位到监管逐步完善，从初具规模到发展壮大，证券业已成为中国国民经济中的一个重要行业，对推动国民经济增长作出了重大贡献。中国证券行业的发展主要经历了五个阶段，基本情况如下：

1. 第一阶段：建立中国证券市场

20 世纪 80 年代，中国国库券开始发行。1986 年 9 月 26 日，上海建立了第一个证券柜台交易点，办理由其代理发行的延中实业和飞乐音响两家股票的代购、代销业务，这是新中国证券正规化交易市场的开端。1990 年，新中国第一家经批准成立的证券交易所——上海证券交易所成立。1991年，经国务院授权中国人民银行批准，深圳证券交易所成立。以沪深交易所成立为标志，中国证券市场开始了其发展历程。

2. 第二阶段：形成全国统一监管市场

1992年，中国证券监督管理委员会（简称中国证监会）成立，标志着中国证券市场开始逐步纳入全国统一监管框架，全国性市场由此开始发展。中国证券市场在监管部门的推动下，建立了一系列规章制度，初步形成了证券市场的法规体系。1993年国务院先后颁布了《股票发行与交易管理暂行条例》和《企业债券管理条例》，此后又陆续出台若干法规和行政规章，初步构建了最基本的证券法律法规体系。1993年以后，B股、H股发行政策出台，债券市场品种呈现多样化，发债规模逐年递增。与此同时，证券中介机构在种类、数量和规模上迅速扩大。1998年，国务院证券委员会撤销，中国证监会成为中国证券市场的监管部门，并在全国设立了派出机构，建立了集中统一的证券市场监管框架，证券市场由局部地区试点转向全国性市场发展阶段。

3. 第三阶段：依法治市和市场结构改革

1999—2004年是证券市场依法治市和规范发展的过渡阶段。1999年7月《中华人民共和国证券法》（简称《证券法》）实施，以法律形式确认了证券市场的地位，奠定了我国证券市场基本的法律框架，使我国证券市场的法制建设进入了一个新的历史阶段。2001年，中国证券业协会设立代办股份转让系统。这一阶段，证券监管机构制定了包括《证券投资基金法》（2003年）在内的一系列法规和政策措施，推进上市公司治理结构改善，大力培育机构投资者，不断改革完善股票发行和交易制度，促进了证券市场的规范发展和对外开放。

4. 第四阶段：深化改革和规范发展

2004—2008年是深化改革和规范发展阶段，以券商综合治理和股权分置改革为代表事件。为了贯彻落实国务院相关政策，2004年8月，中国证监会在证券监管系统内全面部署和启动了综合治理工作，包括证券公司综合治理、上市公司股权分置改革、发展机构投资者在内的一系列重大变革由此展开。2004年2月，国务院发布《关于推进资本市场改革开放和稳定发展的若干意见》，明确了证券市场的发展目标、任务和工作要求，是资本市场定位发展的纲领性文件。2004年5月起深圳证券交易所在主板市场内设立中小企业板块，是证券市场制度创新的一大举措。

2005年4月，经国务院批准，中国证监会发布了《关于上市公司股权分置改革试点有关问题的通知》，启动股权分置改革试点工作。股权分置改革后A股进入全流通时代，大小股东利益趋于一致。2006年1月，修订后的《证券法》《中华人民共和国公司法》（简称《公司法》）正式施行。同月，中关村高科技园区非上市股份制企业开始进入代办转让系统挂牌交易（新三板市场）。2006年9月，中国金融期货交易所成立，有力推进了中国金融衍生产品的发展，完善了中国资本市场体系结构。2007年7月，中国证监会下发了《证券公司分类监管工作指引（试行）》和相关通知，这是对证券公司风险监管的新举措。

5. 第五阶段：多层次资本市场的建立和完善发展

2009年10月创业板的推出标志着多层次资本市场体系框架基本建成。进入2010年，证券市场制度创新取得新的突破，2010年3月融资融券、4月股指期货的推出为资本市场提供了双向交易机制，这是中国证券市场金融创新的又一重大举措。2012年8月、2013年2月转融资、转融券业务陆续推出，有效地扩大了融资融券发展所需的资金和证券来源。2013年11月，党的十八届三中全会召开，全会提出对金融领域的改革，将为证券市场带来新的发展机遇。11月30日，中国证监会发布《关于进一步推进新股发行体制改革的意见》，新一轮新股发行制度改革正式启动。2013年12月，新三板的准入条件进一步放开，新三板市场正式扩容至全国。随着多层次资本市场体系的建立和完善，新股发行体制改革的深化，新三板、股指期权等制度创新和产品创新的推进，中国证券市场逐步走向成熟，证券市场为中国经济提供投融资服务等功能将日益突出和体现。

经过20多年的发展，不论是从上市公司的数量，还是从融资金额、投资者数量等方面，中国资本市场均已具备了相当的规模，其在融资、优化资源配置等方面为中国经济的发展发挥着越来越重要的作用。自1990年证券市场形成，证券中介机构和机构投资者数量不断增加，截至2016年12月31日，129家证券公司总资产为5.79万亿元，净资产为1.64万亿元，净资本为1.47万亿元。中国证券市场在优化资源配置、促进企业转制、改善融资结构、加速经济发展等方面正在发挥着重要作用。

资料来源：http：//mt.sohu.com/20151104/n425247460.shtml.

## 第二节 货币市场

货币市场，也称短期资金市场，是指以短期金融工具为媒介进行一年以内融资活动的交易市场，包括短期信贷市场、短期证券市场和贴现市场。该市场上的金融工具具有期限短、流动性强的特点，可视为“准货币”。货币市场的产生一方面满足了借款者的短期资金需求，另一方面也为暂时闲置的资金找到了出路。

### 一、短期信贷市场

短期信贷市场是指银行同业间资金拆借和银行对工商企业提供一年以下短期信贷资金的市场。它源于银行之间运用中央银行规定的存款准备金的余缺而进行的调剂。

#### （一）同业拆借市场

1. 同业拆借市场的概念

同业拆借市场，也称同业拆放市场，是指具有准入资格的金融机构之间进行临时性资金融通的市场，主要满足金融机构之间在日常经营活动中经常发生的头寸余缺调剂的需要，也对商业银行的经营管理和中央银行的宏观调控发挥着重要作用。资金不足者向资金盈余者借入款项，称为资金拆入；资金盈余者向资金不足者借出款项，称为资金拆出。

2. 同业拆借的类型

(1) 按拆借主体的不同可以划分为银行同业拆借市场和通知放款市场两种类型。前者是银行同业之间短期资金的拆借市场，后者主要是商业银行与非银行金融机构（如券商）之间的一种短期资金拆借形式，特点是利率波动很大，证券交易所的经纪人大多采用这种方式向银行借款。

(2) 按拆借期限的长短可以划分为半日期拆借、1 日期拆借和指定日拆借等。半日期拆借是同业拆借中时间最短的交易，必须在成交当天进行资金结算、偿还。半日期拆借又分为晨半拆和午后半拆两种类型。1 日期拆借的一般方式为头天资金清算时拆入，次日资金清算前偿还，故又称为隔夜拆借。这类拆借通常不需要担保品，属于信用放款，手续简便，因而是同业拆借的主要部分。指定日拆借一般期限在两天以上、30 天以下，也存在 30 天以上的拆借行为。

(3) 按是否附有担保品分为有担保同业拆借和无担保同业拆借。有担保同业拆借是指在进行资金交易时应有担保品。能充当资金拆借担保品的主要包括各种资信状况优良的有价证券，如国债、金融债券、商业票据等。具体的担保方式有两种：一种是由拆入银行将担保品交给拆出银行，拆入银行偿还资金后，拆出银行偿还担保品；另一种是通过签订回购协议进行交易，拆入银行向拆出银行出售政府债券，于当天取得资金，在清偿日按同一价格加上约定利息买回同额证券，从而偿还所借的资金。无担保同业拆借是指以金融机构的信用状况为基础而无须附有担保品的拆借活动。这类拆借在实际运行过程中应用更为普遍，特别是对于半日拆和 1 日拆等短期交易常采用这种拆借方式。

(4) 按交易方式可以分为间接拆借和直接拆借。间接拆借是通过中介机构进行的拆借，是资金拆借双方将拆借意向和信息传递到中介机构，由中介机构根据市场价格、双方的指令撮合交易。拆借双方不通过中介机构的交易就是直接拆借。直接拆借是指不通过经纪机构，直接以电话或其他通信设备进行联系并洽谈成交的方式，适用于联系较为密切的金融机构。

(5) 按市场的组织形式可以分为有形拆借市场和无形拆借市场。有形拆借市场是有固定的场所、充当双方中介的专门机构并集中进行交易的市场。无形拆借市场是不需要固定的地点与场所，拆借双方通过电话、电报、电传等通信方式进行联系与交易的市场。

3. 同业拆借市场的特点

同业拆借市场的特点包括：安全性高，对融资主体资格有限制，限于合格金融机构之间交易；资金流动量大；融资期限短（拆借期限一般为一到两天或不超过 1 个星期，个别情况下期限稍长，如 30 天、3 个月等）；利率按日计算，利率高低由交易双方商定，通常低于中央银行再贴现率或短期借贷利率；短期拆借一般是信用贷款，没有抵押或担保；参与拆借的机构在中央银行开立有存款账户，同时拆借交易的资金主要是金融机构存放在该账户上的多余资金。

4. 拆借市场的利率

同业拆借利率指的是银行同业之间的短期资金借贷利率。同业拆借有两个利率，拆进利率表示银行愿意借款的利率；拆出利率表示银行愿意贷款的利率。一家银行的拆进（借款）实际上也是另一家银行的拆出（贷款）。同一家银行的拆进利率和拆出利率相比较，拆进利率永远小于拆出利率，其差额就是银行的收益。

☞专栏 3-3

### 银行大闹“钱荒”

2013 年 6 月 6 日上午，中国农业发展银行在银行间市场发行了该年第 10 期金融债，期限为 6 个月，计划募集 200 亿元，但实际发行额仅为 115.1 亿元，短期国债未足额发行，出现流标。这是 2013 年以来首只流标的利率债。随后，银行间市场爆出“黑天鹅”事件，兴业银行和光大银行被传出现高达千亿元的交割违约，尽管两家银行事后出来辟谣，但是市场的走势已无法控制。6 月 7 日，上海银行间同业拆借利率包括隔夜、7 天期、14 天期、1 个月期和 3 个月期拆借利率全线飙升。

6 月 19 日，为了缓解流动性问题，各大商业银行纷纷加入借钱大军，甚至发生了资金违约，更严重的是银行间市场被迫延迟半小时收市，可见银行机构都已陷入“钱荒”状态。

2013 年 6 月 20 日是一个足以载入中国银行间市场史册的疯狂日期。当日的银行间隔夜回购利率竟达到了非常恐怖的 30%，7 天回购利率最高达到 28%，但是这两项利率之前竟往往不到 3%。

以往在这个时候，央行总会及时出手，通过降准、降息或定向逆回购等方式释放流动性，缓解市场的资金紧张，然而这次央行一反常态，并没有启动逆回购、短期流动性调节工具（SLO）等。

2013 年年底，市场资金更加紧张。12 月 19 日下午，中国银行间市场交易系统再次延迟半小时收市。此次央行仅仅使用了常规公开市场业务的补充工具 SLO，并没有采用逆回购工具。由此可以看出央行不再对银行系统流动性做兜底式保证，而是通过这一次事件引导各大商业银行对流动性风险有清楚的认识，提高金融市场的稳定性，降低风险。

2013 年的“钱荒”无疑使银行业完全暴露了流动性风险，这次不再是采用模型上的压力测试，而是央行为了调整金融市场的稳定性，摈弃传统模式，在整个金融市场针对流动性做了一次实验。这场“钱荒”对于整个银行及金融机构都是一次促进改革的机会，在经历过剧痛之后才能更好地成长。

**（二）银行对工商企业的短期信贷市场**

短期信贷市场，又称短期拆借市场，主要是指商业银行等金融机构对客户办理短期信贷业务资金拆借的市场。银行对工商企业的短期贷款主要解决企业季节性、临时性的短期流动性资金需要，因此银行在提供短期信贷时，比较注意资金的安全性从而减少风险。详见图 3-4。

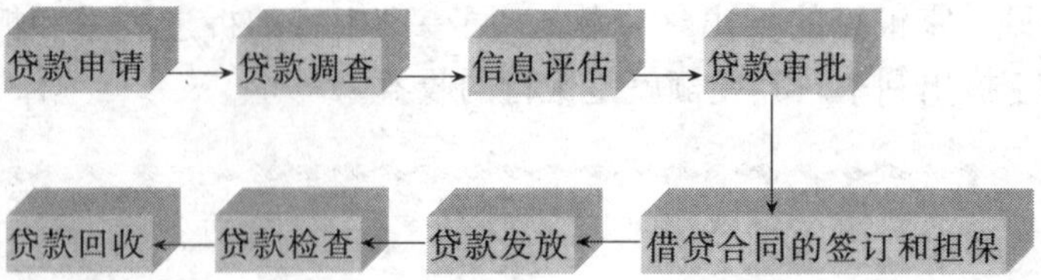


**图 3-4　贷款申请和发放流程**

## 二、短期证券市场

短期证券市场是指期限不到一年的短期证券发行和流通市场。

### (一) 短期政府债券市场

1. 短期政府债券市场的概念

短期政府债券市场，又称国库券市场，是指政府对外发行的期限在1年以内的债务凭证发行、转让和流通的场所，具有市场风险小、流动性强和税收优惠的特征，是各国最重要的货币市场。

2. 短期政府债券的特点

短期政府债券是政府部门以债务人身份承担到期偿付本息责任的期限在1年以内的债务凭证。从广义上看，政府债券不仅包括国家财政部门所发行的债券，还包括地方政府及政府代理机构所发行的证券。其期限一般在1年以内，具体又分为3个月、6个月、9个月和1年期等不同种类。短期政府债券的发行，其目的一般有两个：一是满足政府部门短期资金周转的需要；二是为中央银行的公开市场业务提供可操作的工具。目前，由于短期政府债券的发行数额增长很快，其在货币政策调控上的意义有时超过了平衡财政收支的目的。短期政府债券的特点见表3-1。

**表 3-1　短期政府债券的特点**

| | |
|---|---|
| 高度的流动性 | 可以在二级市场流通，且本身到期时间短 |
| 风险最低 | 债券是由政府发行的，且一般以税收和财政收入作为保证 |
| 可以增值 | 一些西方国家对活期存款不付利息，短期政府债券实现了高度流动性和盈利性的统一 |

3. 短期政府债券的收益率

短期政府债券一般以贴现方式发行，投资者的收益是证券的购买价与证券面额之间的差额。国库券收益率一般以银行贴现率表示，在银行贴现率的计算中，暗含的假设是采用单利形式而不是复利形式，在计算时一般采用360天作为一年的总天数而不是365天。设$P$为短期政府债券的发行价格，$d$为年贴现率，$D$为国库券的期限，$d_1$为真实收益率，以面额100元计算，则$d$和$d_1$分别为：

$$d=\frac{100-P}{100}\times\frac{360}{D}，\ d_1=\frac{100-P}{P}\times\frac{365}{D}$$

### (二) 商业票据市场

1. 商业票据的概念

商业票据一般是指以大型工商企业为出票人，到期按票面金额向持票人付现而贴现发行的无抵押担保的远期本票，是一种商业证券，它不同于以商品销售为依据的商业汇票、商业抵押票据等广义商业票据。商业票据的发行者一般为金融公司、非金融公司（如大企业、公用事业单位等）及银行控股公司等。只有实力雄厚，信誉卓著，经过评级并被称作主要公司的一些企业，才能经常大量发行商业票据以筹集资金。商业票据的主要投资者是大商业银行、非金融公司、保险公司等。

2. 商业票据的发行要素

发行商业票据通常并无法律规定的准则和程序，仅依据发行需要和商业惯例进行操作。一般要考虑以下几个要素（见表3-2）。

**表3-2　　商业票据发行要素**

| | |
|---|---|
| 发行成本 | 对各种借款方式进行成本比较，确定是否采取发行商业票据的方式筹资 |
| 发行数量 | 其发行数量主要取决于资金需要量和市场需求量 |
| 发行方式 | 主要分为直接发行和交易商发行。直接发行商业票据者须为资信卓著的大公司，而且其发行数量巨大，发行次数频繁。交易商发行是通过商业票据交易商的发行，较为简便，但费用高。选择何种发行方式，通常由公司本身资信及经营需要决定 |
| 发行时机 | 发行商业票据往往与其资金使用计划相衔接，发行过早，筹到的资金不能立即使用，就会增加利息负担；发行过晚，需用资金时又无法使用，从而影响生产周转 |
| 发行承销机构 | 直接发行由大公司附属的金融公司发行，交易商发行则需选择好承销机构，便于顺利发行筹足资金。通常应选择那些资力雄厚、社会信誉高，又与发行公司有密切合作关系的交易商作为代理发行人 |
| 发行条件 | 主要包括贴现率、发行价格、发行期限、兑付和手续费。贴现率主要根据发行人的资信等级、市场资金供求情况、发行期限等因素确定，通常应参考当时中央银行贴现率、国库券及大额可转让存单利率、商业银行优惠放款利率、同业拆借利率等。发行期限视筹资需要及发行方式而确定。直接发行的商业票据期限可由投资者指定 |
| 到期偿付能力测算 | 通常由评级机构和自身两方面测算组成。与测算中长期偿债能力不同，商业票据通常从流转资金中偿付，需要比较精确的计算 |
| 评级 | 虽然作为短期票据，法律并未规定必须通过评级程序，但是未经评级的商业票据发行较为困难，特别是那些资信不为投资者广泛了解的机构所发行的商业票据是无人问津的。一般是由发行人或委托代理发行的交易商向信用评级机构申请评级，并提供必要的财务数据 |

3. 商业票据的发行成本

商业票据的发行成本主要由以下几个方面构成：

发行成本＝按规定利率所支付的利息＋承销费＋签证费＋保证费＋评级费

其中，承销费主要根据金额大小及时间长短计付；签证费是为证明商业票据所记载事项正确，通常由权威中介机构予以签证，收费标准随发行公司有无保证而有差别的费用；保证费是金融机构为发行商业票据者提供信用保证的费用，对于发行量大、资信良好的公司可以酌情减免。

4. 商业票据的发行利率

商业票据市场基本上是一种初级市场，没有二级市场。其原因在于：第一，大多数商业票据的偿还期很短，通常为20～40天；第二，大多数商业票据的发行人在投资者面临严重流动性压力时，是准备在偿还期到期以前买回商业票据的；第三，不同机构的商业票据在面额、利率、期限等方面都不相同，交易比较困难。

商业票据的利率一般比政府发行的短期国库券的利率高，这是由风险、流通和税收的原因决定的。商业票据的风险大于政府国库券的风险，其利率要高于国库券的利率。同是商业票据，资信程度低的公司发行的利率低，资信程度低的公司发行的利率高。商业票据没有二级市场，国库券有二级市场，所以商业票据的利率比国库券的利率高，商业票据的收益在各级政府纳税。在美国，国库券的收益要在联邦政府纳税，所以商业票据的利率高。

商业票据利率和银行优惠利率也有重要关系。优惠利率是商业银行向与它关系最好的企业贷款所收的利率。商业票据利率和银行优惠利率是互相竞争的。如果银行优惠利率高于商业票据利率，一些大企业就通过发行商业票据筹资；反之，若优惠利率低于商业票据利率，一些大企业不发行商业票据而向银行借款融资。

商业票据的发行为贴现发行，因而商业票据利率就是贴现率。商业票据利率主要取决于发行成本、发行人的资信等级、有无担保及担保人的资信等级、税收、流动性程度等。

### （三）银行承兑汇票市场

在商品交易活动中，售货人为了向购货人索取货款而签发的汇票，经付款人在票面上注明承诺到期付款的“承兑”字样并签章后，就成为承兑汇票。经购货人承兑的汇票称商业承兑汇票，经银行承兑的汇票即为银行承兑汇票。由于银行承兑汇票由银行承诺承担最后付款责任，实际上是银行将其信用出借给企业，因此企业必须交纳一定的手续费。

这里，银行是第一责任人，而出票人只负第二手责任。以银行承兑汇票作为交易对象的市场即为银行承兑汇票市场。经银行承兑的汇票风险更小，信用更高，故具有更强的流动性。

### （四）大额可转让定期存单市场

大额可转让定期存单（CDs）是商业银行发行的记载一定存款金额、期限、利率，并可以转让流通的定期存款凭证。大额可转让定期存单较之普通存单具有不同的特点，有着明显的区别，见表3-3。

**表3-3　　普通存单和CDs的比较**

| 普通存单 | CDs |
|---|---|
| 记名，甚至采用储蓄实名制 | 通常不记名 |
| 一般不能流通转让，提前支取提现会造成利息损失 | 不能提前支取，可以转让流通 |
| 票面金额不固定，可大可小、可整可零 | 面额固定，且起点较高 |
| 多以长期为主，一般在一年以上 | 通常为短期，最短期为14天，以3个月、6个月期为多，最长不超过一年 |
| 大多固定，以前有的国家对活期存款不付息，定期存款有最高利率限制 | 可固定，可浮动，不受普通存单的限制 |

### （五）货币市场基金市场

共同基金是将众多的小额投资者的资金集合起来，由专门的经理人进行市场运作，赚取收益后按一定的期限及持有份额进行分配的一种金融组织形式。对于主要在货币市场上进行运作的共同基金，则称为货币市场基金。

货币市场基金首先是基金中的一种，同时，它又是专门投资货币市场工具的基金。与一般的基金相比，除了具有一般基金的专家理财、分散投资等特点外，货币市场基金还具有如下一些投资特征：货币市场基金投资于货币市场中高质量的证券组合，它提供一种有限制的存款账户，且所受到的法规限制相对较少。

**（六）回购市场**

1. 回购市场概念

回购市场是证券持有者在出售证券时，与购买者签订回购协议，使自己在约定时间可以按规定价格购回原证券的一种金融市场。回购实际上是一种以原证券为担保品的融资方式。在回购市场中，利率是不统一的，利率的确定取决于多种因素，主要有用于回购的证券的质地、回购期限的长短、交割的条件、货币市场的其他子市场的利率水平等。

2. 回购协议

回购协议是指按照交易双方的协议，由卖方将一定数额证券临时性地售予买方，并承诺在日后将该证券如数买回；同时买方也承诺在日后将买入的证券售回给卖方的一种合约。回购协议可分为两种：正回购，即同一内容的资产先卖出再买进的合约；逆回购，即同一内容的资产先买进再卖出的合约。

回购价格可以内含利息，从而回购价大于出售价，其差额就是回购利息；也可以与售价相等，但需另付利息。由于卖方也有可能违约，为保护买方，卖方卖出证券时通常交存买方一定的保证金。也就是说，卖方出售证券实际获得的资金是证券价值减去保证金的差额。尽管回购协议涉及证券的买卖，但从性质上说，它相当于一笔以证券为抵押品的抵押贷款。

### 三、贴现市场

贴现是指把未到期的证券或票据，按照贴现率扣除从贴现日到到期日的利息，向贴现公司或贴现银行换取现金的一种方式。贴现的主要证券或票据有短期债券、商业票据、银行承兑票据等，其中最主要的是票据贴现市场。

票据贴现是指远期票据的持有人将未到期的票据转让给银行或其他金融机构以提前取得现款的一种短期资金融通方式。票据贴现从形式上看是票据买卖，是银行买入未到期的票据或持票人将未到期的票据卖给银行，但实质上是债权转移，是一种信用活动，是银行的一种放款业务，是短期资金融通。通过票据贴现，持票人的票据债权提前转化为货币资金，从而有利于市场经济的发展和资金周转。

再贴现是指商业银行或其他金融机构将其贴现收进的未到期票据向中央银行再次贴现的票据转让行为。在一般情况下，再贴现就是最终贴现，票据即退出流通转让过程。中央银行进行再贴现时，同样要先计算出贴现日到票据到期日应计收的利息，把票面金额扣除利息后的金额付给贴现银行。为了保证商业银行办理贴现业务有一定的利润，中央银行的再贴现率一般低于商业银行的贴现率。

转贴现是商业银行将贴现收进的未到期票据向其他商业银行或贴现机构进行贴现的融资行为。票据可以被多次转贴现。

## 第三节 资本市场

资本市场，也称为长期资金市场，是指进行一年以上中长期资金借贷和证券融资的金融市场，包括中长期信贷市场和证券市场。通常将资本市场视同或者侧重于证券市场。

同货币市场相比，资本市场的主要特点是：融资期限长（一年以上）、资金流动性弱、风险大但收益高。资本市场的主要功能是将储蓄和部分消费转化为投资，为企业或政府筹措所需要的中长期资金。从这个意义上讲，资本市场是否健全将直接影响到一个国家的投资水平、投资结构、资源利用和配置效率以及国民经济整体的稳定和发展。

## 一、银行中长期信贷市场

银行中长期信贷市场是银行提供中长期资金信贷的场所。其与短期信贷市场相比，借贷时间长，相对风险比较大，故有时需要抵押品，信用评级也显得更加重要。其基本原理与短期信贷市场相同，故不再赘述。

## 二、证券市场

证券市场主要由股票市场、债券市场和投资基金市场三个子市场构成。

### （一）股票市场

1. 概述

（1）股票概念。股票是股份公司发给股东作为入股凭证，并借以取得股息收益的一种有价证券。它体现证券持有人与股份公司之间的所有权关系，而非债权债务关系，这是股票与债券的根本区别。

（2）股票的特征。具体见表 3－4。

**表 3－4　　股票的特征**

| | |
|---|---|
| 收益性 | 收益又分成两类，第一类来自股份公司的股利分配，第二类来自股票流通产生的差价 |
| 无期性 | 股票没有还本期限，股票一经购买，股东便不能要求公司返还股金 |
| 参与性 | 股票是代表股份资本所有权的证书，持有人享有相应的对公司决策的参与权 |
| 流动性 | 股票可以在不同的投资者之间自由买卖和转让 |
| 风险性 | 股票持有人能否获取收益，主要取决于公司经营效益和股票的市场价格 |

（3）股票的分类。根据股权的情况，一般将股票分为普通股和优先股两大类。普通股是最普遍的股票形式，是股份公司最重要的股份，是构成公司资本的基础。普通股股东主要享有以下三方面的权利：一是对股份公司的经营决策权；二是对股份公司的利润和资产的分配权；三是在公司增发普通股股票时，有新股优先认购权。普通股又可分成蓝筹股、绩优股、成长股、收入股、周期股、防守股、概念股、投机股等。优先股是公司在筹集资本时，给予投资者某些优惠特权的股票。一般在公司利润分配和公司解散或破产时的剩余财产分配等方面，优先股要优先于普通股。优先股的特点表现在如下四个方面，即股息率固定、股息分派优先、剩余资产分配优先和一般无表决权。

按投资主体来分，可以分为国有股、法人股、社会公众股和外资股。国有股是指有权代表国家投资的部门或机构以国有资产向公司投资形成的股份，包括以公司现有国有资产折算成的股份。法人股是指企业法人以其依法可支配的资产投入公司形成的股份，或具有法人资格的事业单位和社会团体以国家允许用于经营的资产向公司投资形成的股份。社会公众股，又称个人股，是指社会个人或本公司内部职工以个人合法财产投入公司形成的股份。外资股是指股份公司向外国和我国香港、澳门、台湾地区的投资者发行的股票。外资股按上市地域可以分为境内上市外资股和境外上市外资股。

按是否记载股东姓名可以分为记名股票和不记名股票。记名股票是指在股票票面和股份公司的股东名册上记载股东姓名的股票。不记名股票是指在股票票面和股份公司股东名册上均不记载股东姓名的股票。

按是否用票面金额加以表示可以分为有面额股票和无面额股票。有面额股票是指在股票票面上记载一定金额的股票。我国《公司法》规定，股票发行价格可以按票面金额，也可以超过票面金额，但不得低于票面金额。无面额股票是指在股票票面上不记载金额的股票。无面额股票也称为比例股票或份额股票。这种股票并非没有价值，而是不在票面上标明固定的金额，只记载其为几股或股本总额的若干分之几。

按发行公司的市场地位、公众形象以及风险特征，股票可分为以下几种类型：蓝筹股①，是指在行业中占有重要支配性地位、业绩优良、成交活跃、红利优厚的大公司股票。绩优股，是指业绩优良公司的股票，通常衡量绩优股的主要指标是每股税后利润和净资产收益率。一般来讲，每股税后利润在全体上市公司中处于中上地位，公司上市后净资产收益率连续三年显著超过10%的股票当属绩优股之列。成长股，是指那些营业额和收益额持续增长并且增长速度高于国民经济整体及其所在行业增长水平的公司所发行的股票。收入股，是指能够稳定支付较优厚红利的公司股票。周期股，是指经营和收益状况极易受到经济周期影响的公司的股票。化工、建材、机器制造等类股票都属周期性股票。防守股，是指不受或很少受到经济周期波动影响的公司发行的股票，如公用事业、制药、基本食品等类股票。投机股，是指那些从事风险较大的业务且资本及经营实力较弱的公司发行的股票。垃圾股，是指经营陷入严重亏损困境并且濒临破产的公司的股票。

☞专栏 3-4

### 沪港通和深港通

2014 年 11 月 17 日，沪港通正式开始实施。沪港通是指上海证券交易所和香港联合交易所允许两地投资者通过当地证券公司（或经纪商）买卖规定范围内的对方交易所上市的股票，是沪港股票市场交易互联互通机制。

2016 年 12 月 5 日，深港通正式启动。与沪港通类似，深港通是指深港股票市场交易互联互通机制，即深圳证券交易所和香港联合交易所允许两地投资者通过当地证券公司（或经纪商）买卖规定范围内的对方交易所上市的股票。

启动沪港通和深港通，对于中国内地和中国香港金融市场来说都具有重大的意义。

一是满足了两地投资者的需求，不仅扩大了中国内地和中国香港市场规定范围的投资标的，且提供给投资者一个方便快捷的渠道来投资对方市场的股票，同时对于投资组合有更好的安排，从而降低了组合风险。

① 对应的还有红筹股。红筹股概念诞生于 20 世纪 90 年代初期的中国香港股票市场。中国在国际上有时被称为红色中国。中国香港和国际投资者把在境外注册、在中国香港上市的那些带有中国内地概念的股票称为红筹股。

二是中国内地资本市场可以学习中国香港金融市场比较成熟的机制，毕竟中国香港作为金融中心已经发展了很多年，证券市场非常发达，中国内地市场一定要把握这次机会进行改革完善，促进中国内地市场国际化。

三是巩固和提升中国香港作为国际金融中心的地位，促进中国内地对中国香港的投资。

(4) 股票价格。股票的票面价值是指股票票面上标明的金额，但股票的票面价值并不能表示公司的实际资产价值，也不代表股票的实际价值。账面价值又称股票的资本净值，是指每股股票所代表的公司实际资产的金额。发行价格是新股票发售时的实际价格。发行价格可以等于股票的票面金额（平价发行），也可以高于股票的票面金额（溢价发行），或低于股票的票面金额（折价发行）。市场价格是指由股票市场的供求关系所决定的价格。内在价值也称为股票的理论价值，即股票未来收益的现值，取决于股票收入和市场收益率。

(5) 股价指数。股价指数是用来反映不同时期股价总体变动情况的相对指标，即把某一时期的股价平均数化为以另一时期股价平均数为基准的百分数，并以指数形式表示。股价指数通常由一些专门从事股价变动分析的机构采样、计算和公布。它不仅是衡量股票市场总体价格水平及变动趋势的尺度，也是反映一国经济发展状态的“晴雨表”。

根据股价指数反映的价格走势所涵盖的范围，可以将股价指数划分为反映整个市场走势的综合性指数和反映某一行业或某一类股票价格走势的分类指数。计算股价指数时要考虑三个因素：一是抽样，即从众多股票中抽取少数具有代表性的成分股；二是加权，按单价或总值加权平均，或不加权平均；三是计算程序，计算算术平均数、几何平均数，或兼顾价格与总值。国际股票市场上主要的几种股价指数见表 3－5。

**表 3－5　　国际股票市场上主要的股价指数**

| | | |
|---|---|---|
| 美国 | 道琼斯股价指数 | 这是世界上最早、最享盛誉和最有影响力的股价指数，由美国道琼斯公司计算并在《华尔街日报》上公布，以 65 家公司股票（工业股 30 种，运输业股 20 种，公用事业股 15 种）为编制对象的股价综合平均数。以 1928 年 10 月 1 日为基期，基期指数为 100 点 |
| | 纳斯达克综合指数 | 这是指在其主板上市的公司的股份综合指数 |
| | 标准普尔 500 指数 | 标准普尔 500 指数是美国最大的证券研究机构即标准普尔公司编制的股价指数。该公司于 1923 年开始编制发布股价指数。从 1976 年 7 月 1 日开始，改为由 400 种工业股、20 种运输业股、40 种公用事业股和 40 种金融业股组成。几十年来，虽然有股票更迭，但始终保持为 500 种 |
| | 纽约证券交易所股价指数 | 这是由纽约证券交易所编制的股价指数。它以 1965 年 12 月 31 日确定的 50 点为基数，采用综合指数形式。纽约证券交易所每半个小时公布一次指数的变动情况。虽然纽约证券交易所编制股价指数的时间不长，但因它可以全面及时地反映股票市场活动的综合状况，故较受投资者欢迎 |
| 英国 | 金融时报指数 | 金融时报指数是英国最具权威性的股价指数，由伦敦证券交易所编制并在《金融时报》上发布。它以 1962 年 4 月 10 日为基期，基期指数为 100 点，采取几何平均法计算。该指数分别有 30 种股票指数、100 种股票指数和 500 种股票指数，目前常用的是以 30 种有代表性的工商业股票为样本的综合股票指数 |

续前表

| | | | |
|---|---|---|---|
| 日本 | 日经 225 指数 | | 日经 225 指数是日本经济新闻社编制公布以反映日本股票市场价格变动的股价指数。以 1950 年平均股价 176.21 日元为基数，以东京交易所上市的 225 种股票为样本股（制造业 150 家，金融业 15 家，运输业 14 家，其他行业 46 家）的股价平均数 |
| 中国香港 | 恒生指数 | | 恒生指数由香港恒生银行于 1969 年 11 月 24 日起编制公布，是系统反映香港股票市场行情变动的最有代表性和影响最大的指数。它以 1984 年 1 月 13 日为基期，以 975.47 点为基数，挑选了 33 种有代表性的上市股票（金融业 4 家，公用事业 6 家，房地产业 9 家，其他行业 14 家）为成分股，用加权平均法计算 |
| 中国内地 | 综合性指数 | 上证综指 | 上证综指是上海证券交易所编制的，以上海证券交易所挂牌上市的全部股票为计算范围，以发行量为权数的加权综合股价指数。该指数自 1991 年 7 月 15 日起开始实时发布，基准日定为 1990 年 12 月 19 日，基准日指数定为 100 点，其中新上市的股票在挂牌的第二天纳入股票指数的计算范围 |
| | | 深证成指 | 深证成指是由深圳证券交易所编制的股票指数，以 1991 年 4 月 3 日为基期。该股票指数的计算方法基本与上证综指相同，采用成分股指数，权数为股票的总股本 |
| | | 其他 | 上证 180、深证 100、沪深 300 |
| | 分类指数 | | 如上证和深证的 A 股指数、工业类指数、商业类指数、房地产类指数、公用事业类指数和综合业类指数等 |

2. 股票发行市场

股票市场也称权益市场，它包括股票发行市场和股票流通市场。股票发行市场是股票流通市场的前提和基础，而股票流通市场则是股票发行市场生存和壮大的必要条件。

股票发行市场是指公司直接或通过中介机构向投资者出售新发行的股票。新发行的股票包括初次发行和再发行的股票，前者是公司第一次向投资者出售的原始股，后者是在原始股的基础上增加新的份额。公司发行的股票要想上市交易，首先必须符合法定的上市条件，并且达到所要求的标准，方可挂牌上市。

股票发行市场的整个运作过程通常由咨询与管理、认购与销售两个阶段构成。

（1）咨询与管理。它是股票发行的前期准备阶段，发行人（公司）须听取投资银行的咨询意见并对一些主要问题作出决策，其主要流程如图 3－5 所示。

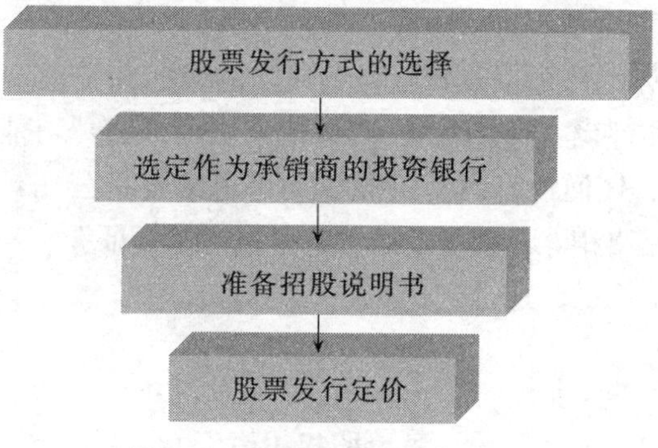


**图 3－5　股票发行咨询与管理**

①股票发行方式的选择，即公募或者私募方式的选择。公募面向市场上大量的非特定的投资者公开发行股票。私募只向少数特定的投资者发行股票，其对象主要有个人投资者和机构投资者两类，前者如使用发行公司产品的用户或本公司的职工，后者如大的金融机构或与发行者有密切业务往来关系的公司。对于再发行的股票还可以采取优先认股权方式，也称配股，它给予现有股东以低于市场价值的价格优先购买一部分新发行的股票的权利。

②选定作为承销商的投资银行。公开发行股票一般都通过投资银行来进行，投资银行的这一角色称为承销商。当发行数量很大时，常由多家投资银行组成承销辛迪加或承销银团来处理整个发行过程，其中一家投资银行作为牵头承销商起主导作用。在私募的情况下，发行条件通常由发行公司和投资者直接商定，从而省略了承销环节。

③准备招股说明书。招股说明书是公司公开发行股票的计划书面说明，并且是投资者准备购买的依据。招股说明书必须包括对财务信息和公司经营历史的陈述、高级管理人员的状况、筹资目的和使用计划、公司内部悬而未决的问题如诉讼等。在私募的情况下，注册豁免并不意味着发行公司不必向潜在的投资者披露信息，发行公司通常会雇用一家投资银行代理起草一份类似于招股说明书的文件——招股备忘录。两者的区别在于，招股备忘录不包括证券管理机构认为的“实质性”的信息，而且不需要送证券管理机构审查。

④股票发行定价。这是一级市场的关键环节。如果定价过高，会使股票的发行数量减少，进而使发行公司不能筹到所需资金，股票承销商也会遭受损失；如果定价过低，则股票承销商的工作容易开展，但发行公司会蒙受损失，对于再发行的股票，价格过低还会使老股东受损。发行定价主要有平价、溢价和折价三种。平价发行就是以股票票面所标明的价格发行；溢价发行就是按超过票面金额的价格发行；折价发行就是按低于票面金额的价格发行。其中溢价发行又可分为市价发行和中间价发行，市价发行即按发行时的市场供求状况决定发行价格，在中间价发行的情况下发行价格介于市价和平价之间。

（2）认购与销售。发行公司着手完成准备工作之后即可按照预定的方案发售股票。对于承销商来说，就是执行承销合同批发认购股票，然后售给投资者，具体方式通常有包销、代销和自销三种。

包销是指承销商以低于发行定价的价格把公司发行的股票全部买进，再转卖给投资者，这样承销商就承担了在销售过程中股票价格下跌的全部风险。承销商所得到的买卖差价是对承销商所提供的咨询服务以及承担包销风险的报酬和补偿。包销是目前最主要的承销方式，又包括余额包销和全额包销。代销是指承销商许诺尽可能多地销售股票，但不保证能够完成预定销售额，任何没有出售的股票均可退给发行公司，承销商不承担风险。另外，还有一种销售方式是自销，是指不经过承销商自行销售证券，一般较少采用这种方式。

☞专栏 3-5

**私募股权投资**

私募股权投资（private equity，PE）跟公募的不同之处在于，私募股权投资一般通过非公开的方式仅向少数机构或个人投资者募集资金，投资门槛比较高，而且销售和赎回由基金管理者和投资者私下协商进行。

投资方式是通过私募形式对私有企业即非上市企业进行投资，最终通过上市、并购或管理层回购等退出机制，将持有的股份出售获利。最重要的是，PE需要寻找优秀的未来有发展潜力的公司或者是一个陷入危机的公司，通过注资来获得一定股份，最终公司得到发展或渡过难关，通过转让这些股份来获利。通常私募股权投资很少涉及公开市场业务，因此一般不用披露交易细节。

3. 股票流通市场

股票流通市场是投资者之间买卖已发行股票的场所，通常可分为有组织的证券交易所（在我国有上海证券交易所和深圳证券交易所）和场外交易市场，但也出现了具有混合特性的第三市场和第四市场。

证券交易所是由证券管理部门批准的，为证券的集中交易提供固定场所和有关设施，并制定各项规则以形成公正合理的价格和有条不紊的秩序的正式组织。场外交易是相对于证券交易所交易而言的，凡是在证券交易所之外的股票交易活动都可称作场外交易。由于这种交易起先主要是在各券商的柜台上进行的，因而也被称为柜台交易（OTC）。

场外交易市场与证券交易所相比，没有固定的、集中的场所，而是分散于各地，规模有大有小，由自营商来组织交易，它们自己投入资金买入证券然后随时随地将自己的存货卖给客户，维持市场流动性和连续性，因而也被称作“做市商”（market maker），买卖价差可以看作自营商提供以上服务的价格。场外交易市场无法实行公开竞价，其价格是通过商议达成的。

第三市场是指原来在证券交易所上市的股票移到场外进行交易而形成的市场，换言之，第三市场交易既在证券交易所上市又在场外市场交易，第三市场的产生可以降低买卖大宗上市股票的交易费用。

第四市场是指买者和卖者绕开通常的经纪人，彼此之间利用电子通信网络直接进行的证券交易。这些网络允许会员直接将买卖委托挂在网上，并与其他投资者的委托自动配对成交。由于没有买卖价差，其交易费用非常便宜。

4. 股票投资的收益和风险

（1）收益。收益包括股息、资本损益和资本增值收益三个部分。

股息是指股东定期从公司取得的一定利润。利润分配的标准以股票的票面资本为依据。优先股股东是按固定的股息率先于普通股股东取得股息的，并且不受公司经营状况的影响。普通股股东通常不获取股息，而是获得股利。由于公司首先要支付优先股股息，所以普通股的股利是不确定的，如果公司经营状况不佳甚至出现亏损，很可能分不到股利。

资本损益是由于上市公司的股票市场价格经常处在波动之中而产生的。当投资者以高于买入价格将股票卖出时，可以获得买卖价差收益，称为资本收益；当卖出价格低于买入价格时，出现资本损失。

资本增值收益的形式是送股，但这种送股的资金不应来自当年可分配利润，而是来自公司历年提取的公积金。

☞专栏 3-6

## 量化交易

量化交易是指借助现代统计学和数学模型的方法，利用计算机技术从庞大数据中选择能带来收益的多种“大概率”事件来制定策略，然后利用该策略进行交易，操盘手仅需要下达指令或者修正部分策略，也大大减轻了交易员的压力。因此，量化交易避免了受投资者情绪的影响，严格执行策略和交易原则可以获得持续稳定的超额收益。量化交易有以下显著的特点：

1. 严格的交易原则

量化交易有着严格的交易原则，从而不再受人性的弱点困扰，如贪婪、恐惧、侥幸心理，坚持严格的纪律性是最重要的特点。

2. 靠概率取胜

量化交易通过设计复杂的数学模型来制定策略交给计算机处理，这并不意味着每次交易都将获得收益，而是从概率上来说成功的概率比较大。

3. 妥善运用套利的思想

量化交易寻找估值洼地，通过分析海量数据，买入被低估的交易品种，卖出被高估的品种，通过套利来获得收益。

4. 完备的系统性

(1) 多层次，可以在资产配置、行业选择、精选个股中设计不同的模型。(2) 多角度，量化交易会从宏观周期、市场结构、估值、成长、盈利质量、分析师盈利预测、市场情绪等多个角度考量，找出对交易品种价格起主要作用的因素来设计策略。(3) 多数据，处理海量数据。投资者个人的信息处理能力毕竟是有限的，但是计算机的运算速度非常快，远远超过人脑，因此强大的计算机处理能力能迅速捕捉那些转瞬即逝的交易机会，获得超额收益。

目前量化交易在国外市场比较成熟，国内才刚刚起步，未来将会针对中国证券市场设计出独特的策略，发展空间巨大。

股票投资收益率的一般计算公式（不考虑送股）为：

$$r=\frac{(P_1-P_0-C)+D}{P_0} \qquad (3-1)$$

其中，$r$ 为收益率，$P_0$ 为初始价格，$P_1$ 为末时刻价格，$D$ 为股利，$C$ 为股票买卖交易费用。

(2) 风险。风险主要分为系统性风险和非系统性风险。

首先，系统性风险来自政治、经济等宏观因素，这些因素通常会对整个市场产生整体性的影响，几乎所有股票都会受到一定程度的影响，因而是与市场的整体运动相关联的。主要包括以下几种。

政策风险：如国家的对外政策、财政政策、货币政策等。

市场风险：由于投资者情绪的变化和资金的流动等造成买卖双方力量的变化而引起的市场行情的频繁波动，有可能给投资者造成实际的或者账面上的资本损失。

购买力风险：通货膨胀风险。通货膨胀造成货币购买力下降，从而也使股票投资收益的购买力下降。在通货膨胀的情况下，对投资者有意义的是剔除通货膨胀因素后的实际收益。

利率风险：货币市场利率的改变影响到资金的借贷成本，从而也影响到投资者对股票投资收益的心理预期，进而影响到股票市场价格的升降。

其次，非系统性风险是指那些只对个别股票产生影响的因素，一般来自上市公司自身。一般包括以下几种。

经营风险：包括来自公司内部的因素，如企业决策者在经营管理中出现的决策失误导致企业经营状况变坏甚至濒临破产等因素。

外部风险：主要是因公司主要供应商或客户不景气给公司的经营造成不利影响以及竞争对手变化而形成的风险。

财务风险：因公司财务结构不合理所形成的风险。主要包括资本负债比率过高、资产与负债的期限结构不匹配、债务结构不合理等。

(3) 收益和风险成正比。在一个有效率的市场上，证券的收益与风险大体上成正比：收益越大，风险也就越大；反之，收益越小，风险也越小。收益与风险是相互联系的，收益是对风险的补偿。

**专栏 3-7**

### 中国股灾奇观：千股跌停

2015 年 6 月 15 日，上证综指从 5 178 点高位突然大跌了 103 点，市场由于陷入极大的恐慌导致投资者纷纷把手中股票卖出，使市场进一步下跌。至 7 月 9 日，上证综指在 18 个交易日内暴跌 1 803 点，其中最大跌幅逼近 35%；从 6 月 1 日至 8 月末，有 21 个交易日指数暴跌，17 次千股跌停。

在这场股灾之前，曾有一段可以说是“疯牛”的行情。从 2014 年 7 月开始，蓝筹股尤其是券商股开始上涨，市场热度开始扩散；随后 2014 年 11 月 22 日，央行又宣布降息，上证综指加速上行；到 2014 年 12 月，上证综指已突破 3 000 点，券商两融业务量也开始上升，并很快突破 1 万亿元。2015 年 4 月 20 日，在近年来力度最强的一次降低银行存款准备金率的“刺激”下，A 股甚至释放了 1.8 万亿元的历史天量，也是全球最高纪录，当时不乏新闻报道“卖房炒股”，几乎人人都在讨论股票。

但全民炒股往往意味着巨大的风险，最终上证综指从高位 5 178 点一路下跌至最低 2 850 点，区间振幅超过 2 300 点，跌幅为 45%，创业板指数从 4 000 点跌至 1 779 点以致腰斩过半。股民更是损失惨重，爆仓的不在少数。市场此时笼罩着巨大的恐慌情绪，股票价格几乎每天都在下跌，因此数以千计的公司试图停牌来躲过这次股灾。据统计，自 2015 年 6 月 29 日至 7 月 7 日，沪深两市多达近千家上市公司发布停牌或申请停牌等公告，至少有30%的公司处于停牌状态，这也是此次股灾的奇观之一——A股史上最大规模的停牌潮。

当时证监会、央行等多个部门在此期间联合出台了救市措施，包括暂停IPO、支援融资融券、上市公司回购股票、允许养老基金投资股市、"国家队"资金大手笔买入股票、公安部直接调查做空者、央行"双降"放松货币。但这并没有阻止上证综指持续下行，股民的愤怒无法被平息，各种股灾"阴谋论"盛行。

2016年1月4日，这是2016年股市的第一个交易日，也是A股交易实施股指熔断机制的第一天。根据熔断机制，当沪深300指数触发5%的熔断阈值时，三家交易所将暂停交易15分钟，而如果尾盘阶段触发5%或全天任何时候触发7%则暂停交易直接收市。这一机制仍无法救市，反而使股灾更加严重，股指在巨大的抛盘打压下不断走低，接连击破3 500点和3 400点整数关，终于在午后开盘的13点13分跌破5%触发熔断，15分钟后重新开盘的股市仍继续下跌，只用了6分钟便在13点34分将跌幅扩大至7%，触发了7%的熔断阈值，三大交易所暂停交易至收盘。1月7日，沪深300指数仅在9点42分便触及5%跌幅造成熔断，9点57分重新开盘后，仅用3分钟的时间便将跌幅扩大至7%。

1月7日晚间，上海证券交易所、深圳证券交易所、中国金融期货交易所三大交易所紧急发布通知：为维护市场稳定运行，经证监会同意，自1月8日起暂停实施指数熔断机制。从1月4日始，至1月7日被叫停，熔断机制成了中国证券史上最短命的股市政策。

### （二）债券市场

1. 债券概述

（1）债券的概念。债券是债务人在筹集资金时，依照法律手续发行，向债权人承诺按约定利率和日期支付利息，并在特定日期偿还本金，从而明确债权债务关系的有价证券。它反映了筹资者和投资者之间的债权债务关系。和股票一样，债券也是有价证券的重要组成部分。

债券的构成要素主要包括发行额、券面金额、票面利率（名义利率）、偿还期限、偿还方式（到期偿还、期中偿还或者展期偿还）和发行价格。

（2）债券的特征。债券的特征总结见表3-6。

**表3-6　债券的特征**

| | |
|---|---|
| 赎回性 | 债券发行人在发行债券的契约中约定在未来一定的时间内，发行人可以按照一定的价格或条件赎回债券 |
| 清偿次序上的优越性 | 在企业破产时，债券在受偿次序上先于普通股和优先股 |
| 转换性 | 债券作为标准化的投融资工具，通常可以自由转让 |
| 税前付息 | 发行债券的企业，其债券利息作为企业经营成本可在税前开支，这不同于股票的红利要在税后利润中开支 |

（3）债券的分类。债券按发行的主体不同可分为政府债券、公司债券和金融债券。政府债券是指中央政府、政府机构和地方政府发行的债券，它以政府的信誉作保证，因而通

常无须提供抵押品，其风险在各种投资工具中是最小的。公司债券是公司为筹措营运资本而发行的债券，它要求不管公司业绩如何都应优先偿还其固定收益，否则将在相应破产法的裁决下寻求解决，因而其风险小于股票，但比政府债券高。金融债券是银行等金融机构为筹集信贷资金而发行的债券。在西方国家，由于金融机构大多属于股份公司，故金融债券可纳入公司债券的范围。

按利率的不同情况可分为固定利率债券、浮动利率债券、指数债券和零息债券。固定利率债券是指事先确定利率，每半年或一年付息一次，或一次还本付息的公司债券。这种公司债券最为常见。浮动利率债券是在某一基础利率（如相同期限的政府债券收益率、优惠利率、LIBOR 等）之上增加一个固定的溢价，如 100 个基点即 1%，以防止未来市场利率变动可能造成的价值损失。指数债券是通过将利率与通货膨胀率挂钩来保证债权人不因物价上涨而遭受损失的公司债券。有时用来计算利息的指数并不与通货膨胀率相联系，而与某一特定的商品价格（油价、金价等）挂钩，这种债券又称商品相关债券。零息债券即以低于面值的折价方式发行，到期按面值兑现，不再另付利息的债券，它与短期国库券相似，可以省去利息再投资的麻烦，但该债券价格对利率变动极为敏感。

按有否抵押或担保划分为信用债券和抵押债券。信用债券是凭借发债者的信用能力而发行的债券，它没有特定的财产作为发债抵押。政府发行的债券大多是信用债券，它们的偿还以政府的信用为基础。公司债券中也有不少属于信用债券性质。抵押债券是指以特定财产为抵押而发行的债券。在发债人不能按期偿还本金和利息的情况下，抵押债券持有人对抵押资产有留置权，即拥有出售抵押财产来获得其未偿债务的法律权利。

按是否记名划分为记名债券和无记名债券。记名债券是指在债券上记有债权人姓名的债券。这种债券在转让时一般要进行背书和重新登记。记名债券通常可以挂失，安全性好，但流动性差。无记名债券是指债券上不记载债权人姓名的债券，转让时无须登记，因此，此类债券的流动性好。

2. *债券发行市场*

和股票市场一样，债券市场也有发行市场和流通市场两个层次。

发行市场是指债券发行的网络和体系。债券发行有直接发行和间接发行两种方式。直接发行是筹资者自行发售债券。直接发行成本低，适合中小企业、数量不大的债券发行；间接发行是借助于承销商（一家或多家）来发售债券。债券发行也分公募和私募两种方式。

债券的发行程序如图 3－6 所示。

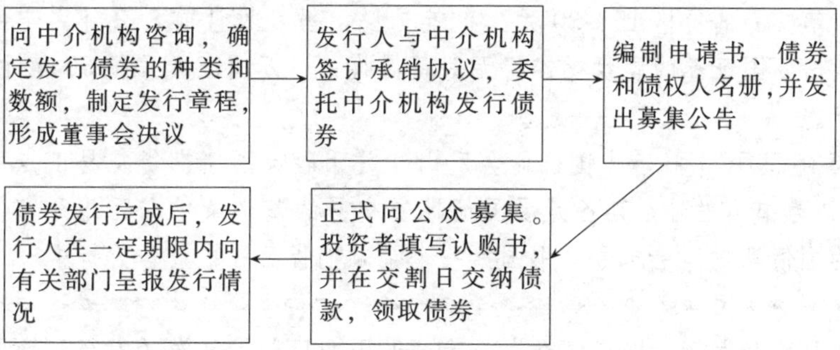


**图 3－6　债券发行程序**

☞专栏 3-8

### "327"国债事件

1992 年发行了 1995 年 6 月到期的 3 年期国债，发行总量是 240 亿元人民币。"327" 指的就是该国债期货合约的代号。

当时中国证券市场的风云人物就是有"中国证券教父"之称的管金生，他同时是万国证券的总经理。根据他的预测，"327" 国债不可能上调保值贴息率，最多维持在 8%的水平，根据这一预测计算得出"327" 国债将以 132 元的价格兑付。当时的市价在 147～148 元区间波动，因此万国证券联合辽宁国发集团，对该国债期货合约做空。

与此同时，中国经济开发信托投资公司（简称"中经开"）因隶属于财政部，所以在得知财政部将上调保值贴息率时，大笔买入"327" 国债期货合约。

1995 年 2 月 23 日，财政部发布公告称"327" 国债将按 148.50 元兑付。此举导致空头判断彻底失误。而且由于多方借利好更是大肆买入，价格甚至被推到了 151.9 元。随后辽宁国发集团的高岭、高原兄弟看势头不对，放弃与万国证券的合作，转过来也做多，将其 50 万口空单迅速平仓，反手买入 50 万口做多，"327" 国债在 1 分钟内涨了 2 元。这对于万国证券更是一个沉重的打击。但是管金生为了维护自身利益，不管不顾地与整个市场作对，在收盘前 8 分钟时，大举透支卖出国债期货，做空国债。16 时 22 分，在没有足够保证金的情况下，管金生空以 50 万口空单把价位从 151.30 元打压到 150 元，最终以一个 730 万口的巨大卖单把价格拉到 147.40 元。这一举措导致当日开盘的多方全部爆仓，这次激烈的多空绞杀最终以万国证券盈利而告终。同时中经开则亏损了约 40 亿元。

1995 年 2 月 23 日晚上 10 点，上海证券交易所在经过紧急会议后宣布：1995 年 2 月 23 日 16 时 22 分 13 秒之后的所有交易是异常的、无效的，经过此调整当日国债成交额为 5 400 亿元，当日"327" 国债期货合约的收盘价为违规前最后签订的一笔交易的价格 151.30 元。也就是说，当日收盘前 8 分钟内空头的所有卖单无效，万国证券的尾盘操作将无法获得收益。万国证券亏损 56 亿元人民币，濒临破产。

1995 年 5 月 17 日，中国证监会发出《关于暂停国债期货交易试点的紧急通知》，并认为中国当时不具备开展国债期货交易的基本条件，因此开市仅两年零六个月的国债期货画上句号，中国第一个金融期货品种也宣告夭折。

确定发行利率及发行价格是债券发行市场的重要环节。债券的发行利率一般是指债券的票面利率。确定债券的发行利率，主要依据以下几个方面：

（1）债券的期限，一般来讲，期限越长，利率越高。

（2）债券的信用等级，信用等级越高，利率越低。

（3）有无可靠的抵押或担保，若有抵押或担保，则利率低。

（4）当前市场银根的松紧、市场利率水平及变动趋势、同类证券及其他金融工具的利率水平等。

（5）债券的利息和贴现计息的票面利率。

（6）金融管理当局对利率的管理制度。

3. 债券流通市场

债券流通市场是指已发行的债券的交易网络和体系。债券的二级市场与股票类似，也可分为证券交易所、场外交易市场以及第三市场和第四市场几个层次。证券交易所是债券二级市场的重要组成部分，在证券交易所申请上市的债券主要是公司债券，但国债一般不用申请即可上市，享有上市豁免权。与非上市债券相比，上市债券在债券总量中所占的比重很小，大多数债券的交易是在场外交易市场进行的，场外交易市场是债券二级市场的主要形态。

### （三）投资基金市场

1. 投资基金的概念

投资基金是一种利益共享，风险共担的集合证券投资方式，即通过发行基金单位，集中投资者的资金，由基金托管人托管，由基金管理人管理和运作资金，从事股票、债券等投资。中国的基金托管人必须由合格的商业银行来担任；基金管理人必须由专业的基金管理公司担任。投资者既享受证券投资基金的收益，也承担亏损的风险。持有人按其所持份额享有资产所有权、资产收益权和剩余财产分配权。

2. 投资基金的特征

投资基金的特征见表 3-7。

**表 3-7　投资基金的特征**

| 社会游资与专业管理紧密结合 |
|---|
| 化零为整与化整为零相结合：化零为整是指投资基金的财富积累；化整为零是指投资基金遵循组合投资、分散风险的原则，并对投资基金投资对象的比例构成作出强制性法律规定 |

3. 投资基金的类型

根据基金单位是否可增加或赎回可分为开放式基金和封闭式基金。开放式基金是指基金设立后，投资者可以随时申购或赎回基金单位、基金规模不固定的投资基金；封闭式基金是指基金规模在发行前已经确定的基金。

根据组织形态的不同可分为公司型投资基金和契约型投资基金。公司型投资基金是具有共同投资目标的投资者组成的以营利为目的的股份制投资公司，并将资产投资于特定对象的投资基金；契约型投资基金也称为信托型投资基金，是指基金发起人依据其与基金管理人、基金托管人订立的基金契约，发行基金单位而组建的投资基金。

根据投资目标的不同可分为收入型基金、成长型基金和平衡型基金。收入型基金是以获取最大的当期收入为目标的投资基金，其特点是损失本金的风险小，但长期成长的潜力也相应较小，适合较保守的投资者。成长型基金是以追求资本的长期增值为目标的投资基金，其特点是风险较大，可以获取的收益也较大，适合能承受高风险的投资者。平衡型基金是以净资产的稳定、可观的收入及适度的成长为目标的投资基金，其特点是具有双重投资目标，谋求收入和成长的平衡，故风险适中，成长潜力也不是很大。

根据地域不同可分为国内基金、国家基金、区域基金和国际基金。国内基金是只把资金投资于国内有价证券，且投资者多为本国公民的一种投资基金。国家基金是指在境外发行基金份额筹集资金，然后投资于某一特定国家或地区资本市场的投资基金。区域基金是把资金分散投资于某一地区各个不同国家资本市场的投资基金。国际基金也称全球基金，它不限定国家和地区，将资金分散投资于全世界各主要资本市场上，从而能最大限度地分散风险。

根据投资对象的不同可分为股票基金、债券基金、货币市场基金、期货基金、期权基金、指数基金等。

股票基金是指以股票为投资对象的投资基金，这是所有基金品种中最广泛流行的一种。与投资者直接投资于股票市场相比，股票基金具有流动性强、风险分散等特点。虽然股票价格会在短时间内上下波动，但其提供的长线回报会比现金存款或债券高，因此，从长期来看，股票基金收益可观，但风险也比债券基金、货币市场基金要高。

债券基金是指将基金资产投资于债券，通过对债券进行组合投资，寻求较为稳定的收益。由于债券收益稳定，风险也较小，因而债券基金的风险性较低，适于不愿过多冒险的稳健型投资者。但债券基金的价格也受到市场利率、汇率、债券本身等因素影响，其波动程度比股票基金低。

货币市场基金是以全球的货币市场为投资对象的一种基金，通常投资于银行短期存款、大额可转让存单、政府公债、公司债券、商业票据等。由于货币市场一般是供大额投资者参与，所以货币市场基金的出现为小额投资者进入货币市场提供了机会。货币市场基金具有投资成本低、流动性强、风险小等特点。投资者常常在股票基金业绩表现不佳时，将股票基金转换为货币市场基金，以避开风浪，等待时机再选择认购股票基金或其他基金品种，因此货币市场基金也被称为停泊基金。

期货基金是一种以期货为主要投资对象的投资基金。期货既可以用来套期保值，也可以以小博大。期货具有高风险、高收益的特点：如果预测准确，短期能够获得很高的投资回报；如果预测不准，遭受的损失也很大。因此，期货基金也是一种高风险的基金。

期权基金是以期权为主要投资对象的投资基金。期权基金的风险有限，适合收入稳定的投资者。其投资目的是为了获取最大的当期收入。

指数基金是指采用被动方式投资，选取某个指数作为模仿对象，按照该指数构成的标准，购买该指数包含的证券市场中全部或部分的证券，目的在于获得与该指数相同的收益水平。投资指数基金最大的好处在于成本较低。由于指数基金经理不需要积极选股，所以指数基金的管理费用相对较低。同时，因为指数基金采取了购买并持有的策略，不用经常换股，所以指数基金买卖证券时发生的佣金等交易费用也远远低于积极管理的基金。

随着证券市场的不断发展，各种新类型、新概念的基金也在不断创立。在市场经济条件下，基金品种的发展过程是一个不断填补市场空白的过程。

4. 证券投资基金的发行和交易

证券投资基金的发行也称基金的募集，是基金发起人依法向投资者推销基金单位，募集资金的行为。发行方式就是基金募集资金的具体办法。在我国，发行方式有两种，即上网发行和网下发行。交易方法同样有两种：如果是封闭式基金，可在证券交易所挂牌上市交易；如果是开放式基金，则通过指定的销售网点进行申购或赎回。

目前我国产生了一种新型的投资基金——上市型开放式基金（listed open-ended fund，LOF）。LOF 与一般开放式基金不同的是，投资者既可通过基金公司直销机构或代销银行和券商进行基金申购、赎回，这称为场外交易；也可通过交易所像买卖股票一样交易 LOF 份额，即场内交易。

投资基金的运作流程一般可表述为投资者资金汇集成基金，然后委托投资专家、基金管理人投资运作。投资者、基金管理人、基金托管人通过基金契约方式建立信托协议，确立投资者出资、基金管理人受托负责理财、基金托管人负责保管资金三者之间的信托关系。基金管理人与基金托管人通过托管协议确立双方责权。最后基金管理人经过专业理财，将投资收益分予投资者。

投资基金的运作流程如图 3-7 所示。

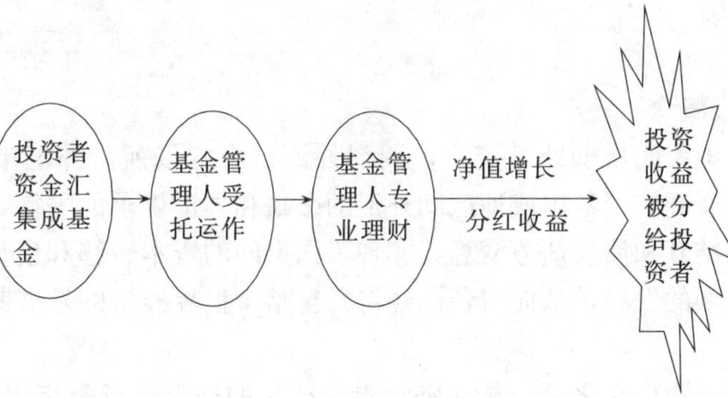


**图 3-7 投资基金的运作流程**

☞**专栏 3-9**

**分级基金**

基金基础份额可以分成两类，即“A 类份额”和“B 类份额”。其中 A 类份额的特点是风险较低，且可以优先享用收益，但是收益率比较低，这类份额比较适合对风险比较厌恶的投资者；而 B 类份额的特点是收益率高，风险大，只享有次优先级收益。分级基金运用了杠杆原理，B 类份额利用 A 类份额的资金使收益率提高，但是 B 类份额要保证 A 类份额的收益率。

假设现有分级基金产品 X，基金管理人将 A 类份额和 B 类份额作为一个整体进行投资，拥有 A 类份额的投资者每年享有固定的收益率，拥有 B 类份额的投资者拥有浮动收益率，且 B 类份额持有人必须保证 A 类份额持有人的利息收入，即若该基金最后的收益小于付给A类份额持有人的利息或者总收益率等于0甚至为负，B类份额持有人也要补足A类份额持有人的收益。但是当母基金的整体净值持续上升时，B类份额持有人往往由于杠杆获得较高收益。

根据分级母基金的投资性质，可以将母基金分为分级股票基金和分级债券基金。分级债券基金又可分为纯债分级基金、混合债分级基金、可转债分级基金，区别在于纯债分级基金不能投资于股票，混合债分级基金可用不高于20%的资产投资股票，可转债分级基金投资于可转债。

根据分级子基金的性质，子基金中的A类份额可分为有期限A类约定收益份额基金、永续型A类约定收益份额基金；B类份额可分为股票型B类杠杆份额基金、债券型B类杠杆份额基金、反向杠杆基金等。

# 第四节　外汇市场与黄金市场

## 一、外汇市场

### （一）外汇市场概念

外汇市场是在国家间从事外汇买卖，调剂外汇供求的场所。外汇市场是国际金融枢纽，它的存在和发展调节了各国或地区间外汇的余缺和外汇供求的平衡，并解决了不同国家和地区间的支付结算和债权债务清算，实现了国家间的资本转移和借贷资金的融通，促进了国际贸易和金融的发展，从而对各国经济乃至整个世界经济的发展起到了重要的推动作用。

外汇市场有狭义和广义之分。从业务上看，狭义的外汇市场是指银行间的外汇交易，包括同一市场各银行间的交易、中央银行与外汇银行间以及各国中央银行间的外汇交易，通常被称为批发外汇市场。广义的外汇市场是指由各国中央银行、外汇银行、外汇经纪人及客户组成的外汇买卖、经营活动的总和，包括上述批发市场以及银行同企业、个人间外汇买卖的零售市场。

### （二）外汇市场的交易类型

1. 即期外汇交易

即期外汇交易又称现汇买卖，是交易双方以当时外汇市场的价格成交，并在成交后的两个营业日内办理有关货币收付交割的外汇交易。即期交易的汇率是即期汇率，或称现汇汇率。通常采用以美元为中心的报价方法，即以某个货币对美元买进或卖出的形式进行报价。

2. 远期外汇交易

远期外汇交易又称期汇交易，是指买卖外汇双方先签订合同，规定买卖外汇的数量、汇率和未来交割外汇的时间，到了规定的交割日期买卖双方再按合同规定办理货币收付的外汇交易。在签订合同时，除交纳10%的保证金外，不发生任何资金的转移。

3. 掉期交易

掉期交易又称时间套汇（time arbitrage），是指同时买进和卖出相同金额的某种外汇但买与卖的交割期限不同的一种外汇交易，进行掉期交易的目的在于避免汇率变动的风险。

4. 套汇交易

套汇交易是套利交易在外汇市场上的表现形式之一，是指套汇者利用不同地点、不同货币在汇率上的差异进行低买贵卖，从中套取差价利润的一种外汇交易。套汇交易又可分为直接套汇和间接套汇。

**（三）世界主要外汇交易市场**

世界主要外汇交易市场包括伦敦、纽约、东京、新加坡、中国香港、苏黎世、法兰克福、巴黎等地的外汇市场。

目前外汇市场呈现出一体化的趋势，主要表现为：现代化的交易技术使全球外汇市场成为 24 小时连续运作的市场。银行机构国际化与资金流动自由化导致在同一时间内，各外汇市场的汇率报价趋于一致，地点套汇的机会不复存在。在外汇市场的干预方面，各国中央银行往往协调管理，联合干预。

## 二、黄金市场

黄金市场是集中进行黄金买卖的交易场所。黄金交易所一般都是在各个国际金融中心，是国际金融市场的重要组成部分。伦敦、苏黎世、纽约、芝加哥、中国香港是世界五大黄金市场，其他还有新加坡、东京、巴黎、法兰克福、卢森堡、悉尼、贝鲁特等市场。

☞**专栏** 3-10

### 黄金市场上的中国大妈

2013 年黄金价格一泻千里，结束了之前延续了 12 年的黄金牛市，2013 年的全年跌幅竟达到 30%，打破了 30 年以来年度跌幅纪录。在这一轮黄金价格下跌过程中，中国大妈横空出世，与华尔街大佬们在黄金市场上进行多空博弈，闻名于世，很难想象这个群体有一天能够跟久经沙场、交易经验极其丰富的华尔街金融投资者出现在同一个新闻里。在这次多空博弈中，中国大妈大量疯狂抢购黄金，在黄金跌势中屡屡抄底，让这些华尔街金融大鳄们为之震惊。但遗憾的是，中国大妈不敌交易经验丰富的华尔街大佬们，被深套其中。

2013 年黄金市场的走势可以具体分为四个阶段：

第一阶段是 1—3 月份，黄金市场开始缓慢下跌，投资者对黄金的需求慢慢减弱。根据《黄金需求趋势报告》，第一季度，世界黄金需求量同比下降 13%。黄金需求价值为 510 亿美元，同比下降 16%。

第二阶段是 4—6 月份，黄金市场开始大幅下挫，第二季度成为全年跌幅最大的阶段。此时中国大妈开始抄底黄金，到各大商场扫购实物黄金，震惊了整个市场。但是还是不及空头力量，黄金价格继续下挫，中国大妈被深套其中。

第三阶段是7—8月份，随着黄金价格的下降，空头力量开始减弱，多头力量开始加强，市场开始出现一波上涨了20%的反弹，投资者们也开始抄底买入黄金，此时中国大妈依然被套。

第四阶段从9月份开始，黄金价格没有继续反弹，空方力量太雄厚，金价开始继续下跌。在与华尔街专业人士博弈的过程中，中国大妈一次次的抄底反而给华尔街专业人士提供了更好的做空点，最终中国大妈被深套其中，无法与之抗衡。

中国大妈给我们的启示是不要有追求投机心理，而要把握市场行情，避免情绪化投机。

黄金市场作为买卖黄金的场所，是各国金融市场体系的重要组成部分，但是在目前的金融市场上，其地位和作用已经有所弱化，故我们在这里不再详细介绍黄金市场。

## 第五节　衍生市场

衍生市场是指衍生金融工具市场，是由在原生性金融工具基础上派生出来的金融工具或金融商品形成的市场，一般包括一些合约，如远期、期货、期权、互换等。

### 一、远期市场

#### （一）远期合约的概念

远期合约是指双方约定在未来的某一确定时间，按确定的价格买卖一定数量的某种金融资产的合约。远期合约交易的本金不用交付，一般都是按差额结算的。远期合约的本质是期货，与期货的差异在于远期合约为非标准化的合约，而期货合约是标准化的。

#### （二）远期合约的类型

远期合约主要有远期利率协议、远期外汇合约和远期股票合约等。

远期利率协议是买卖双方同意从未来某一商定的时期开始在某一特定时期内按协议利率借贷一笔数额确定、以具体货币表示的名义本金的协议。远期利率协议的买方是名义[①]借款人，其订立远期利率协议的目的主要是为了规避利率上升的风险。远期利率协议的卖方则相反。远期利率协议最重要的功能在于通过固定将来实际交付的利率而避免利率变动风险。在签订远期利率协议后，不管市场利率如何波动，协议双方将来收付资金的成本或收益总是固定在合同利率水平上。

远期外汇合约是指双方约定在将来某一时间按约定的远期汇率买卖一定金额的某种外汇的合约。

远期股票合约是指在将来某一特定日期按特定价格交付一定数量单只股票或一揽子股票的协议。

① 之所以称为“名义”，是因为借贷双方不必交换本金，只是在结算日根据协议利率和参考利率之间的差额以及名义本金额，由交易一方付给另一方结算金。

## 二、期货市场

### （一）期货的概念

期货是指协议双方约定在将来某一特定时间按约定的价格、交割地点、交割方式等条件，买入或卖出一定标准数量的某种特定金融工具的标准化协议。

### （二）期货的特征

期货交易具有如下显著的特征：期货合约均在交易所进行交易，交易双方不直接接触，而是各自跟交易所的清算部或专设的清算公司结算；期货合约的买者或卖者可在交割日之前采取对冲交易以结束其期货头寸（即平仓），一般不进行最后的实物交割；期货合约的规模、交割日期、交割地点等都是标准化的，无须双方再商定，相当于标准化的远期合约；金融期货的交割，可以是实物交割或者现金交割；期货交易逐日盯市，而不是到期一次性进行的。当保证金余额低于初始保证金水平时，会被要求追加保证金或者被强制平仓。

### （三）期货合约的盈亏分布

期货合约多头的盈亏分布见图 3－8。由于期货合约是零和游戏，买者的盈亏和卖者的盈亏刚好相反，多头期货合约的价值通过正向的价格变动实现，到期时的价值取决于市价与协议价之差。空头期货合约的价值则通过反向的价格变动实现，到期时的价值取决于协议价与市价之差。合约到期时的净价值为零，即买方价值与卖方价值的和为零，故期货合约多头的买卖双方的盈亏分布如图 3－8 所示。

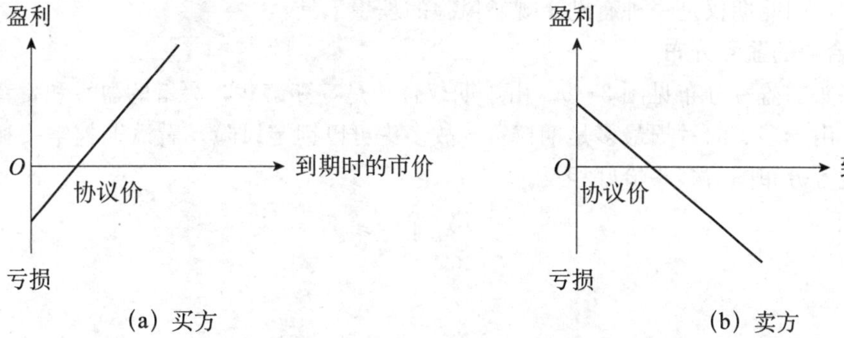


(a) 买方　　(b) 卖方

**图 3－8　期货合约多头的买卖双方盈亏分布图**

### （四）期货的种类

1. 商品期货

（1）农产品期货。期货发展初期主要以农产品的避险为主，因此农产品可以说是最古老的期货商品。以谷物（小麦、玉米、燕麦）为大宗商品，另外还有畜产品，以及咖啡、可可、蔗糖等经济作物。

（2）金属期货。金属期货又可分为贵金属如黄金、白银等期货，以及一般金属如铜、铝等期货。

（3）能源期货。能源期货主要以石油及其附属产品（原油、燃油、汽油等）为主。

2. 金融期货

（1）股指期货。股指是根据部分或全部上市股票的价格，经过选样组合或加权而设计出来的描述股票市场趋势的指标，如标准普尔500指数、纽约证券交易所股价指数、日经225指数等。股指期货是以这些指数为标的的期货。

(2）利率期货。利率期货是交易对象是中、长、短期可交割金融凭证，以附有利率的有价证券为标准的一种金融期货。一般可分为短期利率期货和长期利率期货。前者包括短期国债期货和欧洲美元期货等；后者包括中长期国债期货和市政公债指数期货等。

(3）外汇期货。外汇期货是指在契约到期日，按当天的汇率交付固定数量的指定外币的契约买卖，主要有英镑、美元、日元、德国马克及瑞士法郎等，但2002年7月1日以后，欧元期货替代了欧盟主要国家的外汇期货，世界主要金融期货市场见表3-8。

**表3-8　　世界主要金融期货市场**

| | |
|---|---|
| 芝加哥商业交易所集团（CME Group） | 伦敦国际金融期货交易所（LIFFE） |
| 香港期货交易所（HKFE） | 新加坡国际金融交易所（SIMEX） |

## 三、期权市场

### （一）期权合约的概念

期权合约是指期权买方有权在约定的时间或时期内，按照约定的价格买进或卖出一定数量的相关资产，也可以根据需要放弃行使这一权利。为了取得这一权利，期权合约的买方必须向卖方支付一定数量的费用，即期权费。期权的作用在于可以使期权买方将风险锁定在一定范围内，因此期权是一种有助于规避风险的理想工具。

### （二）期权合约的盈亏分布

期权合约多头的盈亏分布见图3-9。由于期权合约是零和游戏，买者的盈亏和卖者的盈亏刚好相反。由于多头的亏损最多是期权费，故多头可以锁定风险。看涨期权空头和看跌期权空头的盈亏分布图与多头恰好相反。

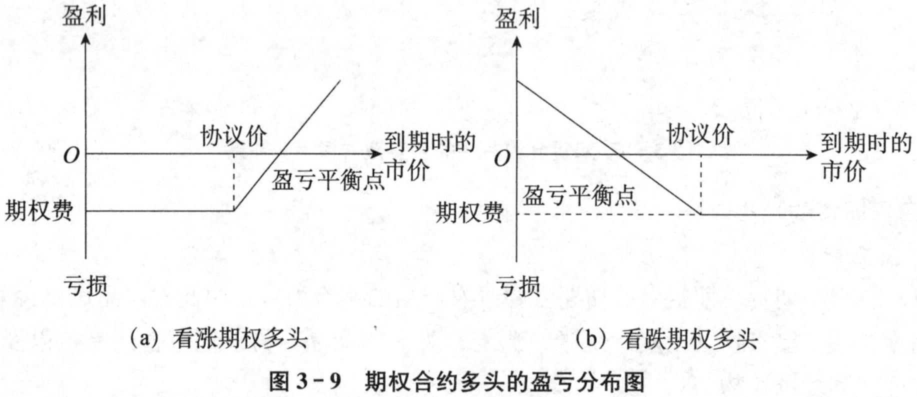


**图3-9　期权合约多头的盈亏分布图**

### （三）期权的类型

期权最基本的划分方法是以期权购买者的权利为标准分为看涨期权和看跌期权。看涨期权，又称买入期权，是指期权的买方具有在约定期限内按协议价买入一定数量金融资产的权利。如果投资者预期金融资产的价格近期将会上涨，按协议价买入该项资产并以市价卖出，可赚取市价与协议价之间的差额；判断失误则损失期权费。看跌期权，又称卖出期权，是指期权的买方具有在约定期限内按协议价卖出一定数量金融资产的权利。如果投资者预期金融资产的价格近期将会下跌，可以以较低的市价买入该项资产再按协议价卖出，可赚取协议价与市价之间的差额；判断失误则损失期权费。

期权按规定的履约时间不同分为欧式期权与美式期权。美式期权是指买方可以在期权有效期内的任何时间行使权利，可在期权到期日或到期日之前的任何一个营业日执行。欧式期权是只能在到期日执行的期权。

按照相关资产的不同，期权还可以划分为外汇期权、利率期权、股票期权、股指期权等。

## 四、互换市场

### （一）金融互换的概念

金融互换是指约定两个或两个以上当事人按照商定条件，在约定的时间内，交换一系列现金流。

金融互换主要利用比较优势理论。根据比较优势理论，只要满足以下两个条件，就可进行互换：（1）双方对对方的资产或负债均有需求；（2）双方在两种资产或负债上存在比较优势。

通过互换可在全球各市场之间进行套利，降低筹资者的融资成本或提高投资者的资产收益，管理资产负债组合中的利率风险和汇率风险，促进全球金融市场一体化。

### （二）金融互换的分类

1. 利率互换

利率互换是指两笔债务以利率方式互相调换，一般期初和到期日都没有实际本金的交换。在利率互换中，本金是计算利息的基础，而真正交换的只是双方不同特征的利息。利率互换主要有三种形式：同种货币的固定利率与浮动利率互换；以某种利率为参考的浮动利率与以另一种利率为参考的浮动利率互换；某种货币固定利率与另一种货币浮动利率互换。互换的期限通常在2年以上，有时甚至在15年以上。

2. 货币互换

货币互换是将一种货币的本金和固定利息与另一货币的等价本金和固定利息进行交换。

3. 其他互换

除了上述最常见的利率互换和货币互换外，其他主要的互换品种有：

（1）交叉货币利率互换（cross-currency interest rate swaps）是利率互换和货币互换的结合，它是以一种货币的固定利率交换另一种货币的浮动汇率。

（2）增长型互换、减少型互换和滑道型互换。在标准的互换中，名义本金是不变的，而在这三种互换中，名义本金是可变的。其中增长型互换的名义本金在开始时较小，而后随着时间的推移逐渐增大。减少型互换则正好相反，其名义本金随时间的推移逐渐变小。近年来，互换市场又出现了一种特殊的减少型互换，即指数化本金互换，其名义本金的减少幅度取决于利率水平，利率越低，名义本金的减少幅度越大。滑道型互换的名义本金则在互换期内时而增大，时而变小。

(3) 基点互换。在普通的利率互换中，互换一方是固定利率，另一方是浮动利率。而在基点互换中，双方都是浮动利率，只是两种浮动利率的参照利率不同，如一方为LIBOR，另一方为基准利率。

(4) 可延长互换和可赎回互换。在标准的互换中，期限是固定的。而可延长互换的一方有权在一定限度内延长互换期限。可赎回互换的一方则有权提前中止互换。

(5) 零息互换。零息互换是指固定利息的多次支付流量被一次性的支付所取代，该一次性支付可以发生在互换期初也可以发生在期末。

(6) 后期确定互换。在普通的涉及浮动利率的互换中，每次浮动利率都是在该计息期开始之前确定的。后期确定互换的浮动利率则是在每次计息期结束之后确定的。

(7) 差额互换。差额互换是对两种浮动利率现金流量进行互换。这两种现金流量的计息基础分别以两种货币的浮动利率为依据，但两种利息现金流量均以同种货币表示。例如互换一方按6个月期美元的LIBOR对1 000万美元的名义本金支付利息，另一方按6个月期德国马克的LIBOR减去1.90%的浮动利率对1 000万美元的名义本金支付以美元表示的利息。

(8) 远期互换。远期互换是指互换生效日是在未来某一确定时间开始的互换。

(9) 互换期权。互换期权从本质上属于期权而不是互换，该期权的标的物为互换。例如，利率互换期权本质上是把固定利率交换为浮动利率，或把浮动利率交换为固定利率的权利，但许多机构在统计时都把互换期权列入互换的范围。

(10) 股票互换。股票互换是以股票指数产生的红利和资本利得与固定利率或浮动利率交换。投资组合管理者可以用股票互换把债券投资转换成股票投资，反之亦然。

## 五、其他衍生工具市场

### (一) 交易所交易基金

交易所交易基金（exchange traded fund，ETF），又称指数股票型证券投资信托基金。市场指数是衡量某一特定市场涨跌趋势的指标，传统上如果投资者想要拥有跟市场指数变动与获利相同的投资组合，必须自己去购买与指数组成成分相同的股票，此成本可能相当高。交易所交易基金是将某一特定市场指数的股票组合证券化，投资者可以通过购买交易所交易基金而达成追求与指数相同报酬率的目标，其单个投资单位较低，利于投资者投资。换句话说，交易所交易基金就是一种在证券交易所买卖，采取被动式管理，提供投资者参与指数表现的基金。

交易所交易基金的发行和赎回只面向机构投资者进行批发，而不面向个人投资者进行零售；投资者申购和赎回交易所交易基金时，使用的通常不是现金，而是一揽子证券组合；交易所交易基金的零售交易是在该基金所挂牌的股票交易所的正常交易时间内以市价进行的交易，一天中可以随时交易，具有交易的便利性；对于个人投资者来说，他们可以像买卖股票、封闭式基金那样在二级市场随时购买或出售交易所交易基金；二级市场交易价格与其单位净值非常接近，一般不会出现大的折价或溢价现象；交易所交易基金以某个市场指数为目标指数，采用完全复制或统计抽样等方法跟踪该目标指数，以期获得与目标指数相近的投资收益率。

表 3-9　　交易所交易基金的被动式管理与股票投资的主动式管理的区别

| 比较项目 | 被动式管理 | 主动式管理 |
|---|---|---|
| 目标 | 与指数表现一致 | 可能击败指数 |
| 成本 | 管理费低廉、交易成本低廉 | 管理费高且周转率较高，使得交易成本较高 |
| 透明度 | 高，投资者容易了解 | 低，较难得知投资明细 |
| 分散投资 | 高 | 低 |
| 资产配置的控制 | 明确且清楚 | 容易受人事变动或其倚赖的某一位经理所影响 |

### （二）存托凭证

存托凭证（depository receipt，DR）是指在一国证券市场流通的代表外国公司有价证券的可转让凭证，属于公司融资业务范畴的金融衍生工具。

美国存托凭证（ADR）是面向美国投资者发行并在美国证券市场交易的存托凭证。而面向新加坡投资者发行并在新加坡证券市场交易的存托凭证叫做新加坡存托凭证（SDR）。如果发行范围不止一个国家，就叫做全球存托凭证（GDR）。从本质上讲，GDR 和 ADR 区别不大，两者都以美元标价，都以同样的标准进行交易和交割，二者股息都以美元支付，而且存托银行提供的服务及有关协议的条款与保证都是一样的。

### （三）认股权证

认股权证是指由股份有限公司发行的，能够按照特定的价格在特定的时间内购买或出卖一定数量该公司普通股票的选择权凭证，其实质是一种普通股票的期权，包括认购权证和认沽权证。

### （四）对冲基金

对冲基金起源于 20 世纪 50 年代的美国，最一开始的交易策略是利用大量金融衍生工具如指数期货、股票期权、远期外汇合约等以及其对应的股票进行风险对冲，这种投资策略可以降低组合的风险。但是经过几十年的发展，对冲基金已经失去其内涵，而是在金融市场上进行非常复杂的投资，利用各种衍生产品尤其是借助高杠杆承担高风险、追求高收益，因此投资门槛也较高。

### （五）信用违约掉期

信用违约掉期（credit default swap，CDS），又称信用违约互换、信贷违约掉期，是国外债券市场中最常见的信用衍生产品。交易中信用违约掉期购买者要定期向出售者支付信用违约互换点差，从而在出现信用违约事件时，购买者将有权利把违约债券以面值的价格出售给信用违约掉期出售者，从而规避风险。

### （六）资产证券化

广义的资产证券化是指将缺乏流动性但是有可预期收入的资产，通过发行证券的方式在资本市场上出售，来获得融资并大大提高资产的流动性。狭义的资产证券化是指信贷资产证券化，信贷资产证券化又可分为住房抵押贷款证券化（mortgage-backed securitization，MBS）和资产支撑证券化（asset-backed securitization，ABS）。担保债务凭证（collateralized debt obligation，CDO）是一种新型的资产证券化，把所有的抵押打包在一起，并且进行重新包装，再以产品的形式推放到市场。

## 本章小结

本章主要全面、系统地介绍有关金融市场的基础知识，内容涵盖货币市场、资本市场、外汇市场、黄金市场、衍生市场的基本原理和运作方式，言简意赅地给出了金融市场总体的轮廓。

金融市场是指资金供求双方实现货币借贷以及通过各种金融工具融资的场所。功能包括聚敛功能、配置功能、分配功能、调节功能和反映功能；要素包括金融市场主体、金融市场客体、金融市场媒体和金融市场价格；金融市场的发展趋势包括资产证券化、金融全球化、金融自由化和金融工程化。

## 进一步阅读

郑振龙，张亦春．金融市场学．北京：高等教育出版社，2004.

周业安．金融市场的制度与结构．北京：中国人民大学出版社，2005.

张亦春．现代金融市场学．北京：中国金融出版社，2004.

## 思考与练习

**一、名词解释**

1. 第四市场
2. 资本市场
3. 期权合约
4. 股价指数
5. 金融市场
6. 商业票据
7. 期货
8. 期权
9. 利率互换
10. 直接融资
11. 间接融资

**二、填空题**

1. 按标的物划分，金融市场可分为________、________、________、________和________。

2. 按地域范围划分，金融市场可分为________和________。

3. 根据股权的情况，股票可以分为________和________。

4. 投资基金根据投资对象的不同可分为________、________、________、________和________。

5. 资本市场主要包括________和________。

**三、判断题**

1. 在一般情况下，同业拆借市场的拆借利率应该高于中央银行的再贴现率。（ ）

2. 同普通股相比，优先股具有风险小、收益相对稳定的特点。（ ）

3. 转贴现和再贴现同为一种经济行为，因而二者的性质是相同的。（ ）

4. 股票流通市场上的价格是反映经济动向的“晴雨表”。（ ）

5. 成长型基金与收入型基金的不同之处在于成长型基金不注重收益，收入型基金注重收益。（ ）

**四、选择题**

1. 金融市场的主体是（ ）。

A. 金融工具　　B. 金融中介机构

C. 金融市场的交易者　　D. 金融市场价格

2. 专门融通一年以内短期资金的场所称为（ ）。

A. 货币市场　　B. 资本市场

C. 现货市场　　D. 期货市场

3. 证券流通的市场称为（ ）。

A. 初级市场　　B. 次级市场

C. 公开市场　　D. 议价市场

4. 在金融市场上，买卖双方按成交协议签订合同，允许买卖双方在交付一定的保险费后，即取得在特定的时间内按协议价格买进或卖出一定数量的证券的权利，这被称为（ ）。

A. 现货交易　　B. 期货交易

C. 期权交易　　D. 信用交易

5. 没有任何抵押品作担保，仅凭借筹资者的信用而发行的债券是（ ）。

A. 担保债券　　B. 信用债券

C. 政府债券　　D. 金融债券

6. 以非特定的广大投资者为对象而广泛发行的债券称为（ ）。

A. 定息债券　　B. 贴现债券

C. 公募债券　　D. 私募债券

7. 政府债券同公司债券之间的区别是（ ）。

A. 利率不同　　B. 目的不同

C. 风险不同　　D. 发行者不同

8. 股票的无期性是指（ ）。

A. 股票一经发行，便不可返还

B. 公司破产，可以清算

C. 股东对公司有永久的所有权

D. 股票不退股还本，但随时可以转让流通

9. 优先股是指（　　）。

A. 具有优先表决权和选举权的股票

B. 具有优先认股权和新股转让权的股票

C. 能获得高额股利的股票

D. 在领取股息和取得资产方面优先的股票

10. 蓝筹股是指（　　）。

A. 拥有大量固定资产和闲置房地产的公司发行的股票

B. 规模庞大、经营良好、收益丰厚的大公司发行的股票

C. 一些前景看好的中小型公司发行的股票

D. 以往业绩表现良好的股票

11. 同业拆借市场是指（　　）。

A. 企业之间资金调剂的市场

B. 银行与企业之间资金调剂的市场

C. 金融机构之间资金调剂的市场

D. 中央银行与商业银行之间资金调剂的市场

12. 商业银行或其他金融机构以其持有的未到期汇票向中央银行所作的转让行为，称为（　　）。

A. 贴现　　B. 承兑

C. 转贴现　　D. 再贴现

13. 证券面向少数特定投资者的发行称为（　　）。

A. 私募发行　　B. 公募发行

C. 直接发行　　D. 间接发行

14. 在下述金融商品中，属于金融衍生品的有（　　）。

A. 股票

B. 金融互换

C. 期货

D. 国债

E. 远期合约

15. 债券的发行价格低于票面金额，这种发行称为（　　）。

A. 平价发行　　B. 溢价发行　　C. 折价发行

16. 股票发行市场与流通市场的关系为（　　）。

A. 发行市场是基础，是前提

B. 流通市场是基础，是前提

C. 没有发行市场就没有流通市场

D. 没有流通市场就没有发行市场

E. 流通市场对发行市场起促进、推动作用

**五、简答题**

1. 简述金融市场未来的发展趋势。
2. 股票与债券的联系和区别有哪些?
3. 简述同业拆借市场的特点。
4. 开放式基金与封闭式基金的主要区别是什么?
5. 确定债券的发行利率主要依据哪些因素?

**六、综合题**

1. 金融市场有哪些主要功能?
2. 既然效益好的企业可以向银行申请贷款，为什么还要发行债券筹资?
3. 美式期权和欧式期权的区别是什么?

# 第4章 金融机构

## ⊙学习目标⊙

- 了解金融机构的形成与类型；
- 掌握中央银行和专业银行的职能、性质和业务；
- 熟悉商业银行的职能、业务以及管理流程；
- 了解其他非银行金融机构的概念和作用。

## 第一节 金融机构概述

### 一、金融机构的定义及功能

金融体系包括金融机构、金融运行和金融监管三个部分，其中，金融机构是作为金融体系的骨骼和载体而存在的，它不仅是金融运行和金融监管的组织保证，还是金融体系的核心部分。

在金融市场里，参与者可以简单地概括为政府机构、金融机构、非金融机构和个体。其中，金融机构是金融市场的主要参与者。

狭义的金融机构仅指那些通过参与或服务金融市场交易而获取收益的金融企业；而广义的金融机构不仅包括所有从事金融活动的组织，还包括金融市场的监管者，如中央银行以及国际金融机构。本书采用的是广义的金融机构概念。

金融机构通常可以提供以下一种或几种金融服务：

（1）转换各种从市场上获得的金融资产，将其变成一种更受欢迎的不同的资产类型，它构成金融机构的负债；也可以运用金融工程的理念设计出新的金融产品，让投资者来购买。这是金融机构中最重要的功能——存储功能。

（2）代理客户进行金融资产交易。这涉及金融机构的经纪与交易功能，也就是经常提到的代客理财业务，金融机构通过提供这种服务来收取相关的手续费或服务费。

（3）协助客户开发金融资产，并将其销售给金融市场中的其他参与者。这项服务被称为承销功能，提供承销服务的金融机构一般也提供经纪或交易服务。例如证券公司可以承销上市公司的部分或全部股票的发行与买卖，并收取相应的管理费和交易费。

（4）为其他市场参与者提供投资建议，进行资产组合管理。这两项服务属于咨询和信托功能。金融机构可以向参与者提供投资和融资的建议和策略，帮助市场参与者管理金融资产或指导参与者重组、并购、上市等。

## 二、金融机构的类型

按照不同的标准，金融机构可划分为不同的类型。

按在金融体系中的职能作用及业务性质分，金融机构有中央银行与一般金融机构之分。中央银行处于一国金融机构体系的中心和主导环节，承担宏观金融调控、金融监管的重任，不以营利为目的；而一般金融机构则是商业化经营，通过向社会提供各种金融产品和服务取得收入，如商业银行、专业银行和其他金融机构等。

按主营业务特征及创造货币、创造交换媒介和支付手段的能力分，金融机构分为银行金融机构和非银行金融机构。银行金融机构一般以存款、放款、汇兑结算等传统银行业务为主要内容，如商业银行、中央银行和一些专业银行；非银行金融机构是一个庞杂的体系，它包括保险、证券、信托、租赁、投资等。投资银行虽然也被冠以银行的名字，但是一般并不经营存、放、汇业务，而是专注于证券以及资本市场的重组、并购等业务。

按照是否能够接受公众存款，可划分为存款性金融结构与非存款性金融机构。存款性金融机构主要通过存款形式向公众举债而获得其资金来源，如商业银行、储蓄机构和信用合作社等；非存款性金融机构则不得吸收公众的储蓄存款。

按照是否承担国家政策性融资业务，可划分为政策性金融机构和非政策性金融机构。政策性金融机构是指由政府投资创办、按照政府意图与计划从事金融活动的机构；非政策性金融机构则不承担国家的政策性投融资任务。

按照经营活动的领域分，金融机构有间接金融机构和直接金融机构。两者之间最明显的区别是：间接金融机构发行以自己为债务人的融资工具来筹集资金，然后又以各种资产业务分配这些资金；而直接金融机构在融资过程中一般不发行以自己为债务人的融资工具，只是协助筹资者将发行的融资工具销售给投资者，完成投资目标。商业银行是最典型的间接金融机构。

## 三、金融机构体系的组成

世界各国都根据本国的政治、经济、金融、社会等特点建设有自己特色的金融机构体系。在西方发达国家，金融机构体系大多是以中央银行为核心，以商业银行为主体，多种金融机构并存的格局。

### （一）中央银行

中央银行是商品信用经济发展到一定阶段的产物。中央银行也被称为货币当局，它是一个由政府组建的，负责控制国家货币供给、信贷条件，监管金融体系的机构。其特殊地位在于它是发行的银行、国家的银行和银行的银行。中央银行对内代表国家对整个金融体系实行领导和管理，维护金融体系的安全运行，实施宏观金融调控，是统领全国货币金融的最高机构；对外是一国货币主权的象征。

#### 1. 中央银行产生的客观经济基础

17 世纪后半期至 19 世纪前半期，伴随着资本主义工商业的快速发展，原有银行体系所出现的一系列问题直接催生了中央银行。

首先，为了保证各银行所发行的银行券能够及时兑现，要求有一家实力雄厚、具有权威的银行来发行一种能在全国范围内流通的货币。

其次，随着银行业务的扩大，不同银行之间的清算存在困难，需要一个统一、权威的票据交换和债权、债务的清算中心。

再次，当银行遭遇经营危机，面临挤提风险的时候需要一家权威机构来适当地集中各家银行的准备金，充当“最后贷款人”的角色。

最后，为了保证金融业的有序竞争，保证金融市场的健康、稳定，减少金融运行的风险，也需要一个由政府指定或组织的专门机构来对金融业以及金融活动加以监管。

此外，如果设立或指定一家银行作为中央银行，可以方便政府融资。

以上问题的一揽子解决直接导致了中央银行应运而生。

#### 2. 中央银行的产生途径

中央银行的产生途径有两种：一是从既有的商业银行中逐步演变产生，如英国的英格兰银行；二是目的明确地直接创设，如美国联邦储备系统。

#### 3. 中央银行的发展及制度类型

中央银行的发展经历了初创时期、逐步完善时期、作用逐步增强时期等不同的发展阶段。初创时期大约在 17 世纪后半期至 1843 年之间，该时期的中央银行尚未完全垄断货币发行权，中央银行的职能尚不完备，中央银行多属于私人股份银行或私人与政府合股银行。在逐步完善时期，中央银行逐步确立了发行的银行、银行的银行的地位。尤其是 1920 年布鲁塞尔国际金融会议决定，尚未建立中央银行的国家都应尽快成立中央银行，由此掀起了设立中央银行的高潮，中央银行制度也得到发展与完善。第二次世界大战以后，国家对经济的干预开始加强，中央银行成为政府干预经济的重要力量。中央银行的发展步入了作用逐步增强时期。

由于各个国家的社会制度、经济发展水平以及金融业发展程度不同，各国的中央银行制度有很大的差异。总的说来，中央银行制度存在以下几种类型，见图 4－1。

（1）单一的中央银行制度，即在一国范围内单独设立一家统一的中央银行，通过总分行制，集中行使金融管理权，多数西方国家采用这一制度。

（2）二元的中央银行制度，即在一国范围内建立中央和地方两级相对独立的中央银行机构，分别行使金融管理权，如美国、德国实行这一制度。

（3）跨国中央银行制度，即几个国家共同组成一个货币联盟，各成员国不设本国的中央银行，而由货币联盟执行中央银行职能，如西非经济货币联盟和欧盟的中央银行。

（4）准中央银行制度，即一个国家或地区只设类似中央银行的机构，或由政府授权某个或某几个商业银行行使部分中央银行职能，如新加坡、中国香港就是采用这一制度。

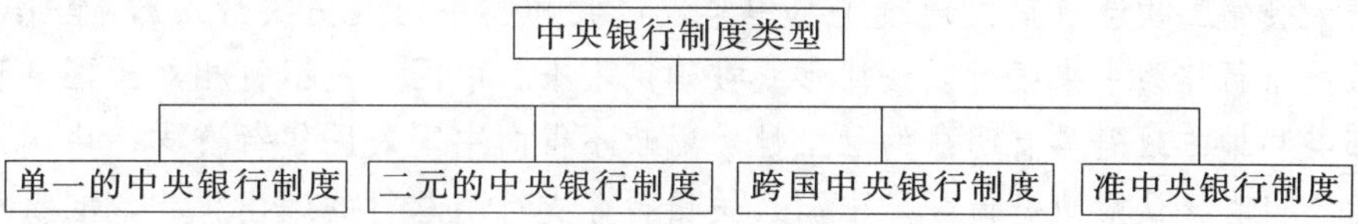


**图 4-1　中央银行制度的类型**

4. 中央银行的性质

中央银行是一个国家制定并组织执行货币政策、实施金融监管的专门机构。作为一个国家金融体系的中心和主导环节，它具有如下几个性质：

（1）地位的特殊性。尽管各国中央银行的名称不尽一致，但就其地位来说，中央银行都是居于一国金融体系中心地位的金融机构。

（2）业务的特殊性。它不经营一般商业银行的业务，不以营利为目的。它的存贷、结算业务不是为了谋求利润，而是为了维护货币流通和金融制度的稳定。它制定并组织执行货币政策、实施金融监管的出发点是为了维护社会公众利益和经济发展。

（3）管理的特殊性。中央银行虽然经过一国的政府授权，享有各种金融管辖权，但又与一般政府行政管理机关有所区别。

5. 中央银行的职能

由于世界各国社会历史状况、经济和政治制度、金融环境等的不同，中央银行行使其职能的程度也有所差异。一般而言，从中央银行业务活动的特征分析，中央银行有发行的银行、银行的银行和国家的银行三大职能。

（1）中央银行是发行的银行，即国家赋予中央银行集中与垄断货币发行的权力，它是国家唯一的货币发行机构。货币发行机构成为中央银行最本质的特征。中央银行正是因为垄断了货币发行权才相应有了其他一些职能。

（2）中央银行是银行的银行，即中央银行服务于商业银行和整个金融机构体系，履行维持金融稳定、促进金融业发展的职责。中央银行集中商业银行的存款准备并充当最后贷款人的角色，同时，中央银行是全国资金划拨与清算中心。

（3）中央银行是国家的银行，即中央银行是国家货币政策的执行者和干预经济的工具，代表国家执行金融政策，为一国政府提供金融服务，同时中央银行代表国家从事金融活动，实施金融监管。中央银行代理国库收支，担负向政府融资的任务，为政府保管国家黄金外汇储备。

☞**专栏** 4-1

**中国人民银行的历史沿革**

中国人民银行是中华人民共和国的中央银行，是在国务院领导下制定和实施货币政策、对金融业实施监督管理的宏观调控部门。它成立于1948年12月1日，由原华北银行、北海银行、西北农民银行合并而成，以华北银行为总行，地点设在河北省石家庄市。1983年9月，国务院决定由中国人民银行专门行使中央银行职能，不再兼办工商信贷和储蓄业务。1995年3月18日，第八届全国人民代表大会第三次会议审议通过了《中华人民共和国中国人民银行法》，至此，中国人民银行作为中央银行以法律形式被确定下来。中国人民银行相对于国务院其他部委和地方政府具有明显的独立性。财政不得向中国人民银行透支；中国人民银行不得直接认购政府债券。中国人民银行分支行是总行的派出机构，它执行全国统一的货币政策，依法对金融机构进行监管，其职责的履行不受地方政府干预。1998年，按照中央金融工作会议的部署，改革中国人民银行管理体制，撤销省级分行，设立跨省区分行，撤销北京分行和重庆分行，改由总行营业管理部履行所在地中央银行职责。同时，成立中国人民银行系统党委，对党的关系实行垂直领导，干部垂直管理。2003年，成立中国银行业监督管理委员会，逐步强化和完善了现代中央银行制度。2017年5月，中国人民银行金融科技委员会宣布成立，旨在加强金融科技工作的研究规划和统筹协调。

**（二）商业银行**

商业银行又称存款货币银行或者存款银行、普通银行。在西欧各国习惯上称为信贷银行，在日本则称为存款银行，国际货币基金组织将其称为存款货币银行。它是以经营个人和工商企业存、放款为主要业务，并为顾客提供办理汇兑结算等多种服务，以追求最大利润为其经营目标的信用机构或特殊企业。其中，商业银行通过办理转账结算来实现国民经济中的绝大部分货币周转，同时起着创造存款货币的作用。商业银行以其机构数量多、业务渗透面广以及资产总额比重大而成为金融机构体系中的骨干和主体，是其他金融机构所不能代替的。

1. 商业银行的产生

当货币兑换业从支付中介成为信用中介，银行就开始萌芽。从历史渊源来看，商业银行的发展遵循着英国融通短期资金的模式和德国综合银行模式逐步发展起来。1694年成立的英格兰银行是最早出现的股份制银行，它的出现标志着现代银行制度的建立。目前商业银行的业务已经渗透到社会生活的各个方面，商业银行成为国民经济不可缺少的金融机构。

2. 商业银行的形成途径

（1）从高利贷银行转变而来。随着资本主义生产关系的建立，高利贷银行面临贷款需求锐减的困境和关闭的威胁。为了自身的利益，高利贷顺势而动，降低利率，转变为商业银行。

（2）以股份制公司形式组建而成。最早建立的股份制银行是英格兰银行，它的建立标志着新兴的资本主义现代银行制度开始形成，也意味着高利贷银行在信用领域的垄断地位已被动摇。到18世纪末19世纪初，各资本主义国家都纷纷建立规模巨大的股份制银行，商业银行开始在世界范围内得到普及。

3. 商业银行的发展趋势

在信息技术飞速发展和金融自由化国际浪潮的推动下，商业银行正朝着以金融品牌为主导、以全面服务为内涵、以互联网为依托、以物理网络为基础的集中化、全能化、电子化、国际化、社会化的全能服务机构的方向发展。同时也面临着现代信息技术、多样化客户需求、金融风险控制、管理效率、人力资源等多方面的挑战，商业银行之间的同业竞争趋势也在不断强化。

☞专栏 4-2

**商业银行的发展趋势**

(1) 集中化。随着银行业的竞争加剧、金融业风险的提高，以及产业资本不断的集中，商业银行通过收购、兼并等手段实现规模扩张和业务多样化，打破了银行业与证券业、保险业等行业的传统界限，这种趋势又必然导致银行业向高度集中的方向发展，并且这一趋势也产生了“金融百货公司”的运营方式。

(2) 全能化。商业银行有全能型和职能分工型两种模式，20 世纪 80 年代以后，职能分工型银行开始逐渐向全能型转化。这是由于金融竞争十分激烈，金融工具不断创新，金融管理制度逐渐放松所导致的结果。

(3) 电子化。随着科技的发展，自动取款机、信用卡、24 小时无人银行、网上银行等纷纷出现。银行不断向电子化方向发展。

(4) 国际化。由于国际贸易和跨国公司的迅速发展，商业银行的国际业务也越来越多。另外，随着欧洲货币市场迅速发展，越来越多的商业银行把吸引国外资金当作重要的资金来源。总的说来，就是经济国际一体化导致金融国际一体化，银行业务越来越多地超越了国界，商业银行国际化成为必然趋势。

(5) 社会化。股权开放，很多商业银行为了扩大资本，降低风险，都已经成为上市公司。这样就使得商业银行的股权开放，使其资本社会化。

4. 商业银行的性质

商业银行是以追求最大利润为目标，以多种金融负债筹集资金，以多种金融资产为其经营对象，能利用负债进行信用创造，并向客户提供多功能、综合性服务的金融企业。商业银行是金融体系的重要组成部分，是追求盈利的经营企业，以吸收存款为主要资金来源。

商业银行的性质可具体概括为如下几项：

(1) 商业银行是企业，因此具有一般企业追求利润最大化的行为特征。

(2) 商业银行的业务较之于其他一般企业具有特殊性，因此对整个社会经济的影响以及所受社会经济的影响均远大于一般企业。

(3) 商业银行是特殊的银行。在经营性质和经营目标上，商业银行与中央银行和政策性金融机构不同。商业银行以营利为目的，在经营过程中讲求盈利性、安全性和流动性原则。商业银行与各类专业银行和非银行金融机构也不同。商业银行的业务范围广泛、功能齐全、综合性强。

5. 商业银行的职能

(1) 信用中介职能。这是商业银行最基本也最能反映其经营活动特征的职能。这一职能的实质是通过商业银行的负债业务，把社会上的各种闲散资金集中到银行，再通过商业银行的资产业务，投向社会经济各部门。商业银行作为货币资本的贷出者和借入者实现货币资本的融通。

(2) 支付中介职能。支付中介职能是指商业银行利用活期存款账户，为客户办理各种货币结算、货币收付、货币兑换和转业存款等货币经营业务的职能。

(3) 信用创造职能。信用创造职能是指商业银行利用其可以吸收各类活期存款的有利条件，通过发放贷款，转化为派生存款，从而扩大社会货币供应量。商业银行的信用创造职能是在信用中介职能与支付中介职能的基础上产生的，它是商业银行的特殊职能。当然，此种货币不是现金货币，而是存款货币，它只是一种账面上的流通工具和支付手段。

(4) 金融服务职能。商业银行可以利用其在国民经济活动中的特殊地位，以及在提供信用中介和支付中介业务过程中所获得的大量信息，运用电子计算机等先进手段，为客户提供多种金融服务。

(5) 调节经济和信息中介职能。调节经济的职能是指商业银行通过其信用中介活动，调节社会各部门的资金余缺，同时在中央银行货币政策的指引下，在国家其他宏观政策的影响下，实现调节经济结构，调节投资与消费比例关系，引导资金流向，实现产业结构调整，发挥消费对生产的引导作用的功能。此外，商业银行还可以通过在国际市场上的融资活动来调节本国的国际收支变化。信息中介职能是指商业银行通过其所具有的规模经济和信息优势，能够有效解决经济金融生活中由于信息不对称导致的逆向选择[①]和道德风险问题。

### (三) 专业银行

专业银行是指从事专门范围内业务经营和提供专门性金融服务的银行。它是指那些由政府创立、参股或保证，不以营利为目的，专门为贯彻、配合政府的社会经济政策或意图，在特定的业务领域内，直接或间接地从事政策性融资活动的机构。

☞**专栏 4-3**

**日本政策性金融机构的作用**

(1) 日本政策性金融机构可以快速而有力地推动国家基础产业的建设。1955年以后，以民间设备投资为中心，出现了持续的经济高速增长。与此同时，由于没有对公路、港口、铁路等运输设施和用水、用地等产业基础设施进行相应的扩充，社会基础设施的不足已成为日本经济增长的障碍。通过政策性金融机构对其

① 逆向选择是指在交易之前发生的信息不对称问题，它是指那些最有可能不归还贷款的人最尽力争取贷款，并且最有可能获得贷款。

贷款，产业基础设施得到改善，为经济各部门的顺利发展创造了良好的条件，保证了日本经济持续20年之久的高速增长。

(2) 日本政策性金融机构发挥了对民间金融机构的引导和协调作用。民间金融机构的贷款一般倾向于经营状况良好、风险较小的企业。而对于一些发展前景尚不明朗的基础产业、重点产业、新兴产业，民间金融机构在投资决策时，往往会犹豫不决，不敢贸然行事。政策性金融机构对这些部门的投资，体现了政府对这些部门的扶植意向，同时也反映了经济计划的长远目标。因此，一般为政策性金融机构所重视的产业，民间金融机构也会表现出很大的热情。当民间金融机构对某些产业的投资达到一定规模时，政策性金融机构就可以及时地减少其贷款额，转而扶植其他行业。这样就起到了引导民间金融机构贷款方向，稳定民间金融机构短期融资的作用。

(3) 积极配合产业政策的实施，推动产业结构的转换。二战后至20世纪70年代初，日本产业政策的目标是赶超欧美发达国家，实现产业结构的重化学工业化，为此，政策性金融机构积极配合产业政策，引导民间金融机构和企业大力开展以重化学工业化产业为主的投资结构，实现了产业结构的顺利转换。

专业银行是金融运行体系重要的组成部分。专业银行一般都有其特定的客户，其业务活动方式有别于或部分有别于商业银行的存、放、汇业务活动方式，所以它具有专门性、政策性、行政性等特征。

1. 专业银行的性质

专业银行与商业银行之间存在一定的共性，例如偿还性等，但与商业银行相比，专业银行有如下鲜明特征：首先，专业银行的资金一般来源于政府，或是政府财政拨款，或是政府参股与其他金融机构共同设立；其次，不以营利为目的；再次，具有特定的服务领域；最后，一般不设立分支机构。

2. 专业银行的职能

专业银行和商业银行一样，具有中介职能。专业银行的中介职能表现为通过负债业务吸收资金，进而通过资产业务把资金投放到规定的项目上。所不同的是政策性银行一般不接受社会的活期存款，其资金来源多为政府资金或在金融市场上筹集的资金。但是它又具有其他金融机构所不具有的特殊职能，如专业银行的贷款具有明显的政策导向性。

3. 专业银行的类型

(1) 农业银行。农业银行并不是一个通用的专门名称，它泛指向农业提供信贷的一类银行。农业受自然因素影响大，对资金的需求有强烈的季节性；农村的地域广阔，农户分散，资本数额需求小，时间长；融资者的利息负担能力低；抵押品大多无法集中，管理困难，有不少贷款只能凭借个人信誉。因此商业银行和其他金融机构都不愿意做这方面的业务。为此，国家专设了以支持农业发展为主要职责的银行。农业银行的资金来源，有的完全由政府拨款，有的则靠发行各种债券或股票，也有以吸收客户的存款和储蓄来筹集资金的。近年来，不少农业银行的业务范围逐渐超出了单纯农业信贷业务的界限。

(2) 储蓄银行。储蓄银行是办理居民储蓄并以吸收储蓄存款为主要资金来源的银行。

与西方国家不同的是，中国大多数的银行都经营储蓄业务；而西方国家的储蓄银行则大多是专门设立的、独立的，对储蓄银行也大多有专门的管理法规。储蓄银行的名称在各个国家都有所差异，有的是私营的，有的是公营的。储蓄银行汇集起来的储蓄存款余额较为稳定，主要用于长期投资，如发放不动产抵押贷款等。

（3）进出口银行。进出口银行是指专门为对外贸易提供结算、信贷等国际金融服务，支持本国对外贸易的专业银行。这类银行一般来说都是官方或者半官方的金融机构。另外创建进出口银行的宗旨是促进本国进出口贸易，特别是大型机电设备的出口贸易。这类银行在经营原则、贷款利率等方面都带有很浓的政策色彩。

（4）开发银行。开发银行是指专门为社会经济发展中的开发性投资提供中长期贷款的银行。开发性投资具有投资量大、见效慢、周期长、风险大等特点，一般商业银行不愿意承担。由于开发银行多为政府主办，不以营利为目的，所以往往由开发银行承担开发型投资项目。

（5）住房信贷银行。住房信贷银行是指专门为居民购买住房提供金融服务的金融机构，美国称之为住房信贷体系，日本称之为住宅金融库，英国称之为住房协会。其资金来源主要是协会会员交纳的股金和吸收的存款。

（6）投资银行。投资银行就是投资性金融中介，是专门为工商企业提供证券投融资服务和办理长期信贷业务的银行。资金来源主要是依靠发行自己的股票和债券而不是吸收存款，尽管有的国家允许投资银行接受大额定期存款。除了传统的证券承销和融资业务以外，现代的投资银行业务涵盖了证券经纪、证券交易、投资管理、收购兼并、财务顾问、金融创新、衍生工具、项目融资、杠杆租赁等广泛的领域。投资银行是美国和欧洲大陆的通用名称，在英国被称为商人银行，在法国被称为实业银行，在日本则被称为证券公司。

（7）不动产抵押银行。不动产抵押银行是专门经营以土地、房屋及其他不动产为抵押的长期贷款的专业银行，其资金主要不是靠吸收存款而是靠发行不动产抵押证券来筹集。贷款业务大体可分为两类：一类是以土地为抵押的长期贷款；另一类是以城市不动产为抵押的长期贷款。

概括起来，常见的专业银行的种类如图 4－2 所示。

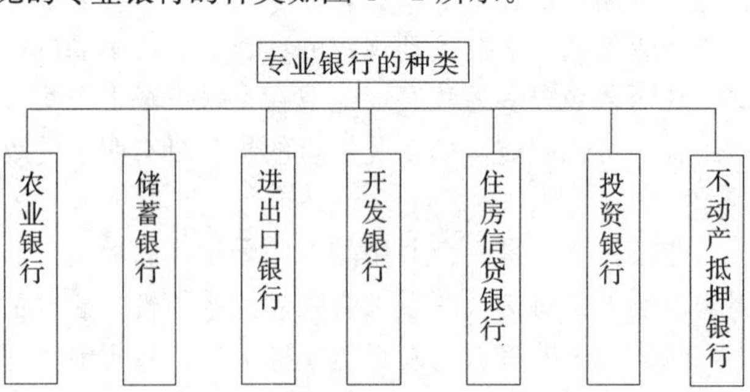


**图 4－2　专业银行的主要类型**

## （四）非银行金融机构

### 1. 金融公司

金融公司在西方国家是一类极其重要的金融机构。资金的筹集主要靠在货币市场上发行商业票据，在资本市场上发行股票、债券；也从银行借款，但比重比较小。汇聚的资金用于贷放给购买耐用消费品、修缮房屋的消费者以及小企业。一些金融公司由其母公司组建，目的是帮助销售自己的产品。比如，福特汽车公司组建的福特汽车信贷有限责任公司就是向购买福特汽车的消费者提供消费信贷。

2. 保险公司

保险公司是世界各国最重要的非银行金融机构，它是取得保险费，建立保险基金，对发生保险事故进行经济补偿的金融机构；保险公司同时也是契约性储蓄机构和金融投资机构。保险公司在发展中不仅要收取保险费进行补偿，而且还要进行自身经营。保险公司所筹集的资金，除保留一部分以应付赔偿所需外，其余部分主要投向具有稳定收入的政府债券、企业债券和股票，以及发放不动产抵押贷款、保单贷款等。保险公司也因所设立的保险种类而形式多样。以美国为例，保险公司分为两大类：人寿保险公司和财产-意外险公司。

3. 退休、养老基金

退休、养老基金是指以定期收取退休或养老储蓄金的方式向退休者提供退休收入或年金的金融机构。这类机构与保险公司一样，同属契约性储蓄机构，通常由雇主或雇员按期缴付工资的一定比例，受益人退休后可一次性取得或按月支取退休养老金。退休、养老基金的基本来源有：一是企业缴纳的基本养老保险费，按企业职工工资总额和当地政府规定的比例在税前提取。二是个人缴纳的基本养老保险费。三是国家财政补贴。企业缴费于税前提取也体现了国家补贴。

4. 投资基金

投资基金又称共同基金、单位信托基金或证券投资基金，它是指投资者提供资金，委托专业的投资机构代为管理，投资机构发给投资者受益凭证或者股份，投资机构将资金投资于股票、证券或者投资于生产经营项目，投资者按受益凭证分享利润，同时承担风险。

5. 信用合作社

信用合作社是在西方国家普遍存在的一种互助合作性金融组织。这类金融机构的资金大都来源于合作社成员缴纳的股金和吸收的存款；资金主要用于解决其成员的资金需要。起初，信用合作社主要发放短期生产贷款和消费贷款。现在，一些资金充裕的信用合作社已开始为生产设备更新、改进技术等提供中长期贷款，并逐渐采取以不动产或有价证券为抵押的贷款方式。

6. 邮政储蓄机构

邮政储蓄机构即利用邮政机构网点设立的非银行金融机构，主要经营小额存款，其吸收的存款一般不用提缴准备金，其资金运用一般是存入中央银行或购买政府债券。邮政储蓄机构于1861年首创于英国。近年来，邮政储蓄机构正在朝着两个方向发展：一类是逐步回归到商业银行性质；另一类是在政府支持下，变成一种公用事业，为社会提供各种服务，便利人民的生活。

7. 外资与合资金融机构

外资金融机构是指国境内由外国投资者开设的银行、保险公司和证券公司等金融机构。合资金融机构是指外国资本与本国资本联合投资开设的银行和非银行金融机构。各国一般都将这类金融机构纳入本国金融机构体系内，并受本国金融当局的管理和监督。

我国的金融机构体系具体见图 4－3。

- 中国的金融机构体系
  - 中国人民银行
    - 总行——北京
    - 分行
      - 沈阳
      - 天津
      - 济南
      - 上海
      - 西安
      - 武汉
      - 成都
      - 广州
      - 南京
  - 商业银行
    - 中国工商银行
    - 中国银行
    - 中国建设银行
    - 中国农业银行
    - 城市商业银行
    - 交通银行
    - 外资银行
    - 其他
  - 政策性银行
    - 国家开发银行
    - 进出口银行
    - 农业发展银行
  - 非银行金融机构
    - 金融公司
    - 保险公司
    - 退休、养老基金
    - 投资基金
    - 信用合作社
    - 邮政储蓄机构
    - 外资与合资金融机构
    - 其他

**图 4－3　中国的金融机构体系**

**☞专栏 4－4**

## 美国的金融机构体系

美国的金融机构体系主要包括以下几个方面：

1. 联邦储备系统（中央银行体系）

美国的联邦储备系统是根据 1913 年《联邦储备法》建立的，该系统由三级金融机构组成：

(1) 联邦储备委员会。它是联邦储备系统的最高决策机构，有权独立制定和执行货币政策。联邦储备委员会由7名理事组成。在联邦这一级的机构中，美国还设有美联储公开市场委员会，其构成是联邦储备委员会的7名理事加上5名各区的联邦储备银行行长（由12家联邦储备银行行长轮流担任，其中纽约联邦储备银行行长为常任成员）共12人组成，它是联邦储备系统中负责进行公开市场买卖证券业务的最高决策机构。此外，它还设有顾问委员会。

(2) 联邦储备银行。美国将全国划分为12个联邦储备区，在每一个储备区内设立一家联邦储备银行作为该储备区的中央银行。

(3) 会员银行。根据1913年《联邦储备法》的规定，所有向联邦政府注册的商业银行（即国民银行）必须参加美国联邦储备系统。向州政府注册的州银行可自由选择是否加入联邦储备系统。

2. 商业银行

美国的商业银行可分为两大类：第一类就是国民银行，即根据1863年《国民银行法》向联邦政府注册的商业银行，一般而言这类银行都是规模较大、资金实力雄厚的银行；第二类是根据各州的银行立法向各州政府注册的商业银行，一般称之为州立银行，这类银行一般规模不大。

3. 商业银行以外的为私人服务的金融机构

这类金融机构主要是指储蓄信贷机构，它们主要通过吸收长期性储蓄存款来获取资金，并将其运用于较长期的私人住宅抵押贷款上。具体而言，这类金融机构包括储蓄贷款协会、互助储蓄银行、信用合作社及人寿保险公司。

4. 商业银行以外的为企业服务的金融机构

这类金融机构主要有销售金融公司、商业金融公司、投资银行、商业票据所、证券经纪人、证券交易所和信托机构等。其中，销售金融公司主要是对消费者、批发商和零售商发放贷款。商业金融公司则是按一定的折扣购买企业的应收账款。投资银行主要是包销公司及政府证券。商业票据所负责推销企业的短期证券。证券交易所主要是为证券在二级市场上的交易流通提供一个场所。

5. 其他金融机构

其他金融机构主要是指养老基金和货币市场基金。其中，养老基金的资产主要是公司股票。而货币市场基金则将小额储蓄者与投资者的资金汇集起来在货币市场上购买各种收益较高的金融资产，如国库券、大额可转让定期存单等，以获取较高的收益，然后将盈利按一定的比例分配给基金入股者。

6. 政府专业信贷机构

美国的政府专业信贷机构主要有两大类：一类是向住宅购买者提供信贷的机构；一类是向农民和小企业提供信贷的机构。具体而言有：

(1) 住宅及城市开发部。它成立于1965年，主要是通过其所监督的下列三个机构向住宅购买者提供资金：联邦住宅管理局、联邦国民抵押贷款协会和政府国民抵押贷款协会。这些机构不直接发放贷款，而是通过二级市场购买其他专业金融机构发放的住宅抵押贷款。

(2) 农业信贷机构。农业信贷管理局负责监督与协调以下三个为农民提供信贷的银行系统：12 家联邦土地银行、12 家合作社银行及其中央银行、12 家联邦中期信贷银行。美国现在的农业金融机构已构成农业信贷银行基金。1987 年又成立了联邦农业抵押贷款公司。

(3) 小企业信贷。根据 1958 年《小企业投资法》建立了一笔 2.5 亿美元的基金，以资助小企业投资公司，促进它们对小企业进行融资。

此外，美国还建立了美国进出口银行，主要为美国对外贸易提供资金。

美国金融机构体系具有如下特点：

(1) 商业银行的双轨注册制度。美国商业银行可以任意选择是向联邦政府还是向州政府注册。其中，向前者注册的就称为国民银行，向后者注册的就称为州立银行。

(2) 独特的单一银行制度。美国的国民银行不得跨州设立分支行。大约有1/3的州允许州立银行在其境内设立分支机构；有 1/3 的州只允许州立银行在其所在的州内设立分支银行；其余 1/3 的州根本不允许银行设立分支银行。这一单一银行制度在各国金融业中是独具特色的。

(3) 银行持股公司的大量存在。银行持股公司是指控制一家或两家以上银行的公司。银行持股公司的出现主要是为了克服美国不允许开设分支行的规定所造成的不利影响。

(4) 金融监管机构的多元化。美国对银行与金融机构的监管是通过很多机构来进行的。对银行的监管机构就有三个：货币监理署（专门负责国民银行的立案注册并对它们进行监管）、联邦储备系统（主要是对州立会员银行及银行持股公司进行监管）和联邦存款保险公司（对参加存款保险制度的银行进行监管）。1989 年以后又将对银行存款保险的监管职责转交给银行保险基金。此外，州立银行主要受各州银行监理官的监管，银行在从事证券交易过程中还要受证券交易委员会的管理。在银行系统之外，在住宅抵押贷款与农业贷款上还存在与联邦储备系统相似的两个平行的系统，它们各自有本系统内的最高监管机构。

## 四、国际性的金融机构

### （一）国际货币基金组织

国际货币基金组织是根据 1944 年 7 月联合国货币金融会议通过的《国际货币基金协定》建立的政府间的国际金融机构，1945 年 12 月设立，1947 年 11 月成为联合国的专门机构。

国际货币基金组织的宗旨是：

(1) 就国际货币问题进行磋商与协作，促进国际货币领域的合作。

(2) 促进国际贸易的扩大和平衡发展，从而有助于提高和保持高水平的就业和实际收入以及各成员生产性资源的开发，并以此作为经济政策的首要目标。

(3) 促进汇率的稳定，保持成员之间有秩序的汇率安排，避免竞争性通货贬值。

（4）协助在成员之间建立经常性交易的多边支付体系，取消阻碍国际贸易发展的外汇限制。

（5）在具有充分保障的前提下，向成员提供暂时性普通资金，以增强其信心，使其能有机会在无须采取有损成员自身和国际繁荣的措施的情况下，纠正国际收支平衡。

（6）根据上述宗旨，缩短成员国际收支失衡的时间，减轻失衡的程度。

### （二）世界银行

1944 年 12 月，根据布雷顿森林会议通过的《国际复兴开发银行协定》，建立了国际复兴开发银行，简称世界银行。后来陆续建立了国际开发协会、国际金融公司、多边投资担保机构和解决投资纠纷国际中心等附属机构。

世界银行的宗旨是：

（1）对用于生产目的的投资提供便利，以协助成员的复兴与开发；鼓励较不发达国家生产与资源的开发。

（2）利用担保或参加私人贷款及其他私人投资的方式，促进私人对外投资。当成员不能在合理条件下获得私人资本时，可运用该行自有资本或筹集的资金来补充私人投资的不足。

（3）用鼓励国际投资以开发成员生产资源的方法，促进国际贸易的长期平衡发展，并维持国际收支的平衡。

（4）在贷款、担保或组织其他渠道的资金中，保证重要项目或在时间上紧迫的项目，不管大小都能优先安排。

（5）在业务中适当照顾各成员内部工商业，使其免受外部投资的影响。

### （三）国际清算银行

国际清算银行是一家办理中央银行业务的金融机构，它成立于 1930 年 2 月，并于同年 5 月正式开业。国际清算银行由摩根银行、纽约和芝加哥的花旗银行组成的银行团，与英、法、意、德、比、日 6 国的中央银行共同投资设立，行址在瑞士巴塞尔。

该行的宗旨是促进各国中央银行之间的合作；为国际金融活动提供更多的便利；在国际金融清算中充当受托人或代理人。它是各国“中央银行的银行”，向各国中央银行并通过中央银行向整个国际金融体系提供一系列高度专业化的服务，办理多种国际清算业务。

### （四）区域性金融机构

#### 1. 亚洲开发银行

亚洲开发银行（Asian Development Bank）是面向亚太地区的区域性政府间的金融开发机构。它于 1966 年建立，总部设在菲律宾首都马尼拉。亚洲开发银行的宗旨是向其成员国或地区成员提供贷款和技术援助，帮助协调成员国或地区成员在经济、贸易和发展方面的政策，同联合国及其专门机构进行合作，以促进亚太地区的经济发展。

#### 2. 加勒比开发银行

1969 年 10 月 18 日，16 个加勒比国家和 2 个非本地区成员在牙买加金斯敦签署协议，成立加勒比开发银行（Caribbean Development Bank），总部设在西印度群岛的巴巴多斯首都布里奇敦。该行的宗旨是促进加勒比地区成员经济的协调增长和发展，推进经济合作及本地区的经济一体化，为本地区发展中国家提供贷款援助。

3. 泛美开发银行

泛美开发银行（Inter-American Development Bank）是以美国和拉美国家为主，联合一些西方国家建成的区域性国际金融机构，成立于1959年。其宗旨是动员美洲内外资金，为拉美成员国经济和社会发展提供项目贷款和技术援助，以促进拉美经济的发展和泛美体系的实现。

4. 非洲开发银行

1964年，非洲开发银行（African Development Bank）正式成立，总部在科特迪瓦首都阿比让。其宗旨是通过提供投资、贷款和利用非洲大陆的人才和资源，促进成员国经济发展和进步；优先向有利于地区经济合作和扩大成员国间贸易的项目提供资金和技术援助；帮助研究、制定、协调和执行非洲各国的经济发展计划，以便实现非洲经济一体化。

5. 欧洲复兴开发银行

欧洲复兴开发银行（European Bank for Reconstruction and Development）于1991年4月14日正式开业，总部设在伦敦。建立欧洲复兴开发银行的设想是由法国前总统密特朗于1989年10月首先提出来的。欧盟委员会（前欧洲共同体委员会）、欧洲投资银行和39个国家在该银行中拥有股权。最大股份拥有者是美国，占10%；其次是法国、德国、意大利、日本和英国各占8.5%，欧洲复兴开发银行的宗旨是在考虑加强民主、尊重人权、保护环境等因素下，帮助和支持东欧、中欧国家向市场经济转化，以调动上述国家中个人及企业的积极性，促使它们向民主政体和市场经济过渡。

6. 亚洲基础设施投资银行

亚洲基础设施投资银行（Asian Infrastructure Investment Bank）是一个政府间性质的亚洲区域多边开发机构。重点支持基础设施建设，成立宗旨是为了促进亚洲区域的建设互联互通化和经济一体化的进程，并且加强中国及其他亚洲国家和地区的合作，是首个由中国倡议设立的多边金融机构，总部设在北京。

## 第二节　中央银行

中央银行的主要业务包括负债业务、资产业务、清算业务和金融统计业务，它们是中央银行职能的具体体现。

### 一、中央银行的负债业务

中央银行的负债是指政府、金融机构、社会公众等持有的对中央银行的债权。中央银行的负债业务主要包括货币发行业务、准备金存款业务、其他存款业务和其他负债业务。

1. 货币发行业务

货币发行是中央银行作为国家政府的代表向社会提供流通手段和支付手段（见图4-4），是中央银行对货币持有人的一种负债，构成了中央银行最重要的负债业务。其性质可分为经济发行和财政发行。中国人民银行的发行库和专业银行的业务库共同组成货币发行机构。人民币的发行业务通过发行库和业务库之间的调拨往来进行。

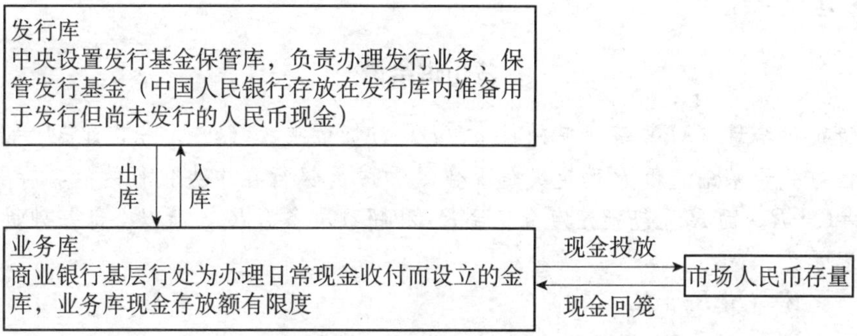


**图 4-4　货币发行流通图**

现金是中国人民银行依法发行的流通中的人民币，是货币的一部分，控制现金发行对于控制通货膨胀具有重要作用，其中，现金投放的主要渠道有提取存款、工资性现金支出、行政企事业管理费现金支出和农副产品收购现金支出；现金回笼的主要渠道有存款、商品销售收入、服务事业现金收入和税收收入。

2. 准备金存款业务

这是中央银行存款业务中最主要的业务，也是中央银行资金的重要来源。准备金存款由两部分组成：一部分是法定准备金存款，即商业银行按照法律规定将吸收存款的一定比率上存中央银行；另一部分为超额准备金存款，即商业银行在中央银行的存款超过法定准备金的部分。

通过调整存款准备金率可以调节和控制金融机构的信用创造能力和贷款规模，控制货币供给量，从而达到宏观调控所需要的效果。当宏观经济过热或者流动性过剩，社会的闲散资金比较多时，可以利用准备金存款业务的开展来收缩货币供给量，使资金回笼，从而使整个经济冷却下来，缓解流动性过剩以及股市或者房地产等行业的经济泡沫的产生。另外，准备金存款业务可以防止由于个别银行的支付能力削弱而导致的存款人集中、大量挤提存款直至造成整个金融行业出现系统性风险的事情发生，从而保证整个金融业的稳定。

3. 其他存款业务

其他存款业务包括政府存款、其他金融机构存款、外国存款、特定机构和私人部门存款、特种存款。中央政府存款是政府存款中最重要的，在政府存款中，有的国家还可能包括各级地方政府的存款以及政府相关部门的存款。

4. 其他负债业务

中央银行的其他负债业务包括发行中央银行债券、对外负债和资本业务等。其中，发行中央银行债券是中央银行的主动负债业务，具有可控性、抗干扰性和预防性。当金融机构的超额准备金过多，而中央银行又不便采用其他货币政策工具进行调节时，可以通过向金融机构发行中央银行债券回笼资金，减少流通中的货币。另外，在公开市场规模有限、难以大量吞吐货币的国家，发行中央银行债券可以作为公开市场业务操作的工具。

☞专栏 4-5

**货币供给量**

货币供给量（$M_s$）等于基础货币（$B$）与货币乘数（$k$）之积，即 $M_s=Bk$。

西方关于基础货币 $B$ 的定义是现金 $C$ 和成员银行在中央银行的储备存款 $R$，即 $B=C+R$。而 $R$ 又包括法定准备金 $R_d$ 和超额准备金 $R_e$。所以全部基础货币方程式表示为：

$$B=C+R_d+R_e$$

经典的货币乘数公式为：$k=\frac{r_c+1}{r_d+r_c+r_e}$。其中，$r_d$、$r_e$、$r_c$ 分别表示法定准备金率、超额准备金率和现金占存款的比率。

货币学派著名的交易方程式为：$MV=PY$。其中，$M$ 为货币供给量；$V$ 为货币流通速度；$P$ 为价格水平；$Y$ 为总产品。

## 二、中央银行的资产业务

中央银行的资产业务是中央银行运用货币资金的业务，是调控信用规模和货币供给量的主要手段。它主要包括贷款业务、再贴现业务、公开市场业务和经营国际储备业务。

1. 贷款业务

中央银行的贷款业务主要包括两种：

（1）对商业银行贷款。这种贷款称为再贷款，是中央银行贷款的最主要渠道。它是中央银行为了解决商业银行在信贷业务中发生临时性资金周转困难而发放的贷款，是中央银行作为“银行的银行”职责的具体表现。在国外，再贷款多为有政府债券或商业票据为担保的抵押放款。中央银行通常定期公布贷款利率，商业银行提出申请后，由中央银行对其数量、期限用途和申请者资信进行审查。一般来说，中央银行贷款都是短期的，采取的形式大多是以政府债券或商业票据为担保的抵押贷款。

（2）对政府贷款。这种贷款是在政府财政收支出现失衡时，中央银行提供贷款支持的应急措施，多为短期的信用放款。一般可以通过直接提供贷款和买入政府债券两条渠道进行。

2. 再贴现业务

中央银行的再贴现业务是指商业银行以未到期的商业票据向中央银行申请贴现取得融资的业务。中央银行运用再贴现执行最后贷款人的职能。其业务流程如下：（1）确定再贴现对象，因为很多国家只对在中央银行开设账户的商业银行进行贴现；（2）中央银行在收到申请后审查票据的合法性和申请者资金运作情况，确定是否符合条件；（3）按照再贴现率计算再贴现金额；（4）中央银行支付再贴现金额；（5）中央银行通过票据交换收回再贴现款。

3. 公开市场业务

通过公开市场买卖证券是中央银行重要的资产业务。中央银行买卖证券的目的不是为了营利，而是为了调节和控制社会货币供给量，以影响整个宏观经济。当市场需要扩张时，中央银行即在公开市场买入证券，以增加社会的货币供给量，刺激生产；反之，则卖出证券，以减少社会的货币供给量，抑制生产。其业务流程如下：(1) 判断未来一段时期货币的供需状况；(2) 确定买卖证券的方式和交易品种，主要包括回购交易、现券交易和发行中央银行票据，其中回购交易分为正回购和逆回购两种；(3) 确定证券的类型，一般为政府债券、国库券等流动性较高的资产；(4) 在二级市场进行证券买卖。

4. 经营国际储备业务

国际储备是指各国政府委托本国中央银行持有的国际广泛接受的各种形式资产的总称。目前国际储备主要由外汇、黄金组成，其中外汇储备是最重要的部分。中央银行经营国际储备是中央银行作为国家的银行这一功能的又一表现。它能起到弥补国际收支逆差、干预外汇市场、维持汇率稳定、增强国际信誉度、增强本国货币国际信誉的作用。

## 三、中央银行的清算业务和金融统计业务

中央银行的清算业务又称中间业务，即中央银行为各金融机构之间因经营活动而发生的资金往来和债权债务进行清算。它主要有以下内容：

1. 组织票据交换

工商企业、事业单位及消费者在用票据进行债权债务清偿和支付时，要通过开户银行的转账结算系统实现资金收付。图 4-5 展示了票据交换过程。

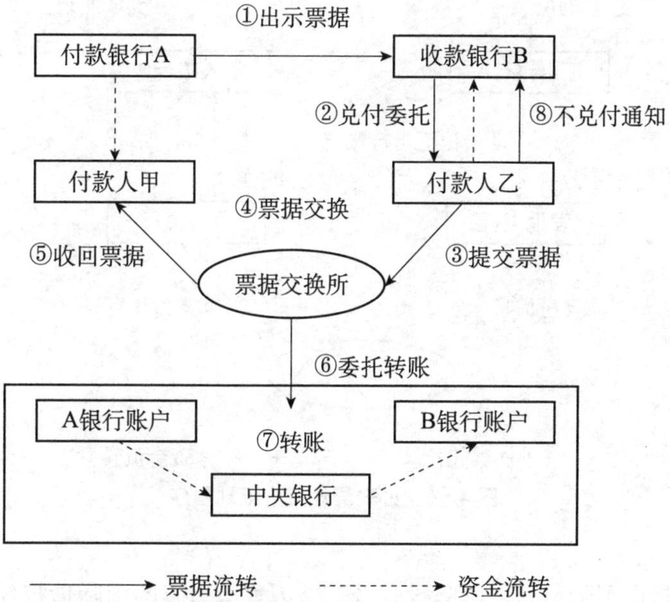


**图 4-5 票据交换过程**

随着中央银行制度的建立和发展，票据清算所已成为中央银行业务中的重要机构，集中办理票据交换就成为中央银行的清算业务之一。票据交换是指将同一城市中各银行间收付的票据进行当日的交换。参加交换的各银行每日在规定时间内，在交换场所将当日收进

的以其他银行为付款行的票据进行交换，这种票据交换的清算一般由中央银行组织管理，集中办理交换业务，结出各机构收付相抵后的差额，其差额通过各商业银行在中央银行的存款账户进行划转清算。同城票据交换分为系统内银行同城票据交换和跨系统银行同城票据交换，系统内银行同城票据交换由同城商业银行的主管行牵头进行，跨系统银行同城票据交换根据各商业银行机构设置和在央行开立存款账户的情况来采取票据交换。

交换银行应承担的义务有：

（1）向中央银行交存交换保证金；

（2）在中央银行开立往来存款账户；

（3）指派合格的交换员；

（4）承担相应费用。

2. 办理异地资金汇划

这种跨地区的资金汇划必须由中央银行统一办理。一般有两种方法：一是先由各金融机构内部组成联行系统，最后各金融机构的清算中心通过中央银行办理转账结算；二是将异地票据统一集中传至中央银行总行办理轧差头寸的划转。通过中央银行办理异地资金汇划减少了各行运送现款的麻烦，加速了资金周转。同时中央银行还通过此业务了解各金融机构的资金运营情况，从而有利于中央银行对金融机构进行及时有效的监管。图 4－6 展示了办理异地资金汇划程序。

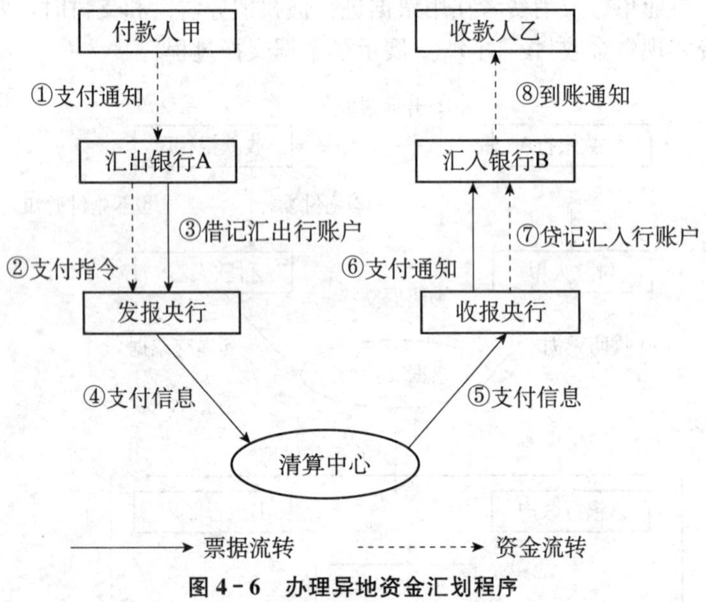


**图 4－6　办理异地资金汇划程序**

3. 跨国清算

跨国清算是指由国际贸易、国际投资及其他因素所引起的国际债权债务，借助一定的结算工具和支付系统进行清算，实现资金跨国转移的行为。跨国清算通常是通过各国的指定银行分别向本国的中央银行办理。由两国中央银行集中两国之间的债权债务直接加以抵销，完成清算工作（见图 4－7）。

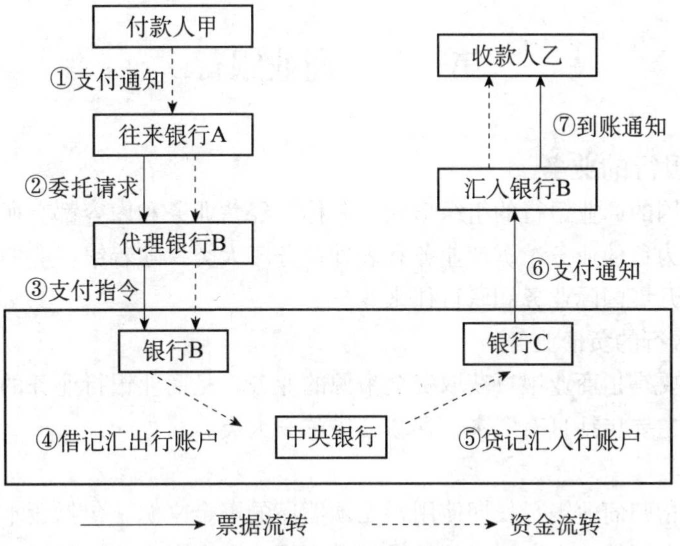


**图 4-7　跨国银行清算的运作流程**

4. 金融统计业务

金融统计业务是指按照规定的统计制度，根据统计的一般原理，运用科学的统计方法，对金融活动现象的数量信息进行搜集、整理、分析，从而得出结论，为经济和金融决策提供依据及政策建议的过程。金融统计对象具体包括金融机构、金融业务和金融市场。

现将中央银行具体业务归纳于图 4-8 中。

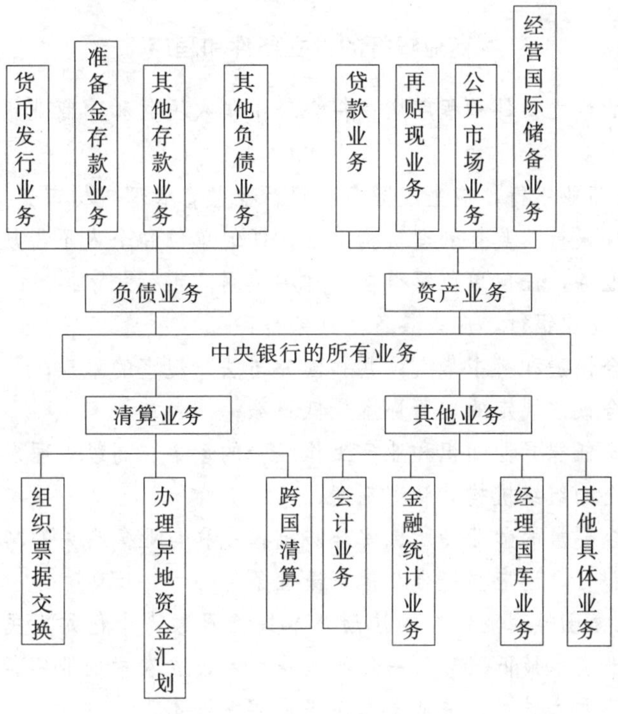


**图 4-8　中央银行具体业务示意图**

# 第三节　商业银行

## 一、商业银行的业务

虽然世界各国的商业银行的组织形式、名称、经营业务和内容都有所差异，但其主要业务大致可以分为负债业务、资产业务和表外业务三大类。随着银行业的全球化与飞速发展，商业银行也开展国际业务和联行往来业务。

### （一）商业银行的负债业务

负债业务主要是指商业银行获取资金来源的业务，是商业银行业务的基础。商业银行广义的负债业务主要包括自有资本、存款、借款三大类。

1. 自有资本

自有资本是指归商业银行长期使用，无须偿还的资金来源，包括股本金、盈余、债务资本、其他资金来源等。由于银行的组成方式不同，自有资本可能是国家投资，也可能是个人资本、合伙资金，或者是发行股票筹集的资本。自有资本是银行开业的前提条件之一，银行在动员别人的资金之前，必须先筹足自有资金。自有资本除以上项目外，还有银行在开业以后提取的公积金以及未分配的利润。

☞专栏 4-6

**商业银行的设立条件和程序**

商业银行的设立条件和程序应该符合《中华人民共和国商业银行法》的有关规定，具体如下：

（一）设立商业银行，应当经国务院银行业监督管理机构审查批准。

未经国务院银行业监督管理机构批准，任何单位和个人不得从事吸收公众存款等商业银行业务，任何单位不得在名称中使用“银行”字样。

（二）设立商业银行，应当具备下列条件：

（1）有符合该法和《中华人民共和国公司法》规定的章程；

（2）有符合该法规定的注册资本最低限额；

（3）有具备任职专业知识和业务工作经验的董事、高级管理人员；

（4）有健全的组织机构和管理制度；

（5）有符合要求的营业场所、安全防范措施和与业务有关的其他设施。

设立商业银行，还应当符合其他审慎性条件。

（三）设立全国性商业银行的注册资本最低限额为十亿元人民币。设立城市商业银行的注册资本最低限额为一亿元人民币，设立农村商业银行的注册资本最低限额为五千万元人民币。注册资本应当是实缴资本。

国务院银行业监督管理机构根据审慎监管的要求可以调整注册资本最低限

额，但不得少于前款规定的限额。

（四）设立商业银行，申请人应当向国务院银行业监督管理机构提交下列文件、资料：

(1) 申请书，申请书应当载明拟设立的商业银行的名称、所在地、注册资本、业务范围等；

(2) 可行性研究报告；

(3) 国务院银行业监督管理机构规定提交的其他文件、资料。

（五）设立商业银行的申请经审查符合该法第十四条规定的，申请人应当填写正式申请表，并提交下列文件、资料：

(1) 章程草案；

(2) 拟任职的董事、高级管理人员的资格证明；

(3) 法定验资机构出具的验资证明；

(4) 股东名册及其出资额、股份；

(5) 持有注册资本百分之五以上的股东的资信证明和有关资料；

(6) 经营方针和计划；

(7) 营业场所、安全防范措施和与业务有关的其他设施的资料；

(8) 国务院银行业监督管理机构规定的其他文件、资料。

（六）经批准设立的商业银行，由国务院银行业监督管理机构颁发经营许可证，并凭该许可证向工商行政管理部门办理登记，领取营业执照。

2. 各类存款

(1) 活期存款。活期存款是相对于定期存款而言的，是不需预先通知可随时提取或支付的存款。活期存款构成商业银行的重要资金来源，也是商业银行创造信用的重要条件，但成本较高。商业银行只向客户免费或低费提供服务，一般不支付或较少支付利息。持有活期存款账户的存款者可以用各种方式提取存款，如开支票、本票、汇票、电话转账等。其中，最传统的是支票取款，因此，活期存款也叫做支票存款。

(2) 定期存款。定期存款是相对于活期存款而言的，是一种由存户预先约定期限的存款。定期存款占银行存款的比重较高。因为定期存款时间固定而且比较长，从而为商业银行提供了稳定的资金来源，对商业银行长期放款与投资具有重要意义。

(3) 储蓄存款。储蓄存款是个人为积蓄货币和取得利息收入而开立的存款账户，储蓄存款又可分为活期存款和定期存款。储蓄存款的活期存款，或者称为活期储蓄存款，存取无一定期限，只凭存折便可提现。存折一般不能转让流通，存户不能透支款项。

(4) 可转让定期存单存款。可转让定期存单存款是定期存款的一种主要形式，但与前述定期存款又有所区别。可转让定期存单存款的明显特点是：存单面额固定，不记姓名，利率有固定也有浮动，存期为 3 个月、6 个月、9 个月和 12 个月不等。存单能够流通转让，以便满足流动性和盈利性的双重要求。

(5) 可转让支付命令存款账户。它实际上是一种不使用支票的支票账户。它以支付命令书取代了支票。通过此账户，商业银行既可以提供支付上的便利，又可以支付利息，从而吸引储户，扩大存款。开立这种存款账户，存户可以随时开出支付命令书，或直接提现，或直接向第三者支付，其存款余额可取得利息收入，由此既满足了支付上的便利要求，也满足了收益上的要求。

(6) 自动转账服务存款账户。这一账户与可转让支付命令存款账户类似，是在电话转账服务的基础上发展而来。当发展到自动转账服务时，存户可以同时在银行开立两个账户：储蓄账户和活期存款账户。银行收到存户所开出的支票需要付款时，可随即将支付款项从储蓄账户上转到活期存款账户上，自动转账，即时支付支票款项。

(7) 掉期存款。掉期存款主要利用不同货币之间的利差进行套利，从而赚取较高的存款收益，通过外汇掉期可以获得高于一般存款利率的收益，而且没有任何汇率风险和本金损失风险。顾客在存款时把手上的本币兑换成其所选择的外币，作为外币定期存款存入银行。到期满时顾客先将外币存款连本带息兑回本币后再提取。存款期限有一个月至一年不等。

3. 借款

(1) 同业拆借。同业拆借是银行间的短期放款，主要用于临时性调剂头寸，以及日常资金周转。这种借款一般为期一天，故有“今日货币”之称。同业拆借利率低，融资对象、数额和时间均较灵活。

(2) 转抵押借款。转抵押借款是商业银行在临时性资金周转困难之际，向银行同业申请抵押贷款。由于抵押物多为银行的工商客户向其举借抵押贷款提交的抵押品，故这种借款有“转抵押”之名。

(3) 转贴现借款。类似于转抵押借款，只不过以银行为客户办理贴现业务而收到的未到期票据转售给银行同业来代替交纳抵押品。由于金融当局对转抵押借款与转贴现借款实行较为严格的管制，同时银行的股东、客户以及社会公众容易通过这两类借款的增加形成银行经营恶化的预期，银行较少进行转抵押借款与转贴现借款。

(4) 向中央银行融资。商业银行向中央银行借款的主要途径是再贴现，只有在商业银行信用不足时才使用这种借款。

(5) 回购协议。回购协议是指商业银行通过出售政府或政府机构债券等金融资产取得短期资金，并约定在未来的某个日期按预定的价格再购回此项金融资产的业务。这是一种有担保品的短期资金融通方式。

(6) 境外借款。除了在本国货币市场上的借款之外，商业银行还可以从国际金融市场筹资来补充银行资金的不足，这就产生了境外借款。

(7) 金融债券。商业银行为筹集中长期资金而向社会公开发行的一种债务凭证。债券持有人享有到期收回本金和利息的权利。

### (二) 商业银行的资产业务

商业银行的资产业务主要是指商业银行资金运用的业务，是商业银行形成利润和收益的基础。它主要包括以下几个方面。

1. 放款业务

(1) 信用放款。信用放款是指单凭借款人的信誉，而不需提供任何抵押品的放款，是一种资本放款。一笔贷款从客户提出申请到贷款支用要经历十多个环节：客户申请—受理申请—贷前调查—项目评估—风险审查—贷款审议与审批—报送备案—合同审查—用款条件审查—贷款合同签订—客户用款—贷后检查—贷款回收。图 4－9 表示了我国国有商业银行贷款业务阶段流程。

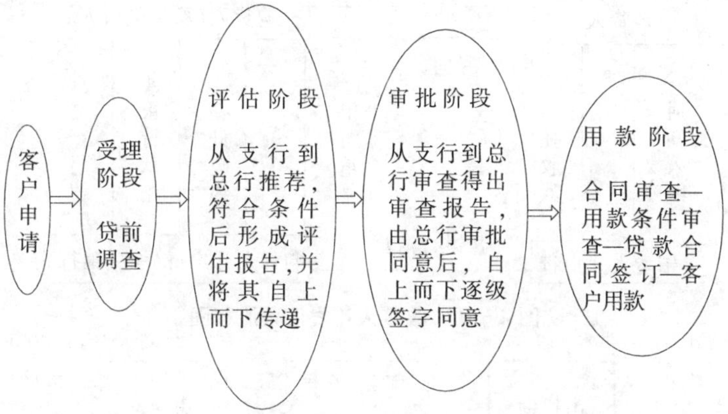


**图 4－9　我国国有商业银行贷款业务阶段流程**

（2）担保贷款。担保贷款包括保证贷款、抵押贷款和质押贷款。保证贷款是指以第三人承诺在借款人不能偿还贷款时，按约定承担一般保证责任或者连带责任而发放的贷款。抵押贷款是指以借款人或第三人的财产作为抵押物发放的贷款。质押贷款是指以借款人或第三人的动产或权利作为质物发放的贷款。

（3）票据贴现。票据贴现是指贷款人以购买借款人未到期商业票据的方式发放的贷款。借款人以未到期的票据向银行融通资金，申请贴现；银行扣取一定的费用后发放相应的贷款；银行在票据到期时向票据付款人收取票面金额的款项。未到期票据贴现付款额的计算公式是：

$$贴现付款额=票据面额\times(1-年贴现率\times\frac{未到期天数}{360})$$

2. 投资业务

商业银行的投资业务是指银行购买有价证券的活动。投资是商业银行一项重要的资产业务，是银行收入的来源之一。商业银行的投资业务，按照对象的不同，可分为国内证券投资和国际证券投资。商业银行购买的政府证券，包括国库券、中期债券和长期债券三种。

3. 现金资产业务

现金资产业务是维护商业银行支付能力的第一道防线，也称为一级储备。商业银行的现金资产包括准备金、同业存款、托收未达款项。

### （三）商业银行的表外业务

表外业务是指资产负债表以外的业务，即由商业银行从事的不列入资产负债表内，而且不影响银行资产与负债总额的经营活动。在银行表外业务中，银行对客户作出某种承诺，或者使客户获得对银行的或有债权，而当约定的或有事件发生时，银行承担提供贷款或支付款项的法律责任，银行为此收取手续费。

目前表外业务大致分为担保类、承诺类和金融衍生交易类三种类型的业务。

1. 担保类业务

担保类业务是指商业银行接受客户的委托对第三方承担责任的业务，包括担保（保函）、备用信用证、跟单信用证、银行承兑汇票等。以银行承兑汇票为例，其办理程序的具体流程如图 4－10 所示。图 4－11 描述了跟单信用证业务流程。

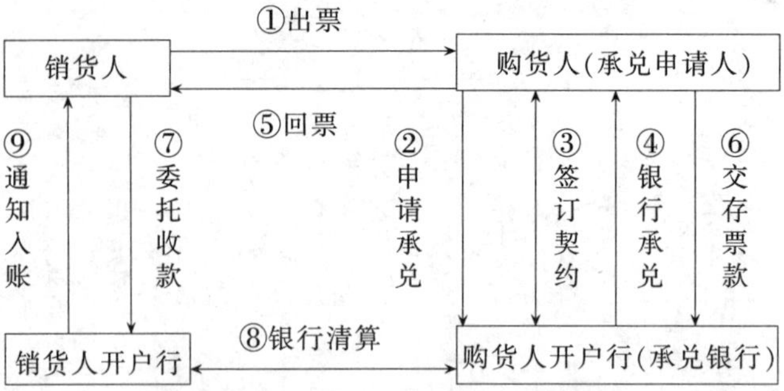


图 4－10 收款人签发汇票流程图

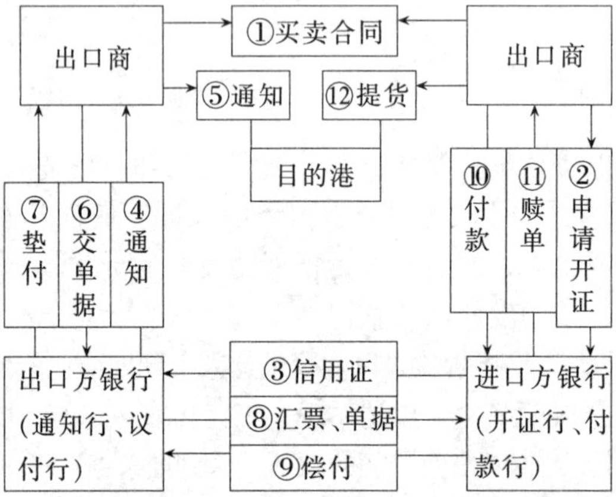


图 4－11 跟单信用证业务流程图

2. 承诺类业务

承诺类业务是指商业银行在未来某一日期按照事先约定的条件向客户提供约定的信用业务，包括贷款承诺、票据发行便利[①]等。

3. 金融衍生交易类业务

金融衍生交易类业务是指商业银行为满足客户保值或自身头寸管理等需要而进行的货币和利率的远期、掉期、期权等衍生交易业务。

**(四) 商业银行的国际业务**

商业银行的国际业务是指所有涉及外币或外国客户的活动，包括银行在国外的业务活动以及在国内所从事的有关国际业务，主要包括国际资产业务、国际负债业务和国际中间业务。

国际资产业务是指商业银行外汇资产的运用业务，主要包括三项内容：外汇贷款、国际投资和外汇投机。国际负债业务是指商业银行外汇资金的来源业务，主要有两项内容：外汇存款和境外借款。国际中间业务主要是指商业银行的国际结算业务，还包括外汇信托存放款和投资业务、国际融资租赁业务、代理客户外汇买卖业务、外汇咨询业务、担保和信用卡业务等。

① 票据发行便利是指银行同客户签订一项具有法律约束力的承诺，期限一般为 3～5 年，银行保证客户以自己的名义循环发行短期票据，银行则负责包销或提供未售出部分的等额贷款。

（五）商业银行的联行往来业务

社会资金往来运动最终要体现在银行间的划拨上。当资金结算业务发生时，必然要通过两个或两个以上的银行机构往来才能完成，同属一个总行的各个分支机构间的资金账务往来，称为联行往来。

☞专栏 4-7

**我国商业银行的联行往来业务**

（1）全国联行往来。全国联行往来适用于总行与所属各级分支行之间以及不同省、自治区、直辖市各机构之间的资金账务往来。全国联行往来业务由总行负责监督管理。

（2）分行辖内往来。分行辖内往来适用于省、自治区、直辖市分行与所辖各分支机构之间以及同一省、自治区、直辖市辖内各银行机构之间的资金账务往来。分行辖内往来业务由分行负责监督管理。

（3）支行辖内往来。支行辖内往来适用于县（市）支行与所属各机构之间以及同一县（市）支行内各机构之间的资金账务往来，其所涉及的账务由县（市）支行管理监督。

## 二、商业银行经营管理

### （一）商业银行经营原则

商业银行作为一个特殊的金融企业，它具有一般企业的特征，即追求利润最大化。尽管银行有其特殊性，但在业务经营上，各国商业银行通常都遵循盈利性、流动性和安全性原则，简称“三性”原则。

1. 盈利性

追求利润最大化是商业银行的经营目的。

2. 流动性

流动性是指商业银行应当具有能够随时满足客户提取存款等要求的能力。

3. 安全性

安全性是指商业银行在经营中要避免经营风险，保证资金的安全。

### （二）商业银行的资产负债管理

商业银行的资产负债管理自 20 世纪 70 年代后逐步兴起。其基本思想是根据经济环境和银行业务状况的变化，综合管理资产和负债的期限结构、利率结构、规模与风险结构，在分析成本等因素的基础上，有策略地确定负债方或资产方的调整项目。

商业银行的资产负债管理经历了一个管理重心由资产转向负债，又由负债转向全面综合管理的变化过程。资产管理强调的是使资产保持流动性，在负债一定的情况下，通过调整资产结构来满足流动性要求。而负债管理强调的是通过扩大负债去获得银行的流动性。但是资产管理过于偏重安全性和流动性，不利于实现盈利性目标，负债管理过于偏重资产扩张和追求盈利，将流动性过高地依赖于外部环境，存在较大风险。

20 世纪 70 年代后，在金融市场利率大幅度上升、波动加剧、银行倒闭现象增加的背景下，商业银行的资产负债综合管理被提上了日程。它的核心思想是：银行不必经常保持大量的高流动性资产，必要时，可以通过对外举债来解决流动性问题。银行的经营重点是追求利润的最优化，只要有良好的贷款项目和投资目标，就应该积极地扩展资产规模，利用发行大额可转让定期存单、同业拆借等主动负债方式筹集资金，而不是仅仅依靠吸收存款这种被动负债方式。

1. 资产管理

资产管理是商业银行的传统管理办法，其中资产流动性的管理占有特别重要的地位。它主要包括资金总库法、资金分配法与线性规划法。

资金总库法又称资金汇集法或资金集中法，是指通过活期存款、储蓄存款、定期存款、借款以及股本形成商业银行的资金来源，构成一个可供使用的资金池。该资金池内的资金的运用顺序应当首先保证一级储备，其次保证二级储备，再次保证各类贷款，再接着保证长期证券，最后用于固定资产。操作流程如图 4 - 12 所示。

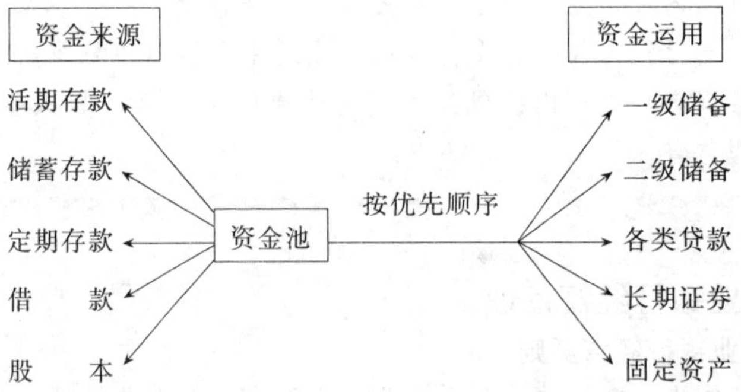


**图 4 - 12　资金总库法示意图**

资金分配法产生于 20 世纪 40 年代。它根据资产管理理论的思想，提出商业银行应如何安排资金组合的运作策略。其主要内容是：商业银行在把现有的资金分配到各类资产上时，应使各种资金来源的流通速度或周转率与相应的资产期限相适应，即银行资产与负债的偿还期应保持高度的对称关系，所以也称期限对称方法。

图 4 - 13 显示了资金分配法的基本操作流程。

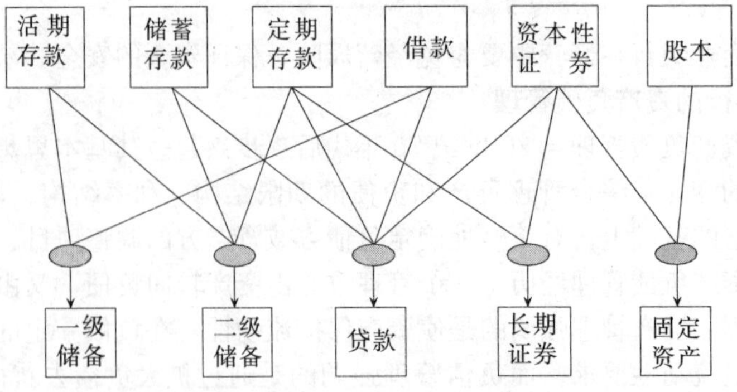


**图 4 - 13　资金分配法示意图**

资金总库法与资金分配法都是从战略角度解决银行的资产管理问题。在商业银行经营管理实践中，经常要运用线性规划法解决商业银行资产管理中的具体问题。线性规划法的核心思想是在变量约束的条件下实现最优化。商业银行在追求资产管理最优化的时候必然面临一定的约束，因此线性规划法成为商业银行资产管理中经常采用的管理技术。线性规划法在商业银行经营管理中的运用主要包括四个步骤：建立模型函数目标，选择模型中的变量，确定约束条件，求出线性规划模型的解。

2. 负债管理

20 世纪 60 年代，西方商业银行资产负债管理的重心由资产管理转向负债管理。负债管理的基本内容是将商业银行管理的重点由资产转向负债，主张以借入资金的办法来保持银行流动性，从而增加资产业务，增加银行收益。负债管理开创了保持银行流动性的新途径。负债管理方法主要包括两种：储备头寸管理方法和贷款头寸负债管理方法。这一理论的不足是容易导致银行负债结构中的短期资金来源比重过大，增加了经营风险，提高了银行的融资成本。

储备头寸管理方法是用增加短期负债向银行有计划地提供流动性资金的管理方式，它购入资金以补充银行的流动性资金需要。例如在美国，储备头寸管理方法的主要工具是购买期限为一天的联邦基金，或使用回购协议。这样，当一家银行的储备由于存款人提款或增加了对有收益的资产投放而暂时不足时，购买联邦基金来补充；而当储备有暂时盈余时，就售出联邦基金。从这一点来说，这种负债管理方法提高了资金的运用效率，也减缓了银行体系由于储备的突然减少带来的震动性影响。但切不可把这种短期借入资金作为长期资金来源，因为一旦这些银行管理上出现问题并被公众知道，它们就不可能在联邦基金市场上再借到资金，结果将面临破产。

贷款头寸负债管理方法首先是通过不同利率来取得购入资金，以扩大银行贷款；其次，通过增加银行负债的平均期限，减少存款的可变性，从而降低银行负债的不确定性。银行发行大额可转让定期存单就是使用此种管理方法。贷款头寸负债管理由两部分组成：一是计划部分，这一部分是银行有计划的经营安排，即增加负债，扩大贷款，获取利润；二是灵活反应的部分，这是银行经理人员用于抵消外部干扰对资产负债所造成的不良影响而采用的平衡砝码。

3. 资产负债综合管理

资产负债综合管理是于 20 世纪 70 年代和 80 年代初伴随着金融自由化浪潮而产生的。资产负债综合管理的基本思想是在资金的配置、运用以及在资产负债管理的整个过程中，根据金融市场的利率、汇率及银根松紧等变动情况，对资产和负债两个方面进行协调和配置，通过调整资产和负债双方在某种特征上的差异，达到合理搭配的目的。在现代商业银行资产负债管理技术中，主要的管理方法是缺口管理法。

缺口管理法是根据期限或利率等指标将资产和负债分成不同类型，然后对同一类型的资产和负债之间的差额即缺口（GAP）进行分析和管理。缺口用于衡量银行净利息收入对市场利率的敏感程度。以利率指标为例，商业银行的资产和负债都可以分为固定利率和浮动利率两种类型。根据这两种类型的资产和负债的不同组合，可以有三种不同的缺口管理战略，即零缺口战略、正缺口战略、负缺口战略。

资金缺口（GAP）＝利率敏感资产（IRSA）－利率敏感负债（IRSL）

银行管理者应根据自己对利率波动方向的判断选择三种不同的战略。当利率变动时，利率敏感缺口的状况会直接影响净利息收入的变动。变动关系如表4-1所示。

**表4-1 利率敏感缺口、利率变动与银行净利息收入的变动三者之间的关系**

| 利率敏感缺口 | 利率变动 | 净利息收入的变动 |
| --- | --- | --- |
| 正 | 上升 | 上升 |
| 正 | 下降 | 下降 |
| 负 | 上升 | 下降 |
| 负 | 下降 | 上升 |
| 零 | 上升 | 不变 |
| 零 | 下降 | 不变 |

4. 资产负债表内表外统一管理

资产负债表内表外统一管理产生于20世纪80年代末。为了对商业银行的经营风险进行控制和监管，同时也为了规范不同国家的银行之间运作规范的需要，1988年巴塞尔委员会通过了《统一资本计量和资本标准的国际协议》（简称《巴塞尔协议Ⅰ》）。《巴塞尔协议Ⅰ》的目的：一是通过协调统一各国对银行资本、风险评估及资本充足率标准的界定，促进世界金融的稳定；二是将银行的资本要求同其活动的风险，包括表外业务的风险系统地联系起来。《巴塞尔协议Ⅰ》的通过是西方商业银行资产负债管理理论和风险管理理论完善与统一的标志。

## 专栏4-8

### 《巴塞尔协议》简介

《巴塞尔协议》是国际清算银行巴塞尔委员会自1975年至今所制定发布的一系列原则、协议、标准和建议的统称，是国际清算银行成员国的中央银行统一监管的有机文件体系，因此，又称巴塞尔文件体系，也是国际金融界的规则，对所有从事国际业务的银行机构都有重大影响。其实质是为了完善与补充单个国家对商业银行监管体制的不足，减轻银行倒闭的风险与代价，是对成员国商业银行联合监管的最主要形式，并且具有很强的约束力。《巴塞尔协议》的价值得到了广泛的认同，在20世纪90年代成为一个世界性的标准，有超过100个国家将《巴塞尔协议》的框架运用于本国的银行系统。

1974年9月由国际清算银行发起，美国、英国、法国、德国、意大利、日本、荷兰、加拿大、比利时、瑞典十国集团及中央银行监督官员在巴塞尔开会，讨论跨国银行的国际监督与管理问题，自此形成了一系列的文件，主要有：

《1975年协议》。该协议对海外银行监管责任进行了明确的分工，监管的重点是现金流量与偿付能力。

《1983年协议》，即《对银行国外机构监管的原则》。该协议的两个基本思想是：一是任何海外银行都不能逃避监管；二是任何监管都应恰如其分。

《1988年资本协议》，即《统一资本计量和资本标准的国际协议》，也被称为《巴塞尔协议Ⅰ》。该协议对衡量标准和资本水平做了具体规定。

《1992年7月声明》，即《国际银行集团及其跨境机构监管的最低标准》。该声明设立了对国际银行的最低监管标准，使得各国银行监管机关可以遵循这些标准来完成市场准入、风险监管、信息取得的要求。

1997年9月发布的《有效银行监管的核心原则》。它提出了银行风险监管的最低资本金要求、外部监管、市场约束三大原则，反映了国际银行业的变化与监管新趋势。

2004年6月通过的《统一资本计量和资本标准的国际协议：修订框架》，即《新巴塞尔资本协议》，也被称为《巴塞尔协议Ⅱ》。

2010年9月12日，由27个国家银行业监管部门和中央银行高级代表组成的巴塞尔委员会就《巴塞尔协议Ⅲ》的内容达成一致，全球银行业正式步入“《巴塞尔协议Ⅲ》时代”。

## 第四节　其他金融机构

### 一、保险公司

保险公司是以取得保险费，建立保险基金，对发生保险事故进行经济补偿的金融机构；保险公司同时也是契约储蓄和金融投资机构。现代保险业务由财产保险、人身保险、责任保险、再保险四大部分组成。这里主要介绍财产保险、人身保险和投资业务。

**（一）保险公司的主要业务**

1. 财产保险

财产保险是以财产或与其有关的利益为标的的保险种类，又称损害保险或非寿险。保险公司中所指的财产除了包括一切动产、不动产、固定的和流动的财产以及在制的或制成的有形财产外，还包括责任和信用等无形财产。财产保险分类如下：

（1）按危险发生地域，可分为海上保险和陆上保险，陆上保险又称非水险，其中以火灾保险为主。

（2）按保险价值的确定方式，可分为定值保险和不定值保险。定值保险除在保单上列明保险金额外，还有被保险人同保险人共同商定的保险价值，这种保险价值对双方都有约束力；不定值保险在保单上不列明保险标的的价值，而只列明保险金额作为赔偿的最高限额。

（3）按承保的危险种类，可分为火灾险、地震险、战争险、盗窃险等。

（4）按保险标的，可分为运输工具保险、企业或家庭财产保险等。

2. 人身保险

人身保险是关于人的身体本身、人的健康、人的生命的保险。人身保险除了包括人寿保险外，还有健康保险和人身意外伤害保险。健康保险也叫做疾病保险，是以非意外伤害而由被保险人本身疾病导致的伤残、死亡为保险条件的保险。人身意外伤害保险是以人的身体遭受意外伤害为保险条件的保险。人寿保险简称寿险，是一种以人的生死为保险对象的保险，是被保险人在保险责任期内生存或死亡，由保险人根据契约规定给付保险金的一种保险。

3. 投资业务

投资业务是指保险公司为扩充保险补偿能力、分享社会平均利润而利用所筹集的保险资金在各国资本市场上进行的有偿营运。投资业务遵循盈利性、流动性、安全性三个原则。一般来讲包括银行存款、股票、债券、证券投资基金、不动产投资、贷款六个方面。

**(二) 保险公司的运作流程**

无论是财产保险公司还是人身保险公司，其保险经营活动通常都包括展业、投保、承保、防灾、理赔及资金运用等环节。

1. 展业

展业是指保险业务员宣传保险业务、推销保险单，也是保险业务的起点。

2. 投保

在此阶段，保险公司有义务为投保人提供良好的投保指导服务，使投保人在投保时能真正享受到合理选择保险的权利；并且，投保人有责任自觉地增强保险意识，为自身的利益作出明智的选择。

3. 承保

承保是指在签订保险合同的过程中，投保人和保险人双方通过协商对保险合同的内容取得一致意见。

4. 防灾

防灾是指保险人与被保险人对所承保的保险标的采取措施，减少或消除风险发生的因素，防止或减少灾害事故所造成的损失，从而降低保险成本，增加经济效益的活动。

5. 理赔

理赔是指保险人在保险标的发生风险事故后，对被保险人提出的索赔请求进行处理的行为。

6. 资金运用

保险公司利用所收取的保险费，积聚了保险基金，必然要进行资金运用，取得收益，只有如此才能补偿理赔和因投保者收益产生的各种费用并进而取得盈利。

图 4 - 14 以中国人民财产保险公司为例，说明了保险业务流程。

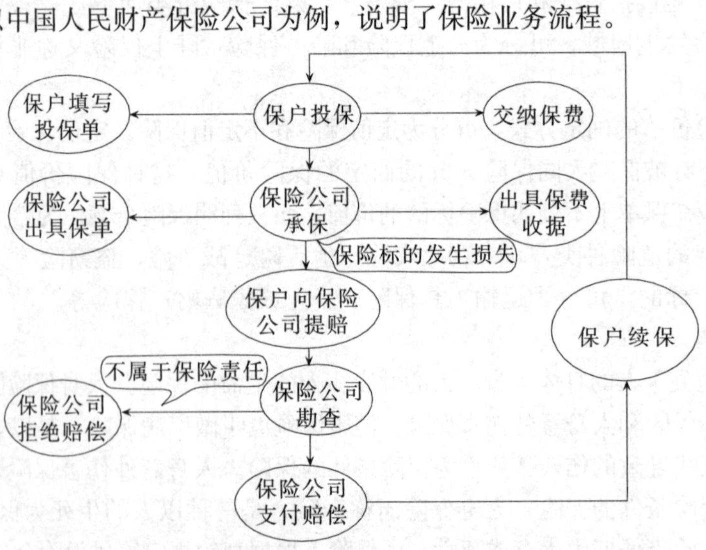


**图 4 - 14　中国人民财产保险公司的保险业务流程**

## 二、证券公司

### （一）证券公司概述

1. 证券公司的定义

证券公司是指专门从事有价证券买卖的法人企业，通过帮助政府和公司筹集资金成为重要的金融中介机构。证券公司实际上和所谓的投资银行所从事的业务相差很小，在日本投资银行其实就称证券公司。证券公司分为证券经营公司和证券登记公司。狭义的证券公司是指证券经营公司，是经主管机关批准并到有关工商行政管理局领取营业执照后专门经营证券业务的机构。它具有证券交易所的会员资格，可以承销发行、自营买卖或自营兼代理买卖证券。普通投资者的证券投资都要通过券商来进行。

2. 证券公司的类型

按证券经营公司的功能分，可分为证券经纪商、证券自营商和证券承销商。

（1）证券经纪商，即代理买卖证券的证券机构，接受投资者委托，代为买卖证券，并收取一定手续费，即佣金。

（2）证券自营商，即自行买卖证券的证券机构，它们资金雄厚，可直接进入交易所为自己买卖股票。

（3）证券承销商，即以包销或代销形式帮助发行人发售证券的机构。

实际上，许多证券公司都是兼营这三种业务的。按照各国现行的做法，证券交易所的会员公司均可在交易市场进行自营买卖，但专门以自营买卖为主的证券公司为数极少。证券登记公司是办理证券集中登记过户的服务机构。它是证券交易不可缺少的部分，并兼有行政管理性质。它经主管机关审核批准方可设立。证券公司提供各种各样的业务，最主要有投资银行业务和经纪业务。

### （二）证券公司的主要业务

1. 证券公司的一般业务

（1）证券的发行和承销。证券的发行又叫做证券一级市场业务，发行方式有公募发行和私募发行两种，证券的承销实际就是公募发行。证券公募发行与承销，就是面向社会公众投资者发行证券的行为。

（2）证券经纪业务。证券经纪业务是指具备证券经纪商资格的证券公司通过其设立的营业部接受客户的委托并按照客户提出的价格代理客户买卖有价证券的业务。可以分柜台代理交易和证券交易所代理买卖两种。在我国证券经纪业务主要是指代理买卖股票。

（3）证券自营业务。证券自营业务是指具备证券自营商资格的证券公司为本机构买卖上市证券以及证券监督管理部门认定的其他非上市证券的行为。

☞专栏 4-9

**我国证券公司的主要业务范围及开户和网上交易的流程**

我国证券公司的主要业务范围包括：公司上市推荐及保荐；证券发行和承

销；上市公司配股承销；上市公司新股增发承销；资产重组、收购兼并财务顾问；代理销售证券投资基金单位；证券投资基金推荐上市；中国证监会规定的其他投资银行业务。

投资股票办理开户的流程如下：

(1) 到证券公司开户，务必本人办理开户手续。须持本人身份证原件及复印件到所选定的证券公司办理各种相关手续。一般手续费在100元左右。然后，下载证券公司指定的网上交易软件。

(2) 到银行开活期账户，并开通银证转账业务，把钱存入银行。办理时必须携带证券账户卡原件及复印件。

(3) 通过网上交易系统或电话交易系统把钱从银行转入证券公司资金账户。

(4) 通过网上交易系统或电话交易系统可以买卖股票。

注意：买股票必须委托证券公司代理交易，所以必须找一家证券公司开户。买股票的人是不可以直接到上海证券交易所买卖的。这跟二手房买卖一样，是由中介公司代理的。

证券公司网上交易业务操作流程如下：

开户→办理CA数字证书→连通网络→下载交易软件

↓

退出系统←网上委托←启动交易系统←安装软件

2. 证券公司的新业务

(1) 证券私募。私募是指通过非公众渠道，在私募市场上为发行人和潜在投资者设计新的证券并为其定价，再努力将证券销售出去的行为。发行对象主要是：共同基金、保险公司、各类养老基金、社保基金、投资公司等。

(2) 资产证券化。资产证券化是指将资产原始权益人或发起人（买方）不流通的存量资产或可预见的未来现金流量，构造和转变成为资本市场可销售和流通的金融产品的过程。资产证券化是一项以提高流动性和融资为目的的金融创新，是对一组原本流动性较差的金融资产进行组合，使其产生长期稳定的现金流收益，再配以相应的信用担保，把这种未来现金流的收益权转变为可在金融市场上流动、信用等级较高的证券。

资产证券化的一个重要特点表现在其交易结构不同，典型的证券化交易结构中都有一个特殊目的载体（special purpose vehicle，SPV）。作为连接投资者与发起人的关键环节和结构性融资的载体，SPV可以说是证券化设计中的“精妙之笔”，它以金融中介的形式巧妙地实现了货币市场和资本市场的流动和聚合。因SPV从事的业务受到严格的限制，经营风险较小，同时由于SPV对资产的“真实购买”，在发起人和投资者之间起到了“防火墙”的作用，有效地实现了风险隔离的功能。所以，SPV是证券化中关键的制度建设，它不仅关系到证券化的成败，而且还关系到整个金融体系的安全与稳定。

资产证券化的一般流程如图4-15所示。

(3) 兼并和收购。兼并和收购是公司合并的两种形式。合并是指两个或两个以上企业合成一个新的企业，特点是伴有产权关系的转移，多个法人变成一个新的法人，原合并方

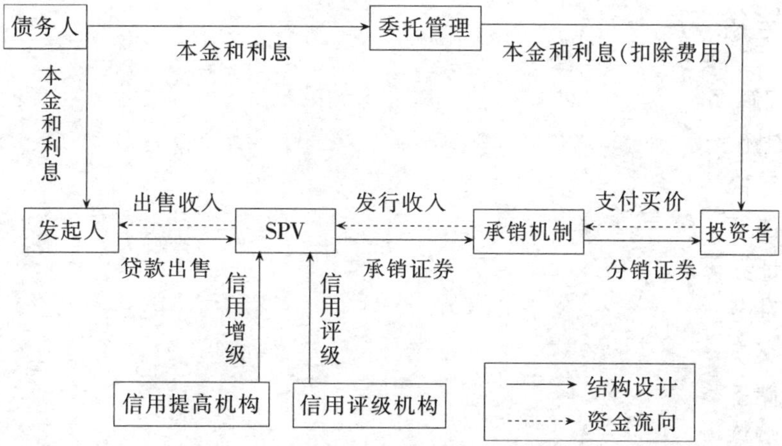


**图 4-15　资产证券化的一般流程**

各自的法人地位都消失，用公式表示就是 A+B=C。兼并即 A 公司兼并 B 公司，A 公司存续，B 公司解散，并丧失法人地位，用公式表示就是 A+B=A。收购是指 A 公司通过主动购买目标公司 B 的股权或资产，以获得对目标公司 B 的控制权，通常并不取消被收购方的法人地位，收购后两个企业仍为两个法人，只发生控制权转移。

（4）项目融资。项目融资是对一个特定的经济单位或项目策划安排的一揽子融资的技术手段，借款者可以只依赖该经济单位的现金流量和所获收益用作还款来源，并以该单位的资产作为借款担保。

（5）财务顾问与投资咨询。财务顾问的主要服务对象是融资者，通常既可以是企业，也可以是政府机构。投资咨询基本上是一种纯粹的中介服务，与主要面向融资者服务的财务顾问业务不同，投资咨询主要面对的是投资者，可以是机构投资者，也可以是个人投资者。投资咨询包括普通的证券投资咨询和面向特定客户的专项投资咨询。

## 本章小结

中央银行是商品信用经济发展到一定阶段的产物，是商业银行发展的必然结果，它的产生经历了漫长的历史时期；中央银行的负债业务主要包括货币发行业务、准备金存款业务、其他存款业务和其他负债业务；中央银行的资产业务包括贷款业务、再贴现业务、公开市场业务和经营国际储备业务。专业银行是指从事专门范围内业务经营和提供专门性金融服务的银行，它具有专门性、政策性、行政性的基本特征。商业银行是市场经济发展的产物，它是为适应市场经济发展和社会化大生产而形成的一种金融组织，世界各国的商业银行的经营原则为：流动性、盈利性和安全性。商业银行的负债业务是其资金的来源业务；资产业务是商业银行经营收益的主要来源；提供良好的表外业务服务是现在商业银行展示自己真正竞争实力的有效手段。最后简述了保险公司、投资基金、证券公司的业务流程。

## 思考与练习

**一、名词解释**

1. 中央银行
2. 掉期存款
3. 联行往来
4. 资产证券化
5. 投资基金
6. 票据交换
7. 国际储备
8. 跨国清算
9. 世界银行

**二、填空题**

1. 按是否接受公众存款的特征，可以将金融机构划分为________和________。

2. 在金融机构体系中，专业银行主要包括________、________、________、________、________、________和________。

3. 中央银行的资产业务包括________、________、________和________。

4. 各国商业银行通常都遵循________、________和________，简称“三性”原则。

5. 保险公司的主要业务包括________、________和________。

6. 证券公司的类型，按证券经营公司的功能分，可分为________、________和________。

7. 证券公司的新业务有________、________、________、________和________。

**三、判断题**

1. 直接金融机构发行以自己为债务人的融资工具来筹集资金，然后又以各种资产业务分配这些资金；而间接金融机构在融资过程中一般不发行以自己为债务人的融资工具，只是协助筹资者将发行的融资工具销售给投资者，完成投资目标。(　　)

2. 从中央银行业务活动的特征分析，中央银行有发行的银行、银行的银行、国家的银行三大职能。(　　)

3. 商业银行以其机构数量多、业务渗透面广和资产总额比重大而成为金融机构体系中的骨干和主体，是其他金融机构所不能替代的。(　　)

4. 政策性银行和商业银行不一样，不具有中介职能。(　　)

5. 保险公司所筹集的资金，除了用以应付赔偿所需外，不能投向政府债券、企业债券和股票，以及发放不动产抵押贷款、保单贷款等。(　　)

6. 跨国清算通常是通过各国的指定银行把两国之间的债权债务直接加以抵销，完成清算工作。(　　)

7. 商业银行作为一个特殊的金融企业，它不具有一般企业的特征，即不追求利润最大化。(　　)

**四、选择题**

1. 金融机构主要分为（　　）两大类。

A. 银行与非银行金融机构　　B. 银行与证券机构

C. 银行与保险机构　　D. 中国银行与商业银行

2. 中国人民银行成立于（　　）。

A. 1948 年 10 月 1 日　　B. 1949 年 10 月 1 日

C. 1950 年 9 月 1 日　　D. 1948 年 12 月 1 日

3. 美国所采取的中央银行制度是哪一种？（　　）

A. 单一的中央银行制度　　B. 二元的中央银行制度

C. 跨国中央银行制度　　D. 准中央银行制度

4. 中央银行的再贴现、再贷款业务属于其（　　）。

A. 资产业务　　B. 负债业务

C. 表外业务　　D. 中间业务

5. 商业银行等金融机构开展业务必须向中央银行交纳的存款称为（　　）。

A. 法定准备金　　B. 超额准备金

C. 支付准备金　　D. 特别存款

6. 政策性银行是由（　　）直接出资或以担保形式创立，为贯彻国家产业政策或区域发展政策，不以营利为目的的金融机构。

A. 政府　　B. 社会公众

C. 中央银行　　D. 企业

7. 下面是非银行金融机构的有（　　）。

A. 证券公司　　B. 信托投资公司

C. 保险公司　　D. 信用合作社

E. 政策性银行

8. 现代保险业务由（　　）组成。

A. 财产保险　　B. 人身保险

C. 责任保险　　D. 再保险

9. 第一个由中国倡议设立的多边金融机构是（　　）。

A. 亚洲开发银行　　B. 亚洲基础设施投资银行

C. 国际清算银行　　D. 国际复兴开发银行

**五、简答题**

1. 金融机构的分类大致可以采用哪几种方法？

2. 国际货币基金组织的宗旨是什么？

3. 试述中央银行的性质与职能。

4. 简述商业银行的负债业务、资产业务和表外业务。

5. 简述保险公司的主要业务。

6. 试述证券公司的类型和主要业务。

## 六、综合题

1. 中央银行是一国金融体系的核心，是管理全国货币金融活动的最高权力机构，它可以根据全国经济发展状况制定和执行货币政策，控制和调节货币供应量，对经济生活进行干预和控制，而中央银行对经济生活进行干预、调控，又体现在其各项业务活动之中。2016 年 2 月 29 日，中国人民银行发布消息，自 2016 年 3 月 1 日起，普遍下调金融机构人民币存款准备金率 0.5 个百分点。分析人士指出，此次降准将释放 6 000 亿～7 000 亿元流动资金，可以更好地释放银行业的流动性，让市场上的钱更多一些，而这已经是自 2014 年年底开始，中央银行的第六次降准、第六次降息。中央银行为什么出台这些政策?

2. 材料一：自 2016 年 3 月以来，中国多个城市房价上涨迅猛，不断放出天量按揭贷款。中央银行于 2016 年 10 月 12 日召集 5 家国有大行及 12 家股份制银行召开商业银行住房信贷会议，要求各商业银行理性对待楼市，加强信贷结构调整，强化住房信贷管理，控制好相关贷款风险。

材料二：中国人民银行在稳定币值，加强金融监管，建设现代化支付清算系统，保证现金供应，精心管理国家金库和外汇储备，及时公布准确的金融统计数据等方面做了大量工作，促进了我国金融业和国民经济的稳定发展。阅读材料并回答：

(1) 中国人民银行的性质是什么?

(2) 结合材料一说明中国人民银行的地位是怎样的?

(3) 结合材料一和材料二说明中国人民银行的主要职能。

3. 在 2014 年年末，由于券商股的疯狂上涨，市场结构变得非常不稳定。2015 年的中国股市从年初的 3 350 点一路攀升，6 月创下 7 年高位 5 178 点，随后又直线下跌至最低 2 850点。而中国人民银行作为我国的中央银行相继出台了什么样的措施来试图影响股市?为什么要试图影响或干预股市的自由发展?

## 七、思考题

请查阅新闻或文献资料，谈谈中国商业银行未来的发展趋势。

第5章

# 金融工具

⊙学习目标⊙

- 掌握金融工具的特征和类型；
- 掌握衍生金融工具的定价及利用金融工具进行保值、套利、投机；
- 了解金融工具的设计原理及过程，分析金融工具的收益和风险。

## 第一节　金融工具的特征

### 一、金融工具的含义

金融工具是指资金短缺者向资金剩余者借入资金时出具的、具有法律效力的票据或证券，是一种能够证明金融交易金额、期限、价格的书面文件。在金融市场中，要顺利实现资金从盈余者向短缺者的转移，金融工具必不可少。

金融工具体现着一种当事人之间的债权债务关系，当事人双方所承担的义务与享有的权利均有法律约束的意义，如存款单、商业票据、股票、债券等，都是金融工具。金融工具对持有人来说就是金融资产，拥有金融资产的多寡，就意味着一个人或一个企业拥有财富的多少。当然，货币也是金融资产，但这里所指的仅是作为金融工具的金融资产，它不但标志着一定的收益权，而且在某种条件下，标志着一定的控制权，如股票。

### 二、金融工具的特征

金融工具一般都具有期限性、流动性、风险性和收益性这几个基本特点。

### （一）期限性

期限性是指一般金融工具均规定债务人从举借债务到全部归还本金和利息的时间。各种金融工具在发行时一般都具有不同的偿还期。如一张标明 6 个月后支付的汇票，偿还期是 6 个月。但对当事人来说，更有现实意义的是从持有金融工具日起到该金融工具到期日止所经历的时间，这称为相对偿还期。金融工具的偿还期可以有无限期和零限期这两个极限。例如一种永久性债务，借款人同意以后无限期地支付利息，但始终不偿还本金，这是长期的一个极端。在另一个极端，银行活期存款随时可以兑现，其偿还期实际等于零。

### （二）流动性

流动性是指金融资产在转换成货币时，其价值不会蒙受损失的能力。某种金融工具流动性的大小，实际上包括两个方面的含义：一是它能不能方便地自由变现；二是变现过程中价值损失的程度即交易成本的大小。对金融工具的所有者来说，为转移投资方向或避免因市场价格波动而蒙受损失，必然会提出将手中金融工具随时转让出去变现的要求。除此之外，流动性和变现性也是金融工具本身的要求。一切信用活动的根本目的都在于融通资金，如果为信用活动服务的工具缺乏应有的流动性和变现性，就起不到融资的作用，那么，金融工具也就失去了存在的前提和必要性。

除货币以外，各种金融资产都存在不同程度的不完全流动性。其他金融资产在没有到期之前要想转换成货币，要么打一定的折扣，要么需要支付一定的交易费用。金融工具如果具备下述两个特点，就可能具有较高的流动性：第一，发行金融资产的债务人信誉高，在以往的债务偿还中能及时、全部履行其义务。第二，债务的期限短。这样它受市场利率的影响很小，变现时所遭受亏损的可能性就很小。所以，不同的金融工具往往分别被列入不同的货币层次，成为中央银行的监控目标。

### （三）风险性

风险性是指投资于金融工具的本金遭受损失的风险。风险可分为两类：一是债务人不履行债务的风险，这种风险的大小主要取决于债务人的信誉以及债务人的社会地位。二是市场风险，这是金融资产的市场价格随市场利率的上升而跌落的风险。当利率上升时，证券的市场价格就下跌；当利率下跌时，则证券的市场价格就上涨。证券的偿还期越长，则其价格受利率变动的影响越大。一般来说，本金安全性与偿还期成反比，即偿还期越长，其风险越大，安全性越小。本金安全性与流动性成正比，与债务人的信誉也成正比。

### （四）收益性

收益性是指给金融工具的持有人带来收益的能力。金融工具收益性的大小是通过收益率来衡量的。收益率是指投资金融工具的收益与投入本金的比率。收益率有三种计算方法：名义收益率、即期收益率、平均收益率。名义收益率是指金融工具的票面收益与票面金额之间的比率。即期收益率是指年收益额对金融工具当期市场价格的比率。平均收益率是将即期收益率和资金损益共同考虑的收益率。与前两种收益率相比，平均收益率能更准确地反映投资者的收益情况，因而是投资者考虑的基本参数。

## 第二节 金融工具的类型

在金融市场上交易的金融工具种类繁多，而且随着经济的发展仍在不断创新。按不同的标准，金融工具可作如下分类。

### 一、直接金融工具和间接金融工具

按发行者的性质划分，金融工具可分为直接金融工具和间接金融工具。

#### （一）直接金融工具

直接金融工具是指非金融机构（包括政府、工商企业和个人等）所发行或签署的国库券、公债券、商业票据、股票、公司债券、抵押契约等。这类金融工具在金融市场上可直接进行借贷或交易。

#### （二）间接金融工具

间接金融工具是指银行或其他金融中介机构所发行或签发的银行券、存单、金融债券、银行票据和支票等。这类金融工具由间接融资方式引致产生，因此不能用来证明企业或个人之间直接发生的借贷关系。

### 二、短期金融工具、长期金融工具和不定期金融工具

按信用关系存续时间的长短划分，金融工具可分为短期金融工具、长期金融工具和不定期金融工具。

#### （一）短期金融工具

短期金融工具也称货币市场金融工具，一般是指提供信用的有效期限在一年或一年以内的借用凭证。短期金融工具有较强的流动性和变现性，可以像货币一样，作为流通手段和支付手段在市场上流通。它既是体现债权债务关系的信用凭证，又是以信用为基础的货币符号（可视为准货币）。短期金融工具包括：商业票据、银行票据、支票以及近年发展起来的信用证、旅行支票和信用卡等。此外，国库券（期限在一年以内的）、大额可转让定期存单、回购协议等也属于短期金融工具。

#### （二）长期金融工具

长期金融工具，也称资本市场金融工具，是指信用期限在一年以上的各种有价证券，包括股票、公司债券、公债券和金融债券等。其中股票没有偿还期，不能退股或撤回资金，实际上是一种永久性的金融工具。长期金融工具期限长、风险性较大、流动性较弱，但投资获利的机会较多，是企业和个人重要的投资对象。

#### （三）不定期金融工具

不定期金融工具是指没有规定信用关系存续期限且可以长期循环使用的信用凭证，主要是指银行券。所谓银行券是由银行发行的用以代替商业票据的银行票据。典型的银行券在金本位制下，持票人可以随时向发券银行兑换黄金，在流通中以金币代表者的身份出现，是一种比较稳定的信用货币。但是，20 世纪 30 年代世界经济大危机后，各国

相继放弃了金本位制，银行券也被停止兑换黄金。银行券既失去了黄金保证，又失去了信用保证，结果造成银行券贬值和物价上涨。这时，银行券同纸币已无本质上的区别，即银行券完全纸币化了。如果把纸币纳入广义的银行券范畴，那么纸币也属于一种不定期的金融工具。

## 三、基础金融工具和衍生金融工具

按金融工具产生的基础或依存关系划分，金融工具可分为基础金融工具和衍生金融工具。

### （一）基础金融工具

基础金融工具是指一切能证明债券、权益、债务关系的具有一定格式的法律文件。基础金融工具包括最具流动性的现金、具有限制性应用特征的票据和有价证券等。其基本特征为：

1. 基础金融工具的产生和取得通常伴随资产的流入和流出

例如企业将现金存入银行，获得银行存款；支付现金，获得债券和股票；从银行取得贷款，发生银行借款；赊销赊购商品，发生应收账款和应付账款等。这是基本金融工具区别于衍生金融工具的基本特征。

2. 价值由标的物本身价值决定

基础金融工具合约的价值由标的物本身的价值决定，这是基础金融工具区别于衍生金融工具的另一项重要特征。

基础金融工具包括货币（本外币）、银行存款、票据、可转让定期存单和信用证；各类股票和债券；应收应付款项、应收应付票据、抵押证券、抵押贷款和可转让债券等。

### （二）衍生金融工具

衍生金融工具是金融市场上一系列自身价值依赖于标的资产价格变动的合约的总称。这里的标的资产既可以是金融资产，如债券、股票、外汇，也可以是某种商品，如石油、小麦、咖啡等。衍生金融工具在交易之初就赋予交易一方在潜在有利条件或不利条件下与另一方交换金融资产的权利与义务。由于交换条款是在衍生金融工具形成时就确定下来的，因此，随着金融市场价格的变化，原有条款对双方都有可能产生有利或者不利的一面。国际会计准则委员会（IASC）发布的《国际会计准则第39号——金融工具：确认和计量》（IAS 39）中对衍生金融工具的定义为：其价值随着特定利率、证券价格、商品价格、外汇汇率、价格或者汇率指数、信用等级和信用指数或类似变量（标的物）的变化而变化；不要求初始净投资，或与对市场条件变动具有类似反应的其他类型合同相比，要求较少的净投资；在未来日期结算。

美国财务会计准则委员会（FASB）于1998年正式颁布的财务会计准则公告第133号《衍生金融工具和套期保值活动的会计处理》（SFAS 133）中总结了衍生金融工具合约的三个特征：

首先，合约有一个或者多个标的物，且有一个或多个名义金额或者支付条款，或者名义金额和支付条款共同具备。这些因素决定了结算条款，并在某些情况下决定是否需要进行结算。

其次，合约不要求初始净投资，或所要求的初始净投资相对于预期对市场条件具有类似反应的其他类型合约要少。

最后，合约的条款要求或允许净额结算；能容易地借助于合约之外的方式进行净值结算；或要求交付一项资产，从资产收受者的角度看，本质上无异于净值结算。

衍生金融工具种类繁多，交易方式各异，操作手法复杂。从大的类别看，主要分为期货（futures）、远期（forward）、期权（option）和互换（swap）四大类，其他类型的合约大多由此四种工具组合派生而成：

（1）期货类衍生金融工具：商品期货、货币期货、利率期货、股票期货、债券期货、股指期货等。

（2）远期类衍生金融工具：商品远期、利率远期、货币远期等。

（3）期权类衍生金融工具：货币期权、利率上下限期权、股票期权等。

（4）互换类衍生金融工具：货币互换、利率互换、商品互换等。

此外，通过各种衍生工具的交叉组合，可以构建出能发挥特定作用的交易策略，譬如期货期权、价差交易、时间性差额交易以及多种外来期权等。衍生金融工具有交易所场内交易工具和场外交易（柜台交易）工具之分。一般来说，期货合约以及标准化的合约采用场内交易的方式，而场外交易则可按照交易双方的需要自由制定交易条款。场外交易衍生金融工具比场内交易体现出更多的灵活性，但是潜在的违约风险和流动性风险也相应增大。

金融工具的划分详见图 5-1。

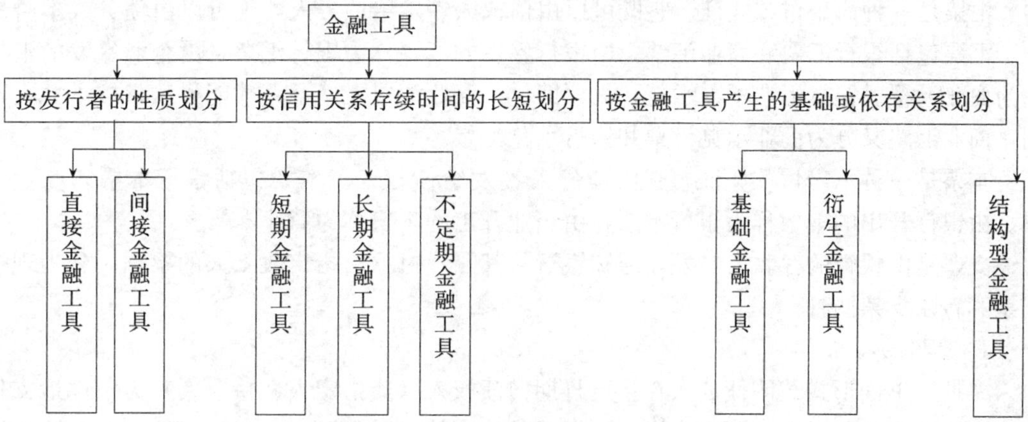


**图 5-1　金融工具划分示意图**

☞ **专栏 5-1**

**结构型金融工具**

看涨期权、看跌期权、期货（或是持有标的资产，如股票市场指数、汇率或是利率）的组合能够形成各种形式的收益，它们的通用名词叫做合成头寸（synthetic position）或是合成证券（synthetic securities）。而这类具备组合收益的金融工具称为结构型金融工具。

如果持有一个股票组合，那么股指期权可以对股票价格的下跌提供保险，同时能使你从股票价格的潜在上涨中获利。同时，股指期权的组合可以用来复制一个无风险头寸，或是从期权的错误定价中赚取无风险利润，后者被称为比率价差。

在本章最后一节将通过案例来具体介绍结构型金融工具。

## 第三节　主要金融工具介绍

金融工具按产生的基础或依存关系来划分，可分为基础金融工具和衍生金融工具。基础金融工具主要包括票据、股票、债券、证券投资基金等；衍生金融工具主要包括远期、期货、期权和互换四大类。本部分将分别介绍这些常见的基础金融工具和衍生金融工具。

### 一、基础金融工具

#### （一）票据

票据是指具有一定格式，载明金额和期限，到期时由付款人向持票人或指定人支付一定款项的书面债务凭证。票据主要包括汇票、本票和支票三种。

汇票是一种命令付款凭证。它既可以由债权人签发给债务人，也可以由债务人本身签发。汇票包括银行汇票和商业汇票，由银行签发的汇票称为银行汇票，由企业签发的汇票称为商业汇票。银行汇票不需承兑，见票即付；商业汇票需经承兑才能付款，按承兑人不同，商业汇票又分为商业承兑汇票和银行承兑汇票。

本票是一种承诺付款凭证，它由债务人签发给债权人。本票包括银行本票和商业本票。由银行开出的本票称为银行本票，由企业开出的本票称为商业本票。

支票是由银行的存款人签发，通知银行从其账户付款给指定收款人的票据，分为现金支票和转账支票两种。

1. 票据的特点

票据以书面形式载明债务人在指定日期向债权人（或指定人、持票人）无条件地支付一定金额的义务。对于债权人来说，票据是其债权的一种保证。一般情况下，票据具有以下特点：

（1）票据的流动性。根据国际上通行的做法，凡记名票据，必须经背书才能交付转让；凡无记名票据，则可直接交付转让。我国《票据法》规定的票据均为记名票据，故其必须通过背书的方式进行转让。

票据可以不经债务人的同意，通过背书或票据交割等简易程序进行转让和再转让，发挥支付手段和流通手段的作用。但一般的债权凭证如押据、借据等，是不可能也不允许流通的。

(2) 票据的要式性。对票据上必须记载的事项，以及票据的出票、转让、承兑、保证、付款、追索等行为的方式和程序，各国都通过专门制定的票据法加以规范，并要求严格遵守。这就使票据本身的合法性、有效性容易鉴别，使用时有法可依。

(3) 票据的支付强制性。票据必须无条件支付，换句话说，出票人自己承诺或委托他人支付的，不得附有支付的任何前提或条件。凡符合法定要式的票据到期时，除票据法另有特别规定外，票据持有人向付款人提示票据后，付款人必须无条件支付。如果付款人拒绝付款，票据持有人有权诉诸法院强制执行。

(4) 票据的无因性。也就是说持票人只要向票据债务人提示票据就可行使票据权利，而不问票据取得的原因是否无效或有瑕疵。票据的无因性是指票据的流通与产生票据权利和义务关系的原因是相分离的，即持票人的权利不受设立票据或转让票据的原因的影响。这就是说，票据一旦设立，即具独立的权利和义务关系，不能因为票据设立或转让中存在的某种瑕疵，而影响到票据当事人之间根据票据记载所产生的权利和义务关系。

(5) 票据的集团债务性。一般债务契约都是单一债务，即单个债权人对单个债务人，至多增加极个别的债务保证人。票据则有多个债权人和债务人。例如，经过背书转让的票据，除出票人是收款人的债务人外，背书人也是被背书人的债务人。如果票据到期不能付款，持票人可以向该票据的全体债务人或其中的数人甚至一人追索，票据的出票人、承兑人及全体背书人均要对债务的清偿负连带责任。集团债务的明显好处是偿债的主体多，偿债的安全性较高。

2. 票据的作用

票据形式简明、流通自由，并且受法律保护，所以在经济交易中得到了广泛使用，并且发挥着越来越重要的作用。

(1) 信用作用。票据由于以信用为基础，因而可以进入金融市场，成为书面支付凭证。出票人在票据上立下书面的支付保证，付款人或承兑人允诺按照票面规定履行付款义务。票据的使用可以解决债务人临时性的资金周转困难。

(2) 流通作用。票据经过背书可以转让他人。通过背书及转让，票据在市场上广泛流通，成为一种流通工具，节约了现金的使用。

(3) 结算作用。票据作为一种支付凭证，广泛用于非现金结算。无论在国内结算中，还是在国际结算中，票据都是重要的结算工具。

(4) 抵销债务作用。企业单位之间的债权与债务和国际交往所产生的债权与债务可以使用票据进行结算或相互抵销，这就给债务与债权清算带来了很大方便。

3. 票据行为

票据行为是指以承担票据上的债务为目的所作的必要形式的法律行为。票据行为有出票、背书、承兑和保证四种。

(1) 出票是指出票人制作票据并将其交付给收款人的行为。这属于创造票据的行为，票据上的一切权利和义务都是因出票而产生的。所以，出票是基本票据行为，或称主票据行为，除此以外的其他票据行为，均为附属票据行为。出票包括制作票据和交付票据两个部分。

（2）背书又称“里书”，是指票据的收款人（或持有人）为了将未到期的票据转让给别人（即转让票据权利），而在票据的背面或粘贴单上记载有关事项并签章的行为。票据背书后，必须经过交付，才最终完成背书行为。经过背书的票据，如出票人不能偿付，背书人负有偿付责任。背书可分为记名背书（背书时注明受让人名称）和空白背书（背书时不注明受让人名称）。

（3）承兑是指票据付款人承诺在票据到期日支付票据金额的行为。付款人在票据上写明“承兑”字样并经签章，确认票据的付款责任后，即成为承兑人。经承兑的票据，承兑人是该票据的主债务人。

（4）保证是指票据债务人以外的人，为担保票据债务的履行，以承担该票据债务为目的的一种行为。保证的目的在于增加票据的可靠性，提高票据的信用度。保证人所担保的票据债务，既包括应由承兑人付款的债务，也包括出票人、背书人、参加承兑人的债务。当债务人不能履行债务时，债权人有权向保证人请求履行或赔偿损失。

**（二）股票**

股票是一种永久性证券，不能退股，但可以转让或抵押。股票作为一种财产所有权的凭证，本身并没有价值，但是可以给持有者带来股利收入。股票价格，又称股票行市，是指在证券市场上买卖股票的价格。买卖股票实际上就是购买或转让一种领取股利收入的凭证。

1. 股票的相关价值

（1）股票的票面价值。它是指公司发行的股票上所标明的票面金额。它以股为单位，代表投资入股的货币资本数额，是固定不变的，据此可以确定每一股在公司资本中所占的份额。但股票在市场上交易（包括新股票发行和老股票转让）时，股票的价格就与原来的票面金额产生了分离。

（2）股票的账面价值。这一指标大体反映每股普通股所代表的实际资产价值，其计算公式如下：

$$\text{普通股每股账面价值}=\frac{\text{公司资产的净值}-\text{优先股总面值}}{\text{普通股总股数}}$$

（3）股票的内在价值。这是股票的理论价值，它是由股份公司的未来收益确定的股票的实际价值。对投资者来说，自然要设法去寻找那些内在价值大于市场价格的股票。股票内在价值的计算，关键是把未来的收益（现金流量）折成现值，现值越大，股票的内在价值也越高。

（4）股票的清算价值。它是指公司终止并且清算后股票所具有的价值。这一价值可能与股票的账面价值、市场价值有很大的差异。因为清算时至少要扣除清算费用等支出，而且在一般情况下，被清算的公司总是在压低价格后出售其资产。

（5）股票的市场价值。这是前面已提及的股票价格或股票行市。股票的价格不取决于它的票面价值，而取决于预期收益（股息、红利）与市场利率的对比关系。用公式表示是：

$$P=\frac{r}{i}$$

式中，$P$ 表示股票的市场价格，$i$ 表示市场利率，$r$ 表示预期收益。

例如，有票面金额为1 000元的股票，每年股息50元，年市场利率为4%，则该种股票的价格为：50÷4%=1 250（元）。

可见，股票价格与股息收入成正比，与市场利率成反比。

需要注意的是，上式只是对股票价格决定的理论描述，它表明在证券市场供求平衡的条件下决定股票价格水平的基本因素。但事实上，股票价格的决定是十分复杂的，不仅受经济因素的影响，还受国家政治局势、政府经济政策和投资者心理状态等因素的影响。

2. 股票的除权除息

（1）除权除息的基本概念。上市公司的股份每日在交易市场上流通，上市公司在送股、派息或配股的时候，需要确定某一天，界定哪些股东可以参加分红或参与配股，这一天就是股权登记日。也就是说，在股权登记日这一天仍持有或买进该公司股票的投资者是可以享有此次分红或参与此次配股的股东，这部分股东名册由证券登记公司统计在案，届时将应送的红股、现金红利或者配股权划到这部分股东的账上。某股票在除权日当天，在其证券代码前标上“XR”，表示该股已除权，购买这样的股票后将不再享有分红的权利；证券代码前标上“DR”，表示该股已除权除息，购买这样的股票不再享有送股派息的权利；证券代码前标上“XD”，表示该股已除息，购买这样的股票不再享有派息的权利。

（2）除权除息价格的计算。

除息价的计算公式为：

$$\text{除息价}=\text{股权登记日收盘价}-\text{每股所派现金}$$

除权价的计算分为两种方式：送股除权和配股除权。

送股除权价的计算公式为：

$$\text{送股除权价}=\frac{\text{股权登记日收盘价}}{1+\text{送股比例}}$$

配股除权价的计算公式为：

$$\text{配股除权价}=\frac{\text{股权登记日收盘价}+\text{配股价}\times\text{配股比例}}{1+\text{配股比例}}$$

有送红、派息、配股的除权价的计算公式为：

$$\text{除权价}=\frac{\text{收盘价}+\text{配股比例}\times\text{配股价}-\text{每股所派现金}}{1+\text{送股比例}+\text{配股比例}}$$

☞**专栏**5-2

**技术分析的起源**

日本本间家族的本间宗久首创的烛台方法，是图表分析或称技术分析的起源。技术分析作为股票市场及期货市场上一种有效的价格分析方法，一直受到投资者的青睐。技术分析对价格走势和影响价格的供求状况进行分析，它以市场价格、交易量这些历史信息为基础，凭借图标和各种指标来解释、预测市场的未来走势，强调心理因素对证券价格走势的影响。

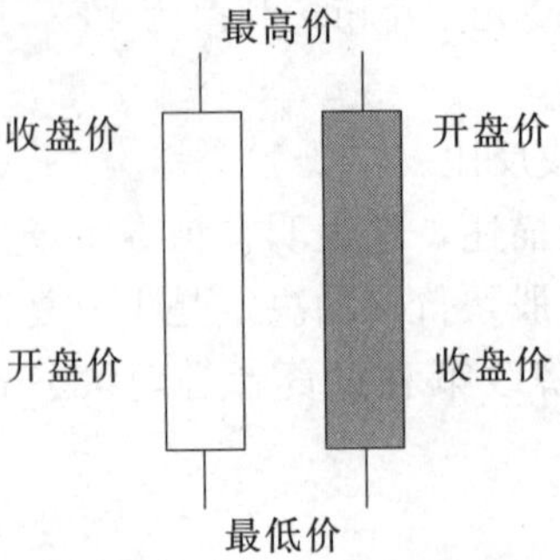


如果收盘价低于开盘价，则蜡烛的颜色为红色或者黑色。

如果收盘价高于开盘价，则蜡烛为空心或者白色。

**（三）债券**

债券是政府、金融机构、企业等机构直接向社会筹措资金时，向投资者发行，并且承诺按规定利率支付利息、按约定条件偿还本金的债权债务凭证。

1. 债券的价格

债券的价格有发行价格和交易价格两种。以公司债券来说，往往不是折价出售就是溢价出售，而按面值发行的情况不多。公司债券发行价格确定的主要依据是市场利率。当市场利率等于票面利率（名义利率）时，可以以票面金额作为发行价格；当市场利率小于票面利率时，债券能溢价出售；当市场利率大于票面利率时，债券要折价出售。

债券交易价格即市场价格的确定与股票不同，因为债券不仅有利息收入，而且到期要还本。

如果是到期一次还本付息的债券，按单利计算，其市场价格确定的公式是：

$$P=\frac{S}{1+i\cdot n}$$

式中，$P$ 表示债券的市场价格，$i$ 表示市场利率，$S$ 表示债券到期的本利和，$n$ 表示债券到期的期限。

例如，一张面额为 1 000 元、一年期、年利率 5%、一次还本付息的债券，当年市场利率为 4%时，其价格为：(1 000+1 000×5%×1)÷(1+4%×1) =1 009.62（元）；当年市场利率提高为 6%时，其价格则为：(1 000+1 000×5%×1)÷(1+6%×1)=990.57（元）。

计算表明，当市场利率低于债券原定利率时，债券的价格就会高于债券的面值；当市场利率高于债券原定利率时，它的价格就会低于债券的面值。

上式所提供的是对债券价格决定的一种理论分析，与股票一样，债券除了受在金融市场上的供求关系的影响外，还受各种经济因素和社会因素的影响。

2. 债券收益率曲线

债券的利率期限结构是指债券的到期收益率与到期期限之间的关系。该结构可以通过利率期限结构图表示，图中的曲线即为债券收益率曲线。

债券收益率曲线是描述在某一时点（或某一天）一组可交易债券的收益率与其剩余到期期限之间数量关系的一条趋势曲线。即在直角坐标系中，以债券剩余到期期限为横坐标、以债券收益率为纵坐标而绘制的曲线。一条合理的债券收益率曲线将反映出某一时点（或某一天）不同期限债券的到期收益率水平。研究债券收益率曲线具有重要的意义，对于投资者而言，可以用来作为预测债券的发行投标利率、在二级市场上选择债券投资券种和预测债券价格的分析工具；对于发行人而言，可为其发行债券、进行资产负债管理提供参考。

债券收益率曲线的形状可以反映出当时长短期利率水平之间的关系，它是市场对当前经济状况的判断及对未来经济走势预期（包括经济增长、通货膨胀、资本回报率等）的结果。债券收益率曲线通常表现为四种情况：一是正向收益率曲线，表明在某一时点上债券的投资期限越长，收益率越高，意味着社会经济处于增长期；二是反向收益率曲线，表明在某一时点债券的投资期限越长，收益率越低，意味着社会经济进入衰退期；三是水平收益率曲线，表明收益率的高低与投资期限的长短无关，意味着社会经济出现极不正常的情况；四是波动收益率曲线，表明债券收益率随投资期限不同而呈现波浪变动，也就意味着社会经济未来有可能出现波动。

在一般情况下，债券收益率曲线通常是一个有一定角度的正向曲线，即长期利率应在相当程度上高于短期利率。这是由投资者的流动性偏好引起的，由于期限短的债券其流动性要好于期限长的债券，作为流动性较差的补偿，期限长的债券的收益率也就要高于期限短的债券。当然，当资金紧俏导致供需不平衡时，也可能出现短高长低的反向收益率曲线。

债券收益率曲线是静态的，随着时点的变化债券收益率曲线也发生变化。但是，通过对债券交易的历史数据进行分析，找出债券收益率与到期期限之间的数量关系，形成合理有效的债券收益率曲线，可以分析和预测当前不同期限的收益率水平。

根据收益率曲线的定义，图 5－2 绘出了银行储蓄的收益率曲线，图 5－3 绘出了国债收益率曲线。

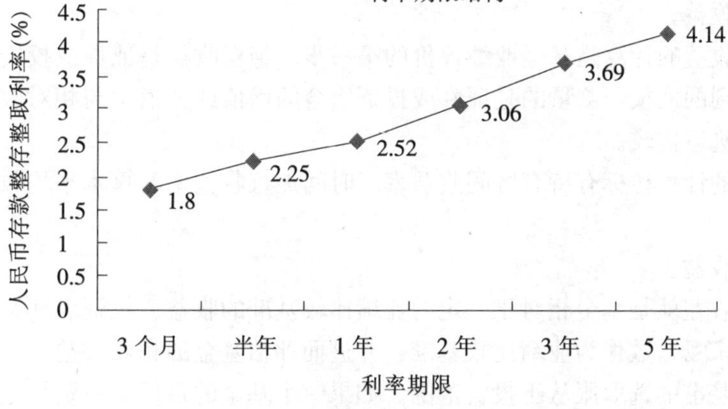


**图 5－2　银行储蓄的收益率曲线图**

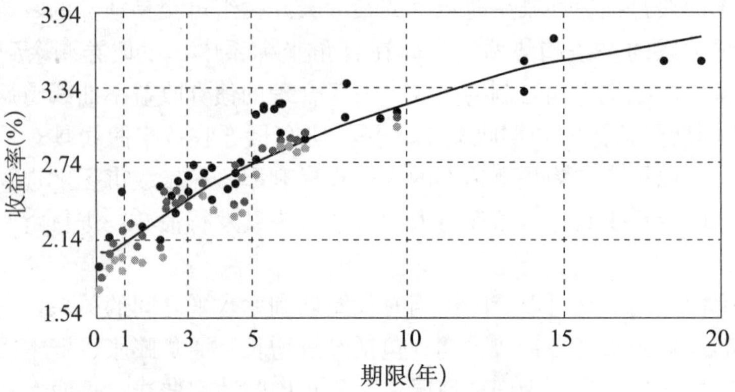

**图 5-3　2007 年 2 月 8 日国债收益率曲线图**

### （四）证券投资基金

1. 证券投资基金的价格形成

根据基金单位是否可增加或赎回可分为开放式基金和封闭式基金。开放式基金是指基金设立后，投资者可以随时申购或赎回基金单位，基金规模不固定的基金；封闭式基金是指基金规模在发行前已经确定，基金合同期内基金份额可以在依法设立的证券交易所交易，但基金份额持有人不得申请赎回的基金。

封闭式基金份额固定，在完成募集后，基金份额在证券交易所上市交易，投资者买卖封闭式基金份额，只能委托证券公司在证券交易所按市价买卖，交易在投资者之间完成。封闭式基金的交易价格主要受二级市场供求关系的影响。当需求旺盛时，封闭式基金二级市场的交易价格会超过基金份额净值出现溢价交易现象；反之，当需求低迷时，交易价格会低于基金份额净值出现折价交易现象。

开放式基金份额不固定，投资者可以按照基金管理人确定的时间和地点向基金管理人或其销售代理人提出申购、赎回提醒，交易在投资者与基金管理人之间完成。开放式基金的买卖价格以基金份额为基础，不受市场供求关系的影响。

2. 证券投资基金的收益

（1）绝对收益。

基金绝对收益的计算是基金业绩评价的第一步。绝对收益是证券或投资组合在一定时间区间内所得到的回报，测量的是证券或投资组合的增值或贬值。与相对收益不同，绝对收益不与基准进行比较。

绝对收益的计算指标有持有区间收益率、时间加权收益率、算术平均收益率、几何平均收益率等。

（2）相对收益。

基金相对收益就是基金相对于一定的业绩比较基准的收益。投资者和基金管理公司可以选择适当的市场指数作为业绩比较基准，并进而评估基金的相对收益。

业绩比较基准的选取服从于投资范围。如果一个基金的目标是投资特定市场或特定行业，就可以选取该市场或行业指数，例如以创业板指数或生物医药行业指数作为业绩比较基准。此外，也可以选取几个指数的组合作为一个基金的业绩比较基准，混合型公募基金经常选取这样的业绩比较基准，例如：沪深300指数×70%+中证全债指数×30%。

业绩比较基准有两方面作用：一方面，进行事后业绩评估时可以比较基金的收益与比较基准之间的差异；另一方面，事先确定的业绩比较基准可以为基金经理的投资管理提供指引。

(3) 风险调整后的收益。

现代投资理论表明，承担风险的大小在决定投资组合的收益上具有基础性的作用，因此高回报的基金可能仅仅是由于其承担了较高的风险，而表现较差的基金不一定是由于基金经理的投资能力不足，可能是因为其风险暴露较低。

国际上常用的考虑风险调整的基金收益指标有夏普比率、特雷诺比率、詹森α和信息比率等。

**专栏5-3**

**互联网基金的兴起**

——以余额宝为例

随着互联网的发展与普及，互联网对金融业的发展产生了深刻的影响。我国商业银行的传统金融服务业务已经基本实现了电子银行客户自助办理。一些大型互联网机构和企业，利用大数据、云计算和数据挖掘等现代信息技术，不断推出创新性的互联网金融产品。比如由阿里巴巴推出的阿里小贷，就是电商企业在小微贷领域的创新。2013年6月，支付宝网络技术有限公司开通余额宝功能，与天弘基金公司合作，直销中国第一只互联网基金。截至2017年1月初，余额宝总规模已达8 000亿元。

余额宝推出了我国第一只互联网基金。余额宝在第三方支付业务与货币基金产品的组合上进行创新。余额宝的另一大产品创新亮点在于将即时支付（T+0）融入客户消费场景，客户在账户增值的同时，还能确保即时支付和转账的便捷性。

余额宝在营销渠道上开创了基金公司在大电商平台直销基金的模式。余额宝在营销流程上开创了互联网一站式销售模式，而天弘基金是余额宝服务的唯一产品提供者。余额宝为了给客户提供一个极佳的购物体验，尽量转化每一个支付宝客户。天弘基金和支付宝在后台系统为余额宝提供了大量技术支持，实现便捷的“一键开户”流程，资金门槛仅需1元，不少客户通过余额宝享受到“大众理财”带来的魅力和增值感。余额宝细致入微地围绕提升客户价值进行创新，得到客户的高度认同，支付宝的备付金不断流向余额宝。

## 二、衍生金融工具

衍生金融工具是20世纪70年代以来国际金融创新浪潮和金融自由化所带来的产物。

1973 年布雷顿森林货币体系解体，浮动汇率制代替固定汇率制，国际货币新秩序尚未形成，各国通货膨胀率居高不下，外汇市场的汇率波动频繁而剧烈。因此，规避通货膨胀风险、利率风险和汇率风险成为金融交易的一项迫切要求，为此各种各样的衍生金融工具应运而生。美国芝加哥商品交易所率先开办外汇期货交易，开了衍生金融工具交易之先河。自此以后，随着各国金融自由化的发展和金融管制的放松，各类衍生金融工具得以迅速发展。据不完全统计，目前衍生金融工具的种类已超过 1 000 种，其中常见的有远期外汇合约、外汇期货、外汇期权、短期利率期货、债券期权、利率互换股指期货和股指期权等。衍生金融工具不仅为套期保值者提供了更为便捷的风险管理工具，同时也为投机者提供了更多的冒险机会。

衍生金融工具的迅速拓展还得益于期权公式的问世。诺贝尔经济学奖获得者斯科尔斯和默顿在 20 世纪 70 年代初推出了他们据以获奖的期权定价公式，解决了这一难题，许多相关领域的定价问题也连带获得解决。他们在理论上的重大突破为金融衍生市场的发展提供了坚实的理论基础。

衍生金融工具的发展简史如表 5-1 所示。

**表 5-1　　衍生金融工具发展简史**

| 时期 | 发展阶段 |
|---|---|
| 17 世纪 30 年代 | 郁金香热 |
| 17 世纪早期 | 米票出现（最早的期货交易的例子之一，发生在日本大阪的淀屋大米市场，征收大米产量的一部分作为地租的地主们发现，天气和其他条件难以预料，所以需要现金的地主便将大米运到城里的仓库储存起来，然后他们卖出仓库收据，即米票。持有米票的人有权在未来的某一日期以议定的价格收取一定数量、一定质量的大米） |
| 1865 年 | 第一份现代期货合约诞生（芝加哥期货交易所引入了被称为期货合约的协议形式，从而使谷物交易趋于规范） |
| 20 世纪 70 年代 | 金融期货产生（芝加哥商品交易所分支机构国际货币市场于 1972 年成立，这是第一家从事金融期货合约即货币期货交易的交易所。就在这一年，芝加哥期货交易所没有获得从事股票期货交易的许可，专门从事期权交易的芝加哥期权交易所因此于 1973 年成立。也是在这一年，费希尔·布莱克和迈伦·斯科尔斯发表了他们的期权定价公式） |
| 20 世纪 80 年代 | 场外衍生工具的发展（交易所实行的是公开叫价制，即交易者们在交易大厅内相互叫出自己的指令。与此相反，私下议定衍生合约则可以以当面协商、电话、电报电传等多种方式进行。这种方式称为场外交易） |

### （一）衍生金融工具的主要功能

1. 规避市场风险

许多衍生金融工具的产生都与当初投资者需要规避某一种市场风险有关。有了衍生产品，投资者可以通过套期保值来将价格和利率波动的风险转移给投机者。比如利率远期、利率期货、利率期权等都可以用于规避利率波动的风险。

2. 价格发现

价格发现功能体现在大量的购买者和出售者通过竞争性的公开竞价形成了市场均衡价

格。衍生金融工具的市场价格就是对标的物未来价格的事先发现，反映了人们对利率、汇率、股指期货等价格走势变化和收益的预测及对目前供求状况的综合看法，能够相对准确地反映交易者对标的物未来价格的预期。

3. 套利

衍生金融工具大大丰富了市场的套利机会，这使得套利成为它的一个重要功能。比如，利率互换就是利用双方具有比较优势的套利产品进行互换交易。

4. 投机

规避市场风险和套利都是针对风险厌恶的投资者来说的，而对于投机者而言，金融衍生产品则增加了市场的投机机会。

5. 提高交易效率

衍生金融工具提高了市场的流动性，降低了交易成本，从而提高了整个市场的交易效率。

6. 促进了金融市场的完善

衍生金融工具补充和丰富了金融市场的交易品种，衍生金融工具和基础金融工具的组合可以为投资者提供任何收益和风险特性相匹配的产品。

☞专栏 5-4

### 世界性交易所发展年表

以下简史可以帮助了解进行衍生金融工具交易的世界性交易所的名称及它们成立的时间。

| | |
|---|---|
| 1. 1571 年 伦敦皇家交易所 | 16. 1976 年 香港期货交易所 |
| 2. 1744 年 波罗的海交易所 | 17. 1980 年 国际石油交易所 |
| 3. 1773 年 伦敦证券交易所 | 18. 1982 年 伦敦国际金融期货交易所 |
| 4. 1790 年 费城证券交易所 | 19. 1984 年 新加坡国际金融交易所 |
| 5. 1792 年 纽约证券交易所 | 20. 1985 年 斯德哥尔摩期权交易所 |
| 6. 1848 年 芝加哥期货交易所 | 21. 1985 年 巴西商品期货交易所 |
| 7. 1870 年 纽约棉花交易所 | 22. 1985 年 法国国际期货交易所 |
| 8. 1872 年 纽约商品交易所 | 23. 1987 年 巴黎可转让期权市场 |
| 9. 1877 年 伦敦金属交易所 | 24. 1988 年 瑞士期权和金融期货交易所 |
| 10. 1878 年 东京证券交易所 | 25. 1989 年 东京国际金融期货交易所 |
| 11. 1881 年 明尼阿波利斯谷物交易所 | 26. 1990 年 西班牙金融期货交易所 |
| 12. 1919 年 芝加哥商品交易所 | 27. 1993 年 德国证券交易所 |
| 13. 1952 年 东京谷物交易所 | 28. 2000 年 欧洲证券交易所（由阿姆斯特丹证券交易所、巴黎证券交易所和布鲁塞尔证券交易所合并而成） |
| 14. 1960 年 悉尼期货交易所 | |
| 15. 1973 年 芝加哥期权交易所 | |

☞专栏 5-5

**不规范的衍生金融工具交易造成的灾难性金融事件**

| | |
|---|---|
| 1993 年 | 德国金属公司因石油期货交易而亏损 18 亿德国马克 |
| 1994 年 | 智利铜业公司因铜和贵金属的违规期货交易而损失约 2 亿美元 |
| 1995 年 | 巴林银行因其新加坡分行的一名交易员签订的价值超过 10 亿美元的金融衍生合约而倒闭（具体情况见本章章末思考与练习中的案例分析题） |
| 2008 年 | 受国际黄金市场剧烈波动和国家外汇管制力度变化的影响，北京高德颐合金银制品有限公司（简称高德黄金）爆仓出局 |

### （二）衍生工具的交易方式

交易者是指在金融和商品市场上代表其客户或用其自有资金买入或卖出衍生工具合约的市场参与者。交易者可通过下述三种方式进行交易。

1. 场外交易

场外交易是指具有如下特征的市场：无固定的场所、较少的交易约束规则，以及在某种程度上更为国际化。交易由交易者和委托人通过电话和计算机网络直接进行，而不是在规则繁多的交易大厅中进行。

2. 以公开叫价的形式在交易大厅内进行交易

公开叫价即交易者或经纪人在交易大厅内通过彼此叫喊并运用手势来达成交易。

3. 利用电子自动配对系统进行交易

许多交易所利用电子自动配对系统来扩展它们的交易时间。这种系统或者由多方联合投资建成，如 GLOBEX 即由芝加哥商品交易所、芝加哥期货交易所与路透社共同投资，或者为某一家交易所拥有，如伦敦国际金融期货交易所的 APT 系统。电子自动配对系统的运作遵循与交易大厅交易相同的交易规则，其优点在于交易以匿名方式进行，因而有时也被称为电子经纪人。

场内交易和场外交易的衍生金融工具的区别见表 5-2。

**表 5-2　场内交易和场外交易的衍生金融工具的区别**

| 场内交易 | 场外交易 |
|---|---|
| 可用的衍生金融工具：期货、期权 | 可用的衍生金融工具：远期、期权、互换 |
| 衍生金融工具交易在充满竞争的交易大厅内以公开叫价和电子化的方式进行 | 衍生金融工具交易在个人基础上以单独协商的方式进行 |
| 有标准化且公开发行的合约规格 | 没有标准的规格 |
| 价格透明且易于获得 | 价格透明度较差 |
| 市场参与者互相不知晓 | 市场参与者必须互相知晓 |
| 交易时间公开，交易必须按交易所规则进行 | 全天 24 小时交易，流动性较差，且按顾客要求进行的一次性交易只能在当地的交易时间进行 |
| 头寸很容易轧平 | 头寸不能轻易轧平或转移 |
| 几乎没有合约在到期日或以实物交付的形式终结 | 绝大多数合约在到期日或以实物交付的形式终结 |

### （三）主要衍生金融工具介绍

由于衍生金融工具种类繁多，分类方法也多种多样，本部分我们主要按照最为常见的方法分类，即按合约的标准进行分类，分为远期、期货、期权和互换。

1. 远期

远期是指交易双方分别承诺在将来某一特定时间买卖某种金融工具，并事先签订合约，确定价格，以便将来进行交割。远期合约通常是在两个金融机构之间或金融机构与其客户之间签署的。

一份远期合约可以用表 5-3 概括。

**表 5-3　　远期合约**

| 今天议定的合约 | 未来的日期 |
|---|---|
| 议定的条件：<br>价格<br>数量和质量<br>结算日期<br>交付地点<br>其他条件 | 结算时：<br>在议定的日期、地点以议定的条款和条件交付<br>交付时付款 |

远期合约是最简单的衍生金融工具。它的特点在于虽然实物交割在未来进行，但交割价格已在合约签订时确定，合约的卖方承担了合约到期日向买方提供合约标的物（某种商品或金融产品）的义务，但是卖方并不一定需要现在就拥有这种商品或金融产品，他可以于合约到期日从现货市场上购入来履行合约。因此，一个高效率的远期市场必须有一个具有高度流动性的现货市场作为前提。

远期合约交易的优点在于能根据交易双方的具体需求确定未来交割对象的期限和数量，这不仅规避了价格风险，而且更能满足各种具体情况。但是，这同时也带来了合约非标准化的缺点，使远期合约的二级市场很难发展起来。因此，远期交易绝大多数是买卖双方的直接交易，极少在交易所中交易。目前远期合约主要有汇率远期和利率远期两类。

2. 期货

期货是一种法律上具有约束力的交易合约，规定所买卖商品的品种、数额，并约定在将来某个日期按已定协议的价格进行交割。其显著特点是：买卖成交同实际交割之间有一段时间间隔。期货作为一种具有法律效力的标准化合约，从本质上看是一种义务。期货又可分为货币期货、商品期货、金融期货等。

期货与远期十分相似，区别在于：远期合约交易一般规模较小，较为灵活，交易双方易于按各自的愿望对合约条件进行磋商；而期货合约的交易是在有组织的交易所内完成的，合约的内容，如相关资产种类、数量、价格、交割时间、交割地点等，都有标准化的特点，这使得期货交易更规模化，也更便于管理。

期货交易实质上是一种标准化的远期交易。在期货合约中，交易的品种、规格、数量、期限、交割地点等都已标准化，唯一需要协商的就是价格，这大大加强了期货合约的流动性。期货合约的这一特点使合约在到期时只有不到5%的合约最终进行实物交割，绝大多数交易者在此之前就通过购买一份内容相同、方向相反的合约来对冲，避免实物交割。

期货交易的品种既有现实中存在的资产（如各种外汇期货），也有虚拟的资产（如股指期货），这些交易绝大多数都是在交易所内进行的。国际上著名的期货交易所有国际货币市场（IMM）、伦敦国际金融期货交易所（LIFFE）、纽约商品交易所（COMEX）。部分金融期货合约介绍见表5-4。

**表5-4　部分金融期货合约介绍①**

| 芝加哥交易所集团 | 伦敦国际金融期货交易所 |
|---|---|
| 利率期货<br>　美国政府中长期国债期货<br>　3个月期欧洲美元期货<br>　3个月期美国政府短期国库券期货<br>货币（国际货币市场）<br>　澳大利亚元<br>　加拿大元<br>　德国马克<br>　日元<br>　瑞士法郎<br>　英镑<br>指数<br>　标准普尔500指数<br>　纳斯达克100指数<br>　道琼斯工业平均指数<br>　日经225指数<br>　富时指数 | 利率期货<br>　3个月期英镑利率期货<br>　3个月期欧洲美元定期存款期货<br>　英国、美国、日本长期国库券期货<br>货币（国际货币市场）<br>　英镑<br>　美元<br>　意大利里拉<br>　德国马克<br>　日元<br>　瑞士法郎<br>指数<br>　《金融时报》100股指数<br>　《金融时报》250股指数<br>　70种英国股票指数 |
| **东京国际金融期货交易所** | **新加坡国际金融交易所** |
| 利率期货<br>　短期利率期货<br>　欧元日元3个月期利率期货、期权<br>　美元日元期货<br>　1年期欧元日元期货<br>货币<br>　美元<br>　日元 | 利率期货<br>　欧洲美元期货<br>　欧洲日元期货<br>　日本政府债券期货<br>股指<br>　日经225指数<br>　《海峡时报》指数<br>　摩根士丹利指数 |

与商品和能源合约一样，金融期货合约的细节随合约类型和交易所的不同而不同。伦敦国际金融期货交易所的3个月期英镑期货合约见表5-5。

**表5-5　伦敦国际金融期货期权交易所的3个月期英镑期货合约**

| | |
|---|---|
| 交易单位 | 500 000英镑 |
| 交付月份 | 3月、6月、9月、12月 |
| 交付日 | 最后交易日之后第一个营业日 |

① 由于欧元的产生，目前期货合约品种有所变动。

| | |
|---|---|
| 最后交易日 | 交付月份第三个星期三的 11：00 |
| 报价 | 100 减去利率（报价根据期货类型长期或短期而定） |
| 最小价格变动（点的规格和价值） | 0.01 点（12.50 英镑，一份合约可改变价值和点的最小值） |
| 交易时间 | 07：15～16：02（伦敦时间） |
| 自动数控程序交易日 | 16：27～17：57（伦敦时间） |

期货价格通常公布在金融报刊上，其出现的形式与表 5－6 所示的伦敦国际金融期货交易所的 3 个月期英镑期货信息的形式类似。

**表 5－6　　伦敦国际金融期货交易所 3 个月期英镑期货（以 500 000 英镑为 100%）**

| | 开盘价（英镑） | 最高价（英镑） | 最低价（英镑） | 结算价（英镑） |
|---|---|---|---|---|
| 3 月 | 93.74 | 93.76 | 93.74 | 93.75 |
| 6 月 | 93.55 | 93.57 | 93.55 | 93.56 |
| 9 月 | 93.35 | 93.37 | 93.33 | 93.35 |
| 12 月 | 93.20 | 93.21 | 93.17 | 93.18 |

金融期货通常被市场参与者用于保护他们的资产不受价格逆向变动的影响。他们持有的仓盘取决于市场的波动性，如表 5－7 所示。

**表 5－7　　金融期货交易策略**

| 金融期货合约 | 卖出空头 | 买入多头 |
|---|---|---|
| 利率 | 利率上升 | 利率下降 |
| 货币 | 货币价格下跌 | 货币价格上涨 |
| 股指 | 股指下跌 | 股指上涨 |

（1）货币期货。货币期货具有两大功能：一是套期保值，二是投机。在分析这两大功能之前，先介绍一个在期货交易中最重要的技术指标——基差。

基差是指当时市场上商品现货价格与同种商品期货价格的差额。它有两种表达方式：一种是用现货价格减去期货价格，得出的基差称为现货-期货基差（spot-future basis）；另一种是用期货价格减去现货价格，得出的基差称为期货-现货基差（future-spot basis）。在一般情况下，基差是指前者。

基差可能为正值，也可能为负值。但在期货合约到期日，基差应该为零。这种现象称为期货价格收敛于标的资产的现货价格，如图 5－4 所示。当标的资产没有收益，或者已知现金收益较小或已知收益率小于无风险利率时，期货价格应高于现货价格，如图 5－4（a）所示；当标的资产的已知现金收益较大，或者已知收益率大于无风险利率时，期货价格应小于现货价格，如图 5－4（b）所示。

但是期货价格收敛于现货价格的过程并不是一帆风顺的，也就是说，基差会随着期货价格和现货价格变动幅度的差距而变化。当现货价格的增长大于期货价格的增长时，基差也随之增加，称为基差增大。当期货价格的增长大于现货价格的增长时，称为基差减小。

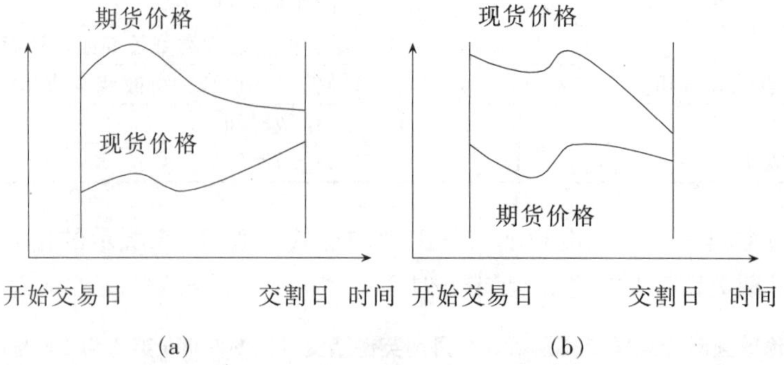


**图 5-4　随交割日的临近期货价格与现货价格之间的关系**

期货价格收敛于标的资产的现货价格是由套利行为决定的。假定交割期间期货价格高于标的资产的现货价格，套利者就可以通过买入标的资产、卖出期货合约并进行交割来获利，从而促使现货价格上升，期货价格下跌。相反，如果交割期间现货价格高于期货价格，那么打算买入标的资产的投资者就会发现，买入期货合约等待空头交割比直接买入现货更合算，从而促使期货价格上升。

对于货币期货市场来说，由于货币期货价格反映的是远期货币的供求双方对远期货币价格的预期，因此期货价格变动一般具备两个特性：一是平衡变动性（price parallelism），即期货价格必与现货价格朝同一方向变动；二是合二为一性（price convergence），即货币期货合约越接近交割日，期货价格与现货价格的差距越小，乃至期货合约在最后交割日（last trading date）收盘时，现货价格与期货价格间的基差必等于零。若不等于零，则投机者可套取其间的利益，即到交割日，卖方可以从现货市场购入即期外汇，交给买方以履行交割义务，或相反。

套期保值又称对冲，是指交易者目前或预期未来将有现货头寸，并暴露于汇率变动的风险中，因此必须在期货市场做一笔与现货头寸等量而买卖方向相反的交易，以补偿或对冲因汇率波动而可能带来的损失。

套期保值是期货最重要的操作之一，一般来说交易者通过套期保值可以达到两个目的：一是锁定资金成本；二是保护资金的收益。套期保值有两种类型：买入对冲与卖出对冲。买入对冲是指交易者预期未来将在现货市场购入某类金融资产，于是先在期货市场买入与该类资产相同或相关的金融期货合约，到时在现货市场买入该类资产的同时，再将原先买入的期货合约在期货市场结清。卖出对冲是买入对冲的相反模式，它是指交易者预期未来将在现货市场售出某类金融资产，而先在期货市场售出与该类资产相同或相关的金融期货合约，到时在现货市场售出该类资产时，再将原先已售出的期货合约在期货市场结清。

下面分别举例说明买入对冲和卖出对冲的操作原理。

①买入对冲：某美国进口商按合同将于 3 个月后支付 125 000 英镑的货款。若签约当日英镑的即期汇率为 1 英镑＝1.567 8 美元，而 3 个月英镑远期汇率则高达 1 英镑＝1.600 0 美元，如此进口商预计 3 个月后英镑即期汇率将升值，为规避英镑升值的汇兑损失，进行买入对冲，具体如表 5－8 所示。

表 5-8　买入对冲状况

| 即期市场 | 期货市场 |
|---|---|
| 今日即期汇率 1 英镑＝1.567 8 美元，预计 3 个月后英镑即期汇率为 1 英镑＝1.600 0 美元 | 今日买入 3 个月后交割的英镑期货 125 000 英镑，价位为 1 英镑＝1.600 0 美元，即预计 3 个月后英镑即期汇率价格将在此上下波动 |
| 3 个月后即期英镑汇率升值至 1 英镑＝1.645 0 美元，美国进口商到即期市场买入 125 000 英镑以备支付 | 3 个月后英镑期货成交汇率随即期汇率同步升值至 1 英镑＝1.650 0 美元，变卖后可盈利 6 250 美元 |

美国进口商成本：1.645 0 美元/英镑×125 000 英镑－6 250 美元＝199 375 美元。

单位成本：199 375 美元/125 000 英镑＝1.595 美元/英镑，固定了进口成本在 1.6 美元/英镑水平以下。

②卖出对冲：一家日本公司 6 个月后有 5 000 万英镑收入，目前汇率为 1 英镑＝150 日元，为防止 6 个月后英镑贬值，该公司决定采用卖出对冲策略以避免风险，操作过程如表 5-9 所示。

表 5-9　卖出对冲状况

| 现货市场 | 期货市场 |
|---|---|
| 今日 1 英镑＝150 日元，6 个月后将收入 5 000 万英镑，按目前汇率水平将收入 75 亿日元 | 今日以 1 英镑＝152 日元卖出期货合约 5 000 万英镑，价位为 76 亿日元 |
| 6 个月后 1 英镑＝140 日元，实际收入 70 亿日元，亏损 5 亿日元 | 6 个月后 1 英镑＝140 日元，买进 5 000 万英镑期货合约，价位为 70 亿日元，盈利 6 亿日元 |

这家日本公司 6 个月后在现货市场出售 5 000 万英镑得到 70 亿日元，在期货市场获利 6 亿日元，两者合计 76 亿日元，超过了该公司在签约时该笔 5 000 万英镑折合 75 亿日元的金额，即该公司利用卖出对冲固定了未来货款收入的实际价值。

期货交易除可用于套期保值外，也可用于投机。这些投机者在本身目前或未来并无现货头寸的情况下进行期货交易，其参与期货交易的目的是想从期货价格变动中获取利润。

期货市场与其他证券市场一样，交易者盈利的可能与亏损的可能一样大。但是，期货市场吸引了大量投机者，其主要原因在于期货交易的杠杆作用。在期货交易市场上，交易者并不被要求缴纳全部的期货价值，而只需缴纳相当于期货价值 5%～15%的保证金就可取得相应期货商品的要求权。这些少量的保证金要求是投机者在期货交易中取得巨大可能利润的根本所在。

对于期货市场及其整个经济市场本身来说，投机者起了很多积极的作用。首先，期货市场中套期保值者所转移的风险是由投机者承担的。众多投机者成了套期保值者的中介力量。其次，投机者促进了市场的流动性。无论怎样，如果没有投机者的加入，期货市场的运转肯定是相当困难和不可想象的，正是这些根据自己的分析且在期货市场上不断改变自己的交易的投机者使得套期保值者随时能够进行风险转移。尤为重要的是，大量投机者在期货市场的频繁活动，起到了一种价格发现的功能，即在期货价格围绕价值运动的过程中，一旦价格过于偏高，投机者即会利用这些偏高进行投机，从而使期货价格的波动能最大限度地反映其价值，有利于市场的稳定。

（2）商品期货。首先引入一个案例：一家以铜作为原材料的生产企业，预计现有的铜储备在 3 个月后用完，需要重新进货，它准备去期货市场购买 3 个月后交割的铜期货。假设当前的铜现货价格为 14 200 元/吨，3 个月期的年利率为 5%。问题是以多少价格购买期货比较合理？

对于上述案例的解决，我们同样利用无套利定价原则给出铜期货价格。构造的无套利组合如下：①以 3 个月期的年利率借入资金 14 200 元；②以借入的 14 200 元去购入 1 吨铜现货；③卖出 1 吨 3 个月后交割的股票期货。根据无套利定价原则，此时的铜期货为：14 200×(1+0.05×3/12)=14 377.5（元/吨）。

但是，如果市场上的铜期货价格为 14 400 元/吨，比 14 377.5 元/吨高，投资者是否就一定可以通过构造无风险套利组合而获得盈利呢？答案是：不一定！

因为，如果按照套利组合买进铜现货以用于未来铜期货的交割，还有一个费用是要计算的，那就是铜现货的存储费用。如果铜在这 3 个月期间的存储费用超过 14 400－14 377.5=22.5（元/吨），那么即使当前市场上的铜期货价格为14 400元/吨，铜现货多头和期货空头的套利组合也不盈利。所以，与没有存储费用的金融期货不同，在计算商品期货的价格时，必须加上商品现货的存储费用。

考虑一般的商品期货，假设在 $t$ 时刻的现货价格为 $P(t)$，无风险年利率为 $r$，期货的交割日为 $T$ 时刻。假设持有期货合约有效期间的存储费用贴现到 $t$ 时刻的现值为 $U$，则考虑存储费用的期货价格计算如下：按照无套利定价原则，构造一个现货多头和期货空头的资产组合，在保证期初与期末的现金流均为 0 的情况下，期货的价格为：

$$F(t,T)=P(t)\mathrm{e}^{r(T-t)}+U\mathrm{e}^{r(T-t)}=[P(t)+U]\mathrm{e}^{r(T-t)} \tag{5-1}$$

在上述案例中，假设铜现货的 3 个月存储费用刚好为 22.5 元/吨，那么铜期货的价格为 14 400 元/吨是否就一定合理呢？也不一定！

因为对于需求现货的生产企业来说，它的最终目的是为了保证在 3 个月后有铜现货供应。它有两种选择：一是购买现货，存储到交割日时使用；二是购买期货，到时候交割购入现货。如果现在市场的期货价格刚好等于 14 400 元/吨，那么它可能宁愿持有现货，存储到 3 个月后使用。或者说，即使现在的期货价格小于 14 400 元/吨，为 13 900 元/吨，即持有期货能赚取这 10 元/吨的差价，它也可能宁愿持有现货。因为持有现货，它可方便地维持企业的生产，而不用担心因为 3 个月后铜短缺而出现生产中断。这部分因为持有现货方便而获得的收益称为便利收益。

便利收益的存在使得期货价格与式（5－1）给出的理论价格有所不同，它反映了市场对商品现货供应的预期。如果预期商品现货的供应出现短缺，则当前的期货价格会比式（5－1）的价格低一些。反过来，如果预期商品现货的供应充足，则当前的期货价格会比式（5－1）的价格高一些。

（3）外汇期货。外汇期货交易是交易双方约定在未来某一时间，依据现在约定的比例，以一种货币交换另一种货币的标准化合约的交易。1972 年 5 月，芝加哥商业交易所正式成立国际货币市场分部，推出了七种外汇期货合约，从而揭开了期货市场创新发展的序幕。从 1976 年以来，外汇期货市场迅速发展，交易量激增了数十倍。1978 年纽约商品交易所也增加了外汇期货业务。1979 年，纽约证券交易所也宣布设立一个新的交易所来专门从事外币和金融期货交易。1981 年 2 月，芝加哥商业交易所首次开设了欧洲美元期货交易。随后，澳大利亚、加拿大、荷兰、新加坡等国家和地区也开设了外汇期货交易市场，从此，外汇期货市场蓬勃发展起来。

外汇期货合约是以外汇作为交割内容的标准化期货合同，主要包括以下几个方面的内容[1]：

第一，外汇期货合约的交易单位。每一份外汇期货合约都由交易所规定标准交易单位。例如，德国马克期货合约的交易单位为每份 125 000 德国马克。

第二，交割月份。国际货币市场所有外汇期货合约的交割月份都是一样的，为每年的 3 月、6 月、9 月和 12 月。交割月份的第三个星期三为该月的交割日。

第三，通用代号。在具体操作中，交易所和期货佣金商以及期货行情表都是用代号来表示外汇期货。八种主要货币的外汇期货的通用代号分别是：英镑 BP、加拿大元 CD、荷兰盾 DG、德国马克 DM、日元 JY、墨西哥比索 MP、瑞士法郎 SF、法国法郎 FR。

第四，最小价格波动幅度。国际货币市场对每一种外汇期货报价的最小波动幅度做了规定。在交易场内，经纪人所做的出价或叫价只能是最小波动幅度的倍数。八种主要外汇期货合约的最小波动价位如下：英镑 0.000 5 美元、加拿大元 0.000 1 美元、荷兰盾 0.000 1美元、德国马克 0.000 1 美元、日元 0.000 000 1 美元、墨西哥比索 0.000 01 美元、瑞士法郎 0.000 1 美元、法国法郎 0.000 05 美元。

第五，每日涨跌停板额。每日涨跌停板额是一项期货合约在一天之内比前一交易日的结算价格高或低的最大波动幅度。6 种外汇期货合约的涨跌停板额规定如下：德国马克 1 250美元、日元 1 250 美元、瑞士法郎 1 875 美元、墨西哥比索1 500美元，荷兰盾 1 250 美元、法国法郎 1 250 美元，一旦报价超过每日涨跌停板额，则成交无效。

☞专栏 5-6

### 如何认读外汇期货行情表？

下表是刊载于香港 1993 年 7 月 19 日出版的《亚洲华尔街日报》上的一则外汇期货行情表，它报道了加拿大元的期货行情。

CANADIAN DOLLAR（CME）～100 000dlrs；＄PerCan＄

Lifetime Open

| | Open | High | Low | Settle | Change | High | Low | Interest |
|---|---|---|---|---|---|---|---|---|
| Sept | .778 8 | .781 6 | .777 0 | .781 3 | +.002 6 | .833 5 | .751 5 | 25 288 |
| Dec | .775 2 | .779 3 | .775 0 | .779 0 | +.002 6 | .831 0 | .747 0 | 1 345 |
| Mr94 | .773 0 | .777 0 | .773 0 | .776 6 | +.002 6 | .786 0 | .755 0 | 1 010 |

Est Vol 4 505；Vol Thur 2 072；Open int 27 634，+32

行情表第一行中的 100 000dlrs 是指加拿大元的合约交易单位，＄PerCan＄

[1] 由于欧元的产生，目前期货合约品种有所变动。

表示下面表中的数额是每加拿大元合多少美元，如“.778 8”表示每一加拿大元合0.778 8美元，左侧第一栏的“Sept”（9 月）、“Dec”（12 月）、“Mr94”（1994 年 3 月）是指交割月份，第二栏“Open”（开盘）下面的“.778 8”是指芝加哥商业交易所 1993 年 7 月 16 日开盘时 9 月份交割的加拿大元合美元的价格，第三栏的“High”下面的“.781 6”是指 7 月 16 日交易的 9 月份交割的加拿大元期货最高曾达 0.781 6 美元，第四栏中的“Low”下面的“.777 0”表示该加拿大元期货该日最低为 0.777 0 美元，第五栏的“Settle”下面的“.781 3”表示 7 月 16 日的结算价，第六栏的“Change”下面的“+.002 6”是指同前一交易日的结算价相比，该日的结算价增加了 0.002 6，第七栏中的“High”下面的“.833 5”和第八栏中的“Low”下面的“.751 5”是指该加拿大元期货合约曾经到达过的历史最高和最低价格，最后一栏的“Interest”下面的“25 288”是指未平仓合约数为 25 288 份。

3. 期权

当布莱克和斯科尔斯于 1971 年完成其论文，并于 1973 年发表时，世界上第一个期权交易所——芝加哥期权交易所才刚刚成立一个月（1973 年 4 月 26 日成立），定价模型马上被期权投资者采用。后来默顿对此进行了改进。布莱克-斯科尔斯期权定价理论为金融衍生产品市场的快速发展奠定了基础。

期权定价理论并不是起源于布莱克-斯科尔斯期权定价模型（以下记为 B-S 定价模型）。在此之前，许多学者都研究过这一问题。最早的是法国数学家路易·巴舍利耶（Lowis Bachelier）于 1900 年提出的模型。随后，卡苏夫（Kassouf，1969）、斯普里克尔（Sprekle，1961）、博内斯（Boness，1964）、萨缪尔森（Samuelson，1965）等分别提出了不同的期权定价模型。但他们都没能完全解出具体的方程。本部分主要介绍布莱克和斯科尔斯获得的欧式看涨期权和看跌期权的精确公式。公式中，用 $S$ 表示标的资产当前市价，$S_T$ 表示 $T$ 时刻标的资产的价格，$X$ 表示期权的行权价格，$t$ 表示时间，$\sigma$ 表示证券价格的波动率，$r$ 表示无风险利率，$T-t$ 表示行权价格距离现在的到期日，$c$ 和 $C$ 分别表示欧式看涨期权和美式看涨期权的价格，$p$ 和 $P$ 分别表示欧式看跌期权和美式看跌期权的价格。

在风险中性的条件下，欧式看涨期权到期时（$T$ 时刻）的期望值为：

$$\hat{E}[\max(S_T-X,0)] \tag{5-2}$$

其中，$\hat{E}$ 表示风险中性条件下的期望值。根据风险中性定价原理，欧式看涨期权的价格 $c$ 等于将此期望值按无风险利率进行贴现后的现值，即：

$$c=\mathrm{e}^{-r(T-t)}\hat{E}[\max(S_T-X,0)] \tag{5-3}$$

在风险中性条件下，可以用 $r$ 取代 $\ln S_T$ 概率分布中的因子，即：

$$\ln S_T \sim N[\ln S+(r-\frac{\sigma^2}{2})(T-t),\ \sigma\sqrt{T-t}] \tag{5-4}$$

对式（5-3）右边求值是一种积分过程，结果为：

$$c=SN(d_1)-X\mathrm{e}^{-r(T-t)}N(d_2) \tag{5-5}$$

其中，

$$d_1=\frac{\ln(S/X)+(r+\sigma^2/2)(T-t)}{\sigma\sqrt{T-t}}$$

$$d_2=\frac{\ln(S/X)+(r-\sigma^2/2)(T-t)}{\sigma\sqrt{T-t}}=d_1-\sigma\sqrt{T-t}$$

$N(x)$为标准正态分布变量的累积概率分布函数（即这个变量小于 $x$ 的概率），根据标准正态分布函数的特性，有 $N(-x)=1-N(x)$。

这就是无收益资产欧式看涨期权的定价公式。

在标的资产无收益情况下，由于$C=c$，因此式（5-5）也给出了无收益资产美式看涨期权的价格。

根据欧式看涨期权和看跌期权之间存在的平价关系，即 $S+p=c+Xe^{-r(T-t)}$，可以得到无收益资产欧式看跌期权的定价公式：

$$p=Xe^{-r(T-t)}N(-d_2)-SN(-d_1) \tag{5-6}$$

由于美式看跌期权与看涨期权之间不存在严密的平价关系，因此美式看跌期权的定价还没有一个精确的解析公式，但可以用蒙特卡罗模拟、二叉树和有限差分三种数值方法以及解析近似方法求出，这里我们不再做介绍。

上述期权的计算公式虽然复杂，但可应用相关的金融工程软件方便地计算出来。

4. 互换

（1）货币互换。货币互换的主要原因是双方在各自国家中的金融市场上具有比较优势。假定英镑和美元汇率为 1 英镑＝1.500 0 美元。A 想借入 5 年期的1 000万英镑借款，B 想借入 5 年期的 1 500 万美元借款。但由于 A 的信用等级高于 B，两国金融市场对 A、B 两公司的熟悉状况不同，因此市场向它们提供的固定利率也不同（见表 5-10）。

**表 5-10　　市场向 A、B 公司提供的借款利率**

| | 美元 | 英镑 |
|---|---|---|
| A 公司 | 8.0% | 11.6% |
| B 公司 | 10.0% | 12.0% |

说明：此表中的利率均为一年计一次复利的年利率。

从表 5-10 可以看出，A 的借款利率均比 B 低，即 A 在两个市场都具有绝对优势，但绝对优势大小不同。A 在美元市场上的绝对优势为 2%，在英镑市场上只有 0.4%。这就是说，A 在美元市场上有比较优势，而 B 在英镑市场上有比较优势。这样，双方就可利用各自的比较优势借款，然后通过互换得到自己想要的资金，并通过分享互换收益（1.6%）降低筹资成本。

于是，A 以 8.0%的利率借入 5 年期的 1 500 万美元借款，B 以 12.0%的利率借入 5 年期的 1 000 万英镑借款。然后，双方先进行本金交换，即 A 向 B 支付1 500万美元，B 向 A 支付 1 000 万英镑。

假定 A、B 公司商定双方平分互换收益，则 A、B 公司都将使筹资成本降低 0.8%，即双方最终实际筹资成本分别为：A 支付 10.8%的英镑利率，而 B 支付 9.2%的美元利率。

这样，双方就可根据借款成本与实际筹资成本的差异计算各自向对方支付的现金流，进行利息互换。即A向B支付10.8%的英镑借款的利息计108万英镑，B向A支付8.0%的美元借款的利息计120万美元。经过互换后，A的最终实际筹资成本降为10.8%的英镑借款利率，而B的最终实际筹资成本变为8.0%美元借款利率加1.2%英镑借款利率。若担心未来汇率水平变动，B可以通过购买美元远期或期货来规避汇率风险。

在贷款期满后，双方要再次进行借款本金的互换，即A向B支付1 000万英镑，B向A支付1 500万美元。到此，货币互换结束。若不考虑本金问题，上述货币互换的流程如图5-5所示。

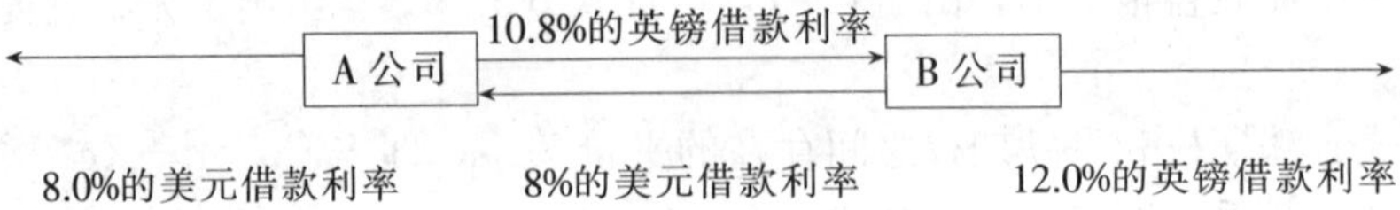


**图5-5　货币互换流程图**

由于货币互换涉及本金互换，因此当汇率变动很大时，双方就将面临一定的信用风险。当然这种风险仍比单纯的贷款风险小得多。

(2) 利率互换。相比较而言，利率互换的出现比货币互换晚，资本市场债券发行中最著名的首次利率互换发生在1980年8月。当时德意志银行发行了3亿美元的7年期固定利率的欧洲债券，并安排与三家银行进行互换，换成以伦敦银行同业拆借利率（LIBOR）为基准的浮动利率。在该项互换中，德意志银行按低于伦敦银行同业拆借利率的利率支付浮动利息，得到了优惠，而其他三家银行则通过德意志银行很高的资信级别换得了优惠的固定利率美元债券。由于利率互换双方能够互相利用各自在金融市场上的优势获得利益，因而这次利率互换交易的成功，推动了利率互换市场很大的发展，这也标志着互换交易工具的应用已从货币市场转到信贷市场。

双方进行利率互换的主要原因是双方在固定利率和浮动利率市场上具有比较优势。假定A、B公司都想借入5年期的1 000万美元的借款，A想借入与6个月期相关的浮动利率借款，B想借入固定利率借款。但两家公司信用等级不同，故市场向它们提供的利率也不同，见表5-11。

**表5-11　市场提供给A、B两公司的借款利率**

| | 固定利率 | 浮动利率 |
|---|---|---|
| A公司 | 10.00% | 6个月期LIBOR+0.30% |
| B公司 | 11.20% | 6个月期LIBOR+1.00% |

说明：此表中的利率均为一年计一次复利的年利率。

从表5-10可以看出，A的借款利率均比B低，即A在两个市场都具有绝对优势。但在固定利率市场上，A相对于B的绝对优势为1.2%，而在浮动利率市场上，A相对于B的绝对优势为0.7%。这就是说，A在固定利率市场上有比较优势，而B在浮动利率市场上有比较优势。这样，双方就可利用各自的比较优势为对方借款，然后互换，从而达到共同降低筹资成本的目的。即A以10.00%的固定利率借入1 000万美元，而B以LIBOR+1.00%的浮动利率借入1 000万美元。由于本金相同，故双方不必交换本金，而只交换利息的现金流，即A向B支付浮动利息，B向A支付固定利息。

通过发挥各自的比较优势并互换，双方总的筹资成本降低了0.5%（即11.20%+6个月期LIBOR+0.30%—10.00%—6个月期LIBOR—1.00%），这就是互换利益。互换利益是双方合作的结果，理应由双方分享。具体分享比例由双方谈判决定。我们假定双方各分享一半，则双方都将使筹资成本降低0.25%，即双方最终实际筹资成本分别为：A支付LIBOR+0.05%浮动利率，B支付10.95%的固定利率。

这样，双方就可根据借款成本与实际筹资成本的差异计算各自向对方支付的现金流，即A向B支付按LIBOR计算的利息，B向A支付按9.95%计算的利息。

在上述互换中，每隔6个月为利息支付日，因此互换协议的条款应规定每6个月一方向另一方支付固定利率与浮动利率的差额。假定某一支付日的LIBOR为11.00%，则A应付给B 5.25万美元［=1 000万美元×0.5×(11.00%−9.95%)］。利率互换的流程如图5-6所示。

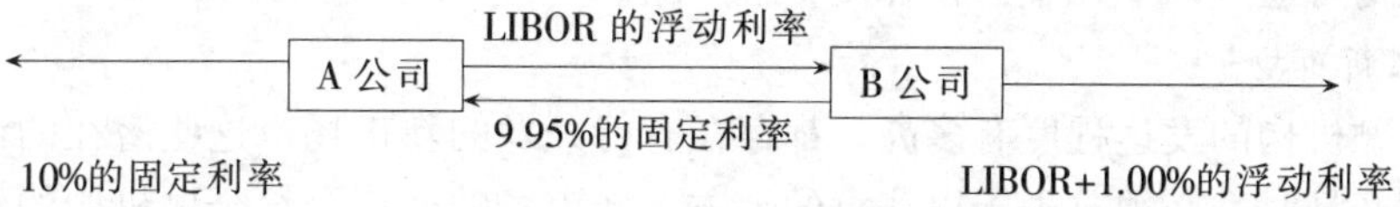


**图5-6　利率互换流程图**

由于利率互换只交换利息差额，因此信用风险很小。

## ☞专栏5-7

### 我国金融衍生工具的近况

（一）规模日益增大，品种繁多

当前全球化进程不断加快，经济不断发展，国际衍生金融工具市场相应发展起来。我国在20世纪80年代引进衍生金融工具，在90年代真正建立衍生金融工具市场，经过不断发展，也出现了更多的新品种，比如外汇期货、国债期货、指数期货及配股权证等。经过20世纪末和21世纪初的发展，品种越来越繁多，各种衍生金融工具开始受到普通市民的关注。现今，发展已经呈现出越来越好的趋势。

（二）交易场所比较集中

衍生金融工具市场的发展与区域经济因素有关。我国经济发展水平较高的区域，比如东部沿海地区发展态势更好，交易场所更多；而在内陆的西北、西南地区，经济发展相对落后，发展速度较为缓慢，衍生金融工具市场的发展不全面，交易场所不多。

（三）主要交易者是银行

在改革开放后，即经济恢复的初期，许多中小型商业银行相继成立，银行间竞争增加。为了获取更多利润，它们便在衍生金融工具领域试水，并逐渐开拓市场，同时用衍生金融工具来降低和规避风险。自此，衍生金融工具在银行间发展起来。

## 第四节　金融产品开发

### 一、金融产品开发的途径

金融产品创新分为两大类：一是方法、程序或手续上的创新，目前银行零售业务中广泛使用的电子技术，如电子资金转账系统、售货点终端计算机、自动取款机等都属于这一类；二是产品的创新，包括存款的各种有息支票账户与可转让定期存单、放款的各种浮动计息方法以及金融市场上的期货、期权和互换业务等。

开发金融产品的目标主要是为了吸引现有市场之外的消费者，满足他们不同的理财需求，提高现有市场的销量，降低提供同样或类似产品的成本。

金融机构可通过以下几个途径开发金融产品。

1. 开拓新市场

无论金融机构的发达程度有多高，都存在有待开发的新市场。这些潜在的市场是金融机构设计新产品时，必须首先予以注意的地方。新市场的开拓会给金融机构的经营带来极大的成功。

2. 发掘现有市场的潜力

发掘现有市场的潜力可以通过增加交叉销售、吸引竞争对手的核心客户两种途径来实现。

3. 通过重新组合和重新包装设计新产品

由于金融机构提供的金融产品很多，很难从整体上进行有效的推销，即便设计出符合客户需要的金融产品，客户也未必知晓。在这种情况下，通过对现有服务重组，或者由几项稍加改进的产品组成新产品，只要在具有特殊需要的细分市场推销，就会很快被客户接受，在其心目中树立起符合需要的产品形象。这样既有利于了解和占领个别细分市场，又可开发原来与金融机构无往来的客户需求，并给予满足。

4. 扩大和改善现存服务

对现有产品不做任何重大改变也可增加对客户的吸引力，如在信用卡计划中增加零售类型，即可扩大金融服务。但由于金融产品具有繁杂性和无形性的固有特点，仅仅扩大和改善现有服务，尚不能成为一项独立的开发技术。

5. 降低成本

降低成本的主要方法是金融业务电子化，通过电子化提高工作效率，减少费用支出。

### 二、金融产品开发程序

金融产品开发程序包括 15 个步骤，分别归入四个阶段：创意、设计、测试、引入。整个步骤可用图 5-7 表示。

#### （一）创意

新产品开发过程的第一个阶段是寻找产品构思，明确自己的创意。这一阶段不是依赖于偶然的发现，也不是无穷尽地去搜索。高层管理者应该指出，必须着重研究各种产品和市场

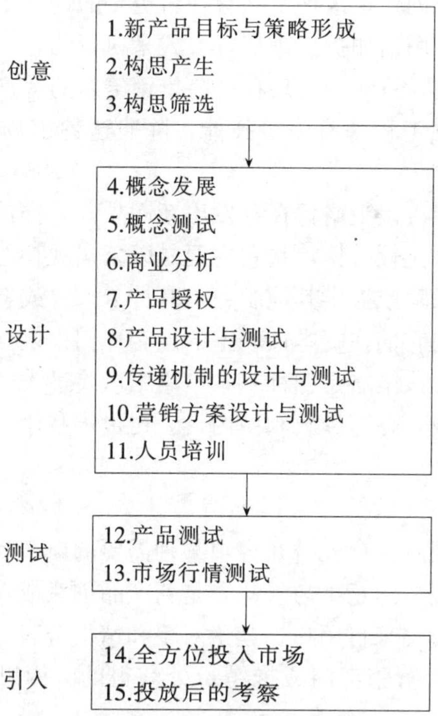


**图 5－7　金融产品开发程序**

的方向，阐明该新产品的目标、该产品的现金流量是否高、能否在市场份额上占优势或一些其他目标，还要阐明在开发原始产品、改进现行产品和仿造竞争者的产品等方面应该作出多大的努力。这个阶段包括三个步骤：新产品目标与策略形成、构思产生、构思筛选。

1. 新产品目标与策略形成

一个构思严谨、策划详细的新产品开发过程是从这一步开始的。但在现实经济生活中，许多从事新产品开发的公司绕过了这一步直接跳到“构思产生”，这样做无异于还未确定航行的目的地就草率起锚，整个航程会因这种偶然性的突发奇想而以失败告终。当然，新产品的目标与策略并不是凭空产生的，它离不开公司的营销计划，而营销计划本身又是从公司的目标与行业发展的基本方向中得来的。由此而产生的经过精心设计和安排的新产品策略就会有力地驱动公司的产品创新力量，使整个创新过程保持高效。对产品创新者而言，最关键的问题在于：我们处于何种行业？这个问题的答案成为整个产品开发过程的焦点。

新产品开发离不开四种基本策略的驱动，表 5－12 中的新产品策略矩阵列出了这四种基本策略。

**表 5－12　　新产品策略矩阵**

| 服务＼市场 | 现存买方 | 新的买方 |
|---|---|---|
| 现存服务 | 份额创建 | 市场扩展 |
| 新的服务 | 行业扩展 | 新业务 |

第一种选择策略是份额创建，这种策略旨在将更多的现存产品销售给公司原有的或现存的客户。该策略通常是采用诸如折价销售等方式来执行的。

第二种策略是市场扩展，意味着将现存产品推销给新的客户。上述两种策略都不会带来金融创新，也不需要金融工程师有多少技能，除非这种市场扩展包括了某种创新的新用途。

第三种策略是行业扩展，该策略旨在开发出新产品，并推销给现存的客户。在处于成熟期的产业部门，这种策略比较常见，且它主要是以公司现存的客户为基础的。比如，信用卡的发行者会交叉销售保险或提供其他服务给其持卡人；或者原来只从事证券承销业务的投资银行，现在已开始向它们在资本市场上的老客户们提供互换业务的服务。

第四种策略是新业务。该策略是四种基本策略中风险最大的一种，它意味着公司要进入一个完全崭新的业务领域，在这种新领域内，公司很难利用它现存的各种力量，因而成功率相当低。

2. 构思产生

构思是指对能够满足现有客户或潜在客户某种需要的新产品所作的种种设想。充分征求、研究客户对金融机构服务的意见与看法，是新产品创意成功的重要保证。西方营销学者经过调查发现，60%的设想来自用户、竞争对手和情报资料，40%的设想来自金融机构内部，显然有一半以上是从营销部门或推销员处获得的。构思的来源有内部、外部两大渠道。

（1）内部渠道。

①金融机构。金融机构研究开发部门的专家经常根据经济和财政环境的变化设计财务、储蓄和保险方案。

②市场营销部门。营销部门的工作人员提出创意是因为他们有机会倾听顾客的呼声，有条件对市场情况进行专门的研究。

③高级管理人员。一般来说，他们有丰富的知识背景和工作经验，容易构想出新颖的设计方案。

④广大工作人员。金融机构职员直接与客户接触，易于了解客户的真正需求，他们也常能提出不少好的创意。

（2）外部渠道。

①客户。由客户提出的非正式建议，通过正式的市场研究或激励，促使创新产生。

②经营商或联营公司。例如证券公司、信托公司、保险公司、信用卡公司等。

③其他来源。例如政府、竞争对手、研究成果或其他文献资料。

3. 构思筛选

有关新产品的创新构思会有很多，但并非每个创意都具有现实性，这就要求对许多创意进行优选。在优选时，要防止两种倾向：一是对创意的潜在价值估计不足，以致遗漏，失掉良机；二是误选没有多大发展前途的新产品，仓促上马，招致损失。有研究表明，58个新产品构思中才有1个成为产品。

优选创意的标准有需求可行性和经济可行性两类：需求可行性是指新产品必须有一定的市场需求；经济可行性是指金融机构开发的新产品必须能给它带来一定的收益。

## （二）设计

新产品开发模型的第 4 步至第 11 步构成设计阶段。

1. 概念发展

产品构思经筛选后需要发展成产品概念。一项重要的工作是区分产品构思与产品概念。产品构思是公司本身希望提供给市场一个可能产品的设想；产品概念是用有意义的消费者术语表达精心阐述的构思。顾客要购买的不是产品构思，而是产品概念。

任何一个产品构思都能转化为几种产品概念。一个典型的产品概念应当包括以下描述：潜在的用户可能遇到的问题、新产品提出的原因、产品的特点与利益概括等。

2. 概念测试

购买者对产品概念的反应是通过概念测试来检验的。新产品的概念测试是一种研究技术，用来评价该产品的潜在用户是否：（1）了解公司所提供的这种服务；（2）对该产品有良好的反应；（3）该产品提供的利益满足了自己的需求。这一步骤所作的调查有助于剔除那些不能吸引购买者的产品概念，同时有助于改进那些有吸引力的产品概念的特征及其提供的利益。

3. 商业分析

产品建议在通过了以上几个步骤的检验后，进入商业分析阶段。商业分析主要是就新产品的概念从财务上进行分析，预测其销售量、成本、利润和投资收益率，从而判断它是否符合金融机构的目标。

4. 产品授权

公司的高层管理者批准可使用公司的资源来执行新产品计划。

5. 产品设计与测试

从这一步开始，就转入实际经营阶段，需要制定出产品本身在经营方面的一些细节，称为产品设计与测试。这一活动离不开公司经营人员的积极配合，因为正是这些经营人员才是最终向市场推出新产品的主要力量。

6. 传递机制设计与测试

与产品设计与测试相辅相成的是传递机制的设计与测试，二者必须同步进行。产品的传递机制需要改进和消除障碍，以便在引入阶段能够顺利将产品传送至市场。这种传递机制是产品性质的一个不可分割的组成部分。

7. 营销方案设计与测试

在这一阶段，与潜在用户相联系的初步营销方案需被制定出来并加以检验。这些营销方案包括：产品结构、目标市场、消费行为、产品定价、营销渠道、预计长期销售量及利润目标。

8. 人员培训

为了使整个设计阶段更加完备，所有员工必须熟悉新产品的性能和制作经营细节。这一步骤就是人员培训，它对于新产品的成功至关重要。经常一项新产品的失败就是由于公司员工没有受到销售和运送本公司产品方面的适当培训。例如，某商业银行推出一项新的服务——现金管理账户，客户受广告吸引前来询问相关细节，员工却无法给出圆满的答复。为什么？因为员工自己对什么是“现金管理账户”都不甚了解，如何还能解释给客户听？这一点无疑对该种产品的市场成功率有重要影响。

### （三）测试

1. 产品测试

产品测试主要用来测定新产品潜在顾客接受程度的大小。这一步骤建立在新产品开发过程中“概念测试”这一步所获取的知识和见解之上，目的是根据客户对公司所提供的产品的反应情况，对产品及其营销活动进行必要的完善和改进。

2. 市场行情测试

市场行情测试是为了考察新产品的可销性，同时通过公司的机构实地销售产品，或让部分客户试用样品来考察公司的营销方案是否有效可行。除了进一步测试市场对该种新产品的反应外，市场行情测试还有助于公司管理阶层评价不同的营销选择方案。例如，不同的定价策略可以评估价格对产品需求的影响。市场行情测试完成之后，有必要对公司的营销努力作出审视，并相应作出一些变动。

### （四）引入

在金融运营系统、营销方案都到位，并且经过全面测试之后，银行就可以将新产品全方位地投向整个市场领域。紧接着的一步是投放之后的考察，旨在确定新产品的目标是否已经达到，是否需要调整。因为即使在产品投放市场之前，产品的方方面面以及有关产品的营销策略都经过了全面、详细的测试，在投放市场之后，市场反应也要求公司作出进一步的修改和调整。

## 三、金融产品开发案例

以美国银行的股票挂钩产品为例说明如何进行金融产品开发。

1. 何谓股票挂钩产品

股票挂钩产品属于结构式投资工具，通过股票期权合约挣取收益。投资取决于某只或一揽子股票或股票指数的表现。由于此类产品直接与股票投资表现挂钩，因此其风险程度接近所投资的股票。客户购买股票挂钩产品，即表示同意在日后某一特定日期以挂钩上市股票价格购买或出售该股票。在投资到期时，客户可获得的股份数目或投资损益视到期的股票或股票指数的当日表现而定。

2. 股票挂钩产品类别

股票挂钩产品并不属于主动式管理的投资产品。此产品是投资期权的工具，可分为“看涨式”“看跌式”“勒束式”三类。投资者可依自身对股票价格或股票指数走势的看法而选择。目前市场买卖比较普遍的股票挂钩产品为“看涨式”及“看跌式”。

[例]“看涨式”股票挂钩产品。

证券：盈富基金

发行日：2003 年 5 月 22 日

定价日：2003 年 7 月 7 日

交收日：2003 年 7 月 9 日

期限：48 天

参考价：11.5 港元

潜在年收益率：7.29％

当客户预期特定挂钩股票的表现将保持上升，客户可以投资“看涨式”股票挂钩产品，相当于沽出认沽期权。“看涨式”股票挂钩产品于到期当日，有关投资将出现两种情况（见图5－8）。

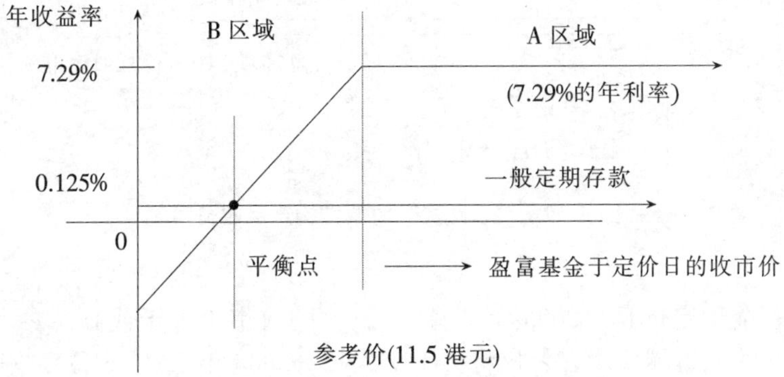


**图5－8　“看涨式”股票挂钩产品收益图**

情况一：

倘若盈富基金于定价日（2003年7月7日）的收市价等于或高于参考价（11.5港元），如图示之A区域，客户将可获取年利率7.29％。于投资期限的48天内，客户可赚取0.96％的收益，即每年7.29％的收益率。

情况二：

倘若盈富基金于定价日（2003年7月7日）的收市价低于参考价（11.5港元），如图示之B区域，客户将会于交收日（2003年7月9日）收取以参考价（每股11.5港元）购买的股份。有关此项投资亏损的幅度，将视盈富基金于定价日的收市价而定。

[例]“看跌式”股票挂钩产品。

证券：盈富基金

发行日：2003年6月11日

定价日：2003年7月23日

交收日：2003年7月25日

期限：44天

参考价：12.5港元

潜在年收益率：12.86％

当客户预期特定挂钩股票的表现将会下挫，可以投资“看跌式”股票挂钩产品，等于沽出认购期权。“看跌式”股票挂钩产品在到期当日，投资将出现两种情况（如图5－9所示）。

情况一：

倘若盈富基金于定价日（2003年7月23日）的收市价低于参考价（12.5港元），如图5－9的A区域所示，客户将可获取年利率12.86％。换言之，若客户的投资金额为984 730港元，客户于交收日（2003年7月25日）将获得1 000 000港元。于投资期限的44天内，客户可赚取1.55％的收益，即每年12.86％的收益率。

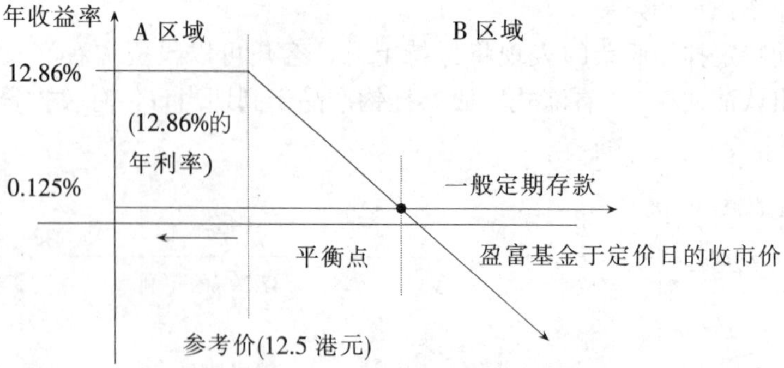


**图 5-9 “看跌式”股票挂钩产品收益图**

情况二：

倘若盈富基金于定价日（2003 年 7 月 23 日）的收市价等于或高于参考价（12.5 港元），如图 5-9 的 B 区域所示，客户将会于交收日（2003 年 7 月 25 日）收取根据下列方程式计算的款项：

$$\max\left[\text{面值}\times(1-\frac{\text{定价日的收市价}-\text{参考价}}{\text{参考价}}),0\right]$$

以投资款项 984 730 港元为例，面值将为 1 000 000 港元。倘若盈富基金定价日（2003 年 7 月 23 日）的收市价为 16 港元，客户可获得现金款项 720 000 港元，计算方法如下：

$$\max\left[1\ 000\ 000\times(1-\frac{16-12.5}{12.5}),0\right]$$

假如有关股票于定价日的收市价高于参考价两倍或以上，这项投资可引致的亏损达现金款项的全部。以上述例子而言，即收市价为 25 港元及以上。

## 本章小结

本章主要讲述金融工具的特征、类型和一些主要的金融工具。金融工具的特征部分主要介绍金融工具的含义和特征；金融工具的类型部分主要介绍金融工具按不同标准的分类；主要金融工具介绍部分主要介绍常见的基础金融工具和衍生金融工具。最后一部分补充了金融产品开发的内容。

## 进一步阅读

法博齐．金融工具手册．上海：上海人民出版社，2006.

路透．金融衍生工具导论．北京：北京大学出版社，2001.

## 思考与练习

**一、名词解释**

1. 利率期限结构

2. 商品期货

3. 金融期货

4. 货币互换

5. 期权

6. 套利定价

**二、判断题**

1. 投机将会加大市场波动性，破坏市场的价格发现功能。（　）

2. 期货价格随着交割月份的逼近，将会远离现货的价格。（　）

3. 若本国利率上升，国外利率不变，则本国汇率近期贬值，远期汇率升值。（　）

4. 多头看涨期权与空头看跌期权是一个效果。（　）

5. 只有互换双方在各自的市场存在优势时，互换才能够进行。（　）

**三、选择题**

1. 下列哪一项不属于交易所对衍生金融工具交易的规定？（　）

A. 合约数量　　B. 合约到期日期

C. 合约交付条件　　D. 合约价格

2. 假设你买入一份伦敦国际金融期货交易所的合约，根据该合约，你拥有在3个月后以96英镑的价格买入10 000手长期金边债券的权利。如果你改变主意，你可以不买下这些债券。请问，你买入的是什么合约？（　）

A. 期权合约　　B. 期货合约　　C. 远期合约

3. 下列哪家交易所于1972年首创金融期货交易？（　）

A. 伦敦国际金融期货交易所

B. 国际货币市场

C. 芝加哥期货交易所

D. 芝加哥期权交易所

4. 下列各项中哪些有关商品和金融远期合约的说法是正确的？（　）

A. 不在场内进行交易

B. 涉及交纳保证金

C. 有标准且公开的合约条款

D. 由私下议定达成

5. 下列各项中哪些有关商品和金融期货合约的说法是正确的？（　）

A. 在交易所内进行交易　　B. 不涉及交纳保证金

C. 被用于投机和对冲　　D. 由于其细节公开，所以它们是透明的

6. 下列哪一项最精确地描述了基差？（　）

A. 既定交割月份内不同时间的价格差

B. 两家交易所现货价格的差值

C. 两家交易所期货价格的差值

D. 现货价格和期货价格的差值

## 四、简答题

1. 简述股票相关价值的主要内容。

2. 简述衍生金融工具的分类。

3. 票据的基本特征有哪些?

4. 股票、债券、证券投资基金的主要区别体现在哪些方面?

5. 什么是互换协议?简述货币互换产生的原因。

6. 论述金融产品开发程序的基本步骤。

## 五、案例分析题

### 巴林银行破产案例

1995 年 2 月 27 日,世界各地的新闻媒体都以最夺目的标题报道了一个相同的事件:巴林银行破产了。

巴林银行是有着两百多年历史的老牌英国银行,在全球拥有雇员 1 300 多人,总资产逾 94 亿美元,所管理的资产高达 460 亿美元,许多英国皇室显贵,包括英国女王伊丽莎白二世和查尔斯王子都是它的顾客,它曾被称为英国的皇家银行。巴林银行在经历了 1986 年伦敦金融市场解除管制的"大爆炸"后仍然屹立不倒,已成为英国金融市场体系的重要支柱。然而,巴林银行长达两个多世纪的辉煌业绩,却在 1995 年 2 月毁于一旦。

巴林银行破产的直接原因是其新加坡分行的一名交易员尼克·里森违规交易。里森事发时刚满 28 岁。1992 年,里森由摩根士丹利的衍生工具部转投巴林银行,被派往新加坡分行。由于工作勤奋、机敏过人而被重用,升任交易员,负责巴林银行新加坡分行的衍生产品交易。期货交易的成功使里森深受上司的赏识,地位节节攀升,以至被允许加入由 18 人组成的巴林银行的全球衍生交易管理委员会。

里森的工作是在日本大阪及新加坡进行日经指数期货套利活动。然而,里森并没有严格地按规则去做,当他认为日经 225 指数期货将要上涨时,不惜伪造文件筹集资金,通过私设账户大量买进日经 225 指数期货头寸,从事自营投机活动。然而,日本关西大地震打破了里森的美梦,日经指数不涨反跌,里森持有的头寸损失巨大。若此时他能当机立断斩仓,损失还能得到控制,但过于自负的里森在 1995 年 1 月 26 日以后又大幅增仓,导致损失进一步加大。

1995 年 2 月 23 日,里森突然失踪,其所在的巴林银行新加坡分行持有的日经 225 指数期货合约超过 6 万张,占市场总仓量的 30%以上,预计损失逾 10 亿美元之巨。这项损失已完全超过巴林银行约 5.41 亿美元的全部净资产,英格兰银行于 2 月 26 日宣告巴林银行破产。3 月 6 日,英国高等法院裁决,巴林银行由荷兰商业银行收购。

资料来源:http://www.shouxianlicai.com/.

请对巴林银行破产的原因进行分析。

# 第6章 风险管理

⊙学习目标⊙

- 了解风险及金融风险的含义；
- 掌握风险度量的几种典型方法；
- 熟悉风险管理流程；
- 熟知风险管理技术。

## 第一节　风险概述

### 一、风险

风险来源于不确定性。不确定性就是事前无法确定未来会出现何种结果的现象。风险具有损失性、客观性、不确定性、主观相关性和可测量性等特征。

损失性是风险的一个主要特征，风险的损失性与遭受损失的主体和客体相联系，事件本身并无损失或获利之说；客观性也是风险的一个特征，无论人们是否接受和预见，它都客观地存在于我们所生活的自然环境和人文环境中；不确定性是风险的第三个特征，损失何时发生、发生在哪里、发生在哪个主体或客体身上以及损失的严重程度等都是不确定的；主观相关性是指风险事件发生与否和造成损失的程度与面临风险的主体的行为及其决策紧密相关，同一风险事件对不同的行为者会产生不同的风险结果，而同一行为者由于其决策或采用的策略不同，也会导致不同的风险；可测量性是指人们对于不确定的风险可以就风险发生的可能性和损失的严重程度进行定量和定性的估计和判断。风险的损失性使人们对风险进行管理成为必要，风险的客观性和不确定性增加了管理难度，风险的主观相关性和可测量性则为人们对风险进行管理提供了空间和方法。

## 二、风险管理

风险管理就是经济单位和个人在对风险进行识别、预测、评价的基础上，优化各种风险处理技术，以一定的风险处理成本达到有效控制和处理风险的过程。风险管理的手段或过程，就是对风险进行识别、衡量、分析和处理的过程。风险管理首先需要了解风险因素和风险分类。

### （一）风险因素

风险因素是指引起或增加风险发生的可能性，增加风险事故发生的机会或产生损失的机会的条件。风险因素是导致风险事故发生的潜在原因。例如，对于日本的福岛核电站来说，地震、火灾、爆炸、管理不到位、安全设施不合格等都是可能引发核泄漏的风险因素。但是，2011 年 3 月 11 日的东日本大地震才是导致核泄漏的直接原因，是导致福岛核电站核泄漏的风险事故。风险事故也称风险事件或风险源，是引起损失的直接原因。也就是说，风险事故是促使风险从有可能成为现实的事件。例如，暴风雨损害庄稼，暴风雨就是损害庄稼的风险事故。风险因素越多，风险程度（即损失发生的概率严重程度）就越大。风险因素一般分为以下三类。

1. 物质风险因素

物质风险因素是指有形的、能直接影响事物物理功能的因素，即某一标的本身所具有的足以引起或增加损失机会、扩大损失幅度的客观原因和条件，如汽车的超速行驶、地壳的异常变化、恶劣的气候、疾病传染、环境污染等有形的风险因素，都属于物质风险因素。

2. 道德风险因素

道德风险因素是与人的品德修养有关的无形的风险因素，即个人不诚实、不正直或意图不轨，企图促使风险事故发生，导致社会财富损毁或人身伤亡，如欺诈、纵火、贪污、盗窃等。

3. 心理风险因素

心理风险因素是与人的心理状态有关的无形的因素，即人的不注意、不关心、侥幸或存在依赖保险的心理，导致增加风险事故发生的概率和损失幅度。例如，酒后驾车、驾驶有故障车辆、企业或个人投保财产保险后放松对财物的保护措施、投保人身保险后忽视自己的身体健康等。

### （二）风险分类

客观世界中存在的风险可以按照不同标准进行分类。风险的分类方法有很多种，这里仅介绍几种与风险管理有密切关系的分类方法。

1. 按风险损害的对象进行划分

（1）财产风险。财产风险是导致财产发生毁损、灭失和贬值的风险。例如房屋有遭受火灾、地震的风险，机动车有发生车祸的风险，财产价值因经济因素有贬值的风险。

（2）人身风险。人身风险是指因生、老、病、死、残等原因而导致经济损失的风险。

例如因为年老而丧失劳动能力或由于疾病、伤残、死亡、失业等导致个人、家庭经济收入减少，造成经济困难。生、老、病、死虽然是人生的必然现象，但在何时发生并不确定，一旦发生，将给其本人或家属在精神和经济生活上造成困难。

(3) 责任风险。责任风险是指因侵权或违约，依法对他人遭受的人身伤亡或财产损失承担赔偿责任的风险。例如，汽车撞伤了行人，如果属于驾驶员的过失，那么按照法律责任规定，就须对受害人或家属给付赔偿金。又如，根据合同、法律规定，雇主对其雇员在从事工作范围内的活动中所造成的身体伤害应承担经济给付责任。

(4) 信用风险。信用风险又称作违约风险，是指在经济交往中，权利人与义务人之间由于一方违约或犯罪而造成对方经济损失的风险。例如，双方签订协议约定甲方向乙方借贷人民币5万元，一年后偿还。但是一年后甲方借口资金周转不灵不向乙方偿还此笔款项，这种行为就构成信用风险。

2. 按风险的性质进行划分

(1) 纯粹风险。纯粹风险是指只有损失可能而无获利机会的风险，即带来损害可能性的风险。其所致结果有两种，即损失和无损失。例如交通事故只有可能给人民的生命财产带来危害，而绝不会有利益可得。在现实生活中，纯粹风险是普遍存在的，如水灾、火灾、疾病、意外事故等都可能导致巨大损害。但是，这种灾害事故何时发生，损害后果多大，往往无法事先确定，于是，它就成为保险的主要对象。人们通常所称的“危险”，也就是指这种纯粹风险。

(2) 投机风险。投机风险是指既可能造成损失，又可能产生收益的风险。其所致结果有三种：损失、无损失和盈利。例如有价证券，在不考虑交易费用的前提下，证券价格的下跌可使投资者蒙受损失，证券价格不变则无损失，但是证券价格的上涨却可使投资者获得收益。再如赌博、市场风险等，这种风险都带有一定的诱惑性，可以促使某些人为了获利而甘冒这种损失的风险。在保险业务中，投机风险一般是不能列入可保风险之列的。

(3) 收益风险。收益风险是指只会产生收益而不会导致损失的风险，例如接受教育可使人终身受益，但受教育者的得益程度是无法精确计算的，而且，这也与不同的个人因素、客观条件和机遇有密切关系。对不同的个人来说，虽然付出的代价是相同的，但其收益可能大相径庭，这也可以说是一种风险，有人称之为收益风险，这种风险当然也不能成为保险的对象。

3. 按损失的原因进行划分

(1) 自然风险。自然风险是指由于自然现象或物理现象所导致的风险，如洪水、地震、风暴、火灾、泥石流等导致人身伤亡或财产损失的风险。

(2) 社会风险。社会风险是由于个人或不可预测的团体的过失、疏忽、侥幸、恶意等导致的损害风险，如盗窃、抢劫、罢工、暴动等。

(3) 经济风险。经济风险是指在产销过程中，由于有关因素变动或估计错误而导致的产量减少或价格涨跌的风险，如市场预期失误、经营管理不善、消费需求变化、通货膨胀、汇率变动等导致经济损失的风险。

(4) 技术风险。技术风险是指伴随着科学技术的发展、生产方式的改变而发生的风险，如核辐射、空气污染、噪声等导致损失的风险。

(5) 政治风险。政治风险是指由于政治原因，如政局的变化、政权的更替、政府法令和决定的颁布实施，以及种族和宗教冲突、叛乱、战争等引起社会动荡而造成损害的风险。

(6) 法律风险。法律风险是指由于颁布新的法律和对原有法律进行修改等而导致经济损失的风险。

4. 按风险涉及的范围进行划分

(1) 非系统性风险。非系统性风险是指与特定的人有因果关系的风险，即由特定的人引起，而且损失仅涉及个人的风险。例如，盗窃、火灾等都属于特定风险。

(2) 系统性风险。系统性风险是指其损害波及社会，起因及影响都不与特定的人有关，至少是个人所不能阻止的风险。例如，与社会或政治有关的风险，与自然灾害有关的风险，都属于系统性风险。

系统性风险和非系统性风险的界限会因时代背景和人们观念的改变而有所不同。例如失业，过去被认为是非系统性风险，而现在被认为是系统性风险。风险分类表见表 6-1。

**表 6-1　风险分类表**

| 分类依据 | 风险类型 |
|---|---|
| 损害对象 | 财产风险、人身风险、责任风险、信用风险 |
| 风险性质 | 纯粹风险、投机风险、收益风险 |
| 损失原因 | 自然风险、社会风险、经济风险、技术风险、政治风险、法律风险 |
| 涉及范围 | 系统性风险、非系统性风险 |

## 三、金融风险

金融风险是指在各种货币经营和信用活动过程中，由于各种不确定性因素的影响，货币资金经营者的实际收益与预期收益之间发生某些偏差，从而使资金经营者蒙受损失的机会或可能。一般而言，金融风险可分为如下几类。

1. 市场风险

市场风险又称价格风险，是指由于金融市场因子（如利率、汇率、股价等）价格的不利波动而导致的金融资产损失的可能性。其中利率风险是最主要的市场风险。由于金融机构的资产绝大部分是金融资产，利率波动会直接导致其资产价值变化，使机构的持续经营能力受到威胁，因此金融机构的风险管理常把利率风险单独列出。自从 1973 年布雷顿森林体系崩溃加大了金融市场的波动性以来，金融领域又先后出现了经济全球化所带来的金融一体化，产业竞争加剧与金融管制不断放松，金融创新层出不穷与衍生金融工具种类迅猛增长等发展趋势，这些趋势都从不同角度大大增加了金融市场的市场风险性。

2. 信用风险

在金融学中，信用是指以偿还和付息为特征的借贷行为。这里所讲的信用风险是指由于信用活动中各种不确定性而使作为授信方的金融机构遭受损失的可能性，如前所述，信用风险也被称作违约风险。例如通常所说的商业银行信贷风险就属于信用风险，是指银行在放款业务中因债务人不能按时还款而遭受财产损失的可能性。信用风险主要体现在金融机构作为债权人向客户提供资金或证券融通的业务中。由于各种形式的放款是商业银行最主要的资产业务，而其他各类金融机构，例如证券公司、信托投资公司、租赁公司、保险公司等，也提供某种贷款业务或融券业务以及投资债券和股票业务，所以信用风险是一种主要的金融风险。

☞专栏 6-1

### 信用风险与银行

在现实中，信用风险一直是困扰银行业的一大问题，因呆账和坏账过多而使银行倒闭的例子一直在不断发生，尤其是在经济不景气和出现金融危机的时期。

由中国银行业协会发布的《中国银行家调查报告（2016）》对 15 位银行高管、1 794 位银行从业者开展了访问与调查。调查显示，信用风险管理仍然是银行业持续经营的重中之重。从风险类别看，信用风险最受关注，是警钟长鸣的话题，市场风险、流动性风险、合规风险、操作风险的关注度分别位列第二至第五位，选择上述 5 项的银行家的占比分别为 81.3%、53.8%、36.6%、29%和 24.7%。调查显示，银行家认为最大的挑战来自“资产质量承压、风险管控难度加大”，选择此项的占比高达 89.6%。该报告中的数据表明，目前对银行的风险管理，尤其是对信用风险的管理，提出了进一步的课题与挑战。

3. 流动性风险

流动性是指金融资产便于在市场上出售变现而不至于有太多损失的能力，以及金融机构方便地筹措到所需资金而不至于花费太多成本的能力。如果在金融企业急需资金时，其资产的流动性较差，而筹集资金的渠道又不顺畅的话，其经营就会陷入困难。此时，该金融机构就面临着流动性风险，即由于流动性的不确定性变化而使金融机构遭受损失的可能性。这种风险所造成的影响在金融机构面临大额偿付时表现得尤为明显。

流动性的大小与多种因素有关，如金融机构资产和负债本身的性质、客户的财务状况和信用、二级市场的发育程度、已建立起来的融资渠道关系等。流动性风险属于纯粹风险，只会给金融机构带来损失可能，而无获利机会。

4. 购买力风险

购买力是货币的内在价值，购买力风险也称通货膨胀风险，是指由于通货膨胀而使货币购买力下降的风险。通货膨胀率用一般物价水平来衡量。

各类金融机构无不从事投资活动，在衡量投资回报时不仅要看名义收益率，而且还要考虑实际收益率，即名义收益率剔除通货膨胀率之后的真实收益情况。当通货膨胀率较高时，金融机构的投资收益所代表的实际购买力在下降。如果通货膨胀率大于名义投资收益率，则实际收益为负，这会给作为投资主体的金融机构造成损失。

潜在的通货膨胀预期还会影响到金融机构的业务量，扰乱它们的正常经营，使它们盈利减少。因为在通货膨胀情况下，人们会增加当期消费，从而相应减少银行储蓄、证券投资以及购买保险产品，使金融机构的业务量减少。

## 第二节 风险度量

一个金融产品或金融系统往往含有多种金融风险。例如一个英国投资者购买美国的股票，他所面临的风险不仅有股票价格涨落所带来的证券价格风险，还有美元和英镑汇率波动所带来的英镑收益率不确定的风险。此时，如何准确地测量金融风险就显得十分重要。

风险度量就是在风险识别的基础上对风险进行定量分析和描述，它是对风险识别的深化，也是确定风险管理技术选择和决策的重要依据之一。由于风险度量中研究的损失具有不确定性，而不确定性又是概率论和统计学研究的对象，因此，风险度量大多需要借助概率论和统计分析工具来完成。具体来说，风险度量的含义是在对过去损失资料分析的基础上，运用概率论和数理统计方法对某一特定或者几个风险事故发生的损失频率和损失程度作出估计，并以此作为选择风险管理技术的依据。

风险度量的理论基础如下：

(1) 大数法则。大数法则认为只要被观察的风险单位足够多，就可以对损失发生的频率、损失的严重程度度量出一定数值来。被观察的风险单位越多，预测的损失就越可能接近实际发生的损失。

(2) 概率推理原理。单个风险事故是随机事件，事件发生的时间、空间、损失严重程度都是不确定的。但是，就总体而言，风险事故的发生又会呈现出某种统计规律性。运用概率论和数理统计方法，可以推断出风险事故出现各种状态的概率。

(3) 类推原理。数理统计学为从部分去推断整体提供了非常成熟的理论和众多有效的方法。在风险管理实务中进行风险度量时，往往没有足够的损失统计资料，而且由于时间、经费等许多条件的限制，很难甚至不可能取得所需要的足够数量的数据资料。根据事件的相似关系，从已经掌握的实际资料出发，运用科学的度量方法而得到的数据可以基本符合实际情况，满足风险度量的需要。

(4) 惯性原理。在风险事故发生作用的条件等大体相对稳定的前提下，利用事物发展的惯性原理，可以预测未来风险事故发生的损失和损害的程度。

值得注意的是，风险发生作用的条件并不是不变的，风险度量的结果会同实际发生的状况存在一定的偏离，这就需要风险度量不仅要考虑引发事故的稳定因素，还要考虑引发事故的偶然因素。

一般来说，收益率高的金融资产其风险也高，收益率低的金融资产其风险也低；但反之不一定成立，即风险高的投资收益率不一定高。

下面介绍几种有代表性的风险度量方法。

### 一、期望-方差法

风险是未来遭受损失的可能性。之所以未来可能遭受损失，根本原因在于未来的收益大小是不确定的。在很多情况下，投资者只能估计各种可能发生的结果和每一种结果发生的可能性——概率。

投资的收益率通常用期望收益率表示。期望收益率就是未来投资收益的各种可能结果与出现概率的乘积的总和。如果用 $E(r)$ 代表期望收益率，共有 $n$ 种可能的投资结果，其中第 $i$ 种投资结果的收益率是 $r_i$，第 $i$ 种投资结果出现的概率是 $p_i$，则期望收益率可以表示为：

$$E(r)=\sum_{i=1}^{n} r_i p_i \tag{6-1}$$

期望收益率是以概率为权数的加权平均收益率，实际发生的收益率与期望收益率的偏差越大，说明收益率的不确定性越高，风险也就越大。因此可以用各种未来投资的收益率与期望收益率的偏离程度表示风险。对单项资产，这种偏离程度就是该资产的方差（$\sigma^2$），计算公式为：

$$\sigma^2=\sum_{i=1}^{n}[r_i-E(r)]^2 p_i \tag{6-2}$$

方差的平方根即标准差（$\sigma$）也可以用来度量风险的大小。

为了更形象地说明期望-方差法，用下面的例子来说明。

例：投资者面临 A 和 B 两项资产，并且每种资产都有三种可能的结果，每种结果有不同的概率（见表 6-2）。

**表 6-2　资产收益概率分布表**

| | 资产 A | | | 资产 B | | |
|---|---|---|---|---|---|---|
| | 收益率（%） | 概率 | 收益率与概率的乘积（%） | 收益率（%） | 概率 | 收益率与概率的乘积（%） |
| 结果 1 | 45 | 0.1 | 4.5 | 20 | 0.2 | 4 |
| 结果 2 | 15 | 0.7 | 10.5 | 5 | 0.6 | 3 |
| 结果 3 | −30 | 0.2 | −6 | −10 | 0.2 | −2 |
| 总和 | | | 9 | | | 5 |

由表 6-2 可见，资产 A 的期望收益率是 9%，资产 B 的期望收益率是 5%。用标准差计算公式可计算出资产 A 和资产 B 的标准差分别为 $\sigma_A=0.156$，$\sigma_B=0.095$。从标准差的角度看，资产 A 的风险比资产 B 的风险大，而二者的期望收益率显示，资产 A 的期望收益率高于资产 B 的期望收益率。

这种方法适用于单项金融资产。单项金融资产的整体风险是指由所有可能引起市场行情变化的因素相互作用对其未来收益水平形成的影响，又可将其细分为系统性风险和非系统性风险。系统性风险是由全局性因素导致的风险，对所有经济参与主体都带来损害，如经济危机、通货膨胀等，它无法通过资产投资组合的搭配而抵消；非系统性风险是指由只能影响个别金融资产收益率的因素所引起的风险，如石油危机、某项新技术的开发、某种金融资产的市场信息等，这类风险可以通过有效的资产组合减轻或弱化。

### 专栏 6-2

**金融资产**

资产的广义定义是任何具有价值的财产。它可以划分为有形资产和无形资产两种。有形资产的价值依赖于其具体的物理特性，比如说建筑物、土地和机器设备等。而无形资产是指对某种未来利益的法律权利，其价值与物理形态或具体形态无关，但其价值依附其中。

金融资产就是无形资产，其基本的利益或价值是对未来现金流的债权。金融资产的发行者是承诺对金融资产作出未来现金支付的机构；而金融资产的投资者是金融资产的拥有者。比如说有如下几种金融资产：由美国财政部发行的国债、由纽约市政府发行的债券、由日本政府发行的债券、由花旗银行贷给消费者的消费信贷、由通用汽车公司发行的债券、由 IBM 公司发行的普通股、由日本丰田公司发行的优先股等。对于债券投资者来说，他们是发行人的债权人，发行人需要向其支付利息和本金。对于股票持有人来说，他们是公司的股东，拥有享受公司分红的权利，在公司清算时还拥有与所持股份比例相当的公司净资产。

与金融资产名义价格直接相关的是其期望收益率，给定一项金融资产和预期现金流就可以求出其期望收益率。金融资产是有风险的，虽然其风险大小可能不同。一般来说，购买力风险、通货膨胀风险、信用风险或违约风险是主要的风险。

## 二、资本资产定价模型

在西方金融学和财务管理学中，有许多模型描述了组合投资中风险和收益率的关系，其中最为著名的一个模型为资本资产定价模型（CAPM）。

CAPM 是在风险资产期望收益均衡基础上的预测模型之一，它的功能是预测资产风险与期望收益率之间的关系。运用这个模型可以帮助确定所有风险资产的期望收益率，它主要讨论的是资产的均衡价格是如何在收益与风险的权衡中形成的。CAPM 中的核心关系仍然是收益与风险的关系。

一个简单形式的 CAPM 是建立在一些假定条件之上的，所谓简单形式的主要含义是投资者行为趋同化，如果假定投资者的投资行为具有很多相同或相似的特征，模型就可以大大简化。因此为了简化 CAPM，假定如下：

（1）市场中存在大量投资者，每个投资者的财富相对于所有投资者的财富总和来说都微不足道。因此，投资者是证券市场价格的接受者，单个投资者的交易行为对证券价格不发生可见的影响。这里实际是假定证券市场是完全竞争市场。

（2）所有投资者的证券持有期限都相同，即均在同一时点上购入与卖出证券，或证券在同一时点上到期。因此，投资者都在同一证券持有期规划自己的投资行为。这是一个十分严格的假定，因为一般投资者都不会这样做。如果有的投资者一定要这样做，那么显然会背离他的最优投资选择。

（3）投资者只在公开的金融市场上投资，只买卖譬如股票、债券类的金融工具，不会从事非交易性的资产投资活动。投资者可以在无风险利率条件下借入或贷出任何数量的资金。

（4）所有投资者都是理性的，都是风险厌恶者，都寻求投资资产组合的方差最小化，即他们都接受并采用马科维茨的资产选择模型。

(5) 所有投资者对证券的评价和经济形势的看法都一致，因此，投资者的证券收益的概率分布预期都一致，即无论证券价格如何变化，所有投资者的风险资产的组合内容都是一致的，这被称作同质期望（homogeneous expectations）假定。

(6) 证券市场是有效的。[①]

(7) 另外还假定金融工具是可以无限分割的，投资者可以购买任意小量的资产；无通货膨胀，或通货膨胀是可以预期的；在证券交易时不需要交纳证券交易费用，也不需要交纳各种税金。

从假定（2）～（5）中可以得出结论：所有投资者的风险资产组合都一样，包括所有可交易资产，因此所有投资者持有的都是市场资产组合。如果用股票来代表所有的风险资产，即假定投资者投资的风险资产只包括股票，那么投资者在每只股票上的投资比例都应等于这只股票的市值[②]占所有股票总市值的比例。这就是说，所有投资者的投资金额可能不同，他们的风险厌恶程度可能不同，他们投资于最优风险资产组合与无风险资产的比例可能不同，但是他们的风险资产的结构都相同。这里可定义贝塔（$\beta$）为测度由于市场证券收益变动引起的个股收益变动的程度的系数，则有：

$$\beta_i=\frac{\operatorname{cov}(r_i,\ r_m)}{\sigma_m^2} \tag{6-3}$$

其中，$\sigma_m^2$ 为市场资产组合收益率的方差。从公式中可以看到，个股的贝塔值与市场的系统性风险成反比，与个股收益率 $r_i$ 和市场收益率 $r_m$ 的相关程度成正比。因此，贝塔反映了系统性风险对个股收益率的效应。如果一只股票的贝塔值为 1.5，就意味着根据历史经验，该股票的收益率为市场组合收益率的 1.5 倍。当然，如果一只个股的贝塔值为 1，就意味着根据历史经验，该股的收益率与市场组合收益率相同。如果贝塔是个股风险溢价与市场风险溢价[③]的关系的一个反映，那么个股的风险溢价就等于：

$$\begin{aligned} E(r_i)-r_f &= \frac{\operatorname{cov}(r_i,\ r_m)}{\sigma_m^2}[E(r_m)-r_f] \\ &= \beta_i[E(r_m)-r_f] \end{aligned} \tag{6-4}$$

将式（6－4）中等号左边的无风险利率 $r_f$ 移到等号右边，则有

$$E(r_i) = r_f+\beta_i[E(r_m)-r_f] \tag{6-5}$$

式（6－5）的含义是个股的期望收益率等于市场的无风险利率加上市场风险溢价乘以

---

① 美国学者法马（Fama）1965 年提出了有效市场假说，他在文章中指出，股价已反映所有已知信息的观点为有效市场假说（efficient market hypothesis，EMH）。有效市场假说按市场有效性的程度分为三种情况：（1）弱有效假说（weak efficient hypothesis），即股价只反映全部资产的历史数据；（2）半强有效假说（semi-strong efficient hypothesis），即股价反映了全部公开信息；（3）强有效假说（strong efficient hypothesis），即股价反映了全部与公司有关的信息，包括内幕消息。

② 市值即为股票的市场价值，也可以说是股票的市场价格，它包括股票的发行价格和交易买卖价格。股票的市场价格是由市场决定的。股票的面值和市值往往是不一致的。股票市值可以高于面值，也可以低于面值，但股票第一次发行的价格一般不低于面值。股票市值主要取决于预期股息、银行利率以及股票市场的供求关系。

③ 所谓市场风险溢价是指市场的风险补偿机制，即如果一个投资项目面临的风险比较大，它相应地就需要较高的收益率，风险与收益成正比，市场风险溢价是相对于无风险收益而言的，比如国库券的利率一般可以看作无风险收益率。

反映个股风险溢价与市场风险溢价的关系的贝塔值。如果市场无风险利率为3%，贝塔值为1.2，当市场风险溢价为5%时，个股期望收益率为9%（=3%+5%×1.2）；当市场风险溢价降为4%时，个股期望收益率就只有7.8%了。说明个股期望收益率的决定的式(6-5)就是一般的CAPM。

CAPM的几何表达形式见图6-1。式（6-5）中的收益率与$\beta$的关系实质上就是收益-风险关系。这一函数关系可以用几何形式的证券市场线（security market line，SML）表示（见图6-1），横坐标表示$\beta$，纵坐标为资产的期望收益率，曲线的起点为市场的无风险收益率$R_f$。任意证券或组合的期望收益率均由两部分构成：一部分是无风险利率，另一部分是对承担风险的补偿，称为“风险溢价”，它与承担风险的大小成正比。证券市场线给出了每一项风险资产的风险与期望收益率之间的关系，即为每一项风险资产进行了定价。证券市场线是CAPM的核心，它指出了每一个市场投资组合的系统性风险和期望收益率应当具有正的线性关系。

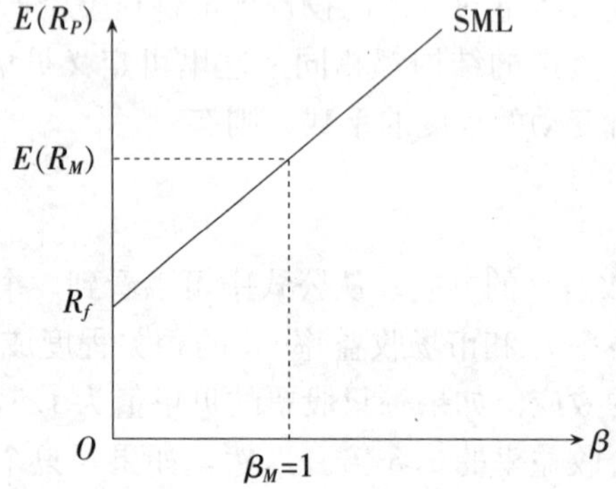


**图6-1 证券市场线**

## ☞专栏6-3

### 马科维茨证券组合模型

1952年3月美国经济学家马科维茨在《金融杂志》上发表的《资产组合选择》一文，将统计学中期望与方差的概念引入对资产组合问题的研究，提出用资产收益的期望来度量预期收益、用资产收益的标准差来衡量风险的思想，将风险定量化，为金融风险的研究开辟了一条全新的思路。他首次在此基础上研究了证券资产的投资组合问题，并引入了系统性风险和非系统性风险的概念，给出了在一定预期收益率水平下使投资风险达到最小化的最优投资组合计算方法，改变了过去以常识或经验等来判断的定性的衡量风险的方法。资产组合理论的基本思想是风险分散原理，应用数学二次规划建立起一套模式，系统地阐述如何通过有效的分散化来选择最优组合。资产组合理论以方差作为度量风险的方法，方差方法的优劣决定着资产组合模型的有效性。方差有良好的数学特征，在用方差度量金融或证券资产组合的总风险时，组合的方差可以分解为组合中单项资产收益的方差和各项资产收益之间的协方差，这是马科维茨资产组合理论在技术上可行的基础。但从其诞生之日起，以方差度量风险的方法就承受着众多质疑和批评，法马等人对美国证券市场投资收益率分布状况的研究基本否定了方差度量方法的理论前提——投资收益率呈正态分布假设。马科维茨自己也承认："除了方差之外，存在多种度量风险的方法，其中理论上完美的度量方法应属半方差方法。"

## 三、LPM 模型

风险的原始语意是损失，是不利的结果，于是出现了用低于目标收益率水平的收益率分布状况表示的下行风险描述方式。LPM（low partial moments）指标是指未来收益率出现在某一目标收益率之下的情况。

$$LPM_n=\sum_{i=1}^{n}P_i(T-R_i)^n \qquad R_i\to\infty \tag{6-6}$$

其中，$R_i$ 为收益率，$P_i$ 为 $R_i$ 发生的概率，$T$ 为目标收益率，参数 $n$ 取不同值，反映 LPM 的不同含义。当 $n=0$ 时，$LPM_0$ 表示低于目标收益率的概率；当 $n=1$ 时，$LPM_1$ 为单位离差的均值，表示低于目标收益率的概率；当 $n=2$ 时，$LPM_2$ 是偏差平方的概率加权，也称为目标半方差。LPM 方法的优点是：第一，假设条件简单，仅要求投资者为风险厌恶型，这在实际中能得到满足；第二，反映出投资者对正负偏差不一致的真实感受。LPM 方法的缺点在于：第一，$n$ 的不同取值反映的只是风险的不同侧面；第二，刻画风险不够精细，比较风险大小时可能出问题。

## 四、灵敏度方法

灵敏度方法是利用金融资产价值对其市场因子的敏感性来测量金融资产市场风险的方法。标准的市场因子包括利率、汇率、股指和商品价格等。假定金融资产的价值为 $P$，其市场因子为 $x_1$，$x_2$，…，$x_n$，价值 $P$ 为市场因子 $x_1$，$x_2$，…，$x_n$ 的函数，因此市场因子的变化将导致证券价值的变化，即：

$$\frac{\Delta P}{P}=D_1\Delta x_1+D_2\Delta x_2+\cdots+D_n\Delta x_n \tag{6-7}$$

其中，$D_1$，$D_2$，…，$D_n$ 为资产价值对相应市场因子的敏感性，称为灵敏度，或称风险暴露。灵敏度方法比较适合简单的金融工具在市场因子变化较小时的情形，对于复杂的证券组合及市场因子大幅波动的情形，灵敏度方法或者准确性变差，或者由于复杂而失去了其原有的简单直观性。

## 五、VaR 法和 CVaR 法

### （一）VaR 法概述

在风险管理的各种方法中，VaR 法最令人瞩目。尤其是在过去的几年里，许多银行和法规制定者开始把这种方法当作全行业度量风险的一种标准来看待。VaR 法之所以具有吸引力，是因为它把银行的全部资产组合的风险概括为一个简单的数字，并以美元计量单位表示风险管理的核心——潜在亏损。VaR 法实际上是要回答在给定概率的情况下，银行投资组合的价值在下一阶段最多可能损失多少。

20 世纪 90 年代，随着国际金融市场日趋规范发展，各金融机构之间的竞争也发生了根本性变化，特别是金融产品的创新，使金融机构从过去的资源探索转变为内部管理与创新方式的竞争，从而导致各金融机构的经营管理发生了深刻变化，发达国家的各大银行、证券公司和其他金融机构都在积极参与金融产品创新和交易，使金融风险管理问题成为现代金融机构的基础和核心。此时，传统的 CAPM 无法融合新的衍生金融工具，而用方差和 $\beta$ 值来度量风险只反映了市场（或资产）的波动幅度。这些传统方法很难准确定义和度量金融机构存在的金融风险。1993 年，三十国（G30）集团在研究衍生产品的基础上发表了《衍生产品的实践和规则》报告，提出了度量市场风险的 VaR（Value at Risk）模型（风险价值模型），稍后为了衡量市场风险，J. P. 摩根公司推出了计算 VaR 的风险矩阵（risk metrics）风险控制模型。在此基础上，进一步推出了计算 VaR 的信用矩阵（credit metrics）风险控制模型，前者用来衡量市场风险；J. P. 摩根公司公开的信用矩阵技术已成功地将标准的 VaR 模型的应用范围扩大到了信用风险的评估上，发展为信用风险估价模型，当然，对信用风险评估的模型要比市场风险估值模型更为复杂。目前，用 VaR 法度量金融风险已成为国外大多数金融机构广泛采用的衡量金融风险的方法。

VaR 按字面解释就是“按风险估价”或者说是“风险价值”。一个标准的定义是：一个机构的 VaR 是指这样的一个损失额，给定概率 $P$，持有期限 $t$ 天，在 $t$ 天持有期内预计超过这一损失额的概率只有 $X$。例如，一个证券组合持有 1 天，概率为 95%，VaR 等于 10 美元，其含义是：该证券组合在 1 天中只有 5%的时间里损失超过 10 美元。VaR 定义为：

$$P(\Delta P \geqslant \text{VaR}) = 1 - \alpha \tag{6-8}$$

式中，$\Delta P$ 表示在 $\Delta t$ 时间内，某资产或资产组合的损失；$\alpha$ 为给定的置信水平。

对某资产或资产组合，在给定的持有期和给定的置信水平下，VaR 给出了其最大可能的预期损失。VaR 的计算主要涉及两个因素：目标时段和置信水平。目标时段是指我们计算的是未来多长时间内的 VaR，它主要根据投资组合中资产的流动性而定，一般取为 1 天、1 周、10 天或 1 个月；置信水平的确定主要取决于风险管理者的风险态度，一般取90%～99.9%。

为了更好地理解 VaR 的概念，现举例说明。例如我国中信证券股份有限公司 2015 年年报披露，2015 年 12 月 31 日整体金融工具组合的 95%VaR 值为 20 585 万元。其含义是：该公司可以以 95%的可能性保证，2015 年 12 月 31 日当天，由于市场价格波动而带来的损失不会超过 20 585 万元。

一般来说，运用数学模型定量分析社会经济现象必须遵循相关假设条件。VaR 法同样只有在一定假设条件下才能成立并有效运用。这些假设条件是：(1) 市场是有效的；(2) 市场波动是随机的，不存在自相关性。

**（二）VaR 的计算方法**

VaR 的计算方法较多，下面简要介绍三种基本的 VaR 计算方法。

*1. 方差-协方差法*

方差-协方差法一般假设资产的收益率服从正态分布，通过估计出的在一个给定的置信水平下的均值与方差，就可以计算出相应的VaR。J. P. 摩根公司1994年公布的VaR系统风险矩阵使用的就是该方法，因此该方法也被称为风险矩阵法。计算公式的基本形式为：

$$\text{VaR}=\alpha\cdot\sigma\cdot V$$

其中，$\sigma$为资产的方差，$V$为考察期期初资产的价值，$\alpha$为给定的置信水平，由其确定的置信水平为$1-\alpha$。

使用正态分布的假设对金融风险进行估计很简单，并且在对工作日内的风险或隔夜风险进行估计时很有效。但是，事实证明从长期来看，收益率的分布是厚尾的，这时在正态性的假定下会导致对极端事件VaR的严重低估。因此在使用方差-协方差法时，人们对正态分布假设的改进是利用$t$分布、混合正态分布或GARCH模型完成对VaR的计算。在现在的实证研究中人们多用改进后的分布对VaR进行估计，并且取得了较好的结果。

*2. 历史模拟法*

历史模拟（historical simulation）法也是一种常用的估计VaR的方法。它不需要对收益率的分布进行任何假设，主要依赖于过去一段时间内资产组合收益率的频率分布，找到历史上的一段时间内的平均收益率以及在给定置信水平下的最低收益率水平来进一步估计VaR。简单地说，该方法就是假设在样本周期内收益率的分布不变，然后利用收益率的历史分布来代替收益率的真实分布，以获得资产组合的VaR。

历史模拟法具有计算简单、无须假设收益率分布、无须计算任何参数，以及较好地处理非线性和市场大幅波动的优点。但该方法也有其相应的不足之处，如对极端事件的预测效果很差、需要大量数据、难以进行灵敏度分析和计算出的VaR的波动性大等。另外，该方法中的市场因子的未来变化与历史变化完全一样这个假设并不是很符合现实。

*3. 蒙特卡罗模拟法*

蒙特卡罗（Monte Carlo）模拟法也是常用和最有效的计算VaR的方法之一，于1942年由研制原子弹的科学家提出并加以应用。它是一种基于计算机的统计推断方法，该方法不需要对总体分布做任何假设，只通过对已有的样本采用有放回的抽样（每个样本被抽到的概率相同）来产生伪随机数，直至产生“实际”分布，从而完成对总体特征的推断。蒙特卡罗模拟法是全值估计，还需要假设总体分布，可以用来处理非线性、非正态分布等较复杂的问题。由于其计算易实现等优点，该方法得到了非常广泛的应用。有很多研究者也正致力于该方法的改进和提高。当然，该方法也有特定的缺点，如产生的伪随机数可能会导致错误、计算量大及计算时间长等。

☞**专栏 6-4**

**VaR在中信证券股份有限公司风险管理中的应用**

中信证券股份有限公司（以下简称“中信证券”）使用VaR作为衡量市场风险状况的主要指标。在具体参数设置上采用1天持有期、95%的置信水平。VaR的计算模型覆盖了利率风险、权益价格风险、汇率风险等风险类型，能够衡量由于利率曲线变动、证券价格变动、汇率变动等因素导致的市场风险变动。

中信证券的风险管理部通过回溯测试等方法对 VaR 计算模型的准确性进行持续检测，并随中信证券业务的不断拓展，积极改善 VaR 风险计算模型。中信证券还通过压力测试的方式对持仓面临极端情况时的可能损失状况进行评估。风险管理部设置了一系列宏观及市场场景来计算中信证券全部持仓在单一情景或多情景同时发生的不同状况下的可能损失。这些场景包括宏观经济大幅下滑、主要市场大幅不利变动、发生特殊风险事件等。压力测试是中信证券市场风险管理中的重要组成部分。通过压力测试可以更为突出地显示公司的可能损失，进行风险收益分析，并对比风险承受能力，衡量公司整体的市场风险状态是否在预期范围内。

中信证券（含子公司）和中信证券（不含子公司）按风险类别分类的 VaR 分析概括如表6－3和表 6－4 所示。

**表 6－3　　资产负债表日 VaR 披露**　　单位：万元

| | 中信证券（含子公司） | | 中信证券（不含子公司） | |
|---|---|---|---|---|
| | 2015 年 12 月 31 日 | 2014 年 12 月 31 日 | 2015 年 12 月 31 日 | 2014 年 12 月 31 日 |
| 股价敏感型金融工具 | 39 467 | 34 129 | 20 633 | 29 617 |
| 利率敏感型金融工具 | 2 757 | 7 551 | 2 547 | 6 885 |
| 汇率敏感型金融工具 | 1 617 | 2 209 | 377 | 688 |
| 整体组合 | 39 343 | 36 854 | 20 585 | 32 400 |

**表 6－4　　中信证券年度 VaR 披露**　　单位：万元

| | 2015 年 | | | 2014 年 | | |
|---|---|---|---|---|---|---|
| | 平均 | 最高 | 最低 | 平均 | 最高 | 最低 |
| 股价敏感型金融工具 | 40 079 | 135 695 | 15 890 | 14 550 | 34 328 | 7 504 |
| 利率敏感型金融工具 | 3 296 | 6 552 | 993 | 3 286 | 9 915 | 806 |
| 汇率敏感型金融工具 | 577 | 942 | 269 | 853 | 1 621 | 530 |
| 整体组合 | 40 480 | 135 369 | 17 204 | 15 659 | 40 460 | 8 034 |

注：摘编自《中信证券 2015 年度报告全文（A 股）》。

**（三）VaR 法的优点**

（1）VaR 法可以在事前计算投资组合的风险，而不像以往的风险管理方法都是在事后衡量投资组合风险的大小。VaR 法以其高度的综合概括能力为投资者提供了一个直观、全面的风险量化指标。投资者可以运用 VaR 法动态地评估和计量其所持有的资产组合的风险，及时调整投资组合，以分散和规避风险，提高资产营运质量和运作效率。

（2）VaR 法可以涵盖影响金融资产的各种不同市场因素，也可以测度非线性的风险问题。此外，VaR 法不仅能计算单个金融工具的风险，还能计算由多个金融工具组成的投资组合风险，而以往的风险管理方法大多无法计算投资组合风险。

**（四）CVaR 法概述**

虽然 VaR 法越来越为人们所熟知和认可，并且广泛应用于金融系统的风险度量，但由于其本身有着一定的缺陷，很多突发性的经济现象还是无法用此模型来解释，故而出现了许多对 VaR 法进行改良的技术。1997 年产生的 CVaR 法是一个既具有可操作性又满足一致性公理，特别是考虑到了尾部风险的风险测度方法。CVaR 这一概念是指在资产组合的损失大于某个给定的 VaR 值的条件下，该资产组合损失额的平均值，用公式可表示为：

$$\mathrm{CVaR}_{\beta}=E(-X\mid -X\geqslant \mathrm{VaR}_{\beta}) \tag{6-9}$$

其中，$X$ 为资产组合的损失额。

假定某一投资组合在 2006 年 7 月 29 日在置信水平取 95%时日 VaR 的值为 100 万元，CVaR 的值为 130 万元，根据 VaR 和 CVaR 的定义可知，该组合有 95%的把握可以保证这一天由于市场价格的变动而带来的损失不会超过 100 万元，同时也有 95%的把握可以保证该组合由于多种因素而带来的极端潜在损失不会超过 130 万元，或者说损失超过 100 万元的条件损失为 130 万元。不过由 CVaR 的定义很难计算出 CVaR 的值，这是因为在 CVaR 的定义中涉及 VaR 这个参数，并且这个参数又是内生的，因此给计算造成了很大困难。在实际计算过程中，CVaR 的值是通过构造辅助函数计算出的。这种方法可以在不先求出 VaR 的情况下得到 CVaR，并且在求出 CVaR 的同时也可以得到 VaR。但是与 VaR 法相比，CVaR 法具有更加良好的数学性质和实用性，主要体现在：

（1）CVaR 是次可加的，符合一致性风险度量的条件。次可加性意味着资产组合的分散化将降低总体 CVaR 值，即 $\mathrm{CVaR}(X+Y)\leqslant \mathrm{CVaR}(X)+\mathrm{CVaR}(Y)$ 始终成立。在正态分布情况下，CVaR 和 VaR 两种度量是等价的，可得出同样的最优解。但是，对于非正态分布情形，CVaR 满足次可加性进而可以求得全局最优解。此时，VaR 仅为极小值点，可能不存在最优解，而 CVaR 为极小值。

（2）CVaR 是尾部损失的平均值，反映了损失超出 VaR 部分的相关信息。只有把大于 VaR 的所有尾部损失进行充分估计，才能用以计算 CVaR。因而，CVaR 测度过程中对损益分布的尾部损失度量是相对充分和完整的，尤其是在损益分布并非正态分布的情况（如厚尾、偏斜等）中，CVaR 比 VaR 能够更加全面有效地刻画损失分布的数理特征。

（3）由于 CVaR 的计算是建立在 VaR 基础之上的，所以在得到 CVaR 的同时，也可以获得相应的 VaR，故而能够针对风险实施双重监测，也便于相互校验。

虽然 CVaR 法存在着一定的缺陷，但它在许多方面已经表现得优于 VaR 法，因而 CVaR 法具有广泛的应用前景。在应用 CVaR 法进行金融风险的定量计算时，要注意与其他风险管理方法结合，注意定量、定性分析相结合，尤其是在市场出现较异常的波动时，应综合运用多种风险度量方法，以减少预测值的偏差度。

## 六、其他方法

随机波动率模型和 GARCH 模型能很好地描述金融资产收益率波动的相关性、依存性和聚束性。目前各种 GARCH 模型已经在金融风险管理中得到广泛应用。用 GARCH 模型可以模拟时间序列时变的方差和均值。

实践证明，金融数据具有强烈的 GARCH 效应，其尾部和中间部位集中了大量的概率分布，相比正态分布拥有“厚尾”的特征，此时如果再用正态分布来刻画金融数据将损失大量的局部信息，可能造成高估。在分析法中，为了描述金融数据“尖峰厚尾”、平方收益率序列微弱而持久的自相关性等特征，GARCH 模型作为一类异方差模型，被认为是最能刻画金融市场波动性的模型。

### ☞专栏 6-5

**风险度量方法的最新进展**

1. Copula 函数

Copula 函数描述的是变量间的相关性，是一类将联合分布函数与它们各自的边缘分布函数连接起来的函数，进而用来确定随机变量的联合分布和多个随机变量间相依结构的统计方法。Copula 函数能用资产组合的联合分布函数分析组合资产收益率的相依性，并且能将边缘分布与它们的相关结构分开进行研究。

CAPM 中的贝塔以及 VaR 法存在对资产风险分布的“尖峰厚尾”特征度量不足的缺点，同时它们建立在资产组合收益满足正态分布假定的基础上，因此，研究资产组合风险尖峰性和厚尾特征的风险度量方法成了资产组合风险研究领域的一种趋势。Copula 函数能够对具有尖峰性和厚尾特征的资产组合风险进行很好的度量，在一定程度上弥补了贝塔以及 VaR 法的不足。

2. KMV 模型

KMV 模型也称信用监控模型（credit monitor model），首创于美国 KMV 公司。这种风险度量方法主要集中于对上市公司信用风险的估算。KMV 模型基于现代期权定价理论，通过观测上市公司股价，以此来推测该公司资产价值以及资产收益的波动性等关键性指标，从而估计该公司发生违约风险的概率。

KMV 模型依托于市场价值，将债务人的资产价值变动情况作为驱使信用风险产生的根本因素，认为估算出债务人资产价值变动过程中所遵循的规律及模型，便可以实现估计违约率的目的。由于KMV模型采用的数据均来自股票市场最近的数据，所以能够及时跟踪目标公司的信用风险，具有很好的前瞻性和预测性。当然，KMV模型也有一定的局限性，例如当模型应用超出预定范围、评估股价失误或股票市场非正常波动时，均可能会导致KMV模型的结论产生较大的偏差。所以，KMV模型仍有较大的改进空间。

## 第三节　风险管理技术

风险管理技术最初是由银行创立并发展起来的，但目前已被证券公司、保险公司、对冲基金及工业企业等所广泛采用。下面就介绍几种常用的风险管理技术。

### 一、风险管理常用方法

#### （一）风险坐标图

风险坐标图是把风险发生可能性的高低、风险对目标的影响程度作为两个维度绘制在同一个平面上（即绘制成直角坐标系）。对风险发生可能性的高低、风险对目标的影响程度的评估有定性、定量等方法。定性方法是直接用文字描述风险发生可能性的高低、风险对目标的影响程度，如“极低”“低”“中等”“高”“极高”等。定量方法是对风险发生可能性的高低、风险对目标的影响程度用具有实际意义的数量描述，如对风险发生可能性的高低用概率来表示，对风险对目标的影响程度用损失金额来表示。

表6-5列出了某公司对风险发生可能性的定性、定量评估标准及其相互对应关系，供在实际操作中参考。

表6-5　对风险发生可能性的定性、定量评估标准

| 定量方法 | 评分 | 1 | 2 | 3 | 4 | 5 |
|---|---|---|---|---|---|---|
| | 一定时期发生的概率 | 10%以下 | 10%～30% | 30%～70% | 70%～90% | 90%以上 |
| 定性方法 | 文字描述一 | 极低 | 低 | 中等 | 高 | 极高 |
| | 文字描述二 | 一般情况下不会发生 | 极少情况下才发生 | 某些情况下发生 | 较多情况下发生 | 常常会发生 |
| | 文字描述三 | 今后10年内发生的可能次数少于1次 | 今后5～10年内可能发生1次 | 今后2～5年内可能发生1次 | 今后1年内可能发生1次 | 今后1年内至少发生1次 |

表6－6列出了某公司关于风险对目标的影响程度的定性、定量评估标准及其相互对应关系，供在实际操作中参考。

**表6－6　风险对目标的影响程度的定性、定量评估标准**

<table>
<tr><td rowspan="7">适用于所有行业</td><td rowspan="2">定量方法</td><td colspan="2">评分</td><td>1</td><td>2</td><td>3</td><td>4</td><td>5</td></tr>
<tr><td colspan="2">企业财务损失占税前利润的百分比</td><td>1%以下</td><td>1%～5%</td><td>6%～10%</td><td>11%～20%</td><td>20%以上</td></tr>
<tr><td rowspan="5">定性方法</td><td colspan="2">文字描述一</td><td>极轻微的</td><td>轻微的</td><td>中等的</td><td>重大的</td><td>灾难性的</td></tr>
<tr><td colspan="2">文字描述二</td><td>极低</td><td>低</td><td>中等</td><td>高</td><td>极高</td></tr>
<tr><td rowspan="3">文字描述三</td><td>企业日常运行</td><td>不受影响</td><td>轻度影响（造成轻微的人身伤害，情况立刻受到控制）</td><td>中度影响（造成一定人身伤害，需要医疗救援，情况需要外部支持才能得到控制）</td><td>严重影响（企业失去一些业务能力，造成严重人身伤害，情况失控，但无致命影响）</td><td>重大影响（重大业务失误，造成重大人身伤亡，情况失控，给企业带来致命影响）</td></tr>
<tr><td>财务损失</td><td>较低的财务损失</td><td>轻微的财务损失</td><td>中等的财务损失</td><td>重大的财务损失</td><td>极大的财务损失</td></tr>
<tr><td>企业声誉</td><td>负面消息在企业内部流传，企业声誉没有受损</td><td>负面消息在当地局部流传，对企业声誉造成轻微损害</td><td>负面消息在某区域流传，对企业声誉造成中等损害</td><td>负面消息在全国各地流传，对企业声誉造成重大损害</td><td>负面消息流传世界各地，政府或监管机构进行调查，引起公众关注，对企业声誉造成无法弥补的损害</td></tr>
</table>

| | | | | | | | |
|---|---|---|---|---|---|---|---|
| 适用于开采业、制造业 | 定性与定量结合 | 安全 | 短暂影响职工或公民的健康 | 严重影响一位职工或公民的健康 | 严重影响多位职工或公民的健康 | 导致一位职工或公民死亡 | 引致多位职工或公民死亡 |
| | | 营运 | ·对营运影响微弱<br>·在时间、人力或成本方面不超出预算 1% | ·对营运影响轻微<br>·受到监管者责难<br>·在时间、人力或成本方面超出预算1%～5% | ·减慢营业运作<br>·受到法规惩罚或被罚款等<br>·在时间、人力或成本方面超出预算 6%～10% | ·无法达到部分营运目标或关键业绩指标<br>·受到监管者的限制<br>·在时间、人力或成本方面超出预算11%～20% | ·无法达到所有的营运目标或关键业绩指标<br>·违规操作使业务中止<br>·在时间、人力或成本方面超出预算 20% |
| | | 环境 | ·对环境或社会造成短暂的影响<br>·可不采取行动 | ·对环境或社会造成一定的影响<br>·应通知政府有关部门 | ·对环境造成中等影响<br>·需一定时间才能恢复<br>·出现个别投诉事件<br>·应执行一定程度的补救措施 | ·造成主要环境损害<br>·需要相当长的时间来恢复<br>·大规模的公众投诉<br>·应执行重大的补救措施 | ·无法弥补的灾难性环境损害<br>·激起公众的愤怒<br>·潜在的、大规模的公众法律投诉 |

对风险发生可能性的高低和风险对目标影响程度进行定性或定量评估后，依据评估结果绘制风险坐标图。例如，某公司对 9 项风险进行了定性评估，风险①发生的可能性为“低”，风险发生后对目标的影响程度为“极低”……风险⑨发生的可能性为“极低”，对目标的影响程度为“高”，则绘制出的风险坐标图如图 6－2 所示。

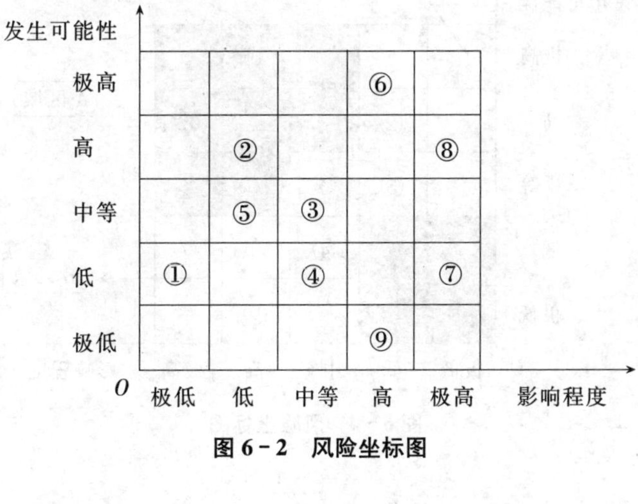


**图 6－2　风险坐标图**

设某公司对几项风险进行定量评估，其中：风险①发生的可能性为83%，发生后对企业造成的损失为2 100万元；风险②发生的可能性为40%，发生后对企业造成的损失为3 800万元……而风险⑦发生的可能性为55%～62%，发生后对企业造成的损失为7 500万～9 100万元，在风险坐标图上用一个区域来表示，则绘制出的风险坐标图如图6-3所示。

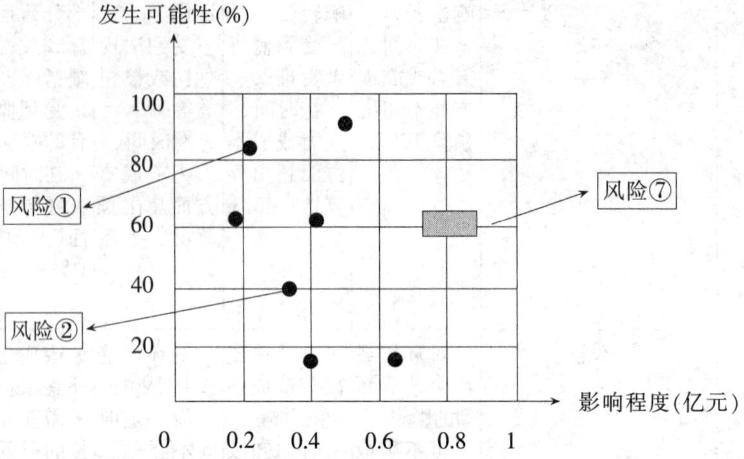


**图6-3　风险坐标图**

绘制风险坐标图的目的在于对多项风险进行直观比较，从而确定各风险管理的优先顺序和策略。设某公司绘制了如图6-4所示的风险坐标图，并将该图划分为A、B、C三个区域，A区域即左下方灰色区域，为风险①，表示发生的可能性低且对目标的影响程度低的风险；C区域即右上方灰色区域，为风险⑥⑧，表示发生的可能性高且对目标的影响程度高的风险；其余区域即B区域。公司决定承担A区域中的各项风险且不再增加控制措施；严格控制B区域中的各项风险且专门补充制定各项控制措施；确保规避和转移C区域中的各项风险且优先安排实施各项防范措施。

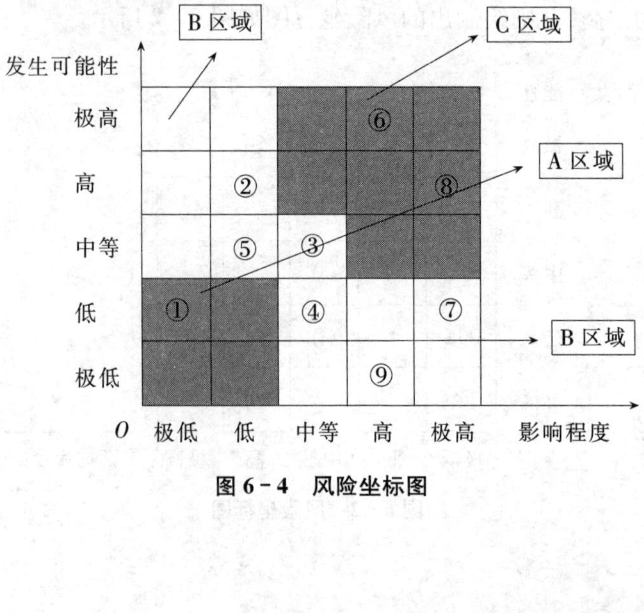


**图6-4　风险坐标图**

### （二）蒙特卡罗方法

蒙特卡罗方法是一种随机模拟数学方法。该方法用来分析评估风险发生的可能性、风险的成因、风险造成的损失或带来的机会等风险变量在未来变化的概率分布，具体操作步骤如下：

（1）量化风险。将需要分析评估的风险进行量化，明确其度量单位，得到风险变量，搜集历史相关数据。

（2）根据对历史数据的分析，借鉴常用建模方法，建立能描述该风险变量在未来变化的概率模型。建立概率模型的方法有很多，例如差分和微分方程方法，插值和拟合方法等。这些方法大致分为两类：一类是对风险变量之间的关系及其未来的情况作出假设，直接描述该风险变量在未来的分布类型（如正态分布），并确定其分布参数；另一类是对风险变量的变化过程作出假设，描述该风险变量在未来的分布类型。

（3）计算概率分布初步结果。利用随机数字发生器，将生成的随机数字代入上述概率模型，生成风险变量的概率分布初步结果。

（4）修正完善概率模型。通过对生成的概率分布初步结果进行分析，用实验数据验证模型的正确性，在实践中不断修正和完善模型。

（5）利用该模型分析评估风险情况。

正态分布是蒙特卡罗方法中使用最广泛的一类分布。在通常情况下，如果一个变量受很多相互独立的随机因素影响，而其中每一个因素的影响都很小，则该变量服从正态分布。在自然界和社会中，大量变量都满足正态分布。描述正态分布需要两个特征值：均值和标准差。正态分布的密度函数和分布函数的一般形式如下：

密度函数： $$\varphi(x)=\frac{1}{\sigma\sqrt{2\pi}}e^{\frac{(x-\mu)^2}{2\sigma^2}} \quad (-\infty<x<+\infty) \tag{6-10}$$

分布函数： $$\Phi(x)=P(X\leqslant x)=\int_{-\infty}^{x}\frac{1}{\sigma\sqrt{2\pi}}e^{\frac{(t-\mu)^2}{2\sigma^2}}\mathrm{d}t \quad (-\infty<x<+\infty) \tag{6-11}$$

其中，$\mu$ 为均值，$\sigma$ 为标准差。

由于蒙特卡罗方法依赖于模型的选择，因此，模型本身的选择对于蒙特卡罗方法计算结果的精度影响甚大。蒙特卡罗方法计算量很大，通常借助计算机完成。

### （三）关键风险指标管理

一项风险事件的发生可能有多种成因，但关键成因往往只有几种。关键风险指标管理是对引起风险事件发生的关键成因指标进行管理的方法。具体操作步骤如下：

（1）分析风险成因，从中找出关键成因。

（2）将关键成因量化，确定导致风险事件发生（或极有可能发生）时该成因的具体数值。

（3）以该具体数值为基础，以发出风险预警信息为目的，加上或减去一定数值后形成新的数值，该数值即为关键风险指标。

（4）建立风险预警系统，即当关键成因数值达到关键风险指标时，发出风险预警信息。

（5）制定出现风险预警信息时应采取的风险控制措施。

（6）跟踪监测关键成因数值的变化，一旦出现预警，立即实施风险控制措施。

该方法既可以管理单项风险的多个关键成因指标，也可以管理影响企业主要目标的多个主要风险。使用该方法要求风险关键成因分析准确且易量化、易统计、易跟踪监测。

**（四）压力测试**

压力测试是指在极端情景下，分析评估风险管理模型或内控流程的有效性，发现问题，制定改进措施的方法，目的是防止出现重大损失事件。具体操作步骤如下：

（1）针对某一风险管理模型或内控流程，假设可能会发生哪些极端情景。极端情景是指在非正常情况下，发生概率很小，而一旦发生，后果十分严重的事情。在假设极端情景时，不仅要考虑本企业或与本企业类似的其他企业出现过的历史教训，还要考虑历史上不曾出现但将来可能会出现的事情。

（2）评估在极端情景发生时，该风险管理模型或内控流程是否有效，并分析对目标可能造成的损失。

（3）制定相应措施，进一步修改和完善风险管理模型或内控流程。

以信用风险管理为例。例如，一个企业已有一个信用很好的交易伙伴，该交易伙伴除发生极端情景，一般不会违约。因此，在日常交易中，该企业只需常规的风险管理策略和内控流程即可。采用压力测试方法，是假设该交易伙伴将来发生极端情景（如其财产毁于地震、火灾或被盗）时，被迫违约对该企业造成了重大损失。而该企业常规的风险管理策略和内控流程在极端情景下不能有效防止发生重大损失事件，为此，该企业采取了购买保险或相应衍生产品、开发多个交易伙伴等措施。

## 二、风险管理基本程序

风险管理的对象是风险，目的是以最小的成本获得最大的安全保障。尽管不同的风险管理主体面临的风险性质和种类存在差异，管理风险的具体方法也不尽相同，但对于风险管理的基本程序一般是普遍认同的，即风险识别、风险估测、风险评价、风险处理和效果评价（见图 6-5）。风险管理程序是一个不断循环的过程。

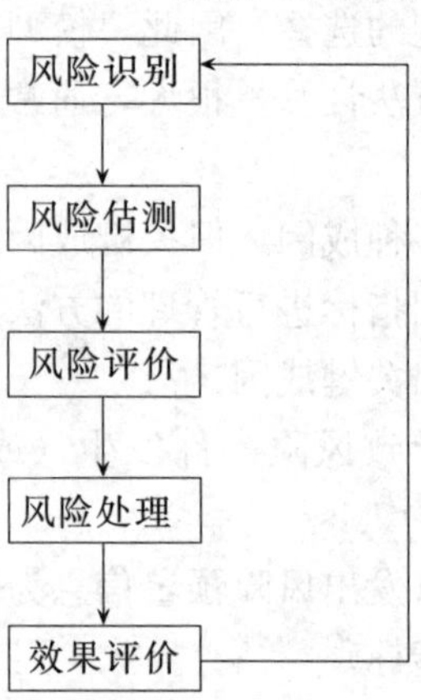


**图 6-5　风险管理程序图**

**（一）风险识别**

风险识别是风险管理的第一步，是经济主体对其所面临的和潜在的风险加以判断、归类并鉴定风险性质的过程。风险识别可以依靠感性认识和以往的经验来进行。它要求风险管理者善于从各种客观的统计和风险记录中以及从内外部环境条件的变化中看出端倪。风险管理人员必须对风险管理主体的自身条件和外部环境非常熟悉，同时对某些变化和风险极为敏感。及时准确的风险识别需要判断出有哪些风险以及风险程度如何。如果连某种确实存在的风险都识别不出来，那么根本谈不上进一步的风险管理。

**（二）风险估测**

风险估测是在风险识别的基础上，通过对损失资料进行分析，定性地估计和预测风险程度，或者运用概率论和数理统计的有关指标，定量地估计和预测风险发生的概率和损失程度。损失分布的建立、损失概率和损失期望的预测值为风险管理决策提供了数量上的科学依据，使风险管理更为理性。但很多风险不能得到定量估测，或者没有合适的损失资料进行定量估测，这时只能进行定性估测。

**（三）风险评价**

风险评价是在风险识别和风险估测的基础上，通过定性和（或）定量综合分析，得到风险发生的可能性和危害严重程度，并通过与某些安全指标进行比较，确定危险等级，然后根据危险等级决定是否需要采取控制措施以及控制到何种程度。

**（四）风险处理**

风险处理是根据风险评价结果和风险管理目标，选择最佳的风险管理策略和方法并加以实施的过程。站在风险管理主体的角度，风险处理的方式可以分为两大类：风险控制法和财务处理法，如图 6－6 所示。

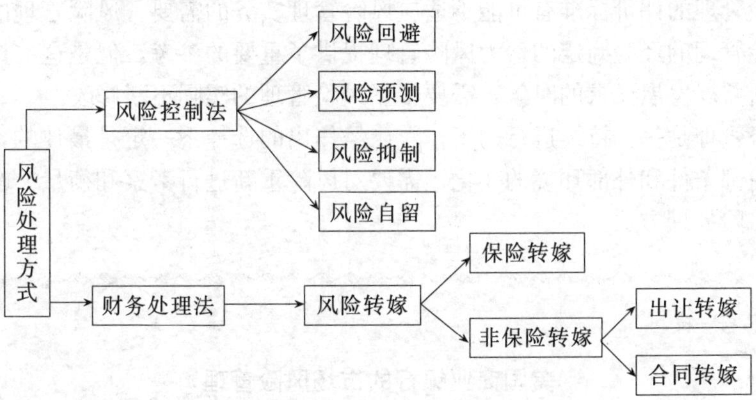


**图 6－6　风险处理方式示意图**

风险控制法是通过改变各种风险因素来降低风险程度，而财务处理法则是通过提供基金的方式，为发生损失之后可能经历的财务上的困难做好补偿准备。

在风险控制法中，风险回避是指风险管理主体采取某些措施，从根本上消除某种风险事件和损失发生在自己身上的机会，例如银行不对被认为风险高、信用不好的小企业提供贷款。风险预测即在风险事件发生前，对可能出现的异常情况进行预测并制定相应对策的过程。有效且及时的风险预测是制定合理应对措施的前提。风险抑制是指在风险事件出现时或出现后，采取有效的补救措施尽可能地减少风险损失发生的范围和程度。例如，股票市场的投资者在看到市场行情出现下行趋势时及时止损平仓的行为即为风险抑制。风险自留是指风险管理主体没有通过某种风险转嫁方式将某种风险转嫁出去，而是决定自我承担可能的风险损失后果。对于自留的风险，风险管理主体可通过建立内部的风险专项基金并加强风险预防来应对。

而对于财务处理法，主要通过风险转嫁的方式来进行。风险转嫁包括保险转嫁和非保险转嫁。保险转嫁是指风险管理主体可以通过向保险公司缴纳保险费取得当风险事故发生时从保险公司得到赔偿的权利。非保险转嫁主要包括出让转嫁和合同转嫁。出让转嫁是指风险管理主体可以通过将头寸卖出来避免风险；合同转嫁如在生产经营活动中通过将头寸卖出来避免风险。

### （五）效果评价

在风险管理的决策被贯彻执行后，必须对其贯彻执行情况进行检查和评价。效果评价就是对所采用的风险处理技术和方法所产生的成本和效益不断进行分析、评价和修正的循环流程。

进行效果评价的理由主要有以下几个方面：

（1）风险管理的过程是动态的，风险是不断变化的。新的风险有可能产生，原有的风险也有可能消失或降低。此时，原来制定的处理风险的方案就会产生偏差，变得不再适用。定期进行效果评价可以及时发现新的风险，调整风险管理的方向。

（2）风险管理决策的正误需要通过检查和评价来确定。评价风险管理可以及时发现风险管理中的问题并加以纠正，这是提高风险管理效益的重要方面。

（3）风险管理的评价标准有可能不适应风险管理实务的需要。风险管理的评价标准是根据以往风险管理的经验确定的，为风险管理提供了重要的参考，但是这些标准也有不适合新风险、新状况发展要求的时候，需要根据风险管理的实际不断修改。

（4）风险管理是一个持续进行的工作，已经作出的选择不一定是最佳的，而是随着风险管理主体内部条件和外部环境的变化，需要对风险重新进行考察和衡量，在此基础上选择更合适的风险处理方法。

---

**专栏 6-6**

### 美国商业银行的市场风险管理

一、市场风险的确认与计量

市场风险包括利率风险、汇率风险、股票价格风险和商品价格风险。市场的波动对资产和经营职能有重大影响（比如衍生金融产品、证券、盯市程序、抵押、交易量的重大波动）。在确认市场风险的时候需要考虑以下因素：产品所占的市场份额、银行开展业务的所在国家、市场份额对单一客户的依赖程度、客户集中度、业务单位提供非标准产品的程度、产品对利率的敏感程度、对冲所能降低风险的程度、业务单位所在市场的属性、交易规模、交易复杂性、当前的经济环境及其对业务单位或产品的影响。对于由非预期的市场变动（利率、股票价格、商品价格等的变动）导致的金融工具可能承受的价值损失，应该以较高的置信水平来衡量。计量各种市场风险的方法和模型主要有缺口分析、久期分析、外汇敞口分析、敏感性分析、情景分析，也可以运用内部模型法来计算VaR，同时采用压力测试等手段进行补充。VaR法可以用来设定抵御绝大多数市场风险所需的资本额。市场风险的计量有标准模式和内部模式两种。

目前，VaR法已经成为市场风险的主要计量方法。VaR是指在一定的持有期和给定的置信水平下，利率、汇率等市场风险要素发生变化时，可能对某项资金头寸、资产组合或机构造成的潜在最大损失。VaR一般由银行的市场风险内部定量模型来估算，目前常用的VaR法主要有方差-协方差法、历史模拟法和蒙特卡罗模拟法。与传统方法相比，市场风险内部定量模型能在不同业务和风险类别之间进行比较和汇总，将隐性风险显性化，有利于进行风险监测和控制。目前已有许多银行、保险公司、投资基金、养老基金及非金融公司采用VaR法作为衍生金融工具风险管理的手段。在金融投资中，高收益总是伴随着高风险，交易员可能不惜冒巨大的风险去追逐巨额利润。银行出于稳健经营的需要，必须对交易员可能的过度投机行为进行限制。利用VaR法进行风险控制，可以使每个交易员或交易单位都能确切地明了他们在进行多大风险的金融交易，并可以为每个交易员或交易单位设置VaR限额，以防止出现过度投机行为。如果执行严格的VaR管理，一些金融交易的重大亏损就可以避免。

美联储在度量、报告和限制资本市场部活动的市场风险时，也使用基于特定概率下潜在损失的VaR法。资金管理委员会要设定VaR的定义和假设，基于在恰当时间区间内的价格波动计算一定时间跨度、一定置信水平的VaR作为下限，并且允许使用相关头寸之间的协方差来降低这些头寸间的市场风险水平。在诸如利率、汇率、股票和商品指数或价格等更广义市场的风险类别中，要基于实证观察恰当使用协方差。资金管理委员会要对资本市场部分配总体VaR限额，同时对每一交易分支机构或附属营业机构确定VaR限额，这应由市场风险委员会批准。超出资本市场部或交易分支机构和附属营业机构VaR限额的风险额度，必须尽快上报资金管理委员会（或在委员会开会前尽可能上报至最高委员会成员），并按季上报市场风险委员会，同时必须迅速采取矫正措施以使总体风险头寸回落至批准限额以内。

二、市场风险治理

董事会负责制定关键的管理政策，并与信贷融资委员会一起指导CEO去挑选资产负债管理委员会成员，赋予其管理资产负债及市场风险的职责。银行及其附属机构按照授权并依照法律从事传统银行业务、资本市场业务和投资活动。(1) 资产负债管理委员会的职责有：资产负债及资本资源管理；净利息收入管理；流动性管理；利率敏感性管理；准确把握金融市场情况并有效管理盈利性、流动性和利率敏感性的波动；指导并监控市场风险；指导新业务和新产品相关政策的制定；协调税收管理工作。(2) 市场风险管理机制。市场活动包括交易、待售资产及重要投资。在管理机制上，一是银行要设立市场风险管理委员会和市场风险经理岗位，负责评估和监督实际或潜在的市场风险。二是明确交易活动的管理要点，包括：设立头寸限额；确定风险衡量和评估程序；确定风险报告要求；确定信贷审批和控制要求；用独立的证据对交易安全和风险头寸进行评价。在VaR管理方面，市场风险管理委员会审核市场风险经理建立的VaR，至少每24小时要把一项资产或负债的VaR测量一次且置信水平必须在97.5%以上，估计在252天或更长时期内基准价格和利率发生的变化对此是否有利。三是确定待售资产及重要投资活动的管理要点，包括：设立头寸限额；确定风险衡量和评估程序；确定风险报告要求；确定信贷和投资审批要求；设立适当的估价程序。四是对委托授权、银行内部交易和政策审查等方面也作出了详细的规定。

三、管理流程

需要进行市场风险控制的业务组合包括外汇产品、货币市场及固定收入产品、一般衍生金融工具、结构性产品等。市场风险计量技术包括建立估值模型、绘制收入曲线、按风险定值、计算风险上限和压力测试等。管理流程为：第一，确定市场风险管理政策；第二，输入数据，包括产品及价格、产品的历史绩效数据、未平仓合约；第三，计算程序，包括风险计算与估值计算；第四，测试模型，包括压力测试、情景测试和回测；第五，输出信息，包括监管报告（资本充足率）、控制上限（资本配置）和管理信息报告。

四、市场风险经理

市场风险经理岗的责任是评估和监控市场活动产生的实际或潜在的市场风险，包括风险度量、模型验证、对头寸的市场价值逐日和逐月监控，以及报告风险运用和风险过度承担情况。市场风险经理的具体职责为：风险衡量；运用VaR工具；监控头寸的市场价值；批准复杂的衍生交易模型；报告风险处理情况。市场风险的不同度量、市场风险模型、逐日结算方法、验证程序以及市场风险报告都要经市场风险经理审阅和批准。市场风险经理要直接向公司的首席风险官报告，这可以确保市场风险经理相对于产生市场风险暴露的单位保持独立性。此外，市场风险经理还要负责向资金管理委员会报告未正确监控或批准的任何显著市场风险，并可以就此问题提出建议。但市场风险经理没有权力执行或指示执行出于任何目的的交易。

## 本章小结

本章主要介绍了以下三方面的内容：

一是风险及金融风险的含义、分类和性质。风险就是影响人的福利的关键不确定性。它具有损失性、客观性、不确定性、主观相关性和可测量性等特征。金融风险是指在各种货币经营和信用活动过程中，由于各种不确定性因素的影响，货币资金经营者的实际收益与预期收益之间发生某些偏差，从而使资金经营者蒙受损失的机会或可能。金融风险包括市场风险、信用风险、流动性风险、购买力风险等。

二是度量风险的方法包括期望-方差法、资本资产定价模型、LPM 模型、灵敏度方法、VaR 法和 CVaR 法等。

三是风险管理的技术及风险管理的基本程序。风险管理的技术有风险坐标图、蒙特卡罗方法、关键风险指标管理及压力测试等。风险管理的程序有五步：风险识别、风险估测、风险评价、风险处理和效果评价。

## 进一步阅读

柳永明，李宏．风险管理．上海：上海财经大学出版社，2006.

郑新立．风险管理．北京：北京大学出版社，2006.

## 思考与练习

**一、名词解释**

1. 风险
2. 金融风险
3. VaR
4. 风险转嫁
5. 风险度量
6. 资本资产定价模型

**二、填空题**

1. 在市场风险中，________最为基础和重要。

2. 信用风险是指由于________各种不确定性而使作为授信方的金融机构遭受损失的可能性。

3. 一般来说，投资收益率高的金融资产风险________。

4. 除期望-方差模型、CAPM 外，度量金融风险的方法还有________、________、________、________和________。

5. 风险管理的技术有________、________、________和________。

6. 风险处理方式包括________和________。

**三、判断题**

1. 风险的存在既可能带来超出实际的损失，也可能带来超出实际的收益。(　　)

2. 对于单个投资方案，只能依据收益标准差的大小来决定取舍。(　　)

3. 风险与收益是对等的，风险越大，收益的机会越多，期望的收益率就越高。(　　)

4. 实际投资收益等于无风险收益和风险收益之和。(　　)

5. 对于多个投资方案而言，无论各方案的期望值是否相同，标准离差率最大的方案一定是风险最大的方案。(　　)

## 四、选择题

1. 银行无力满足客户提取存款和正常贷款需求而使银行收益和信誉蒙受损失的风险称为（　　）。

A. 信用风险　　B. 存款和贷款风险

C. 流动性风险　　D. 安全性风险

2. 由于市场价格的变动而使银行遭受损失的风险是（　　）。

A. 流动性风险　　B. 市场风险

C. 利率风险　　D. 国家风险

3. 市场风险主要包括（　　）。

A. 汇率风险　　B. 价格风险

C. 利率风险　　D. 购买力风险

4. 现有两种资产 A 和 B，已知 A 和 B 收益率的期望分别为 5%和 10%，标准差分别为 10%和 19%，那么（　　）。

A. 资产 A 的风险程度小于资产 B 的风险程度

B. 资产 A 的风险程度大于资产 B 的风险程度

C. 资产 A 的风险程度等于资产 B 的风险程度

D. 不能确定

5. 如果两个资产投资组合预期收益率的标准差相同，而期望不同，则这两个组合（　　）。

A. 预期收益相同　　B. 标准离差率相同

C. 预期收益不同　　D. 未来风险报酬相同

6. 某公司股票的贝塔为 1.5，无风险利率为 8%，市场上所有股票的平均收益率为 10%，则该公司股票的收益率应为（　　）。

A. 8%　　B. 15%

C. 11%　　D. 12%

7. 风险的主要分类方法有（　　）。

A. 按损害的对象划分　　B. 按风险的性质划分

C. 按损失原因划分　　D. 按风险涉及范围划分

8. 下列属于资本资产定价模型基本假设的有（　　）。

A. 所有投资者都可以不受限制地以固定的利率无限制地借入或贷出资金

B. 市场存在许多投资者

C. 市场环境下不存在摩擦

D. 所有投资者都是理性的

9. 资本资产定价模型的核心是（　　）。

A. 贝塔　　B. 证券市场线

C. 均值和方差　　D. 资本市场线

## 五、简答题

1. 简述流动性风险的内容。

2. CAPM 的基本内容是什么？

3. 风险管理的技术有哪些？

4. 简述风险管理的程序。

5. VaR 法的优点有哪些？

6. 简述关键风险指标管理的具体流程。

7. 简述金融风险的分类。

**六、综合题**

1. 已知目前国库券的收益率为 6%，整个股票市场上的平均收益率为 10%。计算：

(1) 市场平均风险收益率为多少？

(2) 若已知某一股票的收益率为 9.5%，其 $\beta$ 系数为 0.8，可否投资？

(3) 若某一股票的必要收益率为 11%，则其股票的 $\beta$ 系数为多少？

2. 假定在 2016 年，短期国库券的收益率为 5%。若 $\beta$ 系数为 1 的资产组合市场要求的期望收益率是 12%，根据 CAPM：

(1) 该市场组合的期望收益率是多少？

(2) $\beta$ 系数为 0 的股票的期望收益率是多少？

(3) 假定投资者正考虑买入 1 股股票，价格为 40 元，该股票预计明年派发红利 3 美元。投资者预期可以以 41 元的价格卖出。若该股票的 $\beta$ 系数为 0.5，且资产组合市场要求的期望收益率仍是 12%，该股票是被高估了还是低估了？

**七、案例分析题**

关于大通曼哈顿银行的一个案例解析

一、大通曼哈顿银行简介

大通曼哈顿银行是继花旗银行和美国银行之后的美国第三大银行。它在辛迪加贷款（占据 34% 的份额）、衍生金融产品交易、中间业务以及抵押贷款上名列第一，是世界上最大的债务资金融资者；在外汇交易市场上占据第二位，在债务投资上居于第三位，在企业并购服务市场上占据第六位。

**大通曼哈顿银行的业务范围表**

| 全球银行 | |
|---|---|
| 1. 全球市场 | 包括外汇、衍生金融产品及固定收益证券业务 |
| 2. 大通资本伙伴 | 私人权益投资 |
| 3. 全球投资银行业务 | 辛迪加贷款，并购咨询，高收益证券保险，债券销售等 |
| 4. 租赁和投资组合管理 | 信托和租赁服务，重点在金融产品的衍生业务上 |
| 5. 全球性私人银行 | 主要为优良顾客提供服务 |
| 国内消费信贷服务 | |
| 大通银行卡业务 | 银行卡的发行、服务及商业交易 |
| 区域性的消费信贷 | 针对纽约和得克萨斯州的个体消费者和小公司 |
| 大通家庭理财业务 | 居民住房抵押贷款的原生业务和管理 |
| 多样化的消费信贷 | 汽车贷款、助学贷款、投资产品 |
| 中间业务 | 为纽约和得克萨斯州需要金融服务的公司提供服务 |
| 全球性服务 | |
| 全球性的投资者服务 | 对于共同基金的保管以及其他投资者服务 |
| 大通金库解决方案 | 金库、现金管理以及对公司和政府的其他服务 |
| 资本市场上的信托服务 | 为证券发行者提供证券管理服务 |

二、大通曼哈顿银行面临的风险

（1）市场风险：因资产的市场价格或利率发生不利变化而带来损失的可能性。比如，假设大通曼哈顿银行持有法郎的短期头寸，如果法郎的价格上涨，则大通曼哈顿银行就会遭受损失。

（2）信用风险：借款人或者签约方违约所带来的风险。

（3）营运风险：包括本公司员工以及外部人员的欺诈行为，一些员工未经授权的交易，记录性错误或者存档方面的错误，计算机或通信方面的问题。

大通曼哈顿银行应用 VaR 法管理市场风险，具体见下面的应用示例：

单位：百万美元

| 市场交易组合风险价值 | | | | | |
|---|---|---|---|---|---|
| | 平均 | 最小 | 最大 | 1999 年 12 月 31 日 | 1998 年 12 月 31 日 |
| 利率 | 20.2 | 10.7 | 36.5 | 20.0 | 20.1 |
| 汇率 | 7.0 | 2.3 | 21.3 | 3.0 | 2.3 |
| 权益 | 6.3 | 3.4 | 10.1 | 7.2 | 4.6 |
| 商品 | 3.5 | 1.9 | 9.0 | 3.4 | 2.6 |
| 对冲基金 | 4.1 | 3.1 | 4.6 | 3.3 | — |
| 减去：<br>组合分散化 | 17.0 | — | — | 13.7 | 8.9 |
| 总风险价值 | 24.1 | 21.4 | 81.5 | 23.2 | 20.7 |

在市场交易活动实施压力测试中各个月份的最大结果（税前）如下：

单位：百万美元

| | 1999 年度（截至 12 月 31 日） | | | 1999 年 12 月 | 1998 年 12 月 |
|---|---|---|---|---|---|
| | 平均 | 最小 | 最大 | | |
| 压力测试计算出的税前损失 | 186 | 112 | 302 | 231 | 150 |

请评估大通曼哈顿银行的风险状况。结合目前中国商业银行的实际分析其面临的主要风险及应采用的风险管理方法。

# 第7章 投资理财

## ⊙学习目标⊙

- 掌握投资理财的基本知识；
- 了解主要的投资工具及投资方法；
- 理解并能够熟练应用投资理财的主要步骤；
- 能够根据投资者的不同情况进行理财方案设计。

## 第一节　投资理财的基本理论

### 一、什么是投资理财

广义的投资是指经济主体为获得预期收益，投入一定量的资金（资本）而不断将其转化为资产的经济活动。投资理财是指将现有资金配置到股票、债券、衍生金融工具、黄金、外汇、不动产以及艺术品等各种投资工具以获得与风险相对应的最优收益的过程。它通过制定投资规划而实现，即根据自己的理财目标、个人可投资额以及风险承受能力来确定有效投资方式的组合与管理。

通过投资理财可以实现所有资产的合理配置，达到增强经济实力、提高抗风险能力、增大资金效用的目的。良好的投资理财能显著地提升资产的质量并让资产持续增值的潜力充分地发挥出来。通过投资理财，可以高效运用自身有限的财务资源，科学合理地分析自身财务状况；可以平衡现在和未来的收支，抵御不测风险，实现财产增值，享受高品质的生活。

在进行投资理财的时候必须考虑的一个关键因素是资金的时间价值。如果要支付一张账单，30 天以后付款较之于现在付款更为可取，因为此时可以把钱用在其他方面而可能获得一定的增值，这就是资金时间价值的一个例子。资金的时间价值是指资金在使用过程中随时间的推移而发生增值的现象，但是并非任何资金都存在时间价值。如果资金所有者把钱放在保险箱里，不管放多长时间都不会有丝毫增加，只有将资金作为资本投入生产经营活动才能产生时间价值。

利润和利息是资金时间价值的基本形式。利润由生产和经营部门产生，利息则是以信贷为媒介的资金使用权的报酬，都是资金在时间推移中的增值。不同时间的货币收入不宜直接进行比较，需要换算为相同的时间基础，然后才能进行大小比较和比率计算，于是就有了现值和终值的概念。衡量资金时间价值的尺度是社会平均资金收益率，或叫做贴现率。贴现率反映了对未来货币时间价值所作的衡量。社会平均资金收益率在各国不等，一般为公债利率与平均风险利率之和。

现值是指一个或多个未来现金流贴现到现在的价值，用 $PV$ 表示；终值是指现值经过复利计算后的价值，用 $FV$ 表示。

下式体现了资金时间价值基础上的现值与终值的关系：

$$FV=PV\ (1+r)^t$$

其中，$r$ 为每期利率，$t$ 为计息期数。

资金的时间价值往往体现在对利息的计算上，也就是指占用资金使用权所付出的代价或放弃资金使用权所获得的报酬。利息可以分为单利和复利两种。

单利是指利息的计算不把先前周期中的利息加到本金中去，而是仅以本金为基数计算利息。计算公式为：利息＝本金×利率。

复利是指以本金和累计利息为基础计算货币额的利息。计算公式为：

$$利息=本金\times[(1+利率)^n-1]$$

从本质上看，利息是由贷款发生利润的一种再分配。利息常常被看作是资金的一种机会成本，这是因为如果放弃资金使用权，相当于失去收益的机会，也就相当于付出了一定的代价。所以，利息就成了投资分析平衡现在与未来的杠杆。显然，未来的收益应当超过现在的投资，正是这种预期的价值增长才能刺激人们从事投资。

## 二、生命周期与投资目标

处于不同的生命周期阶段，投资者往往有着不同的投资理念和投资目标。一般来说，随着年龄的增长，投资理念由激进型向保守型不断过渡。在此，将生命周期分为以下三个阶段：

第一，青春成长期（20～40 岁）。此时期的投资者处于积累财富的阶段，主要的理财需求在结婚、住房、养育子女等方面，属于对资金需求较大的阶段。在投资上倾向于成长性的投资，偏好资本利得收入而非当前收入，倾向于选择高成长性和高投机性的投资工具，实现资本的快速增长，在短期内积累大量财富。

第二，中年稳健期（40～60 岁）。此阶段是一个人事业进入高峰期的稳定发展阶段。由于步入中年，相应家庭负担有所增加，重点支出项目在子女教育、赡养老人、提高生活质量等方面。在投资上倾向于财富的稳健增长，适宜选择稳健型基金产品或者国债。

第三，颐养天年期（60 岁至寿终正寝）。此时的投资者进入老年阶段，生活开支多在日常消费、身体保健等方面，平安、健康地安享晚年尤为重要。投资目标以保值为主，倾向于将资产配置到风险较低的产品上，切忌持有高风险、刺激性的股票产品。

## 三、投资理财的步骤

要完成一个投资方案的制定，首先，需要了解自己可用于投资的金额及想要达到的投资目标；其次，需要制订详细的投资计划，对可以选用的投资工具进行评估，确定需要使用何种投资工具以及相应的投资比例；再次，要定期进行绩效评估，对投资组合进行管理，保障投资计划的可行性。一般每隔几个月就需对自己的投资情况进行一定的总结，看自己在过去的时间是否完成了所期望的投资目标，是否得到了满意的收益率，并且评估一下生活情况的改变对达成投资目标的影响，是否有加薪、离职、结婚、生子、疾病、意外等事件的发生，以及是否有国家政策和相关法律的改变、经济环境的变迁、新的金融产品的出现，等等。当有这类客观环境变更时，需要重新审视自己的投资计划。只有严密地监控投资计划的实施，并根据需要不断地调整投资计划，才能保证投资目标的顺利实现。最后，根据以上评估结果，决定未来行动的主要议题，是否需要重新设定投资目标，以及相应调整投资计划等。具体来看，步骤如图 7－1 所示。

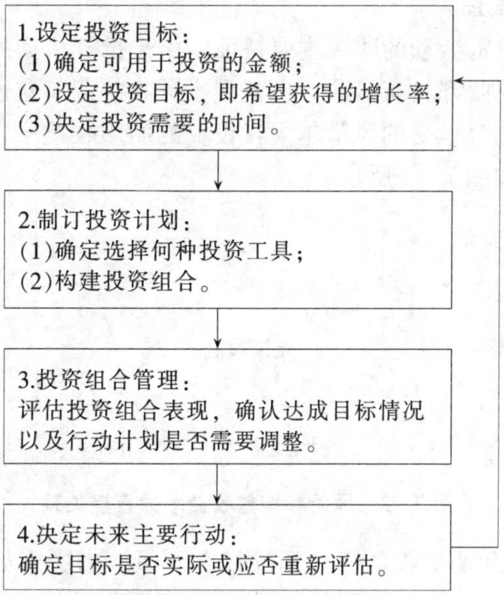


**图 7－1　投资理财的步骤**

1. 为当前消费预留足够的资金

在进行投资理财前，首先确定除去日常开支以外可用于投资的资金额度。

2. 设定投资目标

了解自身的特征与需求，设定科学合理的投资目标。

3. 制订投资计划

在设定投资目标的基础上，初步拟定投资计划书，内容包括投资目标、目标金额及实现时间等。

4. 评估投资工具

评估每个投资工具的收益和潜在风险之间的关系。

5. 选择适当的投资工具

选取与投资目标相一致的投资工具。要知道最好的投资工具未必是收益最大的投资工具，其他因素如风险和税负可能影响更大。仔细挑选投资工具是投资成功的关键所在。投资工具的选择应该与投资目标一致，并应考虑投资收益、风险和价值的平衡。

6. 构建分散化的投资组合

投资组合一般由股票、债券和短期投资构成。投资分散化是指通过持有一定数量的不同投资工具以增加投资收益，降低投资风险，也就是通常所说的“不要把所有鸡蛋放在同一个篮子里”。

7. 投资组合管理

一旦确立了投资组合，就应监督投资组合的表现，不断比较其实际投资业绩和期望投资业绩之间的关系，并及时作出调整。这是一个卖出投资工具，并用余额重新购置新的投资工具的过程。

## 四、投资风险和收益

风险性和收益性是投资活动的两大主要特征。由于投资活动所产生的收益都是在将来的某个时间点才发生，因此都具有风险，也就是投资收益背离自己期望值的可能性。通常来说，在投资过程中，愿意承受的风险越大，投资的期望收益率也就越高。高收益率一般都是用高风险换来的，如图 7－2 所示。

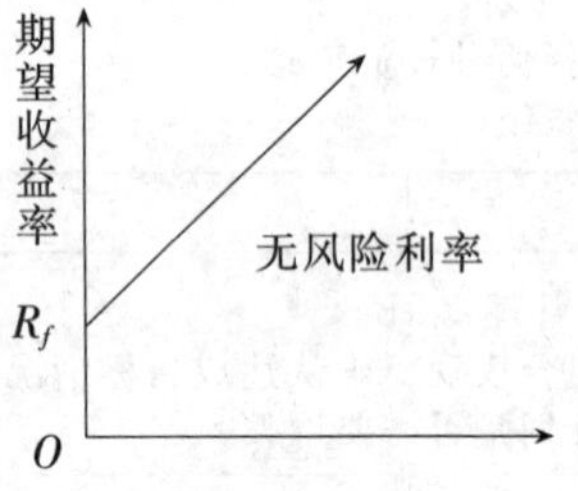


**图 7－2　风险和期望收益率的直接关系**

图 7－2 体现了风险和期望收益率之间的权衡关系。当决定如何配置自己的资产来实现一定收益率时，必须同时确定为了赚取高收益率所愿意承担的风险。风险为零时的收益率即无风险利率，一般是指银行利率或国债利率。风险和收益率的某种组合的选择取决于一个人的风险厌恶偏好，较高的收益率是以高风险为代价的。

# 第二节　投资工具

## 一、投资类型

按投资对象来分，可以分为金融投资和实物投资。金融投资是指投资于股票、债券或购买和销售法定所有权的投资。按照投资工具不同，金融投资又可分为债券投资、股票投资和衍生金融工具投资。实物投资与实际资产相关，是指对实物财产或有形的个人财产的投资。其中实物财产是指土地、建筑物和永久性附属于土地的财产、知识和可以运用这些财产的人力资本等；有形的个人财产包括黄金、艺术品、古玩和其他有价收藏品等。

按投资方式来分，投资可分为直接投资和间接投资。直接投资是指投资者将货币资金直接投入投资项目，形成实物财产或者购买现有企业的投资。通过直接投资，投资者可以拥有全部或一定数量的企业资产及经营的所有权，直接参与投资经营管理。直接投资包括对现金、厂房、机械设备、交通工具、通信、土地或土地使用权等各种有形资产的投资和对专利、商标、咨询服务等无形资产的投资。间接投资是指投资者以其资本购买公司债券、金融债券或公司股票等各种有价证券，以预期获取一定收益的投资，由于其投资形式主要是购买各种各样的有价证券，也被称为证券投资。

按照期限长短，投资可分为短期投资和长期投资。短期投资是指各种能够随时变现、持有时间不超过一年的有价证券以及不超过一年的其他投资。短期投资的变现能力非常强，由于可以随时在证券市场出售，常被称为“准现金”。长期投资是指将资金投入不可能或不准备在一年内变现的资产，包括股权投资、债券投资和其他投资。股权投资是指以购买股权或股票的形式进行投资；债券投资是指以购买债券的形式进行投资；其他投资是指公司除债券和股票投资以外的投资，主要是指联营投资。

按照投资地域，投资可分为国内投资和国外投资。国内投资是指在境内对本国证券或物权的投资；国外投资是指对境外证券或物权的投资。

## 二、不同金融投资工具及投资策略

### （一）固定收益投资工具

1. 种类介绍

（1）银行存款。在所有投资工具中，银行存款是最保险、最让人放心的一种。它主要包括三种类型：活期存款、定期存款和储蓄存款。它的特点在于收益相对固定，但利息较低，并且存在风险，遇到通货膨胀可能存在微薄的利息收入抵不上货币贬值速度的风险。

---

☞**专栏** 7－1

**我国的国债简介**

在我国，国债一直备受稳健型投资者的青睐。根据财政部安排，2017 年第一期和第二期储蓄国债（凭证式）于 3 月 10 日至 19 日在全国范围内发售，计划最大发行总额为 300 亿元，其中：第一期为 150 亿元，期限为 3 年期，票面年利率为 3.8%；第二期为 150 亿元，期限为 5 年期，票面年利率为 4.17%。

投资者购买的两期国债从购买之日开始计息，到期一次还本付息，不计复利，逾期不加计利息。两期国债按照面值向个人发行，为记名国债，记名方式采用实名制，可以挂失，也可以提前兑取和办理质押贷款，但不得更名，不可流通转让。

按照财政部发行计划，2017年将发行9期共18只储蓄国债，其中包括凭证式国债和电子式国债两个品种。3—11月，每月都将各发行1只3年期、5年期储蓄国债，其中储蓄国债（凭证式）4次，储蓄国债（电子式）5次。

虽然购买国债有很多优点，但是受到投资时间较长的限制，投资者需要充分考虑自身的流动资金需求，尽量避免由于急需资金而不得不提前赎回的情况。因为提前赎回国债，如果投资时间太短不仅没有利息，还要交纳一定比例的手续费。

(2) 政府债券。政府债券是指一国政府为筹措财政资金而发行，承诺在一定时期支付利息和到期偿还本金的债权债务凭证。我国的政府债券是国债，它以中央政府的税收收入作为还本付息的保证，因此风险小，流动性强，但利率低于其他债券。

(3) 公司债券。公司债券是指公司依照法定程序发行的、约定在一定期限还本付息的有价证券。发行公司债券是公司筹集资金的一项重要手段。公司债券的主要特点有：第一，偿还性，它是一种信用工具，发行人承诺在预定日期偿还本金并支付利息；第二，流通性，公司债券可以转让；第三，安全性，公司债券与公司业绩没有直接联系，与股票相比，风险较小；第四，收益稳定性，因为它有固定的利率，定期获得利息，还可以在流通中赚取价格差额。

2. 国债投资策略

由于目前企业债券流通市场还不十分完善，多数企业债券不能上市，也无法提前支取，而国债因其信誉高、收益稳定、安全，且个人投资国债的利息收入免交利息税，因而也就越来越受到众多投资者的青睐。因此这里主要讨论国债的投资策略。

从总体上看，国债投资策略可以分为消极型投资策略和积极型投资策略两种，每位投资者可以根据自己的资金来源和用途选择适合自己的投资策略。具体来说，在决定投资策略时，投资者应该考虑自身整体资产与负债的状况以及未来现金流的状况，以期达到盈利性、安全性与流动性的最佳结合。积极型投资者一般愿意花费时间和精力管理他们的投资，通常他们的投资收益率较高；而消极型投资者一般只愿花费很少的时间和精力管理他们的投资，通常他们的投资收益率也相应较低。大多数投资者一般都是消极型投资者，因为他们都缺少时间和缺乏必要的投资知识。

(1) 消极型投资策略。消极型投资策略是一种不依赖于市场变化而保持固定收益的投资方法，其目的在于获得稳定的债券利息收入和到期安全收回本金。因此，消极型投资策略也常常被称作保守型投资策略。

1) 购买-持有：最简单的国债投资方法。购买-持有是最简单的债券投资策略，其步骤是：在对国债市场上所有的债券进行分析之后，根据自己的爱好和需要，买进能够满足自己要求的债券，并一直持有至到期兑付之日。在持有期间，并不进行任何买卖活动。

这种投资策略虽然十分粗略，但却有其自身的好处：

首先，这种投资策略所带来的收益是固定的，其收益在投资决策的时候就已经知道，不受市场行情变化的影响。它可以完全规避价格风险，保证获得一定的收益率。

其次，如果持有的债券收益率较高，同时市场利率没有很大的变动或者逐渐降低，则这种投资策略也可以取得相当满意的投资效果。

最后，这种投资策略的交易成本很低。由于中间没有任何买进卖出行为，因而手续费很低，从而也有利于提高收益率。因此，这种购买-持有的投资策略比较适用于市场规模较小、流动性比较差的国债，并且更适用于不熟悉市场或者不善于使用各种投资技巧的投资者。

在具体实行这种投资策略时，投资者应注意根据投资者资金的使用状况来选择适当期限的债券。在一般情况下，期限越长的债券，其收益率也往往越高。但是期限越长，对投资资金锁定的要求也就越高，因此最好是根据投资者的可投资资金的年限来选择债券，使国债的到期日与投资者需要资金的日期相近。此外，投资者还应注意投资债券的金额也必须由可投资资金的数量来决定。一般在购买-持有策略下，投资者不应该利用借入资金来购买债券，也不应该保留剩余资金，而是最好将所有准备投资的资金都投资于债券，这样就能保证获得最大数额的固定收益。

但是，购买-持有这种投资策略也有不足之处。从本质上看，这是一种比较消极的投资策略。在投资者购进债券后，他可以毫不关心市场行情的变化，可以漠视市场上出现的投资机会，因而往往会丧失提高收益率的机会。虽然投资者可以获得固定的收益率，但是这种被锁定的收益率只是名义上的，如果发生通货膨胀，那么投资者的实际投资收益率就会发生变化，从而使这种投资策略的价值大大下降。特别是在通货膨胀比较严重的时候，这种投资策略可能会带来比较大的损失，而且如果市场利率上升，会使购买-持有这种投资策略的收益率相对较低。由于不能及时卖出低收益率的债券，转而购买高收益率的债券，因此，在市场利率上升时，这种策略会带来损失。

2）梯形投资法。梯形投资法，又称等期投资法，就是每隔一段时间，在国债发行市场认购一批相同期限的债券，每一段时间都如此，接连不断，这样，投资者在以后的每段时间都可以稳定地获得一笔本息收入。

例如，小王在2014年3月购买了2014年发行的3年期国债，在2015年3月购买了2015年发行的3年期国债，在2016年3月购买了2016年发行的3年期国债。

这样，在2017年3月，小王可以收到2014年发行的3年期国债的本息和，此时，小王又可以购买2017年发行的3年期国债，这样，他所持有的三种债券的到期期限又分别为1年、2年和3年。如此滚动下去，小王就可以每年得到投资本息和，从而既能够进行再投资，又可以满足流动性需要。

只要小王不停地用每年到期的债券的本息和购买新发行的3年期债券，则其债券组合的结构就与原来的一致。

梯形投资法的优点在于，采用此种投资方法的投资者能够在每年得到本金和利息，因而不至于产生很大的流动性问题，不至于急着卖出尚未到期的债券，从而不能保证收到约定的收益。同时，在市场利率发生变化时，梯形投资法的投资组合的市场价值不会发生很大的变化，因此国债组合的投资收益率也不会发生很大变化。此外，这种投资方法每年只进行一次交易，因而交易成本比较低。

3）三角投资法。三角投资法就是利用国债投资期限不同所获本息和也不同的原理，使得在连续时段内进行的投资具有相同的到期时间，从而保证在到期时收到预定的本息和。这个本息和可能已被投资者计划用于某种特定的消费。三角投资法和梯形投资法的区别在于，虽然投资者都是在连续时期（年份）内进行投资，但是这些在不同时期投资的债券的到期期限是相同的，而不是债券的期限相同。

例如，小李决定在2022年初进行一次“迎冬奥”国际旅游，因此，他决定投资国债以便能够确保在2022年前得到所需资金。这样，他可以在2016年投资2016年发行的5年期债券，在2018年购买2018年发行的3年期债券，在2019年购买2019年发行的2年期债券。这些债券在到期时都能收到预定的本息和，并且都在2021年到期，从而能保证有足够资金来实现自己的国际旅游计划。

这种投资方法的特点是，在不同时期进行的债券投资的期限是递减的，因此被称作三角投资法。它的优点是能获得较固定收益，又能保证到期得到预期的资金以用于特定的目的。

（2）积极型投资策略。积极型投资策略是指投资者通过主动预测市场利率的变化，采用抛售一种债券并购买另一种债券的方式来获得差价收益的投资方法。这种投资策略着眼于债券市场价格变化所带来的资本损益，其关键在于能够准确预测市场利率的变化方向及幅度，从而能准确预测出债券价格的变化方向和幅度，并充分利用市场价格变化来取得差价收益。因此，这种积极型投资策略一般也被称作利率预测法。这种方法要求投资者具有丰富的债券投资知识及市场操作经验，并且要支付相对比较多的交易成本。投资者追求高收益率的强烈愿望导致了利率预测法受到众多投资者的欢迎，同时，市场利率的频繁变动也为利率预测法提供了实践机会。

利率预测法的具体操作步骤如下：投资者通过对利率的研究获得有关未来一段时期内利率变化的预期，然后利用这种预期来调整持有的债券，期待在利率按预期变动时能够获得高于市场平均的收益率。因此，正确预测利率变化的方向及幅度是利率预测投资法的前提，而有效地调整所持有的债券就成为利率预测投资法的主要手段。

1）利率预测。利率预测是积极型投资策略的核心，同时也是一项非常复杂的工作。利率作为宏观经济运行中的一个重要变量，其变化受到多方面因素的影响，并且这些影响因素对利率作用的方向、大小都十分难以判断。从宏观经济的角度看，利率反映了市场资金供求关系的变动状况。在经济发展的不同阶段，市场利率有着不同的表现。在经济持续繁荣增长时期，企业家开始为了购买机器设备、原材料、建造工厂和拓展服务等原因而借款，于是会出现资金供不应求的状况，借款人会为了日益减少的资金而进行竞争，从而导致利率上升；相反，在经济萧条、市场疲软时期，利率会随着资金需求的减少而下降。利率除了受到整体经济状况的影响之外，还受到以下几个方面的影响：通货膨胀率、货币政策、汇率变化等。在考虑影响国债价格的利率时，应注重分析官方利率和国债回购、同业拆借市场利率。其中，官方利率变动次数虽然较少，但由于每次变动的幅度都较大，加上它在整个金融市场上的地位，因而对债券价格的影响很大，并且会持续很长的时间。而国债回购、同业拆借市场利率在每个交易日都在变动，且变动幅度比较小，因而对于债券价格的影响持续时间不长，程度也不大。

投资者在对社会经济运行态势和中央银行货币政策抉择做了综合分析后，可尝试对未来市场利率的变动方向和变动幅度作出较为理性的预测，并据此作出自己的国债投资决策。

2）债券调整策略。在预测了市场利率变化的方向和幅度之后，投资者可以据此对其持有的债券进行重新组合。这是因为，市场利率将直接决定债券的投资收益率。很显然，债券投资的收益率同市场利率密切相关：在市场利率上升时，债券投资的要求收益率会相应上升，在市场利率下降时，债券投资的要求收益率也会相应下降。一般地，在计算债券价格时直接用市场利率作为贴现率，对债券的未来现金流进行贴现。因此可以对市场利率变化和债券价格变化之间的关系作出准确的判断，从而据此来调整持有的债券。调整组合的目的是：在对既定的利率变化方向及其幅度作出预期后，使持有的债券的收益率最大化。

由于市场利率与债券的市场价格呈反向变动关系，因此，在市场利率上升时，债券的市场价格会下降，而在市场利率下降时，债券的市场价格会上升，因而前者的正确调整策略是卖出所持有的债券，而后者的正确调整策略是买入债券。

国债的期限同国债价格变化之间的关系是有规律可循的。无论债券的票面利率的差别有多大，在市场利率变化相同的情况下，期限越长的债券，其价格变化幅度越大。因此，在预测市场利率下降时，应尽量持有能使价格上升幅度最大的债券，即期限比较长的债券。也就是说，在预测市场利率将下跌时，应尽量把手中期限较短的债券转换成期限较长的债券，因为在利率下降相同幅度的情况下，这些债券的价格上升幅度较大。相反，在预测市场利率将上升时，若投资者仍想持有债券，则应该持有期限较短的债券，因为在利率上升相同幅度的情况下，这些债券的价格下降幅度较小，因而风险较小。

国债的票面利率同国债的价格变化之间也是有规律可循的。在市场利率变化相同的情况下，息票利率较低的债券所发生的价格变化幅度（价格变化百分比）会比较大。因此，在预测利率下跌时，在债券期限相同的情况下，应尽量持有票面利率低的债券，因为这些债券的价格上升幅度（百分比）会比较大。但是这一规律不适用于周年期的债券。

因此，债券调整策略的总原则是在判断市场利率将下跌时，应尽量持有能使价格上升幅度最大的债券，即期限比较长、票面利率比较低的债券。也就是说，在预测市场利率将下跌时，应尽量把手中的短期、高票面利率国债转换成期限较长的、低息票利率的债券，因为在利率下降相同幅度的情况下，这些债券的价格上升幅度较大。

反之，若预测市场利率将上升，则应尽量减少低息票利率、长期限的债券，转而投资高息票利率、短期限的债券，因为这些债券的利息收入高、期限短，因而能够很快地变现，再购买高利率的新发行债券。同时，这些债券的价格下降幅度也相对较小。

3）等级投资计划法。等级投资计划法是公式投资计划法中最简单的一种，它由股票投资技巧而得来，方法是投资者事先按照一个固定的计算方法和公式计算出买入和卖出国债的价位，然后根据计算结果进行操作。其操作要领是“低进高出”，即在低价时买进、高价时卖出。只要国债价格处于不断波动中，投资者就必须严格按照事先拟订好的计划来进行国债买卖，而是否买卖国债则取决于国债市场的价格水平。具体地，当投资者选定一种国债作为投资对象后，就要确定国债变动的一定幅度作为等级，这个幅度可以是一个确定的百分比，也可以是一个确定的常数。每当国债价格下降一个等级时，就买入一定数量的国债；每当国债价格上升一个等级时，就卖出一定数量的国债。

例如，小张选择 2016 年国债作为投资对象（假设 2016 年国债期限为 5 年，利率为 10.5%），确定每个等级国债价格变动幅度为 2 元，第一次购买 100 张面值为 100 元的国债，购进价为 120 元，那么每当国债价格变动到 118、120、122、124、126 元时，按照国债价格下降时买进、上升时抛出的原则进行操作。例如，根据等级投资计划法，当国债价格下降到 118 元时，小张再买进 100 张国债，当价格继续下降为 116 元时，小张继续买进 100 张国债。但是，当国债价格回升为 118 元时，小张就卖出 100 张国债，在价格继续回升到 120 元时，小张就继续卖出 100 张国债。这样一个过程结束后，小张最初投入 12 000 元购买 100 张国债，价格为 120 元，经过一段操作调整后，虽然国债价格最后还是 120 元，小张仍持有 100 张，但他的投入成本已经不是 12 000 元，而是 11 600 元了，也就是说，小张在这一过程中取得了 400 元的收益。

等级投资计划法适用于国债价格不断波动的时期。由于国债最终还本付息，因此，其价格呈缓慢上升趋势。在运用等级投资法时，一定要注意国债价格的总体走势，并且，国债价格升降幅度即买卖等级的间隔要恰当。若国债市场行情波动较大，买卖等级的间隔可以大一些；若国债市场行情波动较小，买卖等级的间隔就要小一些。如果买卖等级的间隔过大，会使投资者丧失买进和卖出的良好时机，而若过小又会使买卖差价太小，在考虑手续费因素后，投资者获利不大。同时，投资者还要根据资金实力和对风险的承受能力来确定买卖的批量。

4）逐次等额买进摊平法。如果投资者对某种国债投资时，该国债价格具有较大的波动性，并且无法准确地预期其波动的各个转折点，投资者可以运用逐次等额买进摊平法。

逐次等额买进摊平法就是在确定投资于某种国债后，选择一个合适的投资时期，在这一段时期中定量定期地购买国债，不论这一时期该国债价格如何波动都持续地进行购买，这样可以使投资者的每百元平均成本低于平均价格。运用这种操作法，当每次投资时，要严格控制所投入资金的数量，保证投资计划逐次等额进行。

例如，小赵选择 2016 年 5 年期国债为投资对象，在确定的投资时期中分 5 次购买，每次购入国债 100 张。当第 1 次购入时，国债价格为 120 元，小赵购入 100 张；当第 2 次购入时，国债价格为 125 元，小赵又购入 100 张；当第 3 次购入时，国债价格为 122 元，小赵购入 100 张；第 4 次和第 5 次小王的购入价格分别是 126 元、130 元。

到整个投资计划完成时，小赵购买国债的平均成本为 124.6 元，而此时国债价格已涨至 130 元，这时如果小王抛出这批国债，将获得收益为：(130－124.6)×500＝2 700（元）。

因为国债具有长期投资价值，所以按照这一方法操作可以稳妥地获取收益。

5）金字塔式操作法。与逐次等额买进摊平法不同，金字塔式操作法实际上是一种倍数买进摊平法。当投资者第 1 次买进国债后，发现价格下跌时可加倍买进，以后在国债价格下跌过程中，每一次购买数量比前一次增加一定比例，这样就成倍地加大了低价购入的国债占购入国债总数的比重，降低了平均总成本。由于这种买入方法呈正三角形趋势，形如金字塔，所以称为金字塔式操作法。

小刘最初以每张120元的价格买入100张2016年5年期国债，投入资金12 000元；以后在国债价格下降到118元时，他投入23 600元，购买200张国债；当国债价格下降到115元时，他投入34 500元，购入300张国债。这样，他三次投入资金共计70 100元，买入600张国债，每张平均购入成本为116.83元。如果国债价格上涨，只要超过平均成本价，小刘即可抛出获利。

在国债价格上升时运用金字塔式操作法买进国债，则需每次逐渐减少买进的数量，以保证最初按较低价买入的国债在购入国债总数中占有较大比重。

国债的卖出也同样可采用金字塔式操作法，在国债价格上涨后，每次加倍抛出手中的国债，随着国债价格的上升，卖出的国债数额就越大，以保证高价卖出的国债在卖出国债总额中占较大比重而获得较大盈利。

运用金字塔式操作法买入国债，必须安排好资金，以免最初投入资金过多，以后的投资无法加倍摊平。

**（二）权益性投资工具**

权益性投资工具是以获取相关权益为主要目的的投资手段，主要包括股票等。在进行股票投资时需要遵循一定的策略。

1. 大型股票投资策略

大型股票是指股本额在12亿元以上的大公司所发行的股票。这种股票的特性是其盈余收入大多呈稳步而缓慢的增长趋势。由于炒作这类股票需要较为雄厚的资金，因此一般炒家都不轻易介入这类股票的炒买炒卖。对应这类大型股票的买卖策略是：可在不景气的低价圈里买进股票，而在业绩明显好转、股价大幅升高时卖出。同时，由于炒作该种股票所需的资金庞大，故较少有主力大户介入拉升，因此可选择在经济景气时期入市投资。大型股票在过去的最高价位和最低价位上具有较强支撑阻力作用，因此其过去的高价位是投资者现实投资的重要参考依据。

2. 中小型股票投资策略

中小型股票的特性是：由于炒作资金较之大型股票要少，较易吸引主力大户介入，因而股价的涨跌幅度较大，其受利多或利空消息影响股价涨跌的程度也较大型股票敏感得多，所以经常成为多头或空头主力大户之间互打消息战的争执目标。对应中小型股票的投资策略是耐心等待股价走出低谷，开始转为上涨趋势，且在环境可望好转时买进；其卖出时机可根据环境因素和业绩情况，在过去的高价圈附近获利了结。一般来讲，中小型股票在1～2年内大多有几次涨跌循环出现，只要能够有效把握行情和方法得当，投资中小型股票，获利大都较为可观。

3. 成长股投资策略

成长股是指迅速发展中的企业所发行的具有收益成长率的股票。成长率越大，股价上扬的可能性也就越大。投资成长股的策略是：要在众多的股票中准确地选择出适合投资的成长股。成长股的选择，一是要注意选择属于成长型的行业。二是要选择资本额较小的股票，资本额较小的公司，其成长的期望也就较大。因为较大的公司要维持一个迅速扩张的速度将是困难的，一个资本额要从5 000万元变为1亿元的企业要比一个资本额要从5亿元变为10亿元的企业更容易实现目标。三是要注意选择过去一两年成长率较高的股票，成长股的盈利增长速度要大大快于大多数其他股票，一般为其他股票的 1.5 倍以上。同时要恰当地确定好买卖时机。由于成长股的价格往往会因公司的经营状况变化发生涨落，其涨幅较之其他股票更大。在熊市阶段，成长股的价格跌幅较大，因此，可采取在经济衰退、股价跌幅较大时购进成长股，而在经济繁荣、股价预示快达到顶点时予以卖出。而在牛市阶段，投资成长股的策略应是：在牛市的第一阶段投资于热门股票，在中期阶段购买较小的成长股，而当股市狂热蔓延时，则应不失时机地卖掉持有的股票。由于成长股在熊市时跌幅较大，而在牛市时股价较高，成长股的投资相对来说一般较适合积极的投资者。

4. 投机股买卖策略

投机股是指那些易被投机者操纵而使价格暴涨暴跌的股票。投机股通常是内地的投机者进行买卖的主要对象。由于这种股票易涨易跌，投机者通过经营和操纵这种股票可以在短时间内赚取相当可观的利润。投机股的买卖策略是：第一，选择公司资本额较少的股票作为进攻目标。因为对于资本额较少的股票，一旦投下巨资容易造成价格的大幅变动，投资者可能通过股价的这种大幅波动获取买卖差价。第二，选择优缺点同时并存的股票。因为优缺点同时并存的股票，当其优点被大肆渲染时，容易造成股票暴涨，而当其弱点被广为传播时，又极易使股价暴跌。第三，选择新上市或新技术公司发行的股票。这类股票常被寄予厚望，容易导致买卖双方加以操纵而使股价出现大的波动。第四，选择那些改组和重建的公司的股票。因为当业绩不振的公司进行重建时，容易使投机者介入股市来操纵该公司，从而使股价出现大的变动。需要特别指出的是，由于投机股极易被投机者操纵而人为地引起股价的暴涨暴跌，一般的投资者需采取审慎的态度，不要轻易介入，若盲目跟风，极易被高价套牢，从而成为大额投机者的牺牲品。

5. 蓝筹股投资策略

蓝筹股的特点是：投资收益率相当优厚稳定，股价波幅变动不大，当多头市场来临时，它的股价不会带头上涨。经常的情况是其他股票已经连续上涨一截，蓝筹股才会缓慢攀升；而当空头市场到来，投机股率先崩溃，其他股票大幅滑落时，蓝筹股往往仍能坚守阵地，不至于在原先的价位上过分滑降。对应蓝筹股的投资策略是：一旦在较适合的价位上购进蓝筹股后，不宜再频繁出入股市，而应将其作为中长期投资的较好对象。虽然持有蓝筹股在短期内可能在股票差价上获利不丰，但以这类股票作为投资目标，不论市况如何，都无须为股市涨落提心吊胆。而且一旦熊市来临，收益也能较好。长期投资这类股票，即使不考虑股价变化，单就分红配股，往往也能获得可观的收益。对于缺乏股票投资手段且愿意长线投资的投资者来讲，投资蓝筹股不失为一种理想的选择。

6. 循环股买卖策略

循环股是指股价涨跌幅度很明显且一直在某一范围内徘徊的股票。由于循环股的价格经常固定在一定范围内涨跌，因此对应的买卖策略是趁跌价时买进，涨价时卖出。实施此项策略的关键是有效地发现循环股。寻找循环股的一般方法是从公司的营业报表中，或者根据公司有关的资信了解最近三四年来股价涨跌的幅度，进而编制出一份循环股一览表。循环股一览表能反映出股价的涨跌幅度和范围，投资者据此可确定循环股的买点和卖点。当采取循环股买卖策略时，应避开以下三种股票：第一，股价变动幅度较小的股票。因为波幅较小的股票，纵然能在最低价买进和最高价卖出，但扣除股票交易的税费后所剩无几，因而不是理想的投资对象。第二，股价循环间隔时间太长的股票。间隔时间越长，资金占用的成本越大，宜把股价循环的时间限制在一年以内。第三，成交量小的股票。成交量小的股票常会碰到买不到或卖不出的情形，所以也宜尽量避免。

7. 业绩激变股投资策略

业绩激变股是受景气或其他因素的影响，公司经营业绩呈现不规则性极端变动的股票。业绩激变股的价格大多同公司经营业绩的好坏呈正向变动趋势，业绩看好，股价涨升，业绩转劣，股价跌落。一般来讲，这类股票的价格涨跌幅度较大，而其涨势与跌势的时间也比其他类股票长。对应业绩激变股的投资策略是：待其涨势明显后赶紧买进。有时也可抓住时机，抢其短线生意，以增加利润。在跌势明朗时，应将所持股票尽快抛出，甚至将可融券放空。业绩激变股投资策略要求投资者密切注视公司经营业绩变化。

8. 偏高做手股投资策略

偏高做手股是指由于人为炒作而使股价明显偏高的股票。这类股票涨升状况有时违背常理，因此股价习性也较难以捉摸。有时在公司处于亏损状态时，因某项未来利多情况在背后支撑，或是多空之间已演成轧空的做手战，也导致股价明显偏高。甚至在股价已明显偏高的情况下，仍有有心人在不断做手买进，使股价继续一路上扬。一旦做手者停止操作，则股价就出现大幅下跌。对应偏高做手股的投资策略是：除了熟悉内幕的经验行家之外，最好不要受股价暴涨的诱惑而轻易介入买卖，但在其股价盘整之后的涨升之初，仍可以小额资金短线抢进，但若遇主力撤离股市使该股转为跌势之时，则要迅速忍痛卖出所持股票。千万不可期望反弹再卖，以免被高价套牢而蒙受更大损失。

### （三）投资基金的策略选择

基金按照投资对象不同分为四大类，即股票基金、债券基金、货币市场基金和混合基金。具体来看，第一，80%以上的基金资产投资于股票的，为股票基金；第二，80%以上的基金资产投资于债券的，为债券基金；第三，仅投资于货币市场工具的，为货币市场基金；第四，投资于股票、债券和货币市场工具，并且股票投资和债券投资的比例不符合第一项、第二项规定的，为混合基金。另外，根据资产配置的不同，可以将混合基金分为偏股型基金、偏债型基金、股债平衡型基金、灵活配置型基金等。除了按照以上方法分类外，还有很多投资基金分类方法。下面我们将主要介绍各种投资基金的策略选择。

1. 股票基金和偏股型基金投资策略

股票基金和偏股型基金是当前基金市场上投资的重点。但是，在具体实施操作的时候，投资者一定要对股票市场的行情发展趋势有一个大致的判断，即只有当未来的股票市场盈利空间大于下跌空间时，才能进行股票基金和偏股型基金的投资。在股票市场的下跌行情中，股票基金很难创造收益。

股票投资能力较强的基金可以在这样的市场中发挥出一定的专业理财水平。在具体投资品种的选择方面，应注重选择具有较好历史业绩表现的基金。

2. 指数基金投资策略

指数基金可以细分为两个更小的类别，即被动型指数基金和积极型指数基金。被动型指数基金是指：第一，基金对于成分股票的投资数量完全按照相关成分股票在具体指数中所占的权重来进行，不做主观的投资多少的判断与选择；第二，在市场时机方面，基金经理也不做任何选择，时刻保持高水平的投资仓位，以求得基金绩效曲线与标的指数波动曲线的高度拟合。积极型指数基金的选股范围仍然是相关指数的成分股，但是需要基金经理作出一定的价值判断和时机选择，既有个股投资比例的动态变化，看好的可以多买，不看好的可以不买；也有对于市场时机的判断，如果认为后市看好，可以加大投资比例，反之即减。

投资于指数基金的好处在于研究大势比研究个股简单，因为大多上市公司包含极为庞杂的信息，普通投资者根本无法过滤，而指数基金的绩效表现基本与标的指数代表的大势一致，对于投资者来说，只要指数走势良好，指数基金的收益率一定很好，具有一定的可预见性。

3. 债券基金投资策略

债券基金投资于一揽子海外政府或公司所发行的债券，由多种不同到期日与不同票面利率的债券组成，并以追求固定收益为投资目标。

对于债券基金操作而言，当利率走低、债券价格上涨时，债券基金经理人可以将债券卖掉，赚取价差；如果利率上升，经理人新买进的债券利率也较高，配息再投资的金额也随之提升，因此，基金净值在适当的管理操作下，受到的市场利率变动的影响有限。

按所投资的债券种类不同分为以下四种：第一，政府公债基金，主要投资于国库券等由政府发行的债券；第二，市政债券基金，主要投资于地方政府发行的公债；第三，公司债券基金，主要投资于各公司发行的债券；第四，国际债券基金，主要投资于国际市场上发行的各种债券。

债券基金有以下特点：首先，低风险，低收益。由于债券收益稳定、风险也较小，相对于股票基金，债券基金风险低，但收益率也不高。其次，费用较低。由于债券投资管理不如股票投资管理复杂，因此债券基金的管理费也相对较低。再次，收益稳定，投资于债券定期都有利息回报，到期还承诺还本付息，因此债券基金的收益较为稳定。最后，注重当期收益。债券基金主要追求当期较为固定的收入。相对于股票基金而言缺乏增值的潜力，较适合于不愿过多冒险，谋求当期稳定收益的投资者。

相对于直接投资债券，投资者投资于债券基金主要有以下优点：第一，风险较低。债券基金通过集中投资者的资金对不同的债券进行组合投资，能有效降低单个投资者直接投资于某种债券可能面临的风险。第二，专家经营。随着债券种类日益多样化，一般投资者要进行债券投资不但要仔细研究发债主体，还要判断利率走势等宏观经济指标，往往力不从心。而投资于债券基金则可以分享专家经营的成果。第三，流动性强。投资者如果投资于非流通债券，只有到期才能兑现，而通过债券基金间接投资于债券，则可以获取很高的流动性，随时可将持有的债券基金转让或赎回。

4. 货币市场基金投资策略

货币市场基金是指投资于货币市场上短期有价证券的一种基金。该基金资产主要投资于短期货币工具如国库券、商业票据、银行定期存单、政府短期债券、企业债券等短期有价证券。

货币市场基金与其他基金相比具有以下特点：第一，货币市场基金的基金单位资产净值是固定不变的，通常是每个基金单位1元。投资该基金后，投资者可利用收益再投资，投资收益就不断累积，增加投资者所拥有的基金份额。比如某投资者以100元投资于某货币市场基金，可拥有100个基金单位，1年后，若投资收益率是8%，那么该投资者就多8个基金单位，总共108个基金单位，价值108元。第二，衡量货币市场基金表现好坏的标准是收益率，这与其他基金以净资产价值增值获利不同。第三，流动性好、资本安全性高。这些特点主要源于货币市场是一个低风险、流动性高的市场。同时，投资者可以不受到期日限制，随时可根据需要转让基金单位。第四，风险较低。货币市场工具的到期日通常很短，货币市场基金投资组合的平均期限一般为4～6个月，因此风险较低，其价格通常只受市场利率的影响。第五，投资成本低。货币市场基金通常不收取赎回费用，并且其管理费用也较低，货币市场基金的年管理费用为基金资产净值的0.25%～1%，比传统的基金年管理费率1%～2.5%低。第六，货币市场基金均为开放式基金。货币市场基金通常被视为无风险或低风险投资工具，适合资本短期投资生息以备不时之需，特别是在利率高、通货膨胀率高、证券流动性下降和可信度降低时，可使本金免遭损失。

*5. 开放式基金投资策略*

开放式基金是指基金发起人在设立基金时，基金单位或者股份总规模不固定，可视投资者的需求，随时向投资者出售基金单位或者股份，并可以应投资者的要求赎回发行在外的基金单位或者股份的一种基金运作方式。投资者既可以通过基金销售机构购买基金使得基金资产和规模相应地增加，也可以将所持有的基金份额卖给基金并收回现金使得基金资产和规模相应地减少。

开放式基金的选择主要遵循以下步骤：

第一步，要了解基金的各种类型和风险。任何投资都是有风险的，所以重要的是一定要了解投资的品种风险有多大，只有了解风险，才能有效规避风险。

第二步，挑选合适的基金类型。一般来讲，根据投资者的家庭财务状况以及风险承受能力把基金分为保守型、温和型、平衡型、自信型、进取型几种类型。投资专家建议，保守型可以买保本基金；温和型可以买货币市场基金或债券基金；平衡型可以买配置型基金，配置型基金比较灵活，在市场不好的时候可以减少股票仓位，投资债券等其他品种去规避风险，市场好时再加大股票仓位；自信型可以买一些配置型或者股票型基金；进取型可以将资产大部分投资在股票型基金，并配置适当的流动性较好的货币市场基金，但要有一定的风险承受能力。

第三步，挑选好的基金公司。基金公司是一个投资管理机构，投资能力和对客户的支持能力是最重要的。好的公司应该有好的管理和好的服务。

第四步，要了解怎样买基金和买基金所发生的费用。现在购买基金的渠道主要有银行、券商等代销网点以及基金公司的直销柜台和网上购买平台。购买基金所发生的费用一般有认购费、申购费、管理费和赎回费。

第五步，买完基金后还要关注各种基金信息的披露。首先要关注投资基金的表现，留意所持基金的信息披露。其次要分析基金的各种评价数据，关注开放式基金评价表、开放式基金业绩排行表、开放式基金仓位测算表等一些权威研究机构公开发布的研究数据。

第六步，要了解基金分红的注意事项。基金分红有三个条件：一是当期要盈利；二是当期盈利要弥补亏损；三是分红之后净值还在 1 元以上。基金分红有两种方式，一种是现金分红，一种是红利再投资。红利再投资的好处是简化了再投资的手续，可以减少申购费。

第七步，关注两个比较关键的业务。一是基金转换业务。它适合于同一家基金公司旗下的产品，就是说当出现风险的时候，投资者把手里风险较高的基金产品转换成同一公司旗下的风险较低的其他产品。基金转换的手续费往往会比较优惠，投资者可以根据市场的具体情况来实现资产的有效保值和增值。二是定期定额的投资业务，就是和银行约定一个时间、约定一定金额来购买一个基金公司旗下的产品，这个业务有点像银行的零存整取业务，它规避了股市多空的风险以及资金净值起伏的风险。

6. 封闭式基金投资策略

封闭式基金目前市场折价率非常高，具有极大的市场潜力和机会。投资者在投资封闭式基金时，需要掌握以下一些投资方法。

(1) 注意选择小盘封闭式基金，特别是要注意小盘封闭式基金的持有人结构和十大持有人所占的份额。如果基金的流通市值非常小，而且持有人非常分散，则极有可能出现部分主力为了争夺提议表决权进行大肆收购的情况，导致基金价格出现急速上升，从而为投资者带来短线快速盈利的机会。

(2) 注意选择折价率较大的基金。因为封闭式基金转为开放式基金以后，基金的价格将向其价值回归，基金的投资收益率将在很大程度上取决于其折价率，折价率越大的基金，价值回归的空间也相应地越大。

(3) 要适当关注封闭式基金的分红潜力。要关注基金的单位净值是否超过面值，是否具有分红的实力。

(4) 关注基金重仓股的市场表现和股市未来发展趋势。如果未来行情继续看好，基金重仓股涨势良好，会带动基金的净值有继续增长的可能，将使得基金更具有投资价值。

(5) 投资封闭式基金要克服暴利思维。如果基金出现快速上涨行情，要注意获利了结。按照目前的折价率进行计算，如果封闭式基金转为开放式基金，其未来的理论上升空间应该在 22%～30%。当基金上涨幅度过大，接近或达到理论涨幅时，投资者要注意获利了结。

## ☞专栏 7-2

### 开放式基金与封闭式基金的不同之处

| 比较项目 | 开放式基金 | 封闭式基金 |
|---|---|---|
| 发行总额 | 募集期内净销售额需超过 12 亿元 | 最低募集数额不低于 2 亿元 |
| 单位总数 | 可以增减，随时接受投资者的申购和赎回 | 在封闭期内不变，规模扩大要报证券监督机构批准 |
| 存续日期 | 没有固定期限，投资者可随时向基金管理人赎回基金单位 | 存续时间不得少于 5 年，经证券监督机构批准可以续期 |

续前表

| 比较项目 | 开放式基金 | 封闭式基金 |
|---|---|---|
| 交易方式 | 投资者可以在募集期结束后，在开放日向基金管理人或其代理机构提出申购或赎回申请，基金通常不在证券交易所上市交易 | 投资者所持基金单位在封闭期限内不能赎回，持有人只能在证券交易所将持有的基金份额进行转让、买卖 |
| 交易价格 | 依据基金单位资产净增加值加减一定赎回或申购费用确定 | 基金的交易价格除了以基金净值作为基础外，还受市场供求关系的影响，会出现溢价和折价现象 |
| 交易费用 | 投资者需要缴纳的费用均包含在基金价格之中 | 在基金价格之外要付出一定比例的证券交易税和手续费 |
| 单位资产净值 | 每个开放日公布 | 每个工作周公布一次 |

7. 基金组合策略

投资领域有一句话：不要把所有鸡蛋放在同一个篮子里。很多人都明白，这句话的意思是要分散风险。投资基金也一样，投资者需要在风险和收益之间找到平衡点，这就要求投资者根据自身的特点如风险偏好、风险承受力、期望收益率等方面，从基金产品池中选择基金形成一个基金组合。

基金组合策略可理解为投资理财上的资产配置概念，由经理人决定在不同市场、不同投资工具中资产配置的比重。

首先，投资者要根据自己的风险承受力确定一个明确的投资目标，然后选择3～4只业绩稳定的基金，构成核心组合，这是决定整个基金组合长期表现的主要因素。大盘平衡型基金适合作为长期投资目标的核心组合，至于短期投资目标的核心组合，短期和中期波动性较大的基金则比较适合。一种可借鉴的简单模式是，集中投资于几只可为投资者实现投资目标的基金，再逐渐增加投资金额，而不是增加核心组合中基金的数目。

在制定核心组合时，应遵循简单的原则，注重基金业绩的稳定性而不是波动性，即核心组合中的基金应该做到投资分散化并且业绩稳定。客户可首选费率低廉、基金经理在位时期较长、投资策略易于理解的基金。此外，投资者应经常关注这些核心组合的业绩是否良好，如果其表现连续三年落后于同类基金，应考虑更换。

在核心组合之外，不妨买进一些行业基金、新兴市场基金以及大量投资于某类股票或行业的基金，以实现投资多元化并增加整个基金组合的收益。小盘基金也适合进入非核心组合，因为其比大盘基金波动性大。例如核心组合是大盘基金，非核心搭配则是小盘基金或行业基金，但是这些非核心组合的基金也具有较高的风险，因此对其要小心限制，以免对整个基金组合造成太大影响。

基金组合中应当含有基金种类的数目并没有一定之规。需要强调的是，整个组合的分散化程度远比基金数目重要。如果投资者持有的基金都是成长型的或是集中投资在某一行业，即使基金数目再多，也没有达到分散风险的目的。相反，一只覆盖整个股票市场的指数基金可能比多只基金构成的组合更能分散风险。

对于组合中的各基金的业绩表现，投资者应定期观察，将其风险和收益与同类基金进行比较，并适时考虑更换。风险承受能力不强的投资者，可将投资在债券基金和股票基金之间重新配置。

总结起来，基金组合有“八忌”：没有明确的投资目标、没有核心组合、非核心投资过多、组合失衡、基金数目太多、费用水平过高、没有设定卖出的标准、同类基金选择不当。

## 三、实物投资工具

### （一）房地产

房地产是一种非常古老的投资工具，随着人们物质生活水平的提高，房地产投资凭借其自身所具有的特点，在众多投资工具中日益凸显独特魅力。

投资房地产具有长期性、稀缺性、保值性、心理满足度等优点。它的生命周期长，具有稀缺性和保值性。一般而言，在通货膨胀期间，随着物价的上涨，房地产价格和租金价格往往会随之上扬，而在通货紧缩期间，由于其稀缺的特点，房地产价格和租金价格下跌空间有限，从而较好地实现了保值的功能。同时，它可以使投资者获得一种稳定、满足的心理。

但是，投资房地产还具有一些缺点，它的投资金额大，市场性和流动性较低，不能迅速变现；它受政策影响很强，任何一个细微的政策变化，如城市规划、土地政策、利率变动等都会给房地产行业带来剧烈的震荡。

### （二）黄金

黄金具有耐用、美观和稀有的特性，是资金保值增值的有效工具，近年来受到投资者的广泛关注。目前国内黄金投资主要分为实物黄金交易和纸黄金交易两类。实物黄金交易是指可以提取实物黄金的交易方式，而纸黄金交易则只能通过账面反映买卖状况，不能提取实物黄金。实物黄金交易多出于个人收藏或者馈赠亲友的考虑，通常“买易卖难”。而纸黄金交易不存在仓储费、运输费和鉴定费等额外的交易费用，投资成本较低，且不计利息。它不能像股票、基金投资那样可以获得红利，只能通过低吸高抛，赚取买卖差价获利。

黄金价格与其他投资品种一样，受多种因素影响，比如美元的强弱，地缘政治局势，全球通胀压力，黄金供求转变，央行黄金储备增减，国际原油价格的涨跌，黄金生产商的避险操作，全球经济及股市、债市的表现，纽约商品期货交易所黄金期货成交量和未平仓合约的参考等，因此也会面临一定的风险。

### （三）艺术品

艺术品投资是一项专业性很强的投资活动，也是一种非常个性化的投资活动。由于涉及很多主观和人为的因素，艺术品的价格很难标准化、量化，很难进行准确的市场分析和预测。虽然从理论上讲，长期持有艺术品具有增值的效果，但具体到哪些艺术品或哪位艺术家的作品会有更好的成长性，却是非常个性和不确定的。艺术品投资需要投资者具备应有的基本鉴赏知识，属于长线投资，不能抱着即时获利的心态去做短线投机。

### （四）古玩

古玩投资要求投资者具有很强的专业知识及鉴赏能力，最好以兴趣爱好为导向，在不断的收藏实践中积累经验、提高鉴赏水平。它的价格受多种因素的影响，往往地区之间还存在差价，买入、卖出的价格也与卖主、买主具有很大的关系，了解、关注市场行情尤为关键。古玩市场鱼龙混杂，假货混杂其间，具有很大的投资风险。

**（五）邮票**

邮票投资较为平民化，它简单易懂，不受投资金额及投资时间的限制。用邮票进行保值、增值，可以减少通货膨胀的损失，并且获得较高的投资回报。邮票的发行量固定，而且在收藏者锁定筹码下，一套邮票只会越来越少，随着需求的增加，价格便能上升。它的投资风险小，一般情况下，邮票价格会稳步上升，较少出现大起大落的情况；邮票面值小，便于炒作，增值多少取决于时间的长短，盈利性大于风险性。

# 第三节　投资方案设计

## 一、投资者特征及财务生命周期

**（一）投资者的类型与特征**

一般来说，投资者可以分为保守型、稳健型、进取型三种类型。投资者的类型与其投资行为具有很大的相关性，见表 7－1。

**表 7－1　　投资者的类型与投资产品**

| 投资者的类型 | 保守型 | 稳健型 | 进取型 |
| --- | --- | --- | --- |
| 较适合的投资产品 | 保守型基金<br>组合型基金<br>债券/货币市场基金<br>平衡型基金<br>银行存款 | 保守型基金<br>组合型基金<br>平衡型基金<br>股票型基金<br>股票 | 股票型基金<br>股票<br>房地产<br>衍生金融产品<br>（期货、期权等） |

对于保守型投资者，保护本金不受损失和保持资产的流动性是首要目标，他们对投资的态度是希望投资收益极度稳定，不愿用高风险来换取收益，通常不太在意资金是否有较大增值；稳健型投资者渴望有较高的投资收益，但又不愿承受较大的风险，可以承受一定的投资波动，但是希望自己的投资风险小于市场的整体风险，因此希望投资收益长期、稳步地增长；进取型投资者高度追求资金的增值，愿意接受可能年年出现的大幅波动，以换取资金高成长的可能性，为了最大限度地获得资金增值，常常将大部分资金投入风险较高的品种。投资者可以根据自己所属的类型选择适合自己的投资产品。性格优柔寡断、性格偏激、心理承受力不强的人不适合进行跌宕起伏、风险较大的投资活动，而适宜进行长期、稳定的投资。那些性格豪迈、喜欢冒险、偏爱刺激的人，则适宜进行股票类产品的短线投资。

**（二）投资者财务生命周期的界定**

投资者在不同的年龄阶段具有不同的财务状况及财富积累能力。35 岁以前，投资者处于家庭的形成与成长初期，财富不断积累，收入不断增长，期望获得高收益；35～55 岁，投资者处于家庭的成长后期与成熟期，事业向顶峰发展，收入持续增加，财富进一步巩固；55 岁以后，投资者收入减少，基本处于财富的支出阶段。具体如图 7－3 所示。

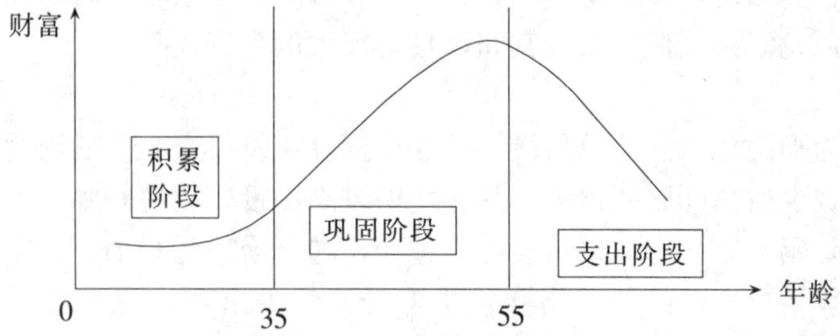


**图 7－3　财务生命周期图**

基于此，投资方案的设计与年龄的关系可见一斑，不同的年龄阶段拥有不同的财务状况和理财需求，见表 7－2。

**表 7－2　各年龄段理财方案**

| 25 岁以前 | 25～40 岁 | 41～55 岁 | 55 岁以后 |
| --- | --- | --- | --- |
| 收入有限、不稳定，投资能力有限<br>缺乏理财意识，属于“月光一族”<br>理财主要途径——储蓄 | 收入稳定，有投资能力，家庭开销不大，适合理财<br>理财计划以长远为主，积极投资，考虑未来支出 | 事业进入高峰期，收入稳定，家庭负担增加<br>应考虑支出结构，开支主体为购房、教育、赡养老人等<br>理财应长短兼顾<br>理财目标侧重风险防范 | 投资应追求稳健，避免大的损失<br>享受理财的收益 |

一个人在 25 岁以前，一般处于事业发展的初级阶段，收入有限，生活不稳定，最好选择储蓄作为理财途径，防止财富因投资风险而出现危机；在 25～40 岁之间，处于收入稳定的阶段，有一定的投资能力，可以采取以股票为主的进取型投资方式，追求投资的高收益性；在 41～55 岁之间，事业发展进入高峰期，此时收入较高且极为稳定，同时家庭支出较多，负担增加，适于采取稳健的投资方式以保持财富的稳定增长，理财计划应侧重风险的防范；在 55 岁以后，收入以退休金为主，投资应追求稳健，保值是关键。

**（三）影响投资决策的相关因素**

投资理财并不是一个孤立的过程，而是一个处于以政府行为、市场行为和消费者行为为主体的经济环境控制下的系统过程。经济环境以及政府行为都会对存贷款利率、债券利率乃至股市走势造成重大影响，由此也在一定程度上影响投资决策的制定。

1. 经济周期

一个经济周期包括四个典型的阶段：繁荣、衰退、萧条和复苏，它随着经济行为的增长、减少以及持续时间的变化而变化。在不同的经济周期，经济发展水平有所不同，它一般通过 GDP 变化率、失业率以及生产水平等指标反映出来。

经济发展越强势，GDP 增长率越高，就业率和生产水平也相应越高，经济发展的繁荣期就会到来并且逐渐开始减弱，当减弱的趋势超过 6 个月，经济发展就进入了衰退期。当衰退的趋势变得更恶劣而且几乎到达了谷底的位置，萧条期就出现了。复苏期在衰退期和萧条期之后出现，同时伴随着就业率和生产水平的提高。在整个经济循环中，从一个经济阶段发展到另一个阶段的失业率水平较不稳定。

除此以外，利率、银行倒闭、企业利润、税收和政府预算等都是反映经济状况的重要参考因素，它们将可能会对我们的财务状况产生一个直接而又深远的影响，对于投资方案的制定也会产生重要的影响，比如收入水平、投资回报、资本利得和利息支出、税务支出以及购买商品的价格和消费服务的支出等。

2. 通货膨胀

通货膨胀是理财规划中必须考虑的一个重要因素。通货膨胀是指社会商品的一般价格水平的持续和显著上涨，它不仅影响着我们购买商品和消费服务所需的花费，同时还影响着我们的工作收入水平。由此来看，你的收入水平是根据当时的购买力水平来衡量，而不仅仅通过钱的数额多少来衡量。

通货膨胀也同时直接影响着利率。高通货膨胀率使得贷款者的购买力降低，为了获得补偿，他们就需要获得低贷款利率。高通货膨胀率也会对股票和债券价格有影响，影响理财目标的实现和理财方案的制定。低通货膨胀率是对经济发展最有利的，对利率、股票和债券价格也是很有利的，从而对理财规划的实施也是有利的。

3. 政府行为

政府对于资本市场，尤其是股市的影响十分巨大。政府关于资本市场的政策和制度的设计在很大程度上影响着股市的状况以及投资者的利益，同样影响着投资方案的制定与调整。政府为金融市场的发展指引着方向，同时也指引着投资者的前进方向。政府对于各行业的支持与扶持力度，对经济领域采用的各种调控手段，都在一定程度上影响着投资方向的选择与投资方案的制定。

4. 投资者自身状况

在对宏观环境有了整体认识之后，投资者需要做的是考虑自身的相关情况。具体包括了解自己的财务状况，衡量月度收入与支出情况，确定可用于投资的金额大小、投资时间，投资者个人的投资态度、风险承受能力以及生涯规划偏好，投资的知识、技能及信息来源状况等。只有在对自己的财务状况有很好了解的基础上，才能根据自身需求确定适合的投资方案。

## 二、投资方案的设计与管理

### （一）资产配置的方法与步骤

考虑了自己的财务状况及相关影响因素后，投资者就进入了方案制定的实质阶段，确定选择何种投资工具来构建适合的投资组合。资产组合管理决策制定的步骤包括资产配置、分散经营、风险与税收定位以及收益生成等，其中最重要的部分是资产配置，即决定投资与资产组合的各种资产类型的比例和数额。国外有关研究表明，在资产配置中，85％～95％的投资收益来自第一步中对长期资产分配的决策，第二步的证券选择和第三步的投资时机决策所起的作用则相对较小。甚至某些研究指出选择投资时机与选择具体证券实际上减少了平均收益，同时增加了收益的波动性。与之相对的被动式的购买股票指数的投资策略反而可获得高于上述策略的收益率。

资产配置的具体步骤如图7-4所示。

(1) 确定资产组合中所包括的资产类别。所供选择的主要资产类型有：货币市场工具（通常为现金或银行存款）、固定收益证券（通常为债券）、股票、不动产、贵金属及其他。

(2) 确定资本市场的期望值，包括利用历史数据与经济分析来决定投资者对资产组合中所包括资产在持有期内的预期收益率。

(3) 确定资产组合的有效边界，即找出在既定风险水平下可获得最大预期收益率的资产组合。

(4) 寻找最佳的资产组合，在满足投资者面对的限制条件下，选择最能满足投资者风险收益目标的资产组合。

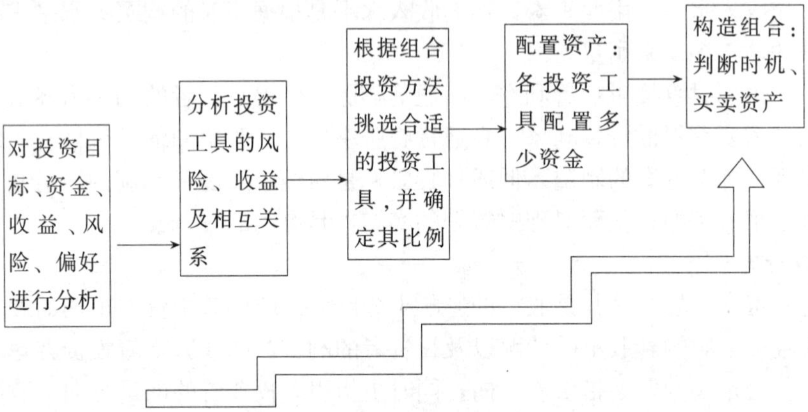


**图7-4　资产配置的具体步骤**

表7-3列出了处于不同年龄阶段的投资者适合选择的资产组合配置情况。

**表7-3　　　　不同年龄阶段投资组合设计**

| 人生阶段 | 重大理财需求 | 建议配置 |
| --- | --- | --- |
| 25～40岁 | 结婚、购房、养育子女、赡养父母 | 50%股票型基金或股票<br>20%定时定额基金<br>15%保险<br>15%周转金 |
| 41～55岁 | 储备养老金、提高生活质量、为子女建立经济基础 | 15%股票<br>20%股票型基金<br>20%定时定额基金<br>20%储蓄型寿险<br>15%债券型基金<br>10%周转金 |
| 56～65岁 | 医疗、养老 | 13%股票<br>27%定时定额基金<br>33%债券型基金<br>27%保险+周转金 |
| 65岁以上 | 安享愉悦的老年生活 | 10%股票型基金<br>90%债券型基金 |

### （二）不同风险承担能力下的资产配置

在投资规划过程中，投资者的资产组合配置状况还与其风险承受能力有很大的关系。按照风险承受能力由弱到强的顺序，投资者可以划分为：保守型、轻度保守型、均衡型、轻度进取型、进取型。保守型投资者可能会把大部分资金配置到投资风险较小的投资产品中，例如现金投资、固定收益投资等。而进取型投资者则会把大部分资金投入到股票、房地产等风险较高的投资产品中去。此外，进取型投资者往往会利用杠杆投资的方法来提高可支配资金的收益率，这样风险就更高了。一般来说，资产的风险越大，预期的收益就越高。这种风险与收益的关系大致可以用图 7-5 表示：

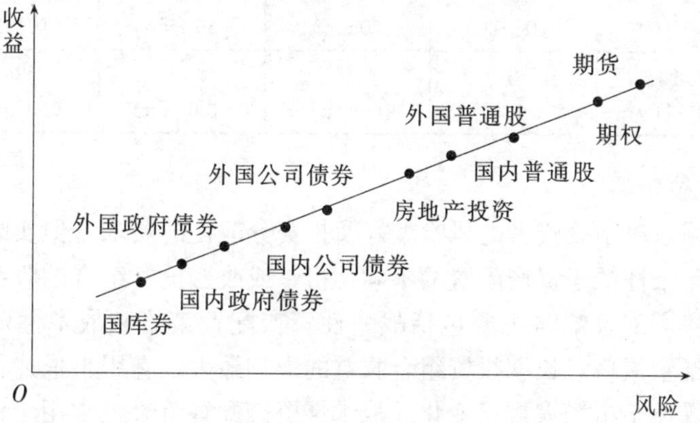


**图 7-5　各种投资工具的收益与风险**

具有不同风险偏好的人，往往会选择不同的投资组合。表 7-4 列出了不同风险偏好者所适合的资产组合。其中的投资比例被认为是在比较理想状况下综合了多种因素得到的结果，上层表示标准的资产组合，下层表示某些因素影响下的资产组合变动范围。不难发现，保守型投资者的资产分配策略主要是在确保资产安全的基础上获得稳定的收入，收益和风险较低的现金投资和国内定息投资的比例高达 25%和 45%，而风险较高的国内股票投资则低至 15%。这样的投资组合在短期内一般不会出现重大亏损，而长期来说则可以获得比较稳定适中的资本增长收益。轻度保守型投资者的资产组合也非常强调收入的安全性以及长期稳定的资本增长。组合产生的收入流相对比较稳定，而且由于有一部分股票和房地产投资，还可以产生一定的避税收益。均衡型投资者在各种资产类型之间的分配相对比较均衡，并且从长期来说可以在收入与资本增长之间获得一个比较好的平衡。但长期来看会有一定程度的波动，相应地也有可能会给客户带来损失。由于有更大比例的股票和房地产投资，因而税收方面的利益也会较多。轻度进取型投资者的资产组合策略更多地强调资产价值的增长，而较少考虑取得现金收入的需求。资产中往往有超过一半的资金投资在股票等高风险的资产上，而现金投资、国内定息投资所占的比例则较小。同时，股票、房地产等投资的高比例也意味着资产组合的市值波动会比较频繁，波动范围也会较大，出现亏损的可能性较高。进取型投资者的资产组合策略强调的是中长期收益最大化。资产组合中股票和房地产等高风险、高成长性的资产占绝大部分，因此市场状况的波动会给资产组合的市值带来很大影响。

表 7-4　　不同风险偏好者所适合的资产组合（%）

| 资产组合 | 现金投资 | 国内定息投资 | 海外定息投资 | 国内股票投资 | 海外股票投资 | 房地产投资 |
|---|---|---|---|---|---|---|
| 保守型 | 25<br>(20～30) | 45<br>(40～50) | 0<br>(0～5) | 15<br>(10～20) | 0<br>(0～5) | 15<br>(10～20) |
| 轻度保守型 | 20<br>(15～25) | 40<br>(35～45) | 0<br>(0～5) | 20<br>(15～25) | 0<br>(0～5) | 20<br>(15～25) |
| 均衡型 | 15<br>(10～20) | 25<br>(20～30) | 0<br>(0～5) | 30<br>(25～35) | 5<br>(0～10) | 25<br>(20～30) |
| 轻度进取型 | 10<br>(5～20) | 15<br>(10～20) | 5<br>(0～5) | 40<br>(30～50) | 10<br>(10～25) | 20<br>(15～30) |
| 进取型 | 5<br>(0～20) | 5<br>(0～10) | 0<br>(0～5) | 50<br>(35～55) | 20<br>(10～30) | 20<br>(15～30) |

### （三）资产配置策略

资产配置策略取决于投资者的风险偏好及投资分散化的要求。但实际上，决策过程要复杂得多。这种复杂性源于资产配置的不同动机，或改变投资组合的收益分布，或选择适合的市场时机。资产配置策略主要包括战略性资产配置策略和战术性资产配置策略。其中，战略性资产配置策略对长期投资组合收益的影响最大，它用来描述长期投资策略的制定，使投资组合受益于市场大规模变化。战术性资产配置策略经常用于旨在避免市场不利影响的保险战略，其目的一般不是提高投资组合的收益，而是为了“保险”，优点在于可以通过保守性资产配置策略削减投资成本。

*1. 战略性资产配置策略*

由于长期资产配置策略涉及更长的时间范围，它也被称为战略性资产配置策略。它的目的是在投资组合中以某种方式将资产配置在一起，以满足投资者在一定风险水平上收益率最大的目标。这个过程包括四个核心因素。

首先，投资者需要确定投资组合中合适的资产。

其次，投资者需要确定这些合适的资产在持有期间或计划范围内的预期收益率。

再次，在对收益率和风险作出估计后，运用最优化技术找出在每一个风险水平上能够提供最高收益率的投资组合。

最后，在可容忍的风险水平上选择能提供最优收益率的投资组合。

在进行长期管理资产组合时，投资者可以采用三种方法。

第一种是确定恰当的资产组合，并在诸如 3～5 年的适当持有时间保持这种组合，这种方法被称为购买并持有法。对长期动态平衡而言，这种方法是消极的，具有最小的交易成本和管理费用，但不能及时反映环境的变化。

第二种方法是恒定混合法，这种方法是按长期保持投资组合中各类资产的恒定比例而设计的。为维持这种比例，要求在资产价格相对变化时，进行定期的重新平衡和交易。市场时机选择（即战术性资产配置策略）可以被看作是恒定混合法的一个变种，因为这种方法试图通过从高估资产到低估资产的再配置而相对改变资产价值。这种再配置战略以估值评价为基础，而不仅仅是一种机械法则。

第三种方法为投资组合保险，这种方法在本质上最具有动态性，所需要的动态平衡和交易的程度最高，其目的是在获得股票市场的预期高收益率的同时，限定下跌的风险，但有效地实施这种方法是一个难题。

2. 战术性资产配置策略

长期资产组合一旦确定，投资者还可以试图确认资产类别定价差异，并适时改变资产类别组合，这被称为战术性资产配置策略。这是一种积极的资产管理方式，根据市场与经济条件的变化，通过在各大市场之间变换资产分配，提高投资组合收益率；在设计上一般指评估各种资产类别收益率，建立市场投资的能够提供更多报酬的资产分配反应机制的严格过程。战术性资产配置策略也可以被看作适时管理资产组合的方式之一。适时管理资产组合的第二种方式是简单地执行建立在计划资产组合基础上的购买并持有政策。适时管理资产组合的第三种方式是实行动态再平衡战略，一般被称为投资组合保险，战略的不同管理者会使用不同的投资期限、不同的决定规则和不同的实施手段。战术资产配置可以指一个中期过程，投资期限在1～3年之间，也可以指一个短期过程，主要利用一些不到1年便得到报酬的机会。

**☞专栏 7-3**

**资产管理业务**

资产管理业务是指资产管理人依据资产管理合同约定的方式、条件以及限制性规定，对客户资产进行经营运作，为客户提供证券、基金及其他金融产品服务，并收取费用的行为。资产管理业务主要有三种方式：其一为单一客户办理定向资产管理业务；其二为多个客户办理集合资产管理业务；其三为客户办理特定目的专项资产管理业务。

在我国，能够从事资产管理业务的公司除了资产管理公司以外，还有证券公司、基金公司、信托公司以及第三方理财公司等。截至2015年年底，中国各类资产管理机构管理资产的总规模约达93万亿元，过去三年年均复合增长率为51%。可见，资产管理业务在我国的发展十分迅速。从资产管理的类别来看，被动管理型和除固定收益类资产、非标准化债权资产外的另类投资整体发展较快，如指数型基金、私募证券基金、私募股权基金等。而在主动管理型中，股票类产品发展仍然较快，跨境类产品也有较大的潜力。

## 三、投资方案设计案例分析

### （一）“月光一族”的理财方案

1. 案例

小雯今年24岁，大学毕业后在一家企业任文员，月收入5 000元，花钱不算大手大脚，与同事合租了一套房子，穿衣打扮也不太奢侈，基本都是常换常新的“大路货”，平时只到公司附近的小店用餐。尽管如此，小雯的工资在月底依然毫无结余。根据小雯的情况制定理财方案。

2. 理财分析

从小雯月收入 5 000 元依然“月光”的例子来看，原因并非收入少而是理财、消费观念有所偏差，没有掌握一些必备的理财技巧，花销缺乏条理性和计划性，虽然不是“大手大脚”，但也算不上“精打细算”，在花钱方面存在很多误区。

3. 理财建议

(1) 量入为出，掌握资金状况。“月光一族”首先应建立理财档案，对一个月的收入和支出情况进行记录，观察钱的流向，然后可对开销情况进行分析：哪些是必不可少的开支，哪些是可有可无的开支，哪些是不该有的开支。同时控制消费欲望，逐月减少“可有可无”及“不该有”的消费。建议把工资卡开通网上银行，随时查询余额，并根据余额随时调整自己的消费行为。

(2) 强制储蓄，逐渐积累。为了开源节流，可以到银行开立一个零存整取账户，将每月工资的一定比例存到银行；如果存储金额较大，也可以每月存入一张一年期的定期存单，一年可积攒 12 张存单，需要用钱时可以非常方便地支取。另外，可以利用银行的“一本通”业务，只要工资存折的金额达到一定数额，银行便可自动将一定数额转为定期存款，由此个人资产得到不断积累。

(3) 主动投资，一举三得。如果当地的住房价值适中，房地产具有一定的增值潜力，可以办理按揭贷款，购买一套商品房或二手房，这样每月的工资首先要偿还贷款本息，减少了可支配资金，节省了租房开支，还可以享受房地产升值带来的收益，可谓一举三得。另外，每月拿出一定数额的资金进行国债、开放式基金等的投资也值得“月光一族”一试。

(4) 自己动手，丰衣足食。不管怎样，在外面吃饭总不如自己做饭便宜。“月光一族”可以买几本简易菜谱学习烹饪常识，并购置必备的炊事用具，下班时顺便买点自己喜欢的菜或半成品食物进行加工，既达到省钱的目的，又锻炼了手艺。

(5) 慎用信用卡，避免当“负翁”。信用卡是无现金交易，容易掩盖过度消费，增大消费欲望。另外，慎用贷记卡的透支功能，虽然不用支付透支的利息，但本金还是要偿还的，因透支不但“月光”，而且成了“负翁”，实在得不偿失。

(6) 理性消费，抵制各种优惠促销的诱惑。商家促销花样迭出：买一送一，五折优惠。许多精于算计的女性，生怕错过优惠的时机，而不看自己的需求，不衡量购物的综合成本，睁着眼往商家的套里钻，钱自然浪费不少。

“月光一族”的薪水未必很少，但要学会适度花费和科学理财，为日后的深造、结婚、购车、购房、个人创业等做好准备。

**(二)“白领之家”的车房梦想**

1. 案例

李昕今年 27 岁，在小城市的一家企业任人事主管，月收入 4 000 元，她的先生是一位中学教师，月收入 4 500 元。他们现住在学校提供的一套一居室的临时住房内。两人共有现金类资产25万元，分别为银行定期储蓄20万元和凭证式国债5万元。随着家庭收入的增加，两人打算实现自己有车、有房的家庭梦想。根据案例背景，为其量身定做一个理财方案。

2. 理财分析

李女士和她的先生有一定的积蓄。购车买房以后，车辆的燃油、维修、停车、养路费开支很大，房子的装修、取暖制冷、家具更新的费用也不会少，如果同时实现买车、买房的愿望，除了日常消费以外，家庭财务恐怕会捉襟见肘。因此，可以充分利用家庭的信贷资源，借助银行贷款购买住房，再拿出部分积蓄购买私家车。这种财务组合不但能减少家庭的贷款利息负担，剩余积蓄还可以进行高收益投资，李女士的家庭财务结构会更加合理。

3. 理财建议

(1) 借助银行贷款实现买房。采取组合贷款的方式，先利用自己和先生的住房公积金资源，办理利率更低的公积金贷款，然后，不足部分再办理商业按揭贷款。如果李女士拟购买价值18万元的经济适用住房，首付20%的话，李女士只需从积蓄中拿出3.6万元，便可以实现家庭的购房梦想。

(2) 用家庭积蓄科学购车。从李女士家庭的经济能力和预期收入情况来看，比较适合购买经济型轿车，比如8万元左右的富康、赛欧等，尽量选择性能好、油耗低的车型。在购买时货比三家，选择报价低的经销商。买到车后，可以先和保险公司的业务员取得联系，他们往往会提供免费代办落户、入保险等“一条龙”服务，以节省时间和精力。

(3) 最大限度地保证剩余积蓄的增值。估算李女士购房花费3.6万元，购车支付11.4万（含落户手续费和保险费），这样所剩资金只有10万元左右，应该采取高收益的进取型投资方式。

①5万元进行被动型高收益投资。被动型高收益投资是指把钱委托给信托公司、基金公司或证券公司打理，自己只是被动地接受分红或固定的利息收益。可以选择购买运作稳健、成长性好的开放式基金或具有储蓄性质的保本基金、货币基金，以及证券监管部门批准的委托性集合理财及其他正规的信托产品。

②5万元进行主动型高收益投资。它的收益多少与投资大环境和自己的操作水平有关。由此可以选择一些市盈率较低的通信、金融、能源等垄断和高成长行业的股票，或者购买银行推出的“汇市通”“外汇宝”等外汇产品。此外，如果李女士和她的先生对炒金、收藏等有研究，也可以适当介入。

由此，李女士既实现了家庭有房有车的愿望，也积累下一定资金，为日后宝宝的出生和教育提供了很好的保障。

### (三) “鼎盛时期”的理财之道

1. 案例

岳先生今年50岁，妻子45岁，两人都在国企供职，且均在10年后退休。目前双方年总收入10万元，均有社保、医保。孩子今年19岁，刚刚考上重点大学，预计每年学习生活费12 000元左右。家庭现有市区内住房一套，120平方米（市值约100万元），有定期存款6万元，几年前进入股市，现有股票市值约10万元（原14万元）。家庭日常消费每月 2 000 元。根据已知情况，定做合理的理财方案。

2. 理财分析

岳先生一家年收入为人民币 10 万元，扣除每月的日常消费及小岳的每年学习生活费，每年将有 6.4 万元的结余；再加上定期存款、股票市值及固定资产价值，其家庭财产净值为 122.4 万元，属于比较富裕的家庭类型。但是，其家庭收入来源比较单一，抗风险能力较低，随着夫妻年龄增大，工资增长能力持续下降，退休之后将无法保持家庭现有生活水平。除此以外，家庭投资项目单一，收益较低且存在较高风险，保险计划不足，存在未充分保险之处。

3. 理财建议

（1）购买养老保险，享受金色晚年。由于岳先生及妻子已近退休年龄，建议岳先生将结余的部分家庭收入用于为自己购买足额的商业养老保险，这样可以继续保持现有的生活水平。

（2）增大疾病险投入，防范意外发生。虽然岳先生和妻子已经购买了一般医疗保险，但是随着两人年龄的逐步增大，发生重大疾病的概率也将相应增大，建议增加购买重大疾病类健康保险以及人身意外类保险，防范意外发生。

（3）采取稳健进取型投资策略。从岳先生一家资产负债情况中可以看出，岳先生的投资项目比较单一，且由于岳先生缺乏足够的股票买卖知识及技巧，造成其股票投资账面损失近 29%，建议在适当时候减少股票在个人资产中的比重，增加一些收益稳定、流动性强的理财工具，可考虑选择时机购买一些记账式债券或货币市场基金增加个人资产流动性。具体来看可以将流动资产及投资资产根据投资收益与风险的大小，按照 2∶3∶3∶2 的比例进行现金（含存款）、平衡型基金、股票型基金、债券的投资组合。

（4）一举两得投资房地产。随着孩子学习的逐步深入，岳先生一家的流动性负债也将相应地增加，建议岳先生购买房地产来进行教育投资。这种投资方式的优势明显：子女自己可以住，也可以出租。投资房地产升值潜力较大，且既可以防范通货膨胀的风险，还可以得到租金收入。由于不动产税率和抵押品税率较低，也可以相应减少税务支出。

**（四）“金色晚年”的理财方案**

1. 案例

赵老师今年 62 岁，两年前从一所市级中学退休，每月有 1 500 元的养老保险金，老伴 10 年前从单位下岗，一直没有工作，儿女均已成家立业，不用负担任何费用。其主要家庭资产包括：5 万元市值的股票，4 万元即将到期的银行定期储蓄，1 万元 5 年期凭证式国债。他最大的愿望是实现家庭资产的增值，提高老两口晚年的生活质量。

2. 理财分析

从赵老师家庭资产的结构来看，他和多数老年人一样，有良好的理财愿望，但在理财资源的配置上存在明显的不足：投资方式过于单一，近年新出现的投资品种没有充分利用；股票的占比偏高，不符合老年人稳健投资的原则；占家庭总资产 40%的 4 万元银行定期储蓄会影响理财的整体收益。赵老师享受单位的退休公费医疗，但老伴没有工作，家庭总体抗风险能力不高。因此，赵老师需要综合考虑家庭的实际情况，对财务状况进行整体规划，以达到稳妥、高效增值的理财目标。

3. 理财建议

(1) 积极利用新的投资工具。目前许多银行推出了“钱生钱”“薪加薪”“保利理财”等新的理财业务，这种业务一般是银行与证券公司联合推出，客户在银行开立理财账户，然后受托方将客户资金用于国债回购、购买记账式国债、炒汇、申购新股等运作，赚钱之后向客户分红。对于客户来说可以和存钱一样省心，又能获取高于一年期银行定期存款的收益。赵老师可以用到期后的4万元存款，按照收益性和稳妥性的原则，综合衡量，择优介入各银行的理财业务。同时，赵老师可以在继续持有1万元凭证式国债的同时，利用银行新推出的“银证通”业务购买记账式国债，目前记账式国债到期年收益率多数在3%以上，其投资价值一般高于储蓄和凭证式国债。另外，赵老师也可以适当购买债券型基金或货币基金。

(2) 减少风险性较大的股市投资。相对应变能力强、会进行技术分析的年轻股民来说，老年人在炒股上应当说是处于劣势的，有些老年股民天天泡在交易大厅里，盯着潮起潮落的大盘，听着虚虚实实的小道消息，这样“被套”的可能性也就相应增大。建议赵老师趁股市回暖之际，有选择性地卖出一些成长性差的股票，将股票的总市值减少一半，控制在2万元左右，并且改变炒股的思路，学学巴菲特的“投资不投机”的炒股法，将手中持有的股票调整为能源、交通等稳健型的潜力股，以享受国民经济增长带来的升值收益。

(3) 增强晚年生活的保障能力。当老年人年龄大于60周岁时，可供选择的商业保险品种便少了许多，主要的保险品种集中在意外险以及终身寿险两个方面。所以，除了基本的社会养老保险之外，赵老师可以考虑购买商业养老保险作为必要的补充。例如平安保险公司推出的老年人综合保险，最高适用于80周岁的老人，对日常生活中发生的意外有一定的补偿作用。同时，平安保险公司推出的“癌症保障计划”，适用于51～75周岁的中老年人，也是赵老师和老伴可以考虑的保险产品。新华人寿还在全国推出了投保年龄高达80岁的“美满人生”保险，这种储蓄返还与保障兼顾的寿险产品，采用定期返还、终生享受的保障方式，直至保险人身故。所以，赵老师可以抓住时机，重点为老伴购买适量的意外险、防癌保险，或为两人购买带有返还性质的寿险，从而提高家庭抵御疾病等意外风险的能力。另外，作为老年人来说，在加强保障的同时，也有必要尽早立好遗嘱，这样既可防止去世后出现遗产纠纷，又可避免部分积蓄流失于法律官司之中。

(4) 加大改善生活和健康类的消费。进入老年阶段，要改变节衣缩食的传统观念，节俭消费看似省钱，但造成了营养不良，反而会增加医药费支出。所以赵老师要注意加大调剂生活的开支，或适量购买老年用补品，把自己和老伴的身体调养好。还可适当加大用于外出旅游、购买健身器械、接受健康培训以及文化娱乐类的投入，保持良好的身体和精神状态。“有病及时治不如提前买健康”，这些科学有度的健康、文化类消费提高了晚年生活质量，减少了老两口生病住院的机会，实际上也是一种科学理财。

☞专栏 7-4

**互联网理财**

互联网理财是指投资者通过互联网渠道对理财产品进行投资与管理，进而获得收益的行为。从行业趋势来看，传统金融理财门槛高，网点地域有限，手续繁多等弊端都极大地限制了中小额理财市场的发展。2013年，余额宝的出现就此打开了互联网理财的新局面。随着我国网民数量的不断增长，进入2014年后，互联网理财爆发出了强劲的生命力，用户规模、交易规模都出现了井喷式的增长。

互联网的便捷性、低门槛性、高流动性打破了传统金融领域的固有壁垒，成功规避了传统理财市场存在的一些遗留问题，使大部分工薪阶层都享受到了基本的理财金融服务。与工薪阶层同样受益的是中小微企业，由于融资困难一直以来都是其面临的首要问题，所以互联网金融就其普惠的特性来说比传统金融更适合服务于中小微企业。

从用户需求来看，《中国互联网络发展状况统计报告》显示，截至2016年12月，我国购买过互联网理财产品的网民规模为9 890万人，相比2015年年底增加用户863万人，网民使用率为13.5%，较2015年年底提升0.4个百分点。互联网的便捷性打通了资金链条，降低了理财产品管理及运营成本。所以，互联网的长尾效应既盘活了个人的零散资金，也促进了理财市场的繁荣。

## 本章小结

本章主要讨论了投资理财的主要内容，介绍了投资工具的类别及具体种类，提出了投资理财的步骤与投资方案的设计方法，并辅以案例分析加深理解，切实解决了投资过程中可能面临的各种问题，具有一定的现实指导意义。

## 进一步阅读

中国金融教育发展基金会金融理财标准委员会．金融理财原理．北京：中信出版社，2007.

李善民，毛丹平．个人理财规划理论与实践．北京：中国财政经济出版社，2005.

## 思考与练习

**一、名词解释**

1. 投资理财
2. 投资工具
3. 资产配置
4. 开放式基金
5. 投资风险

二、填空题

1. 资产配置策略包括________、________。

2. 金融投资工具包括________、________、________。

3. 按照风险承受度的不同，投资者可分为________、________、________、________和________。

4. 按投资对象来分，投资可以分为________和________。

5. 影响投资决策的因素有________、________、________和________。

三、判断题

1. 投资的风险是不能被衡量的。(　　)

2. 制定投资方案首先要了解投资者自身的经济状况及投资目标。(　　)

3. 对于大型股票适宜采用长期持有的投资策略。(　　)

4. 财政部发行的国债，由于有政府作担保，往往被市场认为是没有违约风险的。(　　)

5. 股票型资产的系统性风险非常复杂，从而无法规避。(　　)

四、选择题

1. 实物投资工具包括(　　)。

A. 期货期权　　B. 邮票

C. 古董　　D. 股票

2. 资产配置策略不包括(　　)。

A. 政策性资产配置策略　　B. 静态性资产配置策略

C. 战术性资产配置策略　　D. 动态性资产配置策略

3. 开放式基金的特点有(　　)。

A. 具有经验丰富的专家理财团　　B. 分散投资，有效规避风险

C. 公开透明，变现灵活　　D. 收益免税

4. 投资理财的步骤包括(　　)。

A. 确定投资目标　　B. 制定投资规划

C. 投资绩效评估　　D. 修正投资目标或投资方案

5. 固定收益投资工具包括(　　)。

A. 银行存款　　B. 政府债券

C. 股票　　D. 公司债券

6. 依据投资对象的不同，基金可以分为(　　)。

A. 股票型基金　　B. 债券型基金

C. 混合型基金　　D. 货币市场基金

7. 在一般情况下，下列选项中最稳健的投资工具为(　　)。

A. 期货　　B. 期权

C. 股票　　D. 债券

8. 下列债券中风险最低的是(　　)。

A. 国债　　B. 金融债

C. 企业债　　　　　　　　　　　　　　D. 垃圾债

**五、简答题**

1. 如何理解投资风险和投资收益?

2. 简述资产配置的方法和步骤。

3. 资产配置策略的主要内容有哪些?

4. 简述投资工具的基本类型。

5. 以不同年龄阶段为视角分析投资理财策略。

6. 简述开放式基金与封闭式基金的区别。

**六、案例分析题**

1. 案例一

刘女士和她的先生均是打工族，其家庭月收入在 3 000 元左右。由于两人家庭条件一般，婚后只是租了一套一居室的房子，月租金 800 元，占了家庭总收入的四分之一多。两人几年打工存的钱不到 3 万元，平时生活精打细算，最大的梦想就是有一套属于自己的房子，但他们也知道这点钱相对于当前高不可攀的房价来说无异于杯水车薪，所以他们的理财目标就是能增加收益，尽快过上有住房、衣食无忧的小康生活。

根据前面所述背景资料，为刘女士制订合理的理财方案。

2. 案例二

张先生在某机关部门工作，月收入 3 500 元。太太李小雯是银行职员，月收入 3 000 元左右，女儿婷婷在上小学四年级。其家庭资产除一套已参加房改的 116 平方米的住房外，还有 8 万元银行定期存款，2 万元国债。夫妻双方单位都实行公费医疗，并缴纳养老保险金，二人生病、养老基本能够得到保障。所以近年来张先生一家用于提高生活质量的消费支出日渐增大，特别是在保证家庭日常生活开支的同时，用于旅游、文化等方面的消费逐年递增。现在，张先生既有积蓄，又有每月 2 000 元左右的结余，但他对未来子女教育等预期开支却未敢抱有乐观态度，理财行为也十分谨慎。

根据背景资料，为张先生一家的需求制订合理的理财方案。

3. 案例三

张女士今年 37 岁，在某合资企业从事营销工作，月收入 3 500 元。因感情方面的原因，她去年与丈夫办理了离婚手续。按照协议，108 平方米的住房归张女士所有，同时因购房而办理的住房贷款（贷款本息还剩 10 万元、贷款期限还剩 6 年）也由张女士负责偿还。上小学四年级的女儿归张女士抚养，前夫每月支付 700 元的抚养费。张女士的个人资产主要是 4 万元的银行定期存款和 1 万元的凭证式国债。

为了自己和女儿生活得更好，张女士拼命地工作，其营销业绩一直在公司名列前茅。她虽然收入不低，但每月的日常开支也在 2 000 元左右，另外还要偿还住房贷款 1 700 元，稍不留意，家庭财务就会捉襟见肘。考虑还贷压力太大，并且女儿的教育开支也呈现不断上升之势，张女士开始考虑理财问题。

根据背景资料，为张女士制订合理的理财方案以解决家庭的财务问题。

第8章

# 国际金融

⊙学习目标⊙

- 掌握国际收支的概念；
- 掌握国际收支平衡表的内容和编制原则；
- 掌握外汇的基本概念；
- 了解国际资本流动的影响；
- 了解国际融资的方式；
- 了解国际投资的类型和特征。

## 第一节　国际收支

在当今国际经济交流中，各个国家、经济体之间的各项经济交易，包括贸易、金融、技术的交易，以及文化、艺术的交流，货币的汇入、汇出等，会形成各个经济体之间的国际货币收支、债权债务关系以及无债权债务的国际货币的单方面转移，这便形成了国际收支关系。

### 一、国际收支

#### （一）国际收支概念

国际收支是衡量一国经济对外开放性的主要工具。一国的国际收支状况影响其国内宏观经济政策和对外经济政策。一个国家应保持合理的国际储备规模，以保持对外支付的正常运行和经济稳定。

国际收支的概念有广义和狭义之分。狭义的国际收支是指一定时期内一国居民与外国居民之间收入和支出的总额。这里的“一定时期”一般是指一年，居民是和非居民相对的概念，“居民”既可以是自然人，也可以是政府机构或法人。广义的国际收支是指特定时期内一国的居民与他国的居民之间各项经济交易引起的收支，即它不仅包括外汇收支，还包括一定时期的经济交易。经济交易是指一国居民与外国居民间的商品和资本所有权的交换，以及不需要偿还的单方面转移。

目前世界各国一般都采用国际货币基金组织所编著的第五版《国际收支手册》中对国际收支所定义的广义概念（我国目前所运用的各项国际收支指标正在接轨其第六版，第六版手册名称首次修改为《国际收支和国际投资头寸手册（第六版）》）。其定义为：国际收支是一定时期的统计报表，它着重反映：(1) 一国与其他国家之间的货物、服务和收入的交易；(2) 该国货币、黄金、特别提款权以及对其他国家债权、债务的所有变化和其他变化；(3) 无偿转移支付，以及根据会计处理的需要，平衡前两项没有相互抵销的交易和变化的对应记录。

国际收支是一个内涵十分丰富的概念，要正确理解这一概念，需要从以下几方面来把握：

第一，国际收支是一个流量概念。流量是与存量相对的概念。存量是指某一特定时点上变量的数值大小；而流量是指一定时期内发生的变量变动的数值。国际收支一般是对一年内的交易进行总结，所以它是一个流量的概念。它与一定的报告期相对应，一般以一年为报告期。与国际收支相对应的，专门记载存量数据的概念是国际投资头寸。国际投资头寸反映了特定时点上一个国家或地区对世界其他国家或地区拥有的金融资产与负债存量状况，这一存量的变化主要是由国际收支中的各种经济交易引起的，有时也可能是汇率、价格变化或其他调整引起的计价变化所造成的。

第二，国际收支反映的内容是以货币记录的交易。国际收支所包含的内容是以交易为基础的，而不以货币收支为基础，对于那些未涉及货币收支的交易需要折算成货币加以记录。所谓交易是指经济价值从一个单位向另一个单位转移，包括四类：(1) 交换，即一个交易者（经济体）向另一个交易者提供一定的经济价值并从对方得到价值相等的回报。这里所说的经济价值，包括实际资源（货物、服务、收入）和金融资产。(2) 转移，即一个交易者向另一个交易者提供了经济价值，但没有得到任何补偿。(3) 移居，即一个人把住所从一个经济体搬到另一个经济体的行为。他移居后，该个人原有的资产负债关系的转移会使两个经济体的对外资产、负债关系均发生变化，这一变化应记录在国际收支中。(4) 其他交易，如在某些情况下可以根据推论确定交易的存在，尽管没有发生实际流动，但也需要记录在一国的国际收支中。例如国外直接投资者收益的再投资便是一例。投资者的海外子公司所获得的收益，一部分是属于投资者个人的，如果这部分收益用于再投资，则必须在国际收支中反映出来，尽管这一行为并不涉及在两国间的资金与服务的流动。

第三，国际收支记录的经济交易必须是本国居民与非居民之间发生的经济交易。居民与非居民的划分是以居住地为标准的。在国际收支统计中，居民是指在一个国家的经济领土内具有经济利益的经济单位和自然人。在一国居住超过一年的法人和自然人均属于该国的居民，而不论该法人和自然人的注册地和国籍。但作为例外的是，一个国家的外交使节、驻外军事人员、出国留学生和出国就医者，即使在另一国居住一年以上，仍是本国居民，是居住国的非居民。此外，国际性机构（如 IMF 等）不是某一国的居民，而是任何一国的非居民。

中国自 2014 年 1 月 1 日起实施的《国际收支统计申报办法（修订版）》第三条规定：“本办法所称中国居民，是指：（一）在中国境内居留 1 年以上的自然人，外国及香港、澳门、台湾地区在境内的留学生、就医人员、外国驻华使馆领馆外籍工作人员及其家属除外；（二）中国短期出国人员（在境外居留时间不满 1 年）、在境外留学人员、就医人员及中国驻外使馆工作人员及其家属；（三）在中国境内依法成立的企业事业法人（含外商投资企业及外资金融机构）及境外法人的驻华机构（不含国际组织驻华机构、外国驻华使馆领馆）；（四）中国国家机关（含中国驻外使馆领馆）、团体、部队。”

第四，国际收支是一个事后的概念。定义中的“一定时期”一般是指过去的会计年度，显然是对已发生事实的记录。

**（二）国际收支理论**

国际收支理论为各国采取调节国际收支失衡的政策提供了重要的理论依据。最早的国际收支理论是 1752 年大卫·休谟（David Hume）提出的价格-铸币流动机制。随着世界经济格局的不断变化，以及货币本位制的不断演变，西方相继出现了一系列关于国际收支的理论。

1. 国际收支自动调节论

1752 年英国经济学家大卫·休谟在《论贸易平衡》一书中提出价格-铸币流动机制，认为在金本位制下，国际收支具有自动调节的机制。价格-铸币流动机制的基本内容如下：

价格-铸币流动机制认为，当一国国际收支出现逆差时，黄金流出本国，货币供给减少，导致国内物价水平下降，从而刺激出口、抑制进口，使国际收支渐趋改善，黄金流出放缓，直到国际收支平衡，黄金流出停止，国内货币供求和物价水平达到新的均衡。相反，当一国国际收支出现顺差时，黄金流入，货币供给增加，导致国内物价水平上涨，引起进口增加，出口减少，结果国际收支得到改善，黄金流入减缓，直到国际收支平衡，黄金流入停止，国内货币供求和物价水平达到新的均衡。这就是价格-铸币流动机制的基本内容。

价格-铸币流动机制如图 8-1 所示。

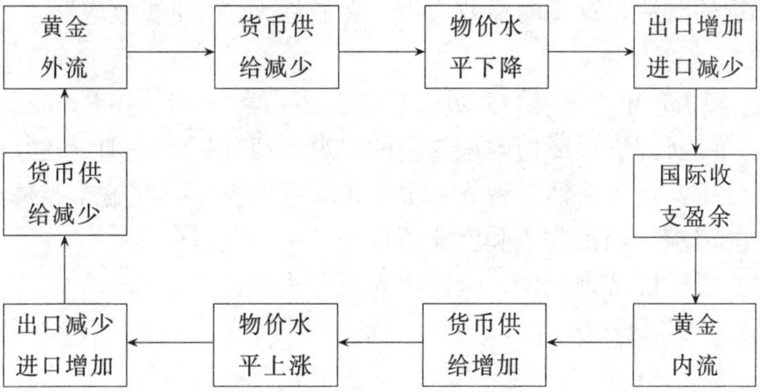


**图 8-1　价格-铸币流动机制**

休谟的在金本位制下自动平衡国际收支的理论否定了传统的重商主义认为只有维持贸易顺差，一国才能维持金银、财富积累的论断；同时也消除了各国对贸易逆差一定会发生黄金、财富永久性流失的恐惧。该理论反映了资本主义自由竞争时期市场价格竞争的规律，满足了各国政府制定对外经济政策的需要，可以说价格-铸币流动机制开创了系统研究国际收支调节的先河，为当代国际收支调节理论奠定了一定的基础。

2. 国际收支弹性分析理论

弹性分析理论产生于 20 世纪 30 年代，是一种适用于纸币流通制度的国际收支理论，由英国经济学家马歇尔提出，后经英国经济学家琼·罗宾逊（Joan Robinson）和美国经济学家勒纳（Lerner）等发展而形成。该理论把汇率水平的调整作为调节国际收支不平衡的基本手段，紧紧围绕进出口商品的供求弹性来探讨货币贬值改善国际收支的条件。

（1）前提条件。主要包括以下几个方面：其他条件不变，只考虑汇率变化对进出口商品的影响；贸易商品的供给完全有弹性，即贸易收支的变化完全取决于贸易商品的需求变化；不存在劳务进出口和资本流动，国际收支就等于贸易收支；收入水平不变从而进出口商品的需求就是这些商品及其替代品的价格水平的函数。

（2）理论内容。弹性分析理论主要研究货币贬值对贸易收支的影响。货币贬值具有促进出口、抑制进口的作用。贬值能否扬“出”抑“进”，进而改善一国的贸易收支，取决于供求弹性。所谓进出口商品的供求弹性，是指进出口商品的供求数量对进出口价格变化反映的程度。弹性大，进出口商品价格能在较大程度上影响进出口商品的供求数量；弹性小，对进出口商品供求数量的影响较小。为了使贬值有助于减少国际收支逆差，必须满足马歇尔-勒纳条件，即一国货币贬值后，只有在出口需求弹性与进口需求弹性之和大于 1 的条件下才会增加出口，减少进口，改善国际收支。

马歇尔-勒纳条件的内容是：出口需求弹性为 $D_x$，进口需求弹性为 $D_i$，当 $D_x+D_i>1$ 时，货币贬值有利于改善贸易收支；当 $D_x+D_i=1$ 时，货币贬值对贸易收支不发生作用；当 $D_x+D_i<1$ 时，货币贬值会使贸易收支逆差扩大。

弹性分析理论主要采用静态分析方法对货币贬值的国际收支效应进行论述，没有考虑到现实经济中时间因素对货币贬值的影响。一般而言，即使在马歇尔-勒纳条件成立的情况下，货币贬值也不会立即引起相对价格乃至贸易数量的变动，即并不能迅速改善国际收支，而是需要一定的时滞，这一时滞效应被学者们称为“J 曲线效应”。

3. 国际收支吸收分析法

吸收分析法是 1952 年由米德（Meade）和亚历山大（Alexander）提出，从国民收入和总需求的角度系统研究货币贬值政策效应的宏观均衡分析。该理论建立的基础是凯恩斯主义的宏观经济分析，把经济活动视为一个互相联系的整体。在这个整体中最重要的分析指标是总供给、总需求、国民收入和就业总量。

在凯恩斯主义宏观经济理论中，国民收入恒等式为：

$$Y=C+I+G+X-M$$

经移项整理后得：

$$X-M=Y-(C+I+G)$$

以 $B$ 代表国际收支经常账户差额，则有：

$$B = X - M = Y - (C + I + G)$$

由 $A$ 代表国内支出总额，即 $A = C + I + G$，亚历山大将其命名为“吸收”，则上式变为：

$$B = Y - A$$

结论：国际收支盈余是吸收相对于收入不足的表现，而国际收支赤字则是吸收相对于收入过大的结果。因此，一国国际收支状况可通过改变收入或吸收来调节。

## 二、国际收支平衡表

国际收支平衡表又称国际收支账户，是指将国际收支按照特定账户分类，根据一定的原则用会计方法编制出来的报表。具体地说，是指按照复式记账方法，以某一特定货币为计量单位，运用简明的表格形式总括地反映一个经济体（一般是指一个国家或地区）在特定时期内与世界其他经济体间发生的全部经济交易的统计报表。

从动态上讲，国际收支活动描述了一种经济现象，反映了一国在一定时期内全部对外往来的货币收付活动。就静态而言，国际收支描述了一国与他国之间货币收支的对比结果，把这种结果加以系统地记录，则形成了国际收支平衡表。国际收支侧重从动态的角度反映本国对外货币的收付活动，而国际收支平衡表则侧重从静态的角度反映这种货币收付活动的结果。

### （一）国际收支平衡表的概念和特点

国际收支平衡表是一个国家在一定时期内（一年、半年、一个季度或一个月）所有国际收支的系统记录，是运用会计原则、按照会计核算的借贷平衡方式编制，经过调整最终达到账面上收付平衡的统计报表。它有如下特点：

（1）国际收支平衡表是流量而不是存量的概念，它反映的是一定时期内一个经济体与世界其他经济体各项经济交易活动的发生额，而不是某一时点的持有额，因此它不是一个国家的资产负债表。

（2）国际收支平衡表按照“有借必有贷，借贷必相等”的复式簿记原理编制，每一笔经济交易同时进行借方记录和贷方记录，贷方科目以正号（＋）表示，借方科目以负号（－）表示。记入贷方科目的是：表示出口的实际资源（货物、服务和收入）和反映一国经济体对外资产减少或对外负债增加的金融项目。记入借方科目的是：表示进口的实际资源和反映一国经济体的对外资产增加或对外负债减少的金融项目。少数价值单方面转移的活动只有一方记录项目，就要设立专门的对应账户，如“无偿转移”和“对应项目”。由于在编制方法上设置了“储备资产变动”和“错误与遗漏”两个项目，从原则上讲国际收支平衡表的借方和贷方总额永远相等，其净差额为零。

（3）从理论上讲，一国的对外支出就是其他相关国家得自该国的收入，反之也成立，因此就整个世界市场来说，所有国家国际收支综合应该是平衡的。

### （二）国际收支平衡表的内容

按照特定账户分类，国际收支账户可分为四大类：经常账户、资本与金融账户、储备资产账户、错误与遗漏账户。

1. 经常账户

经常账户（current account）是指对实际资源在国家间的流动行为进行记录的账户，

它包括以下项目：货物、服务、收入和经常转移。

（1）货物。货物有 5 种类型：一般商品、用于加工的货物、货物修理、各种运输工具在港口购买的货物和非货币黄金。根据国际收支的一般原则，所有权的变更是决定国际货物交易的范围和记载时间的原则。货物的出口和进口应在货物的所有权从居民转移到非居民时记录下来。一般来说，货物按边境的离岸价计价。

（2）服务。服务是经常账户的第二个大项目，相对于货物的有形贸易来说，服务贸易属于无形贸易。它共有 11 种类型：运输、旅游、通信服务、建筑服务、保险服务、金融服务、计算机和信息服务、专有权利使用费和特许费、其他商业服务、有关个人服务及文化和娱乐服务、别处未提及的政府服务。

（3）收入。收入包括居民和非居民之间的两大类交易：一是职工报酬；二是投资收入。职工报酬包括个人在非居民经济体为该经济体居民工作而得到的现金或实物形式的工资、薪水和福利。投资收入包括有关直接投资、证券投资和其他投资的收入和支出以及储备资产的收入。最常见的投资收入是股本收入（红利）和债务收入（利息）。应注意的是，资本损益是不作为投资收入记载的，所有由交易引起的现已实现的资本损益都包括在金融账户下。将收入作为经常账户的独立组成部分，这种处理方法与国民账户体系保持一致，加强了收入与金融账户流量、收入与国际收支和国际投资头寸之间的联系，提高了国际收支账户的分析价值。

（4）经常转移。经常转移用来记载居民与非居民之间不涉及经济价值回报的实际资源或金融产品的所有权变更，不管这种变更是自愿的还是非自愿的。经常转移不同于资本转移，资本转移列在资本和金融账户下。经常转移包括所有非资本转移，它直接影响可支配收入的水平，进而影响货物和服务的消费。经常转移分为两大类：各级政府转移和其他部门转移。其中，各级政府转移包括不同经济体政府间的国际合作或政府与国际组织间的合作，如政府间的经济援助、捐赠、战争赔偿以及国际组织作为一项政策向各国政府定期提供的转移等；其他部门转移包括个人之间、非政府机构之间或团体之间（或这两类组织之间）的转移，如侨汇、继承、捐赠、资助性汇款等。

2. 资本与金融账户

资本与金融账户（capital and financial account）记录的是资产所有权在国家间的流动。贷方记录的是资本的流入，借方记录的是资本的流出。与经常账户不同的是，资本和金融账户的各个科目不是按照借方发生总额和贷方发生总额来记录的，而是按照借方净额或者贷方净额来记录的。

资本与金融账户由资本账户和金融账户两大部分组成。这一账户中的资产表示对非居民的债权，负债表示对非居民的债务。资产和负债交易的双方通常一方为居民，另一方为非居民，但在一些情况下，交易的双方可能都是居民或非居民。

（1）资本账户（capital account），它反映资产在居民与非居民之间的转移。资产从居民向非居民转移，会增加居民对非居民的债权，或减少居民对非居民的债务；资产从非居民向居民转移，则会增加居民对非居民的债务，或减少居民对非居民的债权。因此这个账户表明本国在一定时期内资产与负债的增减变化。

同经常账户以借方总额和贷方总额的记录方法不同，资本账户是按净额（net

account，即借贷差额）来记入借方与贷方的。资本项目包括两部分：一是资本转移，主要是投资捐赠和债务注销。投资捐赠可以是实物形式，也可以是现金形式；债务注销是指债权人放弃债权，而未得到任何回报。二是非生产、非金融资产的收买与出售，包括不是由生产创造出来的有形资产（如土地和自然资源）和无形资产（如专利、版权、商标经销权等）的收买与出售。关于无形资产，经常账户中服务项目下记录的是无形资产运用所引起的收支，而在资本账户下记录的是无形资产所有权的买卖所引起的收支。

（2）金融账户（financial account），包括引起一个经济体对外资产和负债所有权变更的所有权交易。根据投资类型或功能，金融账户可以分为直接投资、证券投资、其他投资三类。其中，直接投资是指直接投资者对在国外投资的企业拥有10%（含10%）以上的普通股或投票权，从而拥有对该企业的管理权。直接投资项目下包括股本资本、用于再投资的收益及其他资本。证券投资是指跨越国界的股本证券和债务证券的投资。股本证券包括股票、参股或其他类似文件（如美国的存托凭证）。① 债务证券包括：一是长期证券、中期证券、无抵押品的公司证券；二是货币市场工具，或称可转让的债务工具，如国库券、商业票据、银行承兑汇票、可转让大额存单等；三是衍生金融工具，如各种金融期货、期权等。其他投资是一个剩余项目，它包括所有直接投资、证券投资之外的金融交易。

3. 储备资产账户

这是指中央银行拥有的对外资产，包括外汇、货币黄金、在国际货币基金组织的储备头寸等。

（1）外汇：指中央银行持有的可用作国际清偿的流动性资产和债权。

（2）货币黄金：指我国中央银行作为储备持有的黄金。

（3）在国际货币基金组织的储备头寸：指在国际货币基金组织普通账户中成员方可自由提取使用的资产。

国际储备是指各国政府为了弥补国际收支赤字，保持汇率稳定，以及应付其他紧急支付的需要而持有的国家间普遍接受的所有流动资产的总称。作为国际储备资产，一般必须同时满足三个条件：1）一国金融当局必须具有无条件地获得这类资产的能力；2）该资产必须具备高度的流动性；3）该资产必须得到国家的普遍接受。

国际储备主要由四种形式的资产构成：

1）外汇储备：指一国货币当局持有的以国际货币表示的流动资产，主要采取国外银行存款和外国政府债券等形式。

2）黄金储备：指一国货币当局持有的货币性黄金。在国际金本位制度下，黄金储备是国际储备的典型形式。

3）特别提款权：是国际货币基金组织于1969年创设的一种账面资产，并按一定比例分配给成员方，用于成员方政府之间的国际结算，并允许成员方用它换取可兑换货币进行国际支付。

4）国际货币基金组织的储备头寸。

---

① 存托凭证，又称存股凭证或存券凭证，是一种可以流通转让的、代表投资者对境外证券所有权的证书。

国际储备的作用：1）适度缓解国际收支不平衡对本国经济的冲击；2）维持本国货币汇率的稳定；3）充当本国对外借债的基本保证；4）影响货币发行量。

4. 错误与遗漏账户

国际收支账户运用的是复式记账法，因此账户的借方和贷方总额应相等。但是由于不同账户的统计资料来源不一，记录时间不同，以及一些人为因素，结账时可能会出现净借方或贷方余额，这时就需要人为设立一个抵销账户，数目与上述余额相等而方向相反。可以说错误与遗漏账户就是这样一种抵销账户。

上述账户参见表 8-1。

**表 8-1　　国际收支平衡表：标准组成部分**

| | 贷方 | 借方 |
|---|---|---|
| Ⅰ. 经常账户 | | |
| A. 货物和服务 | | |
| a. 货物 | | |
| 1. 一般商品 | | |
| 2. 用于加工的货物 | | |
| 3. 货物修理 | | |
| 4. 各种运输工具在港口购买的货物 | | |
| 5. 非货币黄金 | | |
| b. 服务 | | |
| 1. 运输 | | |
| 2. 旅游 | | |
| 3. 通信服务 | | |
| 4. 建筑服务 | | |
| 5. 保险服务 | | |
| 6. 金融服务 | | |
| 7. 计算机和信息服务 | | |
| 8. 专有权利使用费和特许费 | | |
| 9. 其他商业服务 | | |
| 10. 有关个人服务及文化和娱乐服务 | | |
| 11. 别处未提及的政府服务 | | |
| B. 收入 | | |
| a. 职工报酬 | | |
| b. 投资收入 | | |
| 1. 直接投资 | | |
| 2. 证券投资 | | |
| 3. 其他投资 | | |
| C. 经常转移 | | |
| a. 各级政府 | | |
| b. 其他部门 | | |
| 1. 工人的汇款 | | |
| 2. 其他转移 | | |

续前表

| | 贷方 | 借方 |
|---|---|---|
| Ⅱ. 资本与金融账户 | | |
| A. 资本账户 | | |
| a. 资本转移 | | |
| 1. 各级政府 | | |
| 2. 其他部门 | | |
| b. 非生产、非金融资产的收买/放弃 | | |
| B. 金融账户 | | |
| a. 直接投资 | | |
| 1. 国外 | | |
| 2. 在报告经济体 | | |
| b. 证券投资 | | |
| 1. 资产 | | |
| 2. 负债 | | |
| c. 其他投资 | | |
| 1. 资产 | | |
| 2. 负债 | | |
| Ⅲ. 错误与遗漏账户 | | |
| Ⅳ. 储备资产 | | |
| A. 货币黄金 | | |
| B. 特别提款权 | | |
| C. 在国际货币基金组织的储备头寸 | | |
| D. 外汇 | | |
| a. 货币和存款 | | |
| 1. 货币当局 | | |
| 2. 银行 | | |
| b. 有价证券 | | |
| 1. 股本证券 | | |
| 2. （中）长期债权 | | |
| 3. 货币市场工具和衍生金融工具 | | |
| E. 其他债权 | | |

资料来源：国际货币基金组织．国际收支手册（第五版）．北京：中国金融出版社，1996.

## ☞专栏 8-1

**我国国际收支平衡表（2015 年度）** 单位：亿美元

| 项目 | 金额 | 项目 | 金额 |
|---|---|---|---|
| 1. 经常账户 | 3 042 | 2. 资本与金融账户 | −912 |
| 贷方 | 26 193 | 2.1 资本账户 | 3 |
| 借方 | −23 151 | 贷方 | 5 |
| 1.A 货物和服务 | 3 580 | 借方 | −2 |
| 贷方 | 23 602 | 2.2 金融账户 | −915 |
| 借方 | −20 022 | 资产 | 95 |

续前表

| 项目 | 金额 | 项目 | 金额 |
|---|---|---|---|
| 1.A.a　货物 | 5 762 | 负债 | －1 010 |
| 贷方 | 21 428 | 2.2.1　非储备性质的金融账户 | －4 344 |
| 借方 | －15 666 | 资产 | －3 334 |
| 1.A.b　服务 | －2 182 | 负债 | －1 010 |
| 贷方 | 2 174 | 2.2.1.1　直接投资 | 681 |
| 借方 | －4 356 | 2.2.1.1.1　资产 | －1 744 |
| 1.A.b.1　加工服务 | 202 | 2.2.1.1.1.1　股权 | －1 039 |
| 贷方 | 204 | 2.2.1.1.1.2　关联企业债务 | －705 |
| 借方 | －2 | 2.2.1.1.2　负债 | 2 425 |
| 1.A.b.2　维护和维修服务 | 23 | 2.2.1.1.2.1　股权 | 2 118 |
| 贷方 | 36 | 2.2.1.1.2.2　关联企业债务 | 307 |
| 借方 | －13 | 2.2.1.2　证券投资 | －663 |
| 1.A.b.3　运输 | －467 | 2.2.1.2.1　资产 | －731 |
| 贷方 | 386 | 2.2.1.2.1.1　股权 | －396 |
| 借方 | －853 | 2.2.1.2.1.2　债券 | －335 |
| 1.A.b.4　旅行 | －2 048 | 2.2.1.2.2　负债 | 68 |
| 贷方 | 450 | 2.2.1.2.2.1　股权 | 150 |
| 借方 | －2 498 | 2.2.1.2.2.2　债券 | －82 |
| 1.A.b.5　建设 | 65 | 2.2.1.3　金融衍生工具 | －21 |
| 贷方 | 167 | 2.2.1.3.1　资产 | －34 |
| 借方 | －102 | 2.2.1.3.2　负债 | 13 |
| 1.A.b.6　保险和养老金服务 | －38 | 2.2.1.4　其他投资 | －4 341 |
| 贷方 | 50 | 2.2.1.4.1　资产 | －825 |
| 借方 | －88 | 2.2.1.4.1.1　其他股权 | 0 |
| 1.A.b.7　金融服务 | －3 | 2.2.1.4.1.2　货币和存款 | －550 |
| 贷方 | 23 | 2.2.1.4.1.3　贷款 | －475 |
| 借方 | －26 | 2.2.1.4.1.4　保险和养老金 | －32 |
| 1.A.b.8　知识产权使用费 | －209 | 2.2.1.4.1.5　贸易信贷 | －460 |
| 贷方 | 11 | 2.2.1.4.1.6　其他 | 692 |
| 借方 | －220 | 2.2.1.4.2　负债 | －3 516 |
| 1.A.b.9　电信、计算机和信息服务 | 131 | 2.2.1.4.2.1　其他股权 | 0 |
| 贷方 | 245 | 2.2.1.4.2.2　货币和存款 | －1 226 |
| 借方 | －114 | 2.2.1.4.2.3　贷款 | －1 667 |
| 1.A.b.10　其他商业服务 | 189 | 2.2.1.4.2.4　保险和养老金 | 24 |
| 贷方 | 584 | 2.2.1.4.2.5　贸易信贷 | －623 |
| 借方 | －395 | 2.2.1.4.2.6　其他 | －24 |
| 1.A.b.11　个人、文化和娱乐服务 | －12 | 2.2.1.4.2.7　特别提款权 | 0 |
| 贷方 | 7 | 2.2.2　储备资产 | 3 429 |
| 借方 | －19 | 2.2.2.1　货币黄金 | — |
| 1.A.b.12　别处未提及的政府服务 | －15 | 2.2.2.2　特别提款权 | －3 |
| 贷方 | 11 | 2.2.2.3　在国际货币基金组织的储备头寸 | 9 |

续前表

| 项目 | 金额 | 项目 | 金额 |
| --- | --- | --- | --- |
| 借方 | −26 | 2.2.2.4　外汇储备 | 3 423 |
| 1.B　初次收入 | −411 | 2.2.2.5　其他储备资产 | — |
| 贷方 | 2 232 | 3. 净误差与遗漏 | −2 130 |
| 借方 | −2 643 | | |
| 1.B.1　雇员报酬 | 274 | | |
| 贷方 | 331 | | |
| 借方 | −57 | | |
| 1.B.2　投资收益 | −691 | | |
| 贷方 | 1 893 | | |
| 借方 | −2 584 | | |
| 1.B.3　其他初次收入 | 6 | | |
| 贷方 | 8 | | |
| 借方 | −2 | | |
| 1.C　二次收入 | −126 | | |
| 贷方 | 359 | | |
| 借方 | −486 | | |

资料来源：国家外汇管理局（2015 年国际收支平衡表项目与《国际收支和国际投资头寸手册》保持一致）。

### （三）国际收支平衡表的编制原则

1. 复式记账原理

每一笔交易都在借方和贷方项目同时反映。借方表示资产和支出的增加与负债的减少，贷方表示资产的减少及负债和收入的增加。凡是有利于国际收支顺差增加或逆差减少的资金来源增加或资金占用减少均记入贷方，凡是有利于国际收支逆差增加或顺差减少的资金占用增加或资金来源减少均记入借方。

记入借方的项目包括：反映进口实际资源的经常项目，以及反映资产增加或负债减少的金融项目。具体包括进口商品、接受服务、向非居民支付和向非居民单方面转移；本国居民获得外国资产、偿还对外国非居民债务；官方储备增加。

记入贷方的项目包括：表明出口实际资源的经常项目，以及反映资产减少或负债增加的金融项目。具体包括出口商品、提供服务、取得收入和收到非居民单方面转移资产；非居民获得本国资产、对本国进行投资、偿还本国居民债务；官方储备减少。

2. 权责发生制

权责发生制是指交易的记录时间以所有权的转移为标准。

3. 按照市场价格记录

按照市场价格记录是指国际收支平衡表中的价格要按照成交时的市场价格来计算。

4. 所有记账单位需要折合为同一种货币

既可以是本币，也可以是外币，例如我国的国际收支平衡表的记账货币是美元。

☞专栏 8-2

**借贷实例**

对于一项会计活动，借贷应该如何记录，我们来看下面的实例。

(1) 进口商品属于借方项目，出口商品属于贷方项目；

(2) 非居民为本国居民提供劳务或从本国取得收入，属于借方项目，本国居民为非居民提供劳务或从外国取得的收入，属于贷方项目；

(3) 本国居民对非居民的单方面转移，属于借方项目，本国居民收到的国外的单方面转移，属于贷方项目；

(4) 本国居民获得外国资产属于借方项目，外国居民获得本国资产或对本国投资，属于贷方项目；

(5) 本国居民偿还非居民债务属于借方项目，非居民偿还本国居民债务属于贷方项目；

(6) 官方储备增加属于借方项目，官方储备减少属于贷方项目。

**【例 1】** A 国企业出口价值 500 万美元的商品，这个出口行为导致该企业在本国银行的外汇存款增加。

借：短期资本流动　　500 万美元

　贷：商品出口　　500 万美元

**【例 2】** A 国一企业从海外进口一批物资，价值为 180 万美元，从其海外账户中支付。

借：商品进口　　180 万美元

　贷：短期资本流动　　180 万美元

**【例 3】** A 国一居民到海外旅游，花销 10 万美元，这笔费用从该居民的海外存款账户中扣除。

借：服务进口　　10 万美元

　贷：短期资本流动　　10 万美元

**【例 4】** A 国石油进口商租用 B 国经营的一艘油轮，支付 30 万美元，用海外存款支付。

借：运输支出　　30 万美元

　贷：短期资本流动　　30 万美元

**【例 5】** 外商拟投入 2 000 万美元进入 A 国投资兴办一家合资企业，所占股份为 15%。其中以设备的方式投入 1 200 万美元，另外 800 万美元以汇款的方式投资。

借：商品进口　　1 200 万美元

　　对外国的短期负债　　800 万美元

　贷：外国长期资本流入　　2 000 万美元

**【例 6】** A 国某企业在海外投资所得利润 200 万美元，其中 150 万美元用于当地的再投资，16 万美元购买当地的商品后运回国内，34 万美元汇回国内办理结汇。

借：商品进口　　16 万美元

　　官方储备　　34 万美元

　　对外长期投资　　150 万美元

贷：海外投资利润收入　　200 万美元

## 三、国际收支平衡表的分析

分析国际收支平衡表的目的是判断一国的国际收支状况，分析国际收支失衡的原因，为制定经济政策提供参考，预测汇率和利率走向以及预测该国的经济政策、经济发展趋势和资金流向。要对国际收支平衡表进行正确分析，必须要了解相关的基本概念并掌握分析方法。

### (一) 国际收支的平衡

国际收支的平衡按照不同的分类可以划分成静态平衡与动态平衡，自主平衡与被动平衡。

1. 静态平衡与动态平衡

静态平衡：一国在一年的年末，国际收支不存在顺差也不存在逆差。

动态平衡：不强调一年的国际收支平衡，而是以经济实际运行可能实现的计划期为平衡周期，保持计划期内的国际收支平衡。

2. 自主平衡与被动平衡

自主平衡是指由自主性交易即基于商业动机和为追求利润或其他利益而独立发生的交易实现的收支平衡。

被动平衡是指通过补偿性交易即一国货币当局为弥补自主性交易的不平衡而采取调节性交易而达到的收支平衡。

判断一国国际收支是否平衡的标准是看自主性交易是否平衡。国际收支不平衡分为国际收支顺差与逆差两种情况。

国际收支顺差：总收入大于总支出。

国际收支逆差：总支出大于总收入。

当国际收支不平衡时，要通过官方储备项目的调整来实现平衡。

### (二) 国际收支的几种差额

根据分析和所关注问题的不同，国际收支状况可以用不同的项目差额来表示，这些差额主要有贸易账户差额、经常账户差额、资本与金融账户差额、总差额。

$$\begin{aligned}\text{总差额} &= \text{经常账户差额} + \text{资本与金融账户差额} + \text{错误与遗漏账户} \\ &= \left(\begin{matrix}\text{贸易账}\\\text{户差额}\end{matrix} + \begin{matrix}\text{收入}\\\text{差额}\end{matrix} + \begin{matrix}\text{经常转}\\\text{移差额}\end{matrix}\right) + \begin{matrix}\text{资本与金融}\\\text{账户差额}\end{matrix} + \begin{matrix}\text{错误与}\\\text{遗漏账户}\end{matrix}\end{aligned}$$

### （三）国际收支平衡表的分析

| 分析目的 | 分析内容 |
| --- | --- |
| 判断该国国际收支状况 | 分析各个项目和内容，尤其是经常项目和资本项目 |
| 分析国际收支失衡原因 | 分析局部差额和总差额关系 |
| 制定经济政策 | 比较分析不同国家的国际收支 |
| 预测汇率、利率走向 | 连续分析一国不同时期的国际收支 |
| 预测该国经济政策、经济发展趋势、资金流向 | |

对国际收支平衡表的分析有静态分析、动态分析和对比分析。

1. 静态分析

静态分析是分析某国在某一时期（一年、一个季度或一个月）的国际收支平衡表。具体地讲是计算和分析表中各个项目及其差额，分析各个项目差额形成的原因与对国际收支总差额的影响。

2. 动态分析

国际收支平衡表虽只反映某一特定时期的情况，但应看到它绝不是孤立存在的，而是与以前或以后的发展过程紧密相连的。可以说，它既是前一时期演变的结果，又是后一时期状况的原因。因此，要研究一国的国际经济地位、国际金融状况，必须遵循动态性原则，连续分析不同时期的国际收支平衡表，掌握其长期变化情况。只有这样，才能得出比较正确的结论。

3. 对比分析

对比分析既包括对一国若干连续时期的国际收支平衡表进行比较分析，也包括对不同国家在相同时期的国际收支平衡表进行比较分析。后一种比较分析较为困难，因为各国的国际收支平衡表在项目的分类与局部差额的统计上不尽相同。利用联合国或国际货币基金组织的资料有助于克服这一困难，因为这两个机构公布的若干重要资料都是经过重新整理后编制的，可以互相比较。

☞专栏 8-3

**2016 年我国国际收支分析**

自 2015 年以来，我国国际收支已经由过去的“经常项目与金融项目双顺差”格局过渡到了“经常项目顺差、金融项目逆差”的一顺一逆格局。数据显示，2016 年我国国际收支继续呈现“一顺一逆”，即经常项目顺差、资本与金融项目（不含储备资产，下同）逆差。但是，其中资本与金融项目逆差规模会有所收窄，跨境资金流动总体将朝着均衡收敛。

从数据上看，2016 年我国经常项目顺差 2 104 亿美元，占 GDP 的比例为 1.9%。其中，货物贸易顺差 4 852 亿美元，虽然较 2015 年的历史高位下降了 14%，但仍显著高于 2014 年度及以前各年度水平，显示我国对外贸易仍具有较强的竞争力。服务贸易逆差 2 423 亿美元，增长 33%，主要是旅行项目的逆差增长，反映出随着我国经济发展和国民收入提高，更多国人走出国门旅游、留学，享受全球化及相关政策不断开放带来的便利。

经过 2016 年全年的人民币贬值，我国经常项目顺差并没有扩大。但这并非人民币贬值未发挥效用，而是因为受到来自经济周期变动以及经济结构变化的更大影响。如我国内需的增长与外需的回落使 2015 年衰退型顺差效应在 2016 年减弱，以及进口、出口价格的不同走势都使货物贸易顺差下降。此外，居民出国旅游与留学的需求仍在增长，加大了服务贸易逆差。

但是，人民币贬值对资本与金融项目的影响则呈现出两个相反的效应。一方面，在贬值初期，贬值预期会加大资本流出的规模；另一方面，随着贬值既成事实，贬值压力的减小又会缓解资本流出。从 2016 年全年的情况看，我国的资本流出情况已出现好转迹象，如第四季度直接投资转为顺差，以及居民购汇和企业美元负债意愿下降等。整体来看，不考虑净误差与遗漏，资本和金融项目的逆差较 2015 年有所减小。

## 四、国际收支失衡的分析

### （一）国际收支失衡的影响

1. 国际收支长期性逆差的后果

如果一国的国际收支长期出现逆差，导致的后果有：使本币面临贬值的压力，影响一国的信用，容易使该国陷入经济危机的陷阱，并诱发资金外流。用流程图来表示为：

赤字→外汇储备大量流失、失业增加→国际竞争力下降

资本流出>资本流入→外汇汇率上升，本币汇率下跌→国内经济衰退

2. 国际收支出现长期或巨额顺差的影响

如果一国持续出现巨额顺差，同样也会为该国经济带来不良影响：货币发行量增加，通货膨胀的压力加大；加大本币升值的压力；容易引起相关国家之间的贸易摩擦。用流程图来表示为：

顺差→本国国际储备增加，物价水平上升，通货膨胀加剧→影响国际经济关系

### （二）国际收支失衡的调节

当一国出现国际收支失衡时，其自身首先会进行自动调节，作用机制有以下几种。

1. 在金本位制下的自动调节机制

在金本位制下，国际收支自动调节机制是通过物价-现金流动机制来实现的，其过程如下：

逆差→黄金外流→货币供给减少→物价下跌→出口增加→走向顺差→黄金内流

2. 在纸币本位制下的自动调节机制

（1）价格机制。

国际收支逆差（顺差）→国际储备减少（增加）→货币供给减少（增加）→价格下降

（上升）→进口减少（增加），出口增加（减少）→国际收支恢复平衡

（2）利率机制。

国际收支逆差（顺差）→国际储备减少（增加）→货币供给减少（增加）→利率上升（下降）→资本流入增加（减少）→资本与金融账户顺差（逆差）→国际收支恢复平衡

（3）收入机制。

国际收支逆差（顺差）→国际储备减少（增加）→货币供给减少（增加）→现金余额下降（增加）→支出水平下降（上升）→进口减少（增加）→国际收支恢复平衡

（4）汇率机制。

国际收支逆差（顺差）→本币贬值（升值）→汇率上升（下降）→进口减少（增加），出口增加（减少）→国际收支恢复平衡

当国际收支长期出现较大程度的失衡，且自动调节机制无法完全弥补这种失衡时，就要采取人为的政策来进行调节。国际收支调节措施可以用图 8-2 来表示。

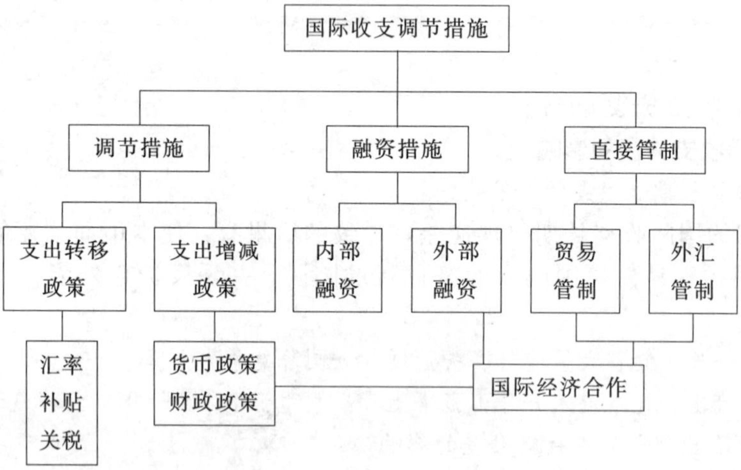


**图 8-2　国际收支调节措施**

具体来说有以下几种调节政策：

第一，财政政策。财政政策所采用的手段是：调整财政支出和税收，使国际收支趋于平衡。

当一国国际收支因进口大于出口而发生贸易逆差时，政府可削减财政开支或提高税率使得通货紧缩，迫使物价下降从而有利于出口，不利于进口，逐步消灭国际收支的逆差。顺差则相反。

财政政策还通过出口退税、进口加税和财政补贴等办法达到调节进出口的目的。

第二，货币政策。调节国际收支的货币政策手段有：再贴现政策、存款准备金政策和公开市场业务政策。国际收支失衡的调节政策见表 8-2。

表 8-2　　国际收支失衡的调节政策

| 外部失衡 | 内部失衡 | |
|---|---|---|
| | 失业 | 通货膨胀 |
| 逆差 | 紧缩性货币政策→减少国际收支逆差<br>扩张性财政政策→降低失业率 | 紧缩性货币政策→减少国际收支逆差<br>紧缩性财政政策→降低通货膨胀率 |
| 顺差 | 扩张性货币政策→减少国际收支顺差<br>扩张性财政政策→降低失业率 | 扩张性货币政策→减少国际收支顺差<br>紧缩性财政政策→降低通货膨胀率 |

第三，汇率政策。当一国发生国际收支逆差时，可实行货币贬值的政策，达到改善国际收支的目的。如果一国发生国际收支顺差，则可用货币升值的办法解决。

但是一国要采用货币贬值手段改善贸易收支，存在必要的前提条件（马歇尔-勒纳条件）：在进出口商品的供给弹性无穷大的情况下，只要一国进出口商品的需求弹性之和大于 1，本国货币贬值就能改善该国的国际收支（贸易收支）状况。

第四，直接管制。一国的政府机构以行政命令的办法直接干预外汇的自由买卖和对外贸易的自由输出入，以达到调节国际收支的目的。

第五，国际经济合作。加强国际清算制度以及国际信贷合作成为平衡国际收支的一种手段。

第六，外汇平准基金。各国用来干预外汇市场的储备基金为外汇平准基金，它由黄金、外汇和本国货币构成。当外汇汇率上升，超出政府限额的目标区间时，就可通过在市场上抛出储备购入本币缓和外币升值；反之，当本币升值过快时，就可通过在市场上购入储备放出本币的方式增加本币供给，抑制本币升值。

通过市场操作可以尽力保持汇率稳定，但如果一国的经济力量不够强大，平准基金不够充裕，外汇市场的动荡冲击又十分剧烈，则其对国际收支的调节作用有限。

### ☞专栏 8-4

#### 2016 年我国的国际收支是否严重失衡？

2016 年，我国经常项目顺差 13 950 亿元人民币，资本与金融项目逆差 3 183亿元人民币，其中，非储备性质的金融项目逆差 32 780 亿元人民币，储备资产减少 29 620 亿元人民币。同时，我国的人民币汇率在 2016 年波动明显。在资本项目中，资本流动受汇率预期的影响比较大，但也受到很多可以自我实现的投机因素影响。随着人民币汇率趋向均衡点，理性预期会逐渐占据主流。

从基本面因素来看，决定人民币汇率走势的主要是经常项目，资本项目虽然也可能在短期影响汇率走势，但其在某些程度上受预期、心理因素影响，波动性比较大。总体上看，国际国内外汇市场上看空人民币的力量近来已大幅减弱。

目前，我国国际收支有以下特点：一是在 2002—2014 年国际收支盈余的积累过程中人民币渐进式升值，到2014年下半年人民币升值出现一定的过冲现象，但幅度不大，人民币对美元汇率曾达到6.05的高点，此后回落，截至2017年年初已回调13%左右，调整幅度已不少。二是从国际收支平衡状态来看，当前我国货物贸易仍存在较大顺差，服务贸易有些逆差，经常项目总体保持较大顺差，国际收支状况整体良好。总的来看，当前我国国际收支不属于严重失衡，也不能得出人民币会经历巨大调整的结论。

## 第二节 外汇及汇率

### 一、外汇

#### (一) 外汇的定义

1. 动态的定义

外汇是指经过银行等金融机构把一国货币兑换成另一国货币的一种行为或活动，即通过这种行为或活动以清偿国际债权和债务关系。

2. 广义的静态的定义

外汇是指以外国货币表示的、在国际上可以自由兑换且能被各国接受与使用的一系列金融资产。这些金融资产可用于充当国际收支手段、外汇市场干预手段和国际储备手段等，充分发挥外汇的多功能作用。

广义的静态外汇具有三个明显特点或质的规定性，即外币性、可兑换性和普遍性。外币性是指外汇首先是货币且必须以外国货币来表示，这是外汇的基本特点。可兑换性是指一种外币要成为外汇必须能自由兑换成其他形式的资产或支付手段。普遍性是指一种外币要成为外汇，必须被各国普遍接受与运用。

3. IMF对外汇的定义

外汇是货币行政当局（中央银行、货币管理机构、外汇平准基金组织及财政部）以银行存款、国库券、长短期政府债券等形式所保有的在国际收支逆差时可以使用的债权，其中包括由于中央银行间及政府间协议而发行的在市场上不流通的债券，而不管它是以债务国货币还是以债权国货币表示。

4. 中国对外汇的定义

按照1996年通过并于2008年8月修订的《中华人民共和国外汇管理条例》的定义，外汇是指以下以外币表示的可以用于国际清偿的支付手段和资产，具体包括：

（1）外币现钞，包括纸币、铸币。

（2）外币支付凭证或者支付工具，包括票据、银行存款凭证、邮政储蓄凭证等。

（3）外币有价证券，包括政府债券、公司债券、股票等。

（4）特别提款权、欧洲货币单位。

（5）其他外汇资产。

☞专栏 8-5

## 与外汇有关的几个重要概念

1. 外国货币：就一个国家而言，除了本国法定货币外，其他国家的货币均称为外国货币。应该注意的是，本国货币不管其可否自由兑换，对本国境内人来说，均不能算作外国货币或外钞、外汇。例如，美元对于美国人来说，即使用于对外支付，仍不能算作外钞或外币。

2. 通用货币：一种外国货币是可自由兑换的货币，且被世界各国在经济往来中广泛接受并运用，这种外国货币就称为通用货币。典型的通用货币是美元，目前美元在全球外汇储备中约占60%，全球一半以上的私人财富用美元来表示，2/3 的世界贸易用美元来结算。

3. 世界货币：在世界范围内流通的自由兑换货币。一种货币要成为世界货币必须具备两个基本条件：一是排他性，即在统一的国际货币体系中，它是唯一可充当各种手段的货币；二是它可以作为最后的国际支付手段。世界货币必须可充当国际支付手段、储备手段和干预手段，是典型的外汇资产。

4. 黄金：黄金已不是外汇，但黄金迄今为止仍保持着充当最终支付手段的特点。

外汇的主要作用：

（1）节约流通费用，便利国际结算。

（2）实现购买力在国家间的转移。

（3）调节国家间资金供求的不平衡。

（4）作为国际储备平衡各国的国际收支。

（5）促进国际贸易与资本流动的迅速发展。

（6）作为衡量一国经济实力和经济地位的标准。

5. SDR：特别提款权，亦称“纸黄金”，最早发行于 1969 年，是国际货币基金组织根据成员认缴的份额分配的，可用于偿还国际货币基金组织债务、弥补成员政府之间国际收支逆差的一种账面资产。其价值目前由美元、欧元、人民币、日元和英镑组成的一篮子储备货币决定。成员在发生国际收支逆差时，可用它向国际货币基金组织指定的其他成员换取外汇，以偿付国际收支逆差或偿还国际货币基金组织的贷款，还可与黄金、自由兑换货币一样充当国际储备。因为它是国际货币基金组织原有的普通提款权以外的一种补充，所以称为特别提款权。

2015 年 11 月 30 日，国际货币基金组织正式宣布人民币于 2016 年 10 月 1 日加入 SDR。所以，自 2016 年 10 月 1 日起，特别提款权的价值由美元、欧元、人民币、日元、英镑这五种货币所构成的一篮子货币的当期汇率确定，其所占权重分别为 41.73%、30.93%、10.92%、8.33%和 8.09%。

### （二）外汇的价值形态

1. 外币存款

外币存款包括外汇现钞存款和现汇存款。外币现钞存款是指境内居民个人持有的外币现钞存入境内商业银行的存款；现汇存款是指境外汇入外汇或携入的外汇票据转存境内商业银行的存款。

2. 外币支付凭证

外币支付凭证是指以可兑换货币表示的各种信用工具。包括：

（1）汇票：指由出票人签发的，要求付款人按照约定的期限对指定的收款人或持票人无条件支付一定金额的书面命令。它通常由债权人开出，如出口商、债权银行等。涉及的当事人包括出票人、付款人、收款人和承兑人。

（2）本票：指由出票人本人付款的票据，即通过签发本票，出票人保证即期、定期或在可确定的将来向收款人支付一定金额的书面命令。凡定有期限的本票，称为期票。涉及的当事人为出票人与收款人。

（3）支票：指以银行为付款人的即期汇票，是银行存款人对银行签发的，授权银行对某人或其指定人或持票人即期无条件支付一定金额的书面命令。支票对于出票人来说，是债务凭证，对于持票人来说是债权凭证。

（4）信用卡：指银行或专门的机构发给具有一定信用的顾客，用以提款或购买商品及办理其他事务，以避免大量携带现金的一种支付工具。

☞**专栏 8-6**

**我国外汇储备情况**

外汇储备是一个国家货币当局所持有的用于弥补国际收支赤字，以维持本国货币汇率稳定的国际普遍接受的外国货币，外汇储备是国际储备的一部分。国际储备包括外汇储备、黄金储备、国际货币基金组织中的普通提款权和特别提款权。外汇储备在储备资产中最为重要。回顾我国外汇储备的发展变化：1996 年年底，我国外汇储备首次突破了 1 000 亿美元，此后四年，储备上升相对平稳。自 2000 年起，我国外汇储备呈快速增长趋势。2005 年年末增至 8 188.72 亿美元，居全球第二位。2006 年 2 月，我国外汇储备达 8 537 亿美元，超过日本，成为全球外汇储备最大持有国。截至 2010 年年底我国外汇储备规模已达 28 473 亿美元，稳居全球第一位。到 2014 年年末，我国外汇储备规模达到 1949 年以来的峰值38 430亿美元。从 2015 年开始，我国外汇储备规模开始呈现下降趋势。截至 2016 年年末，我国外汇储备规模为 30 105 亿美元，但我国仍为全球最大的外汇储备国。

3. 外币有价证券

外币有价证券是指以可兑换货币表示的持有人用以表明财产所有权或债权的凭证，包括以外币计值股票、债券和可转让存单等。

☞专栏 8-7

**究竟什么是外汇？**

为了加深对外汇的理解，我们来看一个经典的案例。

小王和小李是多年的同学，两人很长时间没有见面。突然有一天，他们不期而遇。

小王：老同学，好久不见，最近忙什么呢？

小李：我前不久出了一趟国。告诉你，在国外时，我还意外地获得了一笔外汇。

小王：判断外国钞票是否为外汇，要看它能否自由兑换，或者说这种钞票能否重新回流到它的国家，而且可以不受限制地存入该国的任意一家商业银行的普通账户，并在储户需要时可以任意转账，这样才能称之为外汇。如外地银行存款、商业上的汇票、银行支票和汇票、期票、外国政府债券等任何可在外国兑现的外币票据，都是外汇。

小李：那就是我搞错了，我还说要去汇市上搏一把呢，看来是空欢喜一场。

4. 外币现钞和其他外汇资金

(1) 外币现钞简称外钞，是指以可兑换货币表示的货币现钞。它有三个特点：第一，不同外钞由不同的主权国家发行；第二，不同外钞有其各自的货币名称和价值单位，并作为发行国的法偿货币流通使用；第三，在国际支付中，外钞作为支付手段通常在非贸易往来中使用。

(2) 其他外汇资金，包括：在国外的各种投资及收益；各种外汇收款及利息收入；在国际货币基金组织的储备头寸；国际结算中发生的各项外汇应收款项等；国际金融市场借款、国际金融组织借款、同业拆入及国际结算中对外应付的外汇款项。

## 二、汇率

### (一) 汇率的含义及其表示形式

汇率是指两个国家不同货币之间的比价或交换比率。用公式表示为：汇率＝A货币/B货币，或汇率＝B货币/A货币。

### (二) 汇率的作用

(1) 作为外汇买卖的折算标准，没有汇率，交易就无从谈起。

(2) 作为联系国内外货币价格之间的桥梁，通过汇率，可将以本国货币表示的国内货物、服务价格转化成以外币表示的价格，反之亦然。

(3) 作为调节本国经济的一种经济杠杆，并通过适时调整实现某一时期的经济目标。

(4) 作为反映经济状况的指示器，提供一国经济发展、贸易及资本往来等方面的信息。

### （三）汇率的标价

确定两种不同货币之间的比价，先要确定用哪个国家的货币作为标准。人们到底以外国货币表示本国货币的价格，还是以本国货币表示外国货币的价格，这就涉及汇率的标价方法问题。

目前，在国际上有三种标价方法：直接标价法、间接标价法和美元标价法。

1. 直接标价法

直接标价法是以本国货币来表示一定单位的外国货币的汇率表示方法。一般是1个单位或100个单位的外币能够折合多少本国货币。本国货币越值钱，单位外币所能换到的本国货币就越少，汇率值就越小；反之，本国货币越不值钱，单位外币能换到的本币就越多，汇率值就越大。在直接标价法下，外汇汇率的升降和本国货币的价值变化成反比：本币升值，汇率下降；本币贬值，汇率上升。大多数国家都采取直接标价法。市场上大多数的汇率也是直接标价法下的汇率，如美元兑日元、美元兑港币、美元兑人民币等。

2. 间接标价法

间接标价法是以外国货币来表示一定单位的本国货币的汇率表示方法。一般是1个单位或100个单位的本币能够折合多少外国货币。本国货币越值钱，单位本币所能换到的外国货币就越多，汇率值就越大；反之，本国货币越不值钱，单位本币能换到的外币就越少，汇率值就越小。在直接标价法下，外汇汇率的升降和本国货币的价值变化成正比：本币升值，汇率上升；本币贬值，汇率下降。英国、澳大利亚、新西兰等国家多使用间接标价法。市场上采取间接标价法的汇率主要有英镑兑美元、澳大利亚元兑美元等。

3. 美元标价法

美元标价法是以一定单位的美元为标准来计算应兑换多少其他货币的汇率表示方法。在这种标价方法下，美元的单位始终不变，美元与其他货币的比值是通过其他货币量的变化体现出来的。它是由于国际金融市场之间外汇交易量的猛增，为了便于国家间进行交易，而在银行之间报价时采用的一种汇率表示法。目前各大国际金融中心已普遍使用。

---

**专栏 8-8**

**人民币汇率**

2016年12月31日人民币汇率中间价（直接标价法）如下：

| 币种 | 中间价 |
|---|---|
| 美元 | 6.937 0 |
| 港币 | 0.894 5 |
| 100日元 | 5.959 1 |
| 欧元 | 7.306 8 |
| 英镑 | 8.509 4 |

什么是中间价？

中国人民银行授权中国外汇交易中心于每个工作日上午9时15分，对外公布当日人民币兑美元、欧元、日元和港币等货币的汇率中间价，作为当日银行间即期外汇市场（含询价交易系统和自动撮合系统）以及银行柜台交易的当日报价基准依据。

中间价形成方式：

中国外汇交易中心在每日银行间外汇市场开盘前会向所有该市场的做市商进行询价，并将全部做市商的报价作为人民币兑美元汇率中间价的计算样本，去掉最高和最低报价后，将剩余做市商的报价加权平均，得到当日人民币兑美元汇率的基准中间价。这个中间价将规范人民币兑各主要货币的当日可浮动上限、下限。其中，有关权重由中国外汇交易中心根据报价方过去在银行间外汇市场的交易量及报价情况等指标来确定计算的标准。

另外，人民币兑欧元、日元和港币等货币的汇率中间价是由中国外汇交易中心分别根据当日人民币兑美元汇率中间价与上午9时国际外汇市场欧元、日元和港币兑美元汇率进行套算确定的。

**(四) 汇率变动的影响因素**

一国汇率总是在不断变动的，其变动受到众多因素的影响。总的来说包括经济因素和非经济因素两大类。

影响汇率变动的经济因素如下：

1. 国际收支状况

当一国的国际收支出现顺差时，就会增加该国的外汇供给和国外对该国货币汇率的需求，进而引起外汇汇率下降或顺差国货币汇率上升；反之，当一国国际收支出现逆差时，就会增加该国的外汇需求和本国货币的供给，进而导致外汇汇率上升或逆差国货币汇率下跌。

在国际收支这一影响因素中，经常性收支尤其是贸易收支，对外汇汇率起着决定性作用。

2. 通货膨胀程度

通货膨胀是影响汇率变动的一个长期、主要而又有规律的因素。通货膨胀可以通过以下三个方面对汇率产生影响：

(1) 货物、服务贸易。一国发生通货膨胀，该国出口货物、服务的国内成本就会提高，进而必然影响其国际价格，削弱该国货物和服务在国际市场上的竞争力，影响出口外汇收入。同时，在汇率不变的情况下，该国的进口成本会相对下降，且能够按已上涨的国内物价出售，由此便使进口利润增加，进而会刺激进口，外汇支出增加。这样，该国的货物、服务收支会恶化，由此也扩大了外汇市场供求的缺口，推动外币汇率上升和本币汇率下降。

(2) 国际资本流动。一国发生通货膨胀，必然使该国的实际利率降低，投资者为追求较高的利率就会把资本移向海外，这样又会导致资本项目收支恶化。资本的过多外流导致外汇市场外汇供不应求，外汇汇率上升，本币汇率下跌。

(3) 人们的心理预期。一国通货膨胀不断加重会影响人们对该国货币汇率走势的心理预期，继而产生有汇惜售、待价而沽与无汇抢购的现象，其结果会刺激外汇汇率上升，本币汇率下跌。

3. 利率水平

一国利率水平的高低是反映借贷资本供求状况的主要标志。

一国利率水平相对提高会吸引外国资本流入该国，从而增加对该国货币的需求，该国货币汇率就趋于上升。反之，一国的利率水平相对降低会直接引起国内短期资本流出，从而减少对该国货币的需求，该国货币汇率就下跌。

4. 经济增长率差异

在其他条件不变的情况下，一国经济增长率相对较高，其国民收入增加相对也会较快，这样会使该国增加对外国货物和服务的需求，结果会使该国对外汇的需求相对于其可得到的外汇供给来说趋于增加，该国货币汇率下跌。

但要注意两种特殊情况：

第一，对于出口导向型国家，经济增长主要是由出口增加推动的，经济较快增长伴随着出口的高速增长，此时出口增加往往超过进口增加，这样会出现汇率不跌反升的现象。

第二，如果国内外投资者把该国较高的经济增长率视作经济前景看好、资本收益率提高的反映，则会导致外国对本国投资的增加。如果流入的资本能够抵销经常项目的赤字，该国的货币汇率也可能不跌反升。

5. 财政收支状况

如果一国出现财政赤字后弥补方式不当，汇率就会出现波动。一国政府弥补财政赤字的方式有四种：提高税率，增加财政收入；减少政府开支；发行国债；增发货币。

6. 外汇储备的多寡

在一般情况下，一国外汇储备充足，该国货币汇率往往会趋于上升；外汇储备不足或太少，该国货币汇率往往会下跌。

**专栏 8-9**

**我国的外汇储备**

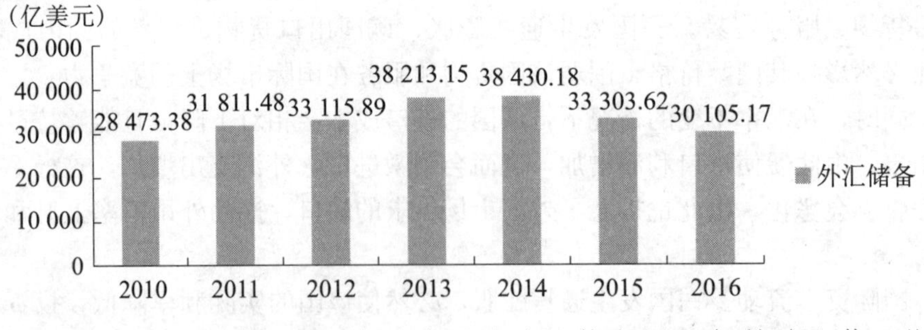


从上图来看，2010—2014 年，我国的外汇储备呈不断攀升之势。然而，步入 2015 年后，我国的外汇储备开始下降，甚至在 2017 年 1 月跌破 3 万亿美元。

影响外汇储备规模变动的因素主要包括：(1) 央行在外汇市场的操作；(2) 外汇储备投资资产的价格波动；(3) 由于美元是外汇储备的计量货币，其他各种货币相对美元的汇率变动可能导致外汇储备规模变化；（4）根据国际货币基金组织关于外汇储备的定义，外汇储备在支持“走出去”等方面的资金运用记账时会从外汇储备规模内调整至规模外，反之亦然。

归纳起来，近年来，我国外汇储备整体下降有以下原因：

第一，外汇储备下降和全球总体局势有很大关系。受美联储加息预期的影响，美元走强导致非美元货币集体大幅回落，人民币也在受影响范围内。同时，人民币处于国际化的过渡阶段，为了防止汇率大幅下跌引起的恐慌性抛盘，央行必须动用外汇储备去稳定人民币汇率。

第二，外汇储备下降和我国出口的贸易顺差有关。由于受到全球消费疲软的影响，出口创汇的能力有所下降，外汇储备增加量在缩减。

第三，国家支持人民币“走出去”政策，如“一带一路”倡议，使我国对外投资的结算用人民币较多，用美元较少，美元储备自然就会下降。

我国到底需要维持多大规模的外汇储备一直以来就是经济学界讨论的热点话题。实际上，外汇储备是一个连续变量，在复杂多变的内外部经济金融环境下，储备规模上下波动是正常的，无须特别看重所谓的“整数关口”（3 万亿美元）。无论是从绝对规模看还是用其他各种充足性指标进行衡量，我国外汇储备规模都是充裕的。当前，我国经济继续保持中高速增长，经常项目保持顺差，财政状况较好，金融体系稳健的基本面没有改变，这些有利因素都将继续支持人民币成为稳定的强势货币，也将促进外汇储备规模保持在合理充裕的水平上。

---

影响汇率变动的非经济因素如下：

1. 政治局势

如果一国出现政府经常更迭，国内叛乱、战争，与他国的外交关系恶化以及遇到严重的自然灾害，而这些事件和灾害又未能得到有效控制的话，就会导致国内经济萎缩或瘫痪，导致投资者信心下降，引发资本外逃，导致该国汇率下跌。

2. 新闻及其他信息

在外汇市场上，一个谣传或一则小道消息也会掀起轩然大波。尤其是某些市场不太成熟的国家，外汇市场就是“消息市”。外汇市场汇率就在这些真假难辨的信息中动荡变化。

3. 心理预期因素

一国货币之所以有人要，是因为它有价值，而其价值大小就是人们对其边际效用所作的主观评价。主观评价与心理预期实际上是同一个问题。心理预期对货币汇率的影响极大，甚至已成为外汇市场汇率变动的一个关键因素，只要人们对某种货币的心理预期发生变化，转瞬之间就可能会诱发大规模的资金运动。

影响外汇市场交易者心理预期变化的因素有很多，主要有一国的经济增长率、国际收支、利率、财政政策及政治局势。

4. 市场投机

投机者以逐利为主的投机行为必然会影响汇率的稳定。而且一般来说，投机因素对利率的影响还是很大的，比如国际上巨额“热钱”的流动会对一国汇率变动产生很大的影响。

5. 中央银行干预

在开放的市场经济下，中央银行介入外汇市场直接进行货币买卖，对汇率的影响是最直接的，其效果也是极明显的。通常中央银行干预外汇市场的措施有四种：第一，直接在市场上买卖外汇；第二，调整国内财政、货币等政策；第三，在国际范围内公开发表导向性言论以影响市场心理；第四，与国际金融组织和有关国家合作，进行直接和间接干预。

## （五）汇率制度

汇率制度是指各国普遍采用的确定本国货币与其他货币汇率的体系。汇率制度在汇率的确定、汇率的变动等方面都有具体规定。

在国际金融史上，一共出现了三种汇率制度，即金本位体系下的固定汇率制、布雷顿森林体系下的固定汇率制和浮动汇率制。

1. 金本位体系下的固定汇率制

在1880—1914年的35年间，主要西方国家通行金本位制，即各国在流通中使用具有一定成色和重量的金币作为货币，金币可以自由铸造、自由兑换及自由输出入。在金本位体系下，两国之间货币的汇率由它们各自的含金量之比即金平价来决定，例如1英镑的含金量为113.001 5格林，而1美元的含金量为23.22格林，则1英镑＝113.001 5格林/23.22格林＝4.866 5美元。

只要两国货币的含金量不变，两国货币的汇率就保持稳定。当然，这种固定汇率也要受外汇供求、国际收支的影响，但是汇率的波动仅限于黄金输送点（gold point）。黄金输送点是指汇价波动而引起黄金从一国输出或输入的界限。汇率波动的最高界限是铸币平价加运金费用，即黄金输出点（gold export point）；汇率波动的最低界限是铸币平价减运金费用，即黄金输入点（gold import point）。

当一国国际收支发生逆差，外汇汇率上涨超过黄金输出点，将引起黄金外流，货币流通量减少，通货紧缩，物价下降，从而提高商品在国际市场上的竞争能力。输出增加，输入减少，导致国际收支恢复平衡。反之，当国际收支发生顺差时，外汇汇率下跌低于黄金输入点，将引起黄金流入，货币流通量增加，物价上涨，输出减少，输入增加，最后导致国际收支恢复平衡。由于黄金输送点和物价的机能作用，把汇率波动限制在有限的范围内，对汇率起到自动调节的作用，从而保持汇率的相对稳定。在第一次世界大战前的35年间，美国、英国、法国、德国等国家的汇率从未发生过升贬值波动。

2. 布雷顿森林体系下的固定汇率制

布雷顿森林体系下的汇率制度，概括起来就是美元与黄金挂钩，其他货币与美元挂钩的“双挂钩”制度。具体内容是：美国公布美元的含金量，1美元的含金量为0.888 671克，美元与黄金的兑换比例为1盎司黄金＝35美元。其他货币按各自的含金量与美元挂钩，确定其与美元的汇率。这就意味着其他国家货币都钉住美元，美元成了各国货币围绕的中心。各国货币对美元的汇率只能在平价上下各1%的限度内波动，1971年12月后调整为在平价上下2.25%的限度内波动，超过这个限度，各国中央银行有义务在外汇市场上进行干预，以保持汇率的稳定。只有在一国的国际收支发生“根本性不平衡”时，才允许贬值或升值。各成员如需变更平价，必须事先通知国际货币基金组织，如果变动的幅度在旧平价的10%以下，国际货币基金组织应无异议；若超过10%，须取得国际货币基金组织同意后才能变更。如果在国际货币基金组织反对的情况下，成员擅自变更货币平价，国际货币基金组织有权停止该成员向国际货币基金组织借款的权利。

综上所述，布雷顿森林体系下的固定汇率制实质上是一种可调整的钉住汇率制，它兼有固定汇率与弹性汇率的特点，即在短期内汇率要保持稳定，这类似金本位体系下的固定汇率制；但它又允许在一国国际收支发生根本性不平衡时可以随时调整，这类似弹性汇率制。

1971年8月15日，美国总统尼克松宣布美元贬值和美元停兑黄金，布雷顿森林体系开始崩溃，尽管1971年12月十国集团达成了《史密森协议》，宣布美元贬值，由1盎司黄金等于35美元调整到38美元，美联储拒绝向国外中央银行出售黄金。到1973年2月，美元第二次贬值，欧洲国家及其他主要资本主义国家纷纷退出固定汇率制，固定汇率制彻底瓦解。

3. 浮动汇率制

在浮动汇率制下，各国不再规定汇率上下波动的幅度，中央银行也不再承担维持波动上下限的义务，各国汇率是根据外汇市场中的外汇供求状况自行浮动和调整的结果。同时，一国国际收支状况所引起的外汇供求变化是影响汇率变化的主要因素——国际收支顺差的国家，外汇供给增加，外国货币价格下跌、汇率下滑；国际收支逆差的国家，对外汇的需求增加，外国货币价格上涨、汇率上浮。汇率上下波动是外汇市场的正常现象，一国货币汇率上浮，就是货币升值，下滑就是贬值。

鉴于各国对浮动汇率的管理方式和宽松程度不一样，该制度又有诸多分类。按政府是否干预，可以分为自由浮动和有管理的浮动。按浮动形式，可分为单独浮动和联合浮动。按被钉住的货币不同，可分为钉住单一货币浮动以及钉住合成货币浮动。

浮动汇率制有其自身的主要特点：第一，汇率浮动形式多样化，包括自由浮动、有管理的浮动、钉住浮动、单一浮动、联合浮动等；第二，在浮动汇率制下，汇率并不是纯粹的自由浮动，政府在必要的时候会对汇率进行或明或暗的干预；第三，由于汇率的变化是由市场的供求状况决定的，因此浮动汇率比固定汇率波动要频繁，而且波幅大；第四，特别提款权的一篮子汇价成为汇率制度的组成部分。

☞专栏 8-10

### 中国现行的汇率制度

自2005年7月21日起，我国开始实行以市场供求为基础、参考一篮子货币进行调节、有管理的浮动汇率制度。本次汇率机制改革的主要内容包括三个方面：

一是汇率调控的方式。实行以市场供求为基础、参考一篮子货币进行调节、有管理的浮动汇率制度。人民币汇率不再钉住单一美元，而是参照一篮子货币、根据市场供求关系进行浮动。这里的“一篮子货币”是指按照我国对外经济发展的实际情况，选择若干种主要货币，赋予相应的权重，组成一个货币篮子。同时，根据国内外经济金融形势，以市场供求为基础，参考一篮子货币计算人民币多边汇率指数的变化，对人民币汇率进行管理和调节，维护人民币汇率在合理均衡水平上的基本稳定。篮子内的货币构成将综合考虑在我国对外贸易、外债、外商直接投资等对外经贸活动占较大比重的主要国家、地区及其货币。参考一篮子货币表明外币之间的汇率变化会影响人民币汇率，但参考一篮子货币不等于钉住一篮子货币，它还需要将市场供求关系作为另一个重要依据，据此形成有管理的浮动汇率。这将有利于增加汇率弹性，抑制单边投机。

二是中间价的确定和日浮动区间。中国人民银行于每个工作日闭市后公布当日银行间外汇市场美元等交易货币兑人民币汇率的收盘价，作为下一个工作日该货币兑人民币交易的中间价格。现阶段，每日银行间外汇市场美元兑人民币的交易价仍在中国人民银行公布的美元交易中间价上下0.3%的幅度内浮动，非美元货币兑人民币的交易价在中国人民银行公布的该货币交易中间价3%的幅度内浮动。

三是起始汇率的调整。2005年7月21日19时，美元兑人民币的交易价调整为1美元兑8.11元人民币，作为次日银行间外汇市场上外汇指定银行之间交易的中间价，外汇指定银行可自此时起调整对客户的挂牌汇价。这是一次性地小幅升值2%，并不是指人民币汇率第一步调整2%，事后还会有进一步的调整。因为人民币汇率制度改革重在人民币汇率形成机制的改革，而非人民币汇率在数量上的增减。这一调整幅度主要是根据我国贸易顺差程度和结构调整的需要来确定的，同时也考虑了国内企业进行结构调整的适应能力。

2014年3月15日，中国人民银行决定自2014年3月17日起，银行间即期外汇市场人民币兑美元交易价浮动幅度由1%扩大至2%，即每日银行间即期外汇市场人民币兑美元的交易价可在中国外汇交易中心对外公布的当日人民币兑美元中间价上下2%的幅度内浮动。从汇率改革的进程来看，人民币汇率浮动幅度是逐步扩大的。1994年人民币汇率浮动幅度是0.3%，2007年扩大至0.5%，2012年扩大至1%，截至2014年，这一浮动幅度已经过了2年左右的时间，汇率再次扩大波动幅度是一种渐进的改革安排，是稳妥的。总体来看，此次将人民币兑美元汇率浮动幅度扩大至2%是适当的，风险也是比较小的。

## 第三节　国际资本流动

随着世界经济一体化的发展，国际资本流动正日益成为世界经济活动中最活跃的因素，它不仅对各国经济有巨大的影响力，而且已成为当代世界经济发展的主要推动力。对国际资本流动的规律加以分析和研究，对于加强国际经济合作和利用外资、加强对国际资本流动的监控等具有重要的现实意义。

## 一、国际资本流动的概念及特征

### （一）国际资本流动的概念

国际资本流动是指资本在国家间转移，具体包括贷款、援助、输出、输入、投资、债务的增加、债权的取得、利息收支、买方信贷、卖方信贷、外汇买卖、证券发行与流通等。

☞**专栏 8－11**

**国际资本流动的三次浪潮**

自从工业革命以来，世界上发生了三次大规模的国际资本流动浪潮，而且每一次浪潮都对世界经济格局产生了重大影响，曾被某些历史学家称为非正式霸权。

1. 1870—1914 年的第一次浪潮

1870—1914 年英国对外贷款净额从 1770—1820 年占国民生产总值的 1%提高到 5%。第一次浪潮以 1914 年第一次世界大战爆发而宣告结束。英国在战争中元气大伤，美国逐渐取代英国成为最大的资本输出国。

2. 20 世纪 70 年代早期至 1982 年的第二次浪潮

20 世纪 70 年代的石油危机使中东产油国积累了大笔石油美元。这些资本又流回到西方银行，再从西方银行流入亚洲和拉丁美洲，其结果是亚洲“四小龙”的起飞和巴西等国家 20 世纪 70 年代的经济奇迹。

3. 20 世纪 90 年代以来的第三次浪潮

20 世纪 90 年代以来，国际资本流动突然转向，投资的重点重新转向发展中国家。国际资本流动的规模已经达到上万亿美元。虽然发达国家在国际资本流动中仍占主导地位，但近年来发展中国家的对外投资比重在逐步增加，发展中国家通过国际资本流动参与世界经济的程度普遍加大。

国际资本流动按其流动方向可分为资本流入和资本流出。

资本流入表现为本国对外国负债的增加和本国在外国的资产的减少，或者说，外国在本国的资产的增加和外国对本国负债的减少。资本流出表现为本国对外国负债的减少和本国在外国的资产的增加，或者说外国在本国的资产的减少和外国对本国负债的增加。对一个国家或地区来讲，总存在资本流出入，只不过是流出入的比例不同而已。一般来说发达国家是主要资本流出国，发展中国家是主要资本流入国。

☞专栏 8-12

### 国际资本流动的途径：境外上市

国内企业海外上市归纳起来无外乎两大类：直接上市与间接上市。

1. 境外直接上市

境外直接上市即直接以境内公司的名义向境外证券主管部门申请发行登记注册，并发行股票（或其他衍生金融工具），向当地证券交易所申请挂牌上市交易，即我们通常所说的 H 股、N 股、S 股等。H 股是指注册地在中国内地、上市地在中国香港的外资股，取"Hong Kong"的第一个字母"H"为名；N 股是指中国企业在纽约证券交易所上市发行股票，取"New York"的第一个字母"N"为名；同样，S 股是指中国企业在新加坡证券交易所上市发行的股票。

境外直接上市的工作主要包括两大部分：国内重组、审批和境外申请上市。

2. 境外间接上市

由于直接上市程序复杂、成本高、时间长，所以许多企业，尤其是民营企业为了避开国内复杂的审批程序，以间接方式在海外上市，即国内企业境外注册公司，境外公司以收购、股权置换等方式取得国内资产的控股权，然后在境外交易所上市。

间接上市主要有两种形式：买壳上市和造壳上市。其本质都是通过将国内资产注入壳公司的方式达到以国内资产上市的目的，壳公司可以是已上市公司，也可以是拟上市公司。

间接上市的好处是成本较低，花费的时间较短，可以避开国内复杂的审批程序。但有三大问题要妥善处理：向中国证监会报材料备案，壳公司对国内资产的控股比例问题和选择上市时机。

### （二）国际资本流动理论

1. 理论概述

国际资本流动的一般模型，也称麦克杜格尔（Macdougall）模型，是一种用于解释国际资本流动的动机及其效果的理论，它实际上是一种古典经济学理论。

这种理论认为国际资本流动的原因是各国利率和预期利润率存在差异，认为各国的产品和生产要素市场是一个完全竞争的市场，资本可以自由地从资本充裕国向资本稀缺国流动。例如，在 19 世纪，英国大量资本输出就是基于这两个原因。国际资本流动使各国的资本边际产出率趋于一致，从而提高世界总产量和各国福利。

2. 模型分析

国际资本流动的一般模型如图 8-3 所示。

该模型的假定条件是：整个世界由两个国家组成，一个资本充裕，一个资本短缺。世界资本总量为横轴 $OO'$，其中资本充裕国资本量为 $OC$，资本短缺国资本量为 $O'C$。曲线 $AA'$ 和 $BB'$ 分别表示两个国家在不同投资水平下的资本边际产出率。它意味着投资水平越高，每增加单位资本投入的产出就越低，也即两国投资效益均遵循边际收益递减规律。

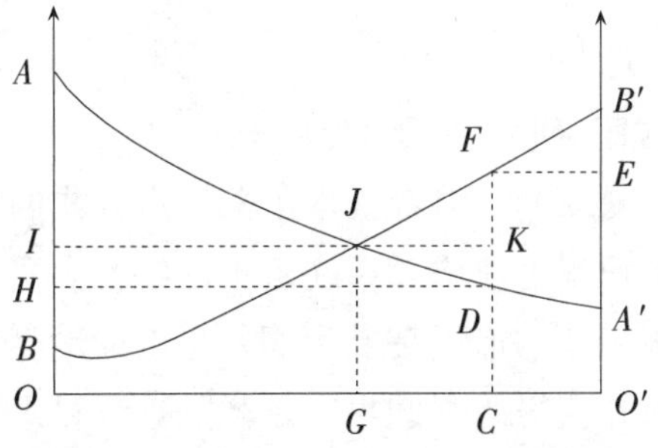


**图 8-3　国际资本流动的一般模型**

(1) 对于封闭经济。封闭经济是指没有资本相互流动的经济系统。无论是资本充裕国还是短缺国，资本只能在国内使用。

如果资本充裕国把其全部资本 $OC$ 投入国内生产，则资本的边际收益为 $OH$，总产出为曲边梯形 $OADC$ 的面积，其中资本使用者的收益是曲边三角形 $HAD$ 的面积，资本所有者的收益是矩形 $OHDC$ 的面积。

如果短缺国也将全部资本 $O'C$ 投入国内生产，则其资本的边际收益为 $O'E$，总产出为曲边梯形 $O'B'FC$ 的面积。其中，资本使用者的收益是曲边三角形 $EB'F$ 的面积，资本所有者的收益是矩形 $O'EFC$ 的面积。

(2) 对于开放经济。开放经济是指有资本相互流动的系统。这时，如果资本充裕国把总资本量中的 $OG$ 部分投入本国，而将剩余部分 $GC$ 投入资本短缺国，并假定后者接受这部分投资，则两国的效益会增大，并且达到资本的最优配置。

就资本输出国而言，输出资本后的国内资本边际收益由 $OH$ 升高为 $OI$，国内总产出变为曲边梯形 $OAJG$，其中资本使用者的国内收益为曲边三角形 $IAJ$ 的面积，资本所有者的国内收益是矩形 $OIJG$ 的面积。

就资本输入国而言，输入资本后的国内资本总额增加为 $O'G$，总产出为曲边梯形 $O'B'JG$的面积，其中总产出增加量为曲边梯形 $CFJG$ 的面积。这部分增加量又被分为两部分，矩形 $CKJG$ 是资本输出国所有的收益，曲边三角形 $JFK$ 则是资本输入国的所得。

这样，资本的输出与输入使资本输出国增加了曲边三角形 $JKD$ 面积的收益，而资本输入国也增加了曲边三角形 $JFK$ 面积的收益。资本流动增加的总收益就为这两个分收益之和，即 $S_{\triangle JFK}+S_{\triangle JKD}$。

3. 分析结论

从上面的模型分析可得出下面三个结论：

(1) 在各国资本的边际生产率相同的条件下，开放经济系统里的资本利用效益远比封闭经济系统里的高，并且总资本能得到最佳的利用。

(2) 在开放经济系统里，资本流动可为资本充裕国带来最高收益；同时，资本短缺国也因输入资本使总产出增加而获得新增收益。

(3) 由于上述两个原因，加之资本可以在全世界范围内自由流动，导致在全世界范围内重新进行资本资源配置，使世界总产值增加并达到最大化，促进了全球经济的发展。

## 二、国际资本流动的原因

### （一）过剩资本的形成或国际收支大量顺差

过剩资本是指相对过剩的资本。随着资本主义生产方式的建立，资本主义劳动生产率和资本积累率提高，资本积累迅速增长，在资本的特性和资本家唯利是图的本性的支配下，大量过剩资本被输往国外，追逐高额利润，早期的国际资本流动由此产生。随着资本主义的发展，资本在国外获得的利润也大量增加，反过来又加速了资本积累，加剧了资本过剩，进而导致资本对外输出规模扩大，加剧了国际资本流动。近 20 年来，国际经济关系发生了巨大变化，国际资本、金融、经济等一体化趋势有增无减，加之现代通信技术的发明与运用，资本流动方式的创新与多样化，使当今世界的国际资本流动频繁而快捷。

### （二）利用外资策略的实施

无论是发达国家，还是发展中国家，都会不同程度地通过不同的政策和方式来吸引外资，以达到一定的经济目的。美国目前是全球最大的债务国。而大部分发展中国家经济比较落后，迫切需要资金来加速本国经济的发展，因此，往往通过开放市场、提供优惠税收、改善投资软硬环境等措施吸引外资的进入，从而增加或扩大了国际资本的需求，引起或加剧了国际资本流动。

### （三）利润的驱动

增值是资本运动的内在动力，利润的驱动是各种资本输出的共有动机。当投资者预期一国的资本收益率将高于他国，资本就会从他国流向这一国；反之，资本就会从这一国流向他国。此外，当投资者在一国所获得的实际利润高于本国或他国时，该投资者就会增加对这一国的投资，以获取更多的国际超额利润或国际垄断利润，这些也会加剧国际资本流动。在利润的驱动下，资本从利率低的国家或地区流往利率高的国家或地区。这是国际资本流动的又一个重要原因。

### （四）汇率的变化

汇率的变化也会引起国际资本流动，尤其 20 世纪 70 年代以来，随着浮动汇率制度的普遍建立，主要国家货币汇率经常波动，且幅度大。如果一个国家货币汇率持续上升，则会产生兑换需求，从而导致国际资本流入；如果一个国家货币汇率不稳定或下降，资本持有者可能预期到所持的资本实际价值将会降低，则会把手中的资本或货币资产转换成他国资产，从而导致资本向汇率稳定或升高的国家或地区流动。

在一般情况下，利率与汇率呈正相关关系。一国利率提高，其汇率也会上浮；反之，一国利率降低，其汇率则会下滑。例如，1994 年美元汇率下滑，为此美国连续进行了 7 次加息，以期稳定汇率。尽管加息能否完全见效取决于各种因素，但加息确实已成为各国用来稳定汇率的一种常用方法。当然，利率、汇率的变化伴随着的是短期国际资本（游资或热钱）的经常及大量流动。

☞专栏 8-13

**什么是国际热钱?**

国际热钱是在世界范围寻找盈利机会的国际短期资本的一部分，又称“国际游资”，其投资对象主要是外汇、股票及衍生金融产品。国际热钱具有停留时间短、反应灵敏、隐蔽性强等特点。近年国际热钱的活动十分活跃，已引起全世界的关注。国际热钱按投机性大小大致可分为两种类型：一种是一般的套汇、套利或证券投资资金，投机性不强。其持有人主要是各种基金、跨国公司、证券经营机构。其主体是发达国家的各种互助基金、养老基金、保险基金等。多数基金为盈利及分散风险需要将其资金的15%投放于国外，并将投放于国外市场资金的10%注入新兴市场。另一种是投机性很强的资金，如美国的对冲基金，其规模较小。这种资金直接冲击、操纵或垄断一国的外汇和股票市场，造成市场大幅振荡，从中牟取暴利，其中最有名的是由索罗斯管理的量子基金。

### (五) 通货膨胀的发生

通货膨胀往往与一个国家的财政赤字有关。如果一个国家出现了财政赤字，该赤字又是以发行纸币来弥补的，必然会增加通货膨胀的压力。一旦发生了严重的通货膨胀，为减少损失，投资者就会把国内资产转换成外国债权。如果一个国家发生了财政赤字，而该赤字以出售债券或向外借款来弥补，也可能会导致国际资本流动，因为当某个时期人们预期到政府会通过印发纸币来抵销债务或征收额外赋税来偿付债务，则会把资产从国内转往国外。

### (六) 政治、经济及战争风险的存在

政治、经济及战争风险的存在也是影响一个国家资本流动的重要因素。政治风险是指由于一国的投资气候恶化而可能使资本持有人所持有的资本遭受损失。经济风险是指由于一国投资条件发生变化而可能给资本持有人带来的损失。战争风险是指可能爆发或已经爆发的战争对资本流动造成的可能影响。例如海湾战争就使国际资本流向发生了重大变化。在战争期间许多资金流往以美国为主的几个发达国家（大多为军费）。战后的经济重建又使大量资本涌入中东地区。

### (七) 其他因素

政治及新闻舆论、谣言、政府对资本市场和外汇市场的干预以及人们的心理预期等因素都会对短期资本流动产生极大的影响。

## 三、国际资本流动的类型

国际资本流动分为短期国际资本流动和长期国际资本流动。

### (一) 短期国际资本流动

1. 短期国际资本流动的概念

短期国际资本流动是指期限为1年或1年以内或即期支付资本的流入与流出。这种国

际资本流动一般都借助于有关信用工具，并通过电话、电报、传真等通信方式来进行。这些信用工具包括短期政府债券、商业票据、银行承兑汇票、银行活期存款凭单、大额可转让定期存单等。

由于通过信汇、票汇等方式进行国际资本转移，相对来说周转较慢，面临的汇率风险也较大，因此，短期国际资本流动多利用电话、电报、传真等方式来实现。

国际热钱从广义来讲应包括各种形式的短期资本，但从狭义来说，应该是指短期资本中的投机性资本。这种资本的大规模流动所造成的影响是巨大的。

2. 短期国际资本流动的形式

(1) 贸易资本流动。这是指由国际贸易往来的资金融通与资金结算引起的货币资本在国家间的转移。世界各国在贸易往来中必然会形成国家间的债权债务关系，而为结清这些关系，货币资本必然从一个国家或地区流往另一个国家或地区，贸易资本流动就形成了。一般来说，这种资本流动是资本从商品进口国向商品出口国转移，具有不可逆转的特点，因此严格来说，它属于国际资本流动。

(2) 银行资本流动。这是指各国经营外汇业务的银行金融机构，由于相互之间的资金往来而引起的资本在国家间的转移。这些流动在形式上包括套汇、套利、掉期、头寸调拨以及同业拆借等。

### (二) 长期国际资本流动

1. 长期国际资本流动的概念

长期国际资本流动是指期限在1年以上的资本流入与流出。它是国际资本流动的重要方式。它与短期资本流动一样，也分为政府和私人的长期资本流动。其基本形式可包括直接投资、证券投资和国际借贷。引起长期国际资本流动的根本原因是世界生产力的发展与国际分工的不断深化。

长期国际资本流动形成的基本条件是各国拥有的相对优势，如所有权优势、内部化优势和区位优势等。而长期国际资本流动的动机则是多样化的，包括利润驱动、生产要素驱动、市场驱动以及政治性投机等。

☞**专栏 8-14**

**银行承兑汇票的含义和流程**

银行承兑汇票是由在承兑银行开立存款账户的存款人出票，向开户银行申请并经银行审查同意承兑的，保证在指定日期无条件支付确定的金额给收款人或持票人的票据。对出票人签发的商业汇票进行承兑是银行基于对出票人资信的认可而给予的信用支持。

办理银行承兑汇票的程序如下：

(1) 银行承兑汇票具体由付款人或承兑申请人向银行提出申请，经银行审查同意，由承兑银行在商业汇票上签字承兑，保证此票到期无条件付款。银行承兑汇票是商业信用与银行信用相结合的信用票据，银行承兑实质是银行对外信用担保的一种形式。承兑银行按票面金额向承兑申请人收取5‰的承兑手续费，承兑手续费每笔不足10元的，按10元计收。

(2) 收款单位或被背书人将要到期的银行承兑汇票连同填制的邮划或电划委托收款凭证一并送交银行办理转账，根据银行的收账通知，据以编制收款凭证。收款单位将未到期的商业汇票向银行申请贴现时，应按规定填制贴现凭证，连同汇票一并送交银行，根据银行的收账通知，据以编制收款凭证。

(3) 承兑申请人于银行承兑汇票到期前将款项付给收款人、被背书人或贴现银行。付款单位在收到银行的付款通知时，据以编制付款凭证。如果承兑申请人于银行承兑汇票到期日未能足额交存票款，承兑银行除凭票向收款人、被背书人或贴现银行无条件支付外，应根据承兑协议规定，将尚未扣回的承兑金额转入付款人（承兑申请人）的贷款账户，作逾期贷款处理，对承兑申请人执行扣款，并对尚未扣回的承兑金额每天按5‰计收罚息。

为了加强商业汇票的管理，企业应指定专人负责管理商业汇票，并设"应收、应付票据备查簿"，对每一笔应收、应付票据进行详细登记，到期结清票据，在"备查簿"中逐笔予以注销。

2. 长期国际资本流动的形式

长期国际资本流动包括直接投资、证券投资和国际贷款等主要类型。

(1) 直接投资。直接投资是指一国企业或个人对另一国企业等机构进行的投资。直接投资可以取得对东道国企业的全部或部分管理和控制权。直接投资主要有三种类型：一是创办新企业，如在国外设立子公司、附属机构或者与多国资本共同投资在东道国设立合营企业等；二是收购国外企业的股权达到一定比例，如美国有关法律规定，拥有外国企业股权超过10%，就属于直接投资；三是利润再投资，投资者在国外投资所获利润并不汇回国内，而是作为保留利润对该企业进行再投资，但这种投资实际上并不引起一国资本的流入和流出。

直接投资的特点有：第一，投资者一般提供资金、技术与管理经验，对资金缺乏与技术不发达的东道国进行投资，如果接受投资国家政策得当，这对其经济发展有较大的促进作用；第二，投资者控制企业、参加管理的最终目的一般是获取利润；第三，直接投资不构成东道国对外负债，按有关企业章程规定，只负定期支付或汇出利润的义务。

(2) 证券投资。证券投资也称间接投资，是指通过在国际债券市场上购买中长期债券，或者在国际股票市场上购买外国公司股票来实现的投资。各国政府、商业银行、工商企业和个人都可购买国际债券或股票进行投资。同样，这些机构也可发行国际债券或股票来筹集资金。证券投资对于购买有价证券的国家来说是资本流出，对于发行证券的国家来说则是资本流入。

证券投资的特点有：第一，证券投资者对于投资对象的企业并无实际控制和管理权，即使是购买股票的投资，如没有达到足够的控股比重，也只能收到股票的利息或红利，而直接投资者则持有足够的股权来管理经营所投资的企业，并承担企业的经营风险和享受企业的经营利润；第二，投资国际证券能随时转让买卖，具有流动性，而直接投资则不可以。

（3）国际贷款。国际贷款主要有政府贷款、国际金融机构贷款、国际银行贷款等。

政府贷款是一个国家政府向另一个国家政府提供的贷款，其目的是促进本国货物和服务的出口、企业对外投资等。政府贷款的利率较低，期限也长，其资金来自国家预算资金，但是政府贷款的数额一般不大。政府贷款一般是由发达国家向发展中国家提供的，而且大多是双边的贷款，即两国政府机构之间的资金借贷，但也有少数是多边的，或者是政府机构与民间金融机构共同提供的混合贷款。混合贷款可以包括政府贷款、商业银行贷款和出口信贷等。一般是由借贷双方政府签订一项总协议，然后依照政府贷款、银行贷款和普通出口信贷的各自不同贷款条件分别签署具体的贷款协议。

国际金融机构贷款是国际金融机构向其成员国政府提供的贷款。国际金融机构贷款不以直接营利为目的，具有援助的性质。贷款利率视其资金来源以及贷款接受国的国民收入水平而定，通常要比私人金融机构的贷款利率低，期限也相对较长。国际金融机构贷款也是专项贷款，即与特定的建设项目相联系，手续非常严格。贷款要按规定逐步提取，而在提取和具体使用的过程中，都有国际金融机构派出的专门人员监督。

国际银行贷款也是国际资本流动的重要组成部分。国际银行贷款不限定用途，借款人可以自由运用资金，而且贷款资金的数额也不受限制，可以很大。大数额国际银行贷款通常采取辛迪加银团贷款的形式，由一家银行牵头，多家银行参加，共同对一个借款人提供贷款资金，并且共同分担贷款风险。国际银行贷款不仅数额大，而且期限也可以很长，但是与其他类型的国际贷款相比，国际银行贷款的利率高，不带有任何援助性质，是以直接营利为目的的。此外，国际银行贷款除了按国际金融市场利率向借款人收取利息外，还要求借款人承担与借贷协议的签署、贷款资金的调拨和提取等有关的一系列杂项费用。能否借到国际银行贷款全凭借款人自身的信誉，或有无高信誉政府机构的担保，所以一般低收入发展中国家是难以大规模利用国际商业银行贷款资金的。

## 第四节　国际融资与国际投资

### 一、国际融资

国际融资泛指在国际金融市场上运用各种金融手段，通过各种相应的金融机构进行的资金融通。资金融通包括两个方面，即从资金提供者角度讲的资金融出和从资金筹集人角度讲的资金融入。前者是讲在国际金融市场上的各个金融机构如何运用各种金融工具来提供金融产品或金融服务；后者则是从资金需求者的角度讲，众多的企业如何选择适合本企业特性、满足经营状况需要、有利于企业资本结构改善的融资，获取其在生产经营过程中所需要的、来源于企业外部的资金，或是从企业资本角度讲，如何使企业资本形成、扩大。

国际融资的方式分为以下几种：

**(一) 国际证券融资**

国际证券融资主要包括：

(1) 境外直接上市。境外直接上市是指股份有限公司向境外投资者发行股票，并将该股票直接在境外公开的证券交易所挂牌上市，这种股票称为境外上市外资股。

(2) 境外借壳上市。在这种方式下，国内企业股票不直接上市，而是通过某个特定的“壳”达到间接上市、获取国际资本市场资金的目的。这里所说的“壳”是指已在境外证券交易所上市或能够比较容易取得境外证券交易所上市资格的公司，而该公司又与国内企业有着密切联系，那么企业就可以借助这个“壳”间接上市。境外借壳上市又分为两种：境外造壳上市和境外买壳上市。

**(二) 国际项目融资**

国际项目融资是指以项目的资产和所产生的现金流量为基础，筹集该项目建设所需资金的融资方式。国际项目融资从本质上讲是一种无追索权（或有有限追索权）的融资贷款。贷款方在对经济实体提供贷款时，只是查看该经济实体的现金流和收益，将此作为偿还债务的资金来源，同时将该经济实体的资产视为这笔贷款的担保物，其中建设—经营—转让（build-operation-transfer，BOT）投资方式是国际项目融资的最主要形式，主要用于基础设施建设。

国际项目融资有自己的适用范围。其资产必须是能够被明确界定的，即这些资产必须能够被从公司或项目发起人的其他资产中合法地分离开，这样项目的现金流就能被估算，从而使贷款银行能够确定相应的担保形式。因此，国际项目融资主要适用于三大类项目：一是资源开发项目，如石油、天然气、煤炭等能源资源，铜、铁、铝等金属矿资源以及金刚石开采业等均可称为国际项目融资的对象。二是基础设施项目。基础设施项目必须实行商业化经营才可能产生收益。目前我国也开始对基础设施项目实行商业化经营，因此具备了国际项目融资的先决条件。三是制造业项目，如大型轮船、飞机的制造等。

常见的国际项目融资模式包括以下几种：

(1) 以“设施使用协议”为基础的国际项目融资模式。该模式是指在某种工业设施或服务型设施的提供者和使用者之间达成一种具有“无论提货与否均需付款”或“无论使用与否均需付款”性质的协议。以该协议为基础的国际项目融资安排主要应用于一些带有服务性质的项目，例如石油、天然气管道项目、发电设施、某种专门产品的运输系统以及港口、铁路设施等。利用这种融资模式，关键是项目设施的使用者能否提供一个强有力的具有“无论提货与否均需付款”或“无论使用与否均需付款”性质的承诺。这个承诺要求项目设施的使用者在融资期间定期向设施的提供者支付一定数量的预先确定的项目设备使用费，即这种承诺是无条件的。这种无条件承诺的合约权益将被转让给提供贷款的银行，通常再加上项目发起人的完工担保，就构成了项目信用保证结构的主要组成部分。而且从理论上讲，项目设施的使用费在融资期间应能够足以支付项目债务的还本付息。

该融资模式的结构如图 8-4 所示。

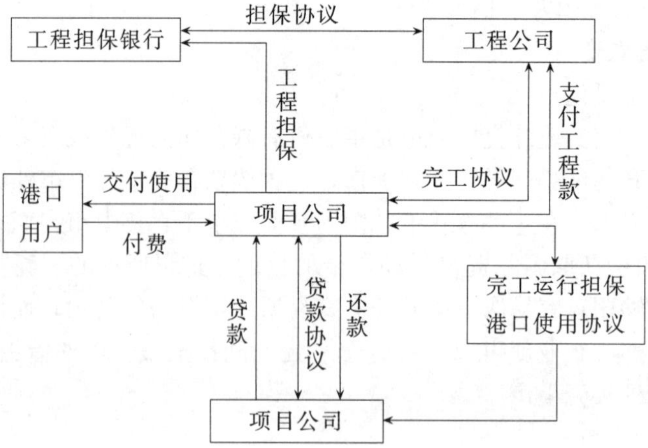


**图 8-4 “设施使用协议”融资模式结构示意图**

（2）以“黄金贷款”为基础的国际项目融资模式。该融资模式始于 20 世纪 70 年代末和 80 年代初世界性的黄金开采热，主要适用于已证实储量并完成最后可行性报告的项目，黄金贷款的数量通常只占可采储量的 30％～50％。采用黄金贷款融资虽然为投资者提供了一种自然保值的融资工具，特别是在金价下跌时减少了投资者偿债的压力，但是金价风险仍然是采用黄金贷款进行国际项目融资的主要风险。当金价上升时，投资者将会承担一定的机会成本。因此，目前对于以黄金贷款为基础的项目融资，通常的做法是在资金安排上加入由黄金贷款转为现金贷款或由现金贷款转为黄金贷款的期权选择，这样可以增加贷款的灵活性。

（3）以“产品支付”为基础的国际项目融资模式。产品支付是国际项目融资的早期形式之一，起源于 20 世纪 50 年代美国的石油天然气项目开发的融资安排。它是指购买方购买未分割的矿产或项目公司生产的产品，在项目生产期，项目公司必须定期地将一定的生产收益支付给购买方。一般来说，就是由贷款银行购买某一特定矿产资源储量的全部或部分未来销售收入的权益，即贷款银行从项目中购买一定比例的生产量，以这部分生产量的收益作为国际项目融资的主要偿债资金来源，即在贷款得到偿还以前，贷款方拥有项目的部分或全部产品。

该融资模式的结构如图 8-5 所示。

（4）以“租赁融资”为基础的国际项目融资。租赁是一种租赁人可以获得某一设备或某一工厂的使用权而不需要在使用初期支付该设备或工厂全部资本开支的融资手段。在西方国家，根据在租赁协议中承租人和出租人所承担的责任以及租赁期间资产的使用价值占该资产全部使用价值的比重，租赁可分为经营租赁和金融租赁两种基本形式。

经营租赁一般是指租赁期较短并且在租赁期内承租人有权取消租约，将租赁物退还给出租人的租赁协议。在租赁期内，出租人承担对被出租资产的保养和维修责任，承租人的责任只局限于按期交纳租金，在租赁期结束时有权选择是将租赁资产退还给出租人还是将其购入。一般适用于厂房、土地、轮船、飞机、建筑机械、铁路运输设备等通用性强或易于移动的资产的出租。

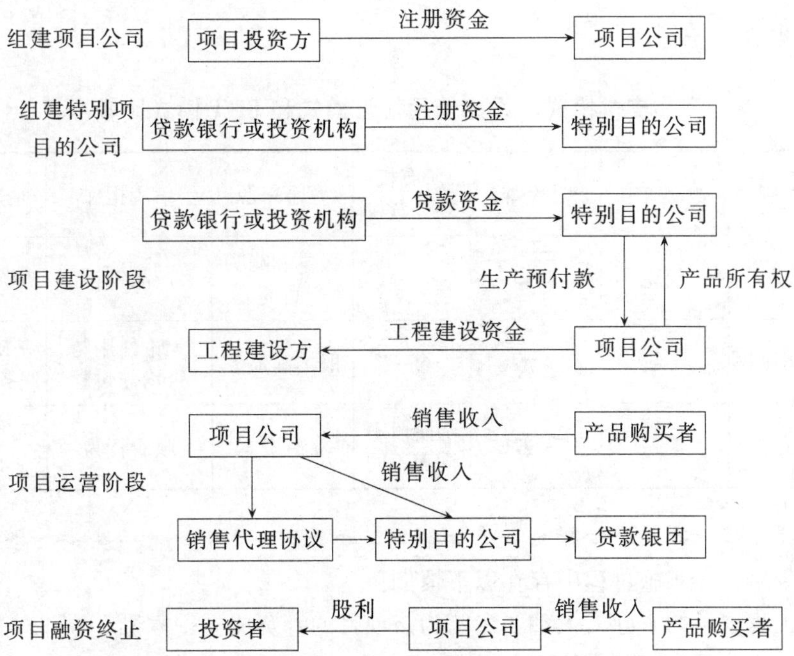


**图 8-5 "产品支付"融资模式结构示意图**

金融租赁是指一种租赁期相对较长，承租人不能随意提前终止租约的租赁协议。在租赁期内，出租人虽然拥有被出租的资产，但实质责任只局限于提供一种融资，占有和使用被出租资产所需要的一切费用和成本，包括维修、保养以至有关税收均需要由承租人承担。承租人按照租赁协议定期支付租金，并且向出租人保证在租赁期满时支付一笔资金购买所租赁资产。

(5)"建设—经营—转让"国际项目融资模式。这种模式由政府与投资企业签订协议，授予项目公司特许经营权，由项目公司筹集资金，完成项目建设。这种方式是 20 世纪 80 年代兴起的一种基础设施工程项目管理方式，其最大的特点就是将基础设施的经营权有期限地抵押以获得项目融资，或者说是基础设施国有项目民营化。在这种模式下，首先由项目发起人通过投标从委托人手中获取对某个项目的特许权，随后组成项目公司并负责进行项目的融资，组织项目的建设，管理项目的运营，在特许期内通过对项目的开发运营以及当地政府给予的其他优惠来回收资金偿还贷款，并取得合理的利润。特许期结束后，应将项目无偿地移交给政府，在 BOT 模式下，投资者一般要求政府保证其最低收益率，一旦在特许期内无法达到该标准，政府应给予特别补偿。

BOT 的融资结构的一般形式为：成立一家专门的项目公司，项目公司与承建方签订建设施工合同，接受保函，同时接受分包商、供货商的保函权益转让，并与运营公司签订运营合同；项目公司与商业银行等贷款机构签订贷款协议，同时与出口信贷机构签订买方信贷合同，商业银行以项目资产作为项目贷款的抵押品，为出口信贷机构的贷款作出担保，项目公司担保信托方转让收入。

☞专栏 8-15

**产品支付模式、设施使用协议模式和BOT模式比较**

| 模式类别 | 融资成本 | 投资风险 | 所有权和经营权 | 资金来源 | 信用担保 | 适用范围 |
| --- | --- | --- | --- | --- | --- | --- |
| 产品支付 | 较高 | 较高 | 合一 | 股本和购买产品资金 | 产品销售 | 资源类项目 |
| 设施使用协议 | 一般 | 一般 | 合一 | 股本和债务 | 无论使用与否均需付款 | 基础设施、服务性项目 |
| BOT | 较高 | 一般 | 随阶段不同而不同 | 私有资本 | 政府行为 | 部分基础设施 |

项目贷款融资在实施过程中存在以下惯例：

第一，工程项目的主办人大都要专门为该项目的筹资成立一家新公司，贷款人把资金贷给该项目工程公司，而不贷给主办人。

第二，项目贷款是“有限追索权”筹资方式。项目发起人如果没有额外承担合同义务或各种风险担保，则其所承担的风险只限于他投资的股权资本。

第三，项目贷款是专款专用。只能用于该项工程，不能用于其他项目。

第四，项目融资的合同主要有二联式、三联式、四联式三种；项目的债务不反映在主办人的资产负债表上，它属于资产负债表以外的融资，一般按商业交易处理。

第五，项目公司是独立于其主办人之外的法律实体。贷款人提供项目的所需资金，通常占65%～75%，项目贷款使银行承担一定风险，其贷款利率一般比工商企业贷款高0.5%～0.75%。

第六，项目公司对偿还贷款承担直接责任，项目主办人只提供有限的担保。通常由第三人，如供应商、项目产品买主或有关政府机构承担义务，向贷款人提供有限的保证。

第七，特许融资协议主要是由项目主办人与东道国政府的代表签订。项目融资是以东道国的特许协议作为基础，而项目融资所采取的法律结构在很大程度上也由东道国的特许协议决定。

第八，项目贷款通常从支用之日起计算利息，因此必须合理安排贷款的使用顺序，应当先利用利率低的贷款，再由低到高使用贷款。

**（三）国际信贷融资**

国际信贷作为一种融资方式，其所采用的基本法律文件主要有信贷协议及债券承购协议等。国际信贷的数额一般都较大，牵涉不同国家的当事人和利害关系人，因此必须签订书面信贷协议。这种协议在对事实的陈述与保证，贷款的先决条件，约定事项、违约事件及补救方法等方面，都有一些共同的必须遵守和使用的条款。

1. 借款人对事实的陈述

在国际信贷协议中都订有陈述与保证条款，由借款人对其承担借款义务的合法权利及其财务、商务状况等事实如实作出说明，并且贷款人保证其真实性。一般说来，借款人主要就其法律和经济方面的情况作出陈述和保证。

2. 法律方面的内容

(1) 借款人是依法注册成立的公司，有订立合同、经营业务的合法权利。

(2) 借款人已经取得签订和履行贷款协议的必要授权。

(3) 借款人签订和履行贷款协议不违反借款人所在国的法律、条例、法院命令或借款人公司的章程，也不与对借款人或其资产有约束力的任何合同或抵押权发生抵触。

(4) 借款人已得到签订和履行贷款协议所必需的政府许可及主管部门的批准。

(5) 贷款协议对借款人有法律约束力，可依照协议规定强制执行。协议的签订、生效、履行或强制执行等，无须向任何政府机关或官方机构办理申报、注册和登记等手续。

(6) 借款人保证外国法院就贷款协议所作出的判决，在借款人所在国法院能得到强制执行。

(7) 借款人保证贷款人不会因其签订履行或强制执行贷款协议而受到任何不利影响。

(8) 当政府或政府机构作为借款人时，须说明贷款交易属司法上的商业性行为，借款人不享有主权豁免，其在贷款协议项下的义务须受民法和商法管辖。

3. 借款人在经济方面所作的陈述和保证的内容

(1) 经过审定的最新财务报表真实地反映了制表时借款人的财务状况及到制表日为止的财务年度内借款人的经营情况。借款人保证在上述账目中不存在任何没有披露的重大负债，而且自制定决算表之日以来，借款人的财务状况没有发生重大的不利变化。

(2) 借款人从未有过不履行合同、法律文书或不履行抵押权项下的义务，也不曾发生违约事件。

(3) 借款人未卷入任何诉讼或行政诉讼程序，也不存在可能对借款人的营业或财务状况造成重大不利影响的诉讼威胁。

从陈述和保证的时间来看，贷款人一般都要求所谓的"永久保证"，即借款人所作的陈述与保证不仅在贷款协议签订时是正确的，而且在整个贷款协议有效期内都真实无误。这样一来，借款人必须承担因法律和业务状况的变化而使陈述与保证失实的风险。通常贷款人并不要求借款人一次性地完成陈述与保证。若贷款是在一段时间内分次提取的，贷款人常要求借款人在每次提取贷款之前都作出陈述与保证。一些贷款协议甚至规定，陈述与保证应每 6 个月重复一次。

4. 贷款的先决条件

按照国际惯例，贷款协议中一般都包括明确的贷款义务履行先决条件。借款人只有满足这些条件，才能获得贷款。主要包括：

(1) 各类担保文书，如保证书等。

(2) 批准贷款协议的文件副本以及向代表借款人的特定人员授权的文件副本。

(3) 其他为贷款协议生效和履行所必需的官方或法人的批准、授权、注册和许可的文件副本。

（4）借款人组织机构的成立文件副本、律师意见书等。

借款人获得每笔贷款之前应满足先决条件。借款人在提取每笔贷款之前，还应该做到：

（1）陈述与保证真实无误。

（2）保证贷款协议具有与协议签订时相同的法律效力。

（3）没有任何违约或继续违约事件，也不存在可能引起违约的情况。

（4）使贷款人收到他所要求的与贷款协议规定的条件有关的文书、证书或保证。

在签订协议时，双方当事人可以根据具体情况增加或减少有关先决条件的条款。在实践中，有些贷款协议把两种先决条件结合在一起，有些贷款条件则分别规定，无论何种方式都不影响其法律效果。

5. 约定事项

国际信贷协议一般都会订立有关约定事项的条款，其内容是要求借款人必须做什么，不能做什么。约定事项的范围广泛，其目的也各不相同。在众多约定事项中，最重要的是以下几种：

（1）消极担保条款。要求借款人承担的义务为：在偿还贷款以前，借款人不得在其资产或收入上设定任何担保物权（包括抵押权、担保权、留置权、质询权或其他），也不得允许这些担保物权继续存在。这样可以防止借款人将其资产为另一债权人设定担保权益，从而使无担保权益的贷款人的受偿顺位居于有担保权益的其他债权人之后。此外还可以间接限制借款人举借新债，以免影响其还款能力。但是，消极担保条款在借款人遵守时才有意义，若借款人违反规定，将其资产抵押或出质给其他债权人，贷款人无权要求法院撤销这些担保物权。通常只能以借款违约为由，加速贷款到期，要求借款人立即偿还贷款。

（2）平等地位条款。该条款要求借款人对无担保物权的贷款人承担义务，不得给予任何其他无担保物权的债权人以法律上的优先权，要求借款人按比例平等原则清偿其对不同债权人的款项。在国际融资信贷中，此条款和消极担保条款总是同时使用，都是为了维护原贷款人的地位，使之不因新贷款人的出现而遭受歧视。

（3）财务约定事项。国际信贷协议中的财务约定事项的作用为：一是用以监督和指导借款人的财务活动，如限制借款人承担有危险的债务等；二是借款人违反财务约定事项时，就向贷款人发出了警报，使贷款人可以赶在借款人实际破产以前加速贷款到期，免受损失。财务约定事项一般规定借款人必须对贷款人做到：

第一，借款人应向贷款人提供经过适当审计程序的财务报表，并根据贷款人的合理要求提供有关的营业及财务状况的信息。一般贷款人有理由有根据怀疑借款人财务状况恶化时，将向借款人提出进一步提供有关信息的要求。

第二，借款人应遵守规定的资产测定标准。英国、美国、法国的商业银行在国内借贷业务中的资产测定标准正在进入国际金融领域。其测定资产的主要指标为：表明企业稳固程度的负债与资产净值比率；最低资产净值；流动资产对流动负债的比率；最低周转资本额；限制分派股息。

此外，约定事项还包括合并条款、贷款的用途条款以及限制处分资产条款。

## 二、国际投资

### （一）国际直接投资

1. 国际直接投资的概念及分类

国际直接投资是指投资者为了在国外获得长期的投资效益并拥有对企业或公司的控制权和经营管理权而在国外直接建立企业或公司的投资活动，其核心是投资者对国外投资企业的控制权。

根据不同的划分标准，外商直接投资可被分为不同的类型。

从子公司与母公司的生产经营方向是否一致看，可分为三种类型：第一，横向型投资，包括同样或相似的产品，一般运用于机械制造业和食品加工业。第二，垂直型投资，包括同一行业的不同产品，多见于汽车、电子行业；不同行业有关联的产品，多见于资源开采、加工行业。第三，混合型投资，生产完全不同的产品，目前只有少数巨型跨国公司采取这种方式。

从投资者是否新投资创办企业的角度可分为两种：第一，创办新企业，又称绿地投资，包括独资和合资两种；第二，控制外国企业股权，外国投资者通过一定的程序和渠道购买东道国企业的股票达到一定比例，从而取得控制权。

从投资者对外投资的参与方式的不同可分为三种形式：合资企业、合作企业、独资企业。

2. 国际直接投资程序

（1）确定国际投资战略。

（2）国际投资环境评估。

（3）审议项目建议书。

（4）投资项目洽谈。

（5）制订融资计划。

（6）投资项目管理。

（7）投资项目验收。

☞**专栏** 8 - 16

**亚洲基础设施投资银行**

亚洲基础设施投资银行（Asian Infrastructure Investment Bank，AIIB，简称“亚投行”）是一个政府间性质的亚洲区域多边开发机构。亚投行重点支持基础设施建设，成立宗旨是为了促进亚洲区域的建设互联互通化和经济一体化，并且加强中国及其他亚洲国家和地区的合作。亚投行是首个由中国倡议设立的多边金融机构，总部设在北京，法定资本为 1 000 亿美元。在 2015 年 4 月 15 日，亚投行意向创始成员数量确定为 57 个。这些成员涵盖了亚洲、大洋洲、欧洲、南美洲和非洲。

作为由中国提出创建的区域性金融机构，亚投行的主要业务是援助亚太国家和地区的基础设施建设。在全面投入运营后，亚投行将运用一系列支持方式为亚洲各国的基础设施项目提供融资支持——包括贷款、股权投资以及提供担保等，以振兴包括交通、能源、电信、农业和城市发展在内的各个行业。

值得注意的是，亚投行的基础设施建设投资不同于国际直接投资。国际直接投资的目的是为了获取被投资企业的控制权，而亚投行的基础设施建设投资主要是为了支持亚洲地区基础设施建设和经济发展，实现互利共赢，加快互联互通，而非为了取得这些基础设施建设项目的控制权而投资。

**（二）国际间接投资**

1. 国际间接投资的概念

国际间接投资是指以资本增值为目的，以取得利息或股息等为形式，以被投资国的证券为对象的跨国投资，即在国际债券市场购买中长期债券，或在外国股票市场购买企业股票的一种投资活动。国际间接投资者并不直接参与国外企业的经营管理活动，其投资活动主要通过国际资本市场（或国际金融证券市场）进行。

国际间接投资与国际直接投资的根本区别在于对筹资者的经营活动有无控制权。因为投资者不可能仅仅依靠购买某国政府的债券而取得对该国政府经济活动的控制权，所以有人将"非限制性国际贷款"（无控制权）归入国际间接投资内容中，而将"限制性国际贷款"（有控制权）归入国际直接投资内容中。

国际间接投资按从事国际间接投资的主体不同，可分为政府投资和私人投资；按筹集的手段和管理的方法不同，可分为国际债券投资和国际股票投资。

2. 国际间接投资的特点

与国际直接投资相比，国际间接投资的特点有：

第一，国际间接投资对筹资者的经营活动无控制权；而国际直接投资对筹资者的经营活动拥有控制权。

第二，国际间接投资与企业生产经营无关（因为无控制权），随着二级市场的日益发达与完善，证券可以自由买卖，流动性大，风险小；而国际直接投资一般都要参与一国企业的生产，生产周期长，一般在10年以上，由企业的利润直接偿还投资，而且资金一旦投入某一特定的项目，要抽出投资比较困难，其流动性小，风险大。

第三，投资渠道不同。国际间接投资必须通过证券交易所才能进行投资；国际直接投资只要双方谈判成功即可签订协议进行投资。

第四，投资内涵不同。国际间接投资又可称为"国际金融投资"，一般只涉及金融领域的资金，即货币资本运动，运用的是虚拟资本；而国际直接投资是生产要素的投资，它不仅涉及货币资本运动，还涉及生产资本和商品资本运动及其对资本使用过程的控制，运用的是现实资本。

第五，国际间接投资受国际利率差别的影响而表现出一定的自发性，往往自发地从低利率国家向高利率国家流动，此外它还受到世界经济政治局势变化的影响，经常在国家间频繁移动，以追随投机性利益或寻求安全场所。第二次世界大战后，随着国际资本市场的逐步完善，国际间接投资的规模越来越大，流动速度也越来越快。它具有较大的投机性，在这个领域，投资与投机的界限有时难以划分。而国际直接投资是运用现实资本从事经营活动，盈利或亏损的变化比较缓慢，一旦投资后，具有相对的稳定性。

第六，获取的收益不同。国际间接投资的收益是利息和股息；而国际直接投资的收益是利润。

3. 影响国际间接投资的因素

（1）利率。利率是决定国际间接投资流向的主要因素。在正常情况下，资本从利率低的国家流向利率高的国家（大部分是食利资本）。在特殊情况下，如政局不稳定，也可能发生短期资本从利率较高而政局动荡的国家流向利率较低而政局稳定的国家。不少国家政府把利率作为宏观调控的手段，使资本向有利于本国经济发展的方向流动。

利率的种类较多，有短期利率和长期利率、名义利率和实际利率之分，而对国际间接投资流量和流向影响较大的是长期利率和实际利率的变化。

（2）汇率。汇率是一国货币与另一国货币交换的比率，也是一国货币用另一国货币表示的价格，即汇价。汇率主要取决于外汇的供求，它是一国国际收支状况的反映。它的变化对国际间接投资的影响较大。

首先，汇率的高低影响国际间接投资的变化。当一国出现国际收支顺差时，其经济实力增强，外汇供给大于需求，汇率上升，外国对本国货币需求增加，本国资本流出。当一国出现国际收支逆差时，其经济实力减弱，外汇需求大于供给，汇率下跌，本国对外汇需求增加，外国资本流入。

其次，汇率的稳定与否也会引起国际间接投资流向的变化。如果某国的货币汇率较高而又长期稳定，投资者就会将资金由汇率低、风险大的国家移入该国。

由于汇率对资本流向影响较大，许多国家根据本国的国际收支状况，通过制定政策来限制或鼓励资本的流入与流出。当一国国际收支恶化时，国家可以实行外汇管制，限制外汇收支，对调往国外的资本不予兑换外汇，以防止资本外逃。同时，国家也可以通过实现外汇管制来维护本国货币汇率的稳定，以达到鼓励外国资本流入的目的。

（3）偿债能力。偿债能力强的国家往往具有较高的国家信用，且以国家信用为保证。一般说来，偿债能力与吸收国际间接投资的数量成正比，发达国家由于经济实力雄厚，有较多的外汇储备，偿债能力强，因而能吸引大量的国际资本。在发展中国家的国际间接投资也多集中在一些新兴工业国家和地区。这些国家和地区相对来说，经济发展较快，有较强的出口创汇能力。而非洲等一些经济相对落后的国家经济发展缓慢，外债偿还能力低，很难吸引到较多的国际间接投资。如果一个国家的偿债能力较强，那么国际间接投资面临的风险就会较低。所以偿债能力的强弱体现了国际间接投资风险的大小。

## 本章小结

本章主要介绍了国际金融领域中的三个重要问题：国际收支、汇率及其决定以及国际资本流动。在国际收支部分主要介绍了国际收支概念、国际收支理论，并重点介绍了国际收支平衡表的基本内容。在汇率及其决定部分介绍了汇率的定义、汇率的标价方法、影响汇率变动的因素以及汇率制度。在国际资本流动部分则介绍了国际资本流动的概念、特征、诱因及类型。

## 进一步阅读

张莲英．国际金融学．北京：中国社会科学出版社，2006.
薛荣久．国际金融．北京：对外经济贸易大学出版社，2003.

## 思考与练习

**一、名词解释**

1. 国际收支平衡表
2. 外汇
3. 汇率
4. 直接标价法与间接标价法
5. 国际资本流动
6. 外汇储备
7. 国际直接投资

**二、填空题**

1. 国际收支账户可分为四大类：________、________、________和________。

2. 国际收支平衡表中的经常账户包括的项目有__________、__________、________和________。

3. 国际收支的差额种类有________、________、________和________。

4. 纸币本位制下的自动调节机制是________、________、________和________。

5. 在国际收支平衡表中，当收入大于支出时，我们称之为________；当支出大于收入时，我们称之为________。

6. 广义的静态外汇必须具有________性、________性和________性。

**三、判断题**

1. 股息、红利等投资收益属于资本收支项目。（　　）

2. 在经济繁荣时期，由于国内需求旺盛，进出口业务会发生相应的变动，则国际收支可能出现顺差。（　　）

3. 在纸币流通条件下，一国的国际收支已无法借助黄金的输出入而自动调节。（　　）

4. 外汇就是外国货币。（　　）

5. 一国货币贬值一般有利于进口，不利于该国商品出口。（　　）

**四、选择题**

1. 国际收支是一个（　　）。

A. 存量　　　　B. 流量

C. 不一定　　　　　　　　　　D. 都不是

2. 国际收支平衡表中最基本和最重要的项目是（　　）。

A. 经常项目　　　　　　　　　B. 资本项目

C. 贸易收支　　　　　　　　　D. 平衡项目

3. 以下属于长期资本流动的有（　　）。

A. 国际直接投资　　　　　　　B. 国际中长期证券投资

C. 国际中长期信贷　　　　　　D. 以上都是

4. 在其他条件不变的情况下，一国货币升值会使该国（　　）。

A. 物价上涨　　　　　　　　　B. 收入增加

C. 进口增加　　　　　　　　　D. 利率上升

5. 从长期讲，影响一国货币币值的因素是（　　）。

A. 国际收支状况　　　　　　　B. 经济实力

C. 通货膨胀　　　　　　　　　D. 利率高低

6. 短期资本流动与长期资本流动除期限不同之外，另一个重要的区别是（　　）。

A. 投资者意图不同

B. 短期资本流动对货币供给量有直接影响

C. 短期资本流动使用的是 1 年以下的借贷资金

D. 长期资本流动对货币供给量有直接影响

7.（　　）是投资主体将其拥有的货币或产业资本，经跨国流动形成实物资产、无形资产或金融资产，并通过跨国经营，以实现价值增值的经济活动。

A. 国际直接投资　　　　　　　B. 国际间接投资

C. 国际投资　　　　　　　　　D. 国际融资

8. 国际直接投资与国际间接投资的根本区别在于（　　）。

A. 是否对企业拥有一定的控制权

B. 是否对企业拥有经营管理权

C. 是否对企业拥有控制权和经营管理权

D. 直接投资涉及有形资产的投入，而间接投资只涉及无形资产

**五、简答题**

1. 国际收支平衡表的编制原则是什么?

2. 影响汇率变动的因素有哪些?

3. 怎样理解国际资本流动中利率与汇率的关系?

4. 简述国际资本流动的积极影响。

5. 简述国际直接投资和国际间接投资的区别。

**六、综合题**

某公司欲从欧洲货币市场借款，借款期限为 3 年，当时瑞士法郎的利率为 3.75%，美元的利率为 11%，美元与瑞士法郎的汇价为 1 美元＝1.63 瑞士法郎。当时权威机构预测：3 年之内美元的贬值幅度不会超过 6%。该公司是借美元有利还是借瑞士法郎有利?

**七、案例分析题**

20 世纪六七十年代，由于美国国内对银行业的管制和税收方面的原因，美国银行发现在境外离岸金融中心从事国际金融业务更加有利可图，因为这些地方税收低、管制少，还有其他种种优惠和资金调动的便利，于是它们纷纷到巴黎、伦敦、法兰克福、新加坡、中国香港以及开曼、巴哈马等境外离岸金融中心设立分支机构。这不仅直接导致资金外流，影响到纽约的国际金融中心地位，还使得美国每年损失约 40 亿美元的税收收入。为了恢复和保持美国本土的国际金融活动，减轻欧洲美元对美国国内金融市场的冲击，美国金融界积极寻求解决办法。

1979 年，美国卡特政府曾建议各国政府通过其中央银行对欧洲美元存款实行法定准备金制度，并将一部分欧洲美元集中到各国中央银行手中，以限制欧洲美元市场的过度增长。美国的另一个建议是建立一个全球性的国际金融机构，通过公开市场活动来干预欧洲美元市场。

但是，对欧洲美元市场的管制一直未能真正实施。其主要原因，一是对欧洲美元市场的管理需要各国的相互配合与合作，任何一国或少数国家的单方面行动都不可能取得有效的结果，而各国由于在欧洲美元市场监管问题上有着不同的利害关系，因此无法进行真正的合作；二是欧洲美元市场的规模已经如此之大，影响范围如此之广，借贷关系如此之复杂，要进行有效的管理非常困难；三是从欧洲美元业务中获得最大利益的跨国银行以种种方式强烈反对和逃避管制，阻挠对欧洲美元市场的监管。在这种情况下，经过多年的辩论之后，美国联邦储备委员会最终于 1981 年 12 月 3 日批准了美国境内银行、储蓄机构和埃奇法公司建立“国内银行设施”（IBFs），在本土从事离岸美元业务，以吸引离岸美元回归本土并加强对离岸美元业务的管理。

IBFs 虽然是为在美国国内从事离岸金融业务而设立的，但它并不是一种特设的机构，而是一套专门处理非居民间存放款业务的资产负债账户。IBFs 的建立实际上开辟了美国境内的离岸金融市场，使美国银行不必利用境外离岸金融中心就能在一种大致相当的宽松环境中与非居民进行欧洲货币交易，大大降低了美国银行国际业务的成本，从而成功地将大量欧洲货币吸引回美国。在批准设立 IBFs 后的第一年里，就有 400 多家美国银行和外国银行建立了这种账户，资产总额达 1 500 多亿美元。到 1988 年 9 月底，美国各州已经建立了 535 个 IBFs，资产总额达 2 500 多亿美元。其中有 193 个是外国银行的分行或代理机构。1995 年年底，美国的 IBFs 资产总额已达 4 500 多亿美元，其中外国银行的 IBFs 资产总额达 3 000 多亿美元。

IBFs 产生的原因是什么？

# 参考书目

1. 黄达．金融学．2版．北京：中国人民大学出版社，2009.

2. 博迪等．金融学．2版．北京：中国人民大学出版社，2010.

3. 米什金．货币金融学．北京：中国人民大学出版社，2011.

4. 郭丽虹，王安兴．公司金融学．上海：上海财经大学出版社，2009.

5. 甘伯，哈克斯．货币金融学（第九版）学习指导．北京：中国人民大学出版社，2011.

6. 朱新蓉．货币金融学．北京：中国金融出版社，2010.

7. 宋玮．金融学概论．2版．北京：中国人民大学出版社，2009.

**图书在版编目（CIP）数据**

金融学教程/刘澄，曹辉，李锋主编．—3版．—北京：中国人民大学出版社，2018.7
“十三五”普通高等教育应用型规划教材·金融系列
ISBN 978-7-300-25842-3

Ⅰ.①金… Ⅱ.①刘…②曹…③李… Ⅲ.①金融学-高等学校-教材 Ⅳ.①F830

中国版本图书馆CIP数据核字（2018）第113357号

“十三五”普通高等教育应用型规划教材·金融系列
**金融学教程（第三版）**
主编 刘 澄 曹 辉 李 锋
Jinrongxue Jiaocheng

| | | | |
|---|---|---|---|
| **出版发行** | 中国人民大学出版社 | | |
| **社　　址** | 北京中关村大街31号 | **邮政编码** | 100080 |
| **电　　话** | 010－62511242（总编室） | | 010－62511770（质管部） |
| | 010－82501766（邮购部） | | 010－62514148（门市部） |
| | 010－62515195（发行公司） | | 010－62515275（盗版举报） |
| **网　　址** | http：//www.crup.com.cn | | |
| | http：//www.ttrnet.com（人大教研网） | | |
| **经　　销** | 新华书店 | | |
| **印　　刷** | 北京昌联印刷有限公司 | **版　　次** | 2008年1月第1版 |
| **规　　格** | 185 mm×260 mm　16开本 | | 2018年7月第3版 |
| **印　　张** | 19 | **印　　次** | 2018年7月第1次印刷 |
| **字　　数** | 439 000 | **定　　价** | 39.00元 |